采购人
实务指南

采购人实务指南编写组 ◎ 编

中国财经出版传媒集团

经济科学出版社
Economic Science Press

·北 京·

图书在版编目（CIP）数据

采购人实务指南／采购人实务指南编写组编．--北京：经济科学出版社，2024.5（2025.2 重印）

ISBN 978 - 7 - 5218 - 5792 - 4

Ⅰ.①采…　Ⅱ.①采…　Ⅲ.①采购管理 - 指南　Ⅳ.①F25 - 62

中国国家版本馆 CIP 数据核字（2024）第 070752 号

策划编辑：殷亚红
责任编辑：王　洁
责任校对：杨　海
责任印制：邱　天

采购人实务指南

CAIGOUREN SHIWU ZHINAN

采购人实务指南编写组　编

经济科学出版社出版、发行　新华书店经销

社址：北京市海淀区阜成路甲 28 号　邮编：100142

总编部电话：010 - 88191217　010 - 68580916

发行部电话：010 - 88191522　010 - 88190453

网址：www.cgpmedia.cn

电子邮箱：cgpm@ vip. sina. com

天猫网店：经济科学出版社旗舰店

网址：http://jjkxcbs. tmall. com

固安华明印业有限公司印装

710 × 1000　16 开　28 印张　420000 字

2024 年 5 月第 1 版　2025 年 2 月第 2 次印刷

ISBN 978 - 7 - 5218 - 5792 - 4　定价：98.00 元

采购人实务指南编写组

主　　　编：赵　勇

副　主　编：殷亚红　　查道鹏

编写组成员：何红锋　　岳小川　　姜爱华　　卢海强

　　　　　　朱中一　　焦洪宝　　王丽岩　　肖　敏

　　　　　　孟　千

支　持　单　位：中国政府采购杂志社

　　　　　　博思数采科技股份有限公司

编　者　序

　　政府采购作为财政支出的重要方式，对于节约财政资金、扶持中小企业发展、规范引导市场经济秩序以及助力高质量发展具有重要意义。近年来，随着政府采购改革的不断深化和实践探索的逐步深入，我国政府采购制度日益完善，初步建立起了涵盖采购预算、需求管理、交易执行、履约验收及监督管理等方面的制度体系，政府采购的规范化、标准化水平不断提高。

　　在政府采购效益不断提升的背景下，曾经片面认为"政府采购就是花钱买东西，没有什么难度"的采购人员越来越少，但是能够真正全面深刻理解政府采购相关政策的采购人员也并不多。一是由于政府采购涉及大量法律法规及政策性文件，同时政府采购承载的政策属性使其在制度设计上具有复杂性，新采购人员难以在短时间内掌握相关技能。二是预算单位采购人员经常轮岗，采购人员的业务、操作能力参差不齐。因此，在全国数十万家预算单位中，有非常多的采购人员想做好采购工作却不知道应该怎么做，导致采购人员在实践中生搬硬套法律法规、东拼西凑采购文件，缺少科学的采购实施方案，极大地增加了采购风险，降低了采购效益。

　　有鉴于此，中国政府采购杂志社、博思数采科技股份有限公司牵头，邀请国内长期在政府采购行业从事教学、科研、实践、信息化建设等方面的资深专家组成编写组，通过查阅资料、召开专题研讨会、调研座谈等形式，洞悉采购人在采购活动中的痛点、难点，编著了本书，并经多次审改，最终定稿出版。

　　本书从采购人角度出发，概述与采购活动密切相关的法律制度，涵盖采购活动的准备、采购实施计划、采购方式、政府采购合同、履约验收、政府采购争议处理、采购绩效评价等全部流程环节，并且编写了大量实用案例、工作表单和小贴士，为采购人员提供了一套可学、可用的操作指南。同时，在政府采购强化采购人主体责任、加强采购活动内部控制管理的政策背景下，本书引入了政府采购管理电子化章节，旨在帮助采购人以信息化管理为抓手，建立健全完善的采购管理制度。

本书由国际关系学院赵勇教授担任主编，中国财经出版传媒集团财经期刊总社社长兼中国政府采购杂志社社长、总编辑殷亚红、博思数采科技股份有限公司总裁查道鹏担任副主编。编写组成员分别是南开大学何红锋教授、政府采购专家岳小川、中央财经大学姜爱华教授、广州市中山纪念堂管理中心卢海强、苏州大学朱中一副教授、天津外国语大学焦洪宝副教授、中国气象局政府采购中心王丽岩、博思数采科技股份有限公司肖敏、中央国家机关政府采购中心孟千。本书共分为十一章，具体参与各章编写作者分工情况如下：第一章政府采购概览，焦洪宝；第二章政府采购准备，赵勇、王丽岩；第三章政府采购的重要选择，岳小川、朱中一；第四章资格审查，卢海强；第五章招标采购方式，卢海强；第六章非招标采购方式，岳小川；第七章政府采购合同，何红锋；第八章政府采购合同履行，朱中一；第九章政府采购争议与救济，孟千；第十章政府采购绩效管理，姜爱华；第十一章采购人采购管理电子化，肖敏。各章编写作者进行了交叉互审后，由赵勇教授进行全书统稿。此外，我们邀请了内蒙古财政厅政府采购处二级调研员、高级经济师，内蒙古自治区人民政府立法专家库首批专家康佳作为外审专家进行审稿。本书付印时恰逢《政府采购合作创新采购方式管理暂行办法》出台，期待在本书修订时对该办法进行详细讲解。

中国政府采购杂志社、博思数采科技股份有限公司为本书的出版提供了大力支持，全体编写组成员在写作中倾注了大量的精力，谨此致谢！

采购人实务指南编写组

2023 年 11 月

主编的话

　　熟悉本人的朋友们都知道，我本科在大学里学习的是高分子化工专业。毕业后，虽然我没有从事与化工专业直接相关的工作，但是在大学5年间学习、实验、实习所培养出来的思维习惯却无时无刻不在影响着我此后的工作和生活。

　　任何一种化工产品的生产，其最基础的原理都是反应物在一定条件下转变成生成物的过程。这个过程在全世界的化学课本上都用几乎同样的化学方程式来阐述。可为何不同的化工品制造商的生产、经营情况有着天壤之别呢？有的如日中天，有的欣欣向荣，有的江河日下，有的苟延残喘，有的危在旦夕……这是因为，尽管基本原理是相同的，但是各企业的工艺流程、管理水平、操作方法却大相径庭。

　　回到政府采购这一主题。《中华人民共和国政府采购法》自2003年1月1日起施行，至今正好是20年。我国用20年的时间，追赶西方国家200余年的政府采购建设路程。最大的成就是已经初步形成了政府采购制度体系，各方当事人依法采购的意识有了很大的提升，政府采购实践活动正在蓬勃发展。但正如化学方程式之于化工一样，法律法规对于政府采购仅仅是一个基础。政府采购规则转化为良好的政府采购行为，并最终产生优异的政府采购绩效还需要好的管理、流程和操作。尽管法律法规是最重要的基础，但仍需要行业规范、指南、手册等一系列"四梁八柱"的支撑，才能共同构筑起政府采购的"大厦"。而上述文件的形成乃至成熟，需要相关人员长期的、大量的努力和奉献。

　　《采购人实务指南》一书，邀请多年从事政府采购教学、科研和实践活动的资深专家组成编委会，以政府采购最新法律法规为指引，搜集、整理了实践中的流程和表单并加以规范化。正像本书的书名一样，希望既能为采购人、采购代理机构提供实务操作方面的指引，同时也为各级政府采购监督管理部门、供应商等相关方提供参考，并为政府采购事业的健康、有序发展贡献微薄之力。

新书出版之际，向为本书提供大力支持的中国政府采购杂志社、博思数采科技股份有限公司、各位编委以及读者们表示衷心的感谢！

赵　勇

2023 年 10 月 7 日

目 录　CONTENTS

第一章　政府采购概览 ·· 1

第一节　政府采购概述 ·· 1

第二节　政府采购法律体系 ····································· 14

第三节　政府采购当事人 ··· 24

第四节　政府采购其他参与人 ································· 29

第五节　政府采购的监督管理机构 ························ 31

第二章　政府采购准备 ·· 35

第一节　采购人内部控制管理 ································ 35

第二节　采购预算 ·· 41

第三节　需求调查 ·· 54

第四节　采购需求编制 ··· 56

第五节　采购实施计划 ··· 59

第六节　采购需求和采购实施计划审查 ················· 63

第三章　政府采购的重要选择 ································· 68

第一节　采购组织形式 ··· 68

第二节　采购标的和采购项目属性 ························· 73

第三节　划分采购包 ·· 80

第四节　选择采购方式 ·· 85

第四章　资格审查 ·· 91

　　第一节　资格审查的概念及资格条件 ············· 91

　　第二节　资格审查概述 ································· 101

　　第三节　资格审查程序及实务 ····················· 104

第五章　招标采购方式 ·· 109

　　第一节　概述 ·· 109

　　第二节　招标 ·· 113

　　第三节　投标 ·· 145

　　第四节　开标 ·· 147

　　第五节　评标 ·· 152

　　第六节　中标 ·· 168

　　第七节　签订书面合同 ······························· 170

　　第八节　邀请招标 ····································· 172

　　第九节　招标采购工程建设项目 ·················· 176

第六章　非招标采购方式 ···································· 181

　　第一节　竞争性谈判 ··································· 181

　　第二节　竞争性磋商 ··································· 195

　　第三节　询价 ·· 211

　　第四节　单一来源采购 ······························· 216

　　第五节　框架协议采购 ······························· 222

　　第六节　其他采购组织实施方式 ·················· 240

第七章　政府采购合同 ·· 254

　　第一节　政府采购合同概述 ························· 254

第二节 政府采购合同类型 …………………………………… 256

第三节 政府采购合同条款 …………………………………… 263

第八章 政府采购合同履行 ……………………………………… 269

第一节 政府采购合同履行过程中采购人的权利、义务………… 269

第二节 编制验收方案 ………………………………………… 277

第三节 组织履约验收及责任 ………………………………… 287

第四节 验收 …………………………………………………… 291

第五节 验收合格的处理 ……………………………………… 297

第六节 验收不合格的处理 …………………………………… 300

第九章 政府采购争议与救济 …………………………………… 307

第一节 质疑 …………………………………………………… 307

第二节 投诉 …………………………………………………… 327

第三节 监督检查（含举报处理） …………………………… 330

第四节 行政复议、行政诉讼、行政裁决…………………… 335

第五节 合同争议 ……………………………………………… 340

第十章 政府采购绩效管理 ……………………………………… 351

第一节 政府采购绩效管理概述……………………………… 351

第二节 绩效目标管理………………………………………… 355

第三节 事前绩效评估………………………………………… 359

第四节 事中绩效运行监控…………………………………… 369

第五节 事后绩效评价及结果应用…………………………… 374

第六节 政府采购绩效评价案例分析………………………… 388

第十一章 采购人采购管理电子化 ……………………………… 402

第一节 采购管理电子化现状………………………………… 402

第二节　采购管理电子化的意义 ··· 404

第三节　采购管理电子化系统的主要内容 ··············· 406

第四节　典型案例分享 ··· 420

附录　相关法律法规及部门规章规范性文件 ················ 425

参考文献 ·· 434

第一章 政府采购概览

【本章概述】本章主要介绍政府采购的基本概念、性质和特征、原则和功能、基本工作流程，对政府采购的相关法律法规体系进行梳理，并对政府采购的当事人、参与人、监督管理机构进行介绍，以帮助读者形成对政府采购的基本认识。

第一节 政府采购概述

一、政府采购的定义与类型

（一）政府采购的定义

《中华人民共和国政府采购法》① 第二条第二款规定："本法所称政府采购，是指各级国家机关、事业单位和团体组织，使用财政性资金采购依法制定的集中采购目录以内的或者采购限额标准以上的货物、工程和服务的行为。"这一条款对政府采购的采购主体、资金来源、采购范围以及采购对象进行了定义。

1. 采购主体

采购主体，即《政府采购法》规定的采购人，是指依法进行政府采购的国家机关、事业单位和团体组织。

---

① 本书后文简称为《政府采购法》。

国家机关是指从事国家管理和行使国家权力的机关。事业单位是指国家为了社会公益目的，由国家机关举办或者其他组织利用国有资产举办的，从事教育、科技、文化、卫生等活动的社会服务组织。团体组织主要是指群众性团体组织、社会组织。

《政府采购法》对国家机关、事业单位和团体组织的采购活动加以法律规范，主要是基于国家机关、事业单位和团体组织本身都具有公共职能，其存续和运营均来自政府财政资金的支持。除国家机关外，作为政府采购采购人的事业单位和社团组织也都不同程度地负有社会公众所委托的政府职责，或者基于政府的委托、授权而履行与政府职能相关的职责。除普遍具有一定的管理公共事务的职能外，采购人还具有我国《中华人民共和国民法典》① 规定的民事权利能力和民事行为能力，除部分行政机关的派出机关外，均是依法独立享有民事权利和承担民事义务的法人组织。

2. 资金来源

采购人全部或部分使用财政性资金进行采购的，属于政府采购的管理范围。《中华人民共和国政府采购法实施条例》② 第二条规定："政府采购法第二条所称财政性资金是指纳入预算管理的资金。以财政性资金作为还款来源的借贷资金，视同财政性资金。国家机关、事业单位和团体组织的采购项目既使用财政性资金又使用非财政性资金的，使用财政性资金采购的部分，适用政府采购法及本条例；财政性资金与非财政性资金无法分割采购的，统一适用政府采购法及本条例。"

《政府采购法实施条例》通过"预算管理"来界定财政性资金。《中华人民共和国预算法》③ 规定，政府的全部收入和支出都应当纳入预算。《行政单位财务规则》和《事业单位财务规则》进一步规定，行政、事业单位应当将各项收入全部纳入单位预算，统一核算，统一管理，未纳入预算的收入不得安排支出。行政单位的收入，是指行政单位依法取得的非偿还性

---

① 本书后文简称为《民法典》。
② 本书后文简称为《政府采购法实施条例》。
③ 本书后文简称为《预算法》。

资金，包括财政拨款收入和其他收入；事业单位的收入，是指事业单位为开展业务及其他活动依法取得的非偿还性资金，包括财政补助收入、事业收入、上级补助收入、附属单位上缴收入、经营收入和其他收入。

3. 采购范围

《政府采购法》将采购范围限定在依法制定的集中采购目录以内的或者采购限额标准以上的情形。只有纳入了集中采购目录以内或者采购限额标准以上的项目，才执行政府采购制度。未纳入集中采购目录且未达到采购限额标准以上的采购活动，不适用《政府采购法》。

集中采购目录是由省级以上人民政府公布的纳入集中采购的范围。采购限额标准是实行政府采购的项目的采购预算金额所应达到的限额标准。《政府采购法》第七条第二款规定："属于中央预算的政府采购项目，其集中采购目录由国务院确定并公布；属于地方预算的政府采购项目，其集中采购目录由省、自治区、直辖市人民政府或者其授权的机构确定并公布。"《政府采购法》第八条规定："政府采购限额标准，属于中央预算的政府采购项目，由国务院确定并公布；属于地方预算的政府采购项目，由省、自治区、直辖市人民政府或者其授权的机构确定并公布。"

4. 采购对象

采购对象，又称为采购标的、采购内容。政府采购的内容包括货物、工程和服务。《政府采购法》规定，本法所称货物，是指各种形态和种类的物品，包括原材料、燃料、设备、产品等。本法所称工程，是指建设工程，包括建筑物和构筑物的新建、改建、扩建、装修、拆除、修缮等。本法所称服务，是指除货物和工程以外的其他政府采购对象。《政府采购法实施条例》规定："政府采购法所称服务，包括政府自身需要的服务和政府向社会公众提供的公共服务。"

（二）政府采购的类型

政府采购从组织实施形式上可以分为集中采购和分散采购。

集中采购是指将集中采购目录内的货物、工程、服务集中进行采购。

集中采购目录包括集中采购机构采购项目和部门集中采购项目：目录内属于通用的采购项目，应当委托集中采购机构代理采购；属于本部门、本系统有特殊要求的项目，应当实行部门集中采购。主管预算单位对本部门、本系统有特殊要求的项目可以实行部门集中采购。集中采购有利于发挥采购规模优势，便于采用更具有竞争性的采购方式，获得规模效益，降低采购成本，体现政府采购在节约财政资金、提高财政资金使用效益方面的优越性。

分散采购是指采购人对集中采购目录以外的货物、工程、服务进行的非集中采购。分散采购可以由采购人自己组织实施，也可以委托采购代理机构代理实施。分散采购不是随意采购，仍应按照政府采购程序实施。分散采购根据"谁需要谁采购"的原则由采购人直接采购所需货物、工程或者服务，其特点是实现采购人与使用人、采购权与使用权的合一，具有灵活性、自主性强的特点，但难以实现集中采购具有的价格优势、专业化效率及规模效益。对于集中采购目录内品目项目的采购，根据有关政策不适用集中采购时，也可由采购人分散采购。例如，按照《关于完善中央单位政府采购预算管理和中央高校、科研院所科研仪器设备采购管理有关事项的通知》（以下简称《科研仪器设备采购管理有关事项的通知》）的规定，高等院校和科研院所使用科研项目资金采购科研仪器设备，一般不适用集中采购目录，可由高等院校和科研院所自行组织实施，也可以委托集中采购机构或社会采购代理机构组织实施。

二、政府采购的属性分析

（一）政府采购的性质与特征

政府采购行为的性质是指政府采购是民事行为还是行政行为、政府采购合同是民事合同还是行政协议的问题。政府采购性质的准确界定，直接影响到政府采购的法律适用以及政府采购争议解决程序的建构，是政府采购法律制度的基础性问题。政府采购的采购人为国家机关、事业单位和团体组织，使用财政资金，采购过程严格遵循有关政府采购的行政管理规定并接受行政监督，这必然使政府采购，特别是行政机关的政府采购具备一定的行政色彩。《政府采购法》规定"政府采购合同适用合同法"，同时规定"政府采购合同继续履行将损害国家利益和社会公共利益的，双方当事人应当变更、中止或者终止合同""政府采购当事人有本法第七十一条、第七十二条、第七十七条违法行为之一，给他人造成损失的，并应依照有关民事法律规定承担民事责任。"采购人实施政府采购，通常情况下并非行使采购人主体具有的行政职权；政府采购行为产生的法律效果，引起的权利、义务关系，也主要围绕政府采购合同的订立和政府采购合同的履行，属于民法调整的范围。

相对私人采购而言，政府采购具有如下特点。

1. 采购主体的特定性

我国政府采购的主体是指行使有关国家权力或者从事某种公共职能的国家机关、事业单位和社会团体组织。采购人大部分是非营利性实体，依靠国家提供财政资金运作。

2. 资金来源的公共性

政府采购使用的资金均为财政性资金，是财政拨款或者需要以财政性资金偿还的借款，其最终来源为政府基于其公共职能而直接取得的收入或者纳入预算管理的收入。

3. 采购活动的非商业性

政府采购不以营利为目的，也不是为了再销售而采购，而是通过购买为政府部门或者其他履行公共管理、公共服务职能的采购人提供消费品或者向社会公众提供公共服务产品。

4. 采购目标的政策性

政府采购不仅关注采购对象是否物有所值、是否节省财政资金，还应当在采购中贯彻经济社会发展政策，主要包括购买本国产品、扶持中小企业、环境保护等。

5. 采购行为的规范性

政府采购要按照相关法律法规，根据采购规模、采购对象及采购时间等要求，采用适当的采购方式和采购程序，每个环节都要合法合规，体现公开、竞争的原则，接受社会监督。

6. 采购市场的规模大

政府采购的采购对象广泛，市场规模巨大。2021 年我国政府采购规模为 36399 亿元，占全国财政支出和国内生产总值（GDP）的比重分别为 10.1% 和 3.2%，具有极大的市场影响力。

（二）政府采购与公共采购、政府投资的关系

政府采购有时被称为公共采购，原因在于政府采购主要是政府等公共部门，为了开展日常政务活动或者为公众提供公共服务而在市场上进行的购买。但实践中公共采购的范围更加广泛，通常公共采购的范畴既包括《政府采购法》所规定的采购人使用预算管理资金实施的采购活动，也包括公益类国有企业使用国有资金为提供公共产品和服务而实施的采购，甚至也有人将包含商业类国有企业在内的国有企业采购全部作为公共采购。例如，《中国公共采购发展报告（2020）》认为公共采购至少包括政府采购、军事采购、国有企业采购和教育、卫生等公共事业部门采购。

1. 政府采购与公共采购的关系

公共采购是使用国家公共支出进行的采购。在我国，公共采购包括政府采购，但并非所有的公共采购均为政府采购。我国大量的经营供水、供电、供热、燃气、公众交通、公共通信等提供公共设施、公共产品和服务的机构是以国有企业或者国有独资、国有控股公司的形式存在的，目前这些公益类国有企业的采购未被纳入《政府采购法》适用范围。全部或者部分使用国有资金投资或者国家融资，或者使用国际组织或者外国政府贷款、援助资金的工程建设项目，在合同估算价达到一定的规模标准时，根据《中华人民共和国招标投标法》[①]《必须招标的工程项目规定》（以下简称发改委 16 号令）的规定必须进行招标，此类采购也属于公共采购。

---

① 本书后文简称为《招标投标法》。

2. 政府采购与政府投资的关系

政府采购一般具有消费性，获得货物、工程或者服务是为了满足自身或者公众需要，是为政府部门提供消费品或者向社会提供公共利益，不具有商业性采购的盈利目的，不存在"为卖而买"或者使用采购对象再经营的情形。政府投资以非经营性项目为主，但也可向经营项目投资，特别是国有资产管理机构对国有独资企业的投资持股，也是采取投资的形式。这种以获取增值收益为目的的投资行为，不应涉及适用政府采购程序的问题。

政府投资有固定资产投资，也有股权投资或者其他金融资产投资等形式。对于投资的资金支出是否纳入政府采购程序管理的问题，仍需按照《政府采购法》的规定，从采购主体、采购资金来源及采购范围等多个角度进行界定。例如，以政府与社会资本合作的方式开展项目经营，政府方采取合资入股项目公司的方式，虽然是股权投资行为，但也可以通过政府采购确定合作伙伴及投资条件。

三、政府采购的原则与功能

（一）政府采购的原则

《政府采购法》第三条规定了政府采购应当遵循的四项基本原则，即公开透明原则、公平竞争原则、公正原则和诚实信用原则。

1. 公开透明原则

公开透明原则，是指政府采购相关的法律、政策、程序和采购活动对社会公开，保证供应商获得对称信息，为社会监督创造条件。公开透明原则在《政府采购法》《政府采购法实施条例》中有一系列具体制度加以保障。其中，《政府采购法》第十一条规定，政府采购的信息应当在政府采购监督管理部门指定的媒体上及时向社会公开发布。《政府采购法》第六十三条规定，政府采购项目的采购标准应当公开。采购人在采购活动完成后，应当将采购结果予以公布。同时，《政府采购法实施条例》进一步对采购项目信息公开、采购文件公开、中标或者成交结果公开、采购合同公开、投诉处理结果公开等方面作出明确规定，将政府采购信息公开的范围扩大到采购预算、采购过程、采购结果、采购合同及履约情况等采购活动的全过程。公开透明原则致力于使政府采购成为"阳光下的交易"，通过公开强化监督，确保公平竞争，防范政府采购活动中的廉政风险。

2. 公平竞争原则

公平竞争原则要求政府采购活动应当引入竞争机制，并实现竞争的公平。为实现提高资金使用效益、物有所值的目标，政府采购活动应当通过实行公开竞争，吸引或者接受更多的供应商参与采购活动，实行优胜劣汰、优中选优。竞争必须公平、有序，采购人应当公平地对待每一个供应商，不得以不合理的条件限制或者排斥供应商参加政府采购活动，不得对供应商区别对待，不得设置不正当的条件妨碍充分竞争。供应商在政府采购活动中也应公平竞争，不得以串通、行贿等不正当的竞争手段谋求中标、成交资格。

3. 公正原则

公正原则首先要求采购人与供应商在政府采购活动中应当处于平等地位。公正不仅包含平等的含义，即应当按照同一原则或者标准对待处于相同情况的人和事，还包括付出与回报相对称的含义。公正原则要求政府采购应当按照事先约定的条件和程序进行，对所有供应商一视同仁。具体而言，政府采购项目评审应当按照事先公布的、统一的标准评定中标（成交）供应商；政府采购监督管理部门应当秉持中立、公允的立场，不偏不倚对待各方政府采购当事人。我国政府采购平等对待外商投资企业和中资企业在中国境内生产的产品、提供的服务，但涉及国家安全和国家秘密的采购项目除外。

4. 诚实信用原则

诚实信用原则是现代法治社会的基本法律规则，也是市场经济活动的基本道德准则。诚实信用原则要求政府采购当事人应当依法履行各自的权利和义务，讲信誉、重合同、守承诺，维护良好的市场竞争秩序，不得损害第三方的利益，也不得损害国家利益与社会公共利益。

（二）政府采购的功能

政府采购在规范引导财政支出行为、提高资金使用效益的基本功能之外，还应当承担一系列政策功能。

1. 提高资金使用效益

一方面，政府采购引入市场竞争机制，充分发挥市场作用，实现供应商之间的有效博弈和充分竞争，进而使采购人以最有利的价格等条件及时采购到契合采购需求的货物、工程或服务，达到公共利益最大化，有效提高资金使用效益。

另一方面，政府采购制度为政府采购活动建立起了财政、审计、供应商和社会公众等全方位参与的监督机制，有效压减寻租空间，使政府采购的任务集中到购买物有所值的货物、工程或者服务上，使供应商的精力更多地投入到提高产品质量、服务质量和全面满足采购需求上，有效降低非必要的交易成本。

此外，政府采购提高资金使用效益的功能还体现在购买国货的要求中，即在满足采购需求的同时通过购买本国产品实现对国家经济社会发展的推动作用。政府资金主要来源于本国，购买本国产品有利于本国企业拓展销路，提高竞争力，进而反哺本国经济社会发展。

2. 发挥政策功能

政府采购是公共财政的重要组成部分，在实现采购需求、节约资金的同时，本身也可以作为经济手段间接地协调、引导企业发展，调节经济社会发展，反映公共财政支出在经济社会生活中的作用，实现政府宏观调控目标。因此，政府采购被赋予了促进经济社会发展的政策功能。《政府采购法》第九条对政府采购政策功能作出了界定，即政府采购应当有助于实现国家的经济和社会发展政策目标，包括保护环境，扶持不发达地区和少数民族地区，促进中小企业发展等。《政府采购法实施条例》第六条规定："国务院财政部门应当根据国家的经济和社会发展政策，会同国务院有关部门制定政府采购政策，通过制定采购需求标准、预留采购份额、价格评审优惠、优先采购等措施，实现节约能源、保护环境、扶持不发达地区和少数民族地区、促进中小企业发展等目标。"

四、政府采购的工作流程

政府采购的工作流程有广义与狭义之分。广义的政府采购工作流程，是指一个政府采购项目从确定立项采购至政府采购合同履行完毕的完整的运作过程，通常可以分为三个阶段：政府采购准备阶段、政府采购合同授予阶段、政府采购合同履行阶段。狭义的政府采购工作流程，主要关注采购人依照法律法规实施政府采购活动，完成订立政府采购合同的工作，特别是所采用的政府采购方式应当遵循的采购程序。

从政府采购的整体工作流程来看，依照现行法律法规及政府采购实践，主要有如下程序。

（一）政府采购预算编制

《政府采购法》第三十三条规定："负有编制部门预算职责的部门在编制下一财政年度部门预算时，应当将该财政年度政府采购的项目及资金预算列出，报本级财政部门汇总。部门预算的审批，按预算管理权限和程序进行。"政府采购预算编制需要自下而上进行，从基层单位编起，逐级审核汇总，报财政部门审核。财政部门经汇总平衡并按照程序报批后，形成本年度本级政府采购预算，由财政部门在批复部门预算时一并批复至各部门。

（二）确定采购需求

《政府采购需求管理办法》（以下简称《需求管理办法》）规定，采购需求是指采购人为实现项目目标，拟采购的标的及其需要满足的技术、商务要求。在采购预算确定以后，采购人应当依据部门预算（工程项目概预算）确定采购需求。采购需求应当符合法律法规、政府采购政策和国家有关规定，符合国家强制性标准，遵循预算、资产和财务等相关管理制度规定，符合采购项目特点和实际需要。

（三）编制采购实施计划

《政府采购法实施条例》第二十九条规定："采购人应当根据集中采购目录、采购限额标准和已批复的部门预算编制政府采购实施计划，报本级人民政府财政部门备案。"采购实施计划应当根据法律法规、政府采购政策，并结合采购需求的特点确定。报财政部门备案的采购实施计划具体内容，应当包括采购项目的类别、名称、采购标的、采购预算、采购数量（规模）、组织形式、采购方式、落实政府采购政策等内容。

（四）采购需求和采购实施计划的审查

为加强内部控制和风险管理，采购人应当建立针对采购需求形成和采购需求实现过程的审查工作机制。在采购活动开始前，针对采购需求管理中的重点风险事项，审查采购需求和采购实施计划。主管预算单位可以根据本部门实际情况，确定由主管预算单位统一组织审查的项目类别或者金额范围。

（五）采购意向公开

采购意向公开的主要目的是提高政府采购透明度，便于供应商提前做好参与采购活动的准备。除框架协议采购之外，预算单位应当对本单位政府采购项目的采购意向进行公开。因预算单位不可预见的原因急需开展的采购项目，可不公开采购意向。采购意向公开的主要内容包括：采购项目名称、采购需求概况（包括采购标的需实现的主要功能或者目标，采购标的需满足的质量、服务、安全、时限等要求）、预算金额和预计采购时间等。

（六）委托采购代理机构

纳入集中采购目录的政府采购项目，采购人必须委托集中采购机构代理采购；未纳入集中采购目录的政府采购项目，采购人可以自行采购，也可以委托采购代理机构在委托的范围内代理采购。采购人依法委托采购代理机构办理采购事宜的，应当由采购人与采购代理机构签订委托代理协议，依法确定委托代理的事项，约定双方的权利义务。

（七）编制采购文件

《政府采购法实施条例》第三十二条规定，采购人应当按照国务院财政部门制定的采购文件标准文本编制。以公开招标采购方式为例，招标文件应当包括采购项目的商务条件、采购需求、投标人的资格条件、投标报价要求、评标方法、评标标准以及拟签订的合同文本等。

（八） 发布采购公告

为提高政府采购活动透明度，促进公平竞争，采购人应当按照《政府采购信息发布管理办法》（财政部令第 101 号）的规定发布采购公告，包括公开招标公告、资格预审公告、单一来源采购公示等。

（九） 编制投标（响应）文件

《政府采购货物和服务招标投标管理办法》（以下简称财政部令第 87 号）第三十二条规定，供应商应当按照招标文件的要求编制投标文件。投标文件应当对招标文件提出的要求和条件作出明确响应。《政府采购非招标采购方式管理办法》（以下简称财政部令第 74 号）第十三条规定，供应商应当按照谈判文件、询价通知书的要求编制响应文件，并对其提交的响应文件的真实性、合法性承担法律责任。

（十） 接收投标（响应）文件、开标

投标（响应）文件应当在采购文件确定的提交投标（响应）文件截止时间前提交，采购人不得接收投标（响应）截止时间后提交的投标（响应）文件。采购人组织开标或者按照采购文件的规定开启响应文件。

（十一） 资格审查和评审

采购人（采购人委托采购代理机构）或者评审小组（谈判小组、磋商小组等）对供应商进行资格审查，由评标委员会或者评审小组对供应商进行评审，向采购人推荐中标（成交）候选人。

（十二） 确定采购结果

采购代理机构自评标（评审）结束后将评标（评审）报告送交采购人。采购人应当复核评标（评审）报告，确定排名第一的中标（成交）候选人为中标（成交）供应商。

（十三） 发出中标（成交）通知书和发布采购结果公告

《政府采购法实施条例》第四十三条第二款规定，采购人应当自中标、成交供应商确定之日起 2 个工作日内，发出中标、成交通知书，并在省级以

上人民政府财政部门指定的媒体上公告中标、成交结果，招标文件、竞争性谈判文件、询价通知书随中标、成交结果同时公告。

（十四）签订政府采购合同

采购人与中标、成交供应商应当在中标、成交通知书发出之日起三十日内，按照采购文件确定的事项签订政府采购合同。政府采购合同应当包含法定必备条款和采购需求的所有内容，包括但不限于标的名称，采购标的质量、数量（规模），履行时间（期限）、地点和方式，包装方式，价款或者报酬、付款进度安排、资金支付方式，验收、交付标准和方法，质量保修范围和保修期，违约责任与解决争议的方法等。

（十五）合同公告与备案

《政府采购法实施条例》第五十条规定，采购人应当在采购合同签订之日起 2 个工作日内在规定的政府采购网上公告。《政府采购法》第四十七条规定，采购人应当在采购合同签订之日起 7 个工作日内将合同副本报同级采购监督管理部门备案。

（十六）履约验收

采购人应当按照政府采购合同规定的技术、服务、安全标准对供应商履约情况进行验收，并出具验收书。验收书应当包括每一项技术、服务、安全标准的履约情况。大型或者复杂的政府采购项目，应当邀请国家认可的质量检测机构参加验收工作。政府向社会公众提供的公共服务项目，验收时应当邀请服务对象参与并出具意见，验收结果应当向社会公告。

（十七）支付资金和政府采购绩效评价

采购人应按照政府采购合同约定，及时向中标或成交供应商支付采购资金。按照深化财税体制改革、全面实施预算绩效管理的要求，涉及一般公共预算等财政资金的政府采购项目，采购人应当积极开展绩效管理或绩效评价，并运用评价结果进一步提高政府采购资金使用效益。

（十八）采购文件（采购资料）保存

采购文件包括采购活动记录、采购预算、招标文件、投标文件、评标标准、评估报告、定标文件、合同文本、验收证明、质疑答复、投诉处理决定及其他有关文件、资料。采购文件的保存期限为从采购结束之日起至少保存十五年。

第二节　政府采购法律体系

一、政府采购法律体系概述

（一）我国立法层级划分

我国的立法层级，根据《中华人民共和国立法法》① 的规定，分为宪法、法律、行政法规、地方性法规、自治条例和单行条例、部门规章、地方政府规章。

1. 宪法

宪法具有最高的法律效力，一切法律、行政法规、地方性法规、自治条例和单行条例、规章都不得同宪法相抵触。宪法是我国的根本法，处于最高的法律位阶，全国人民代表大会作为最高国家权力机关，是唯一有权制定和修改宪法的机关。为保持宪法的最高权威性和稳定性，宪法的修改需要按照特别的程序来进行。

2. 法律

法律是指全国人民代表大会及其常务委员会制定的规范性法律文件，不包括宪法在内。其中，基本法律的制定或者系统修改必须经全国人大代表过半数通过才能达成。基本法律的调整事项是社会生活中重要的利益归属和配置。在根本法律和基本法律位阶之下的法律是普通法律。普通法律由全国人大常委会制定和修改，以国家主席签署主席令的形式发布。《政府采购法》就是一项普通法律。

---

① 本书后文简称为《立法法》。

3. 行政法规

行政法规是国务院根据宪法和法律，按照《行政法规制定程序条例》的规定而制定的政治、经济、教育、科技、文化、外事等各类法规的总称。行政法规以国务院总理签署国务院令的形式发布。《政府采购法实施条例》就是一部行政法规。

4. 地方性法规、自治条例和单行条例

地方性法规是地方立法机关制定或者认可的，其效力不能及于全国，而只能在地方区域内发生法律效力的规范性法律文件。根据《立法法》规定，省、自治区、直辖市人民代表大会及其常务委员会根据本行政区域的具体情况和实际需要，在不同宪法、法律、行政法规相抵触的前提下，可以制定地方性法规。设区的市人民代表大会及其常务委员会根据本行政区域的具体情况和实际需要，在不同宪法、法律、行政法规相抵触的前提下，可以对城乡建设与管理、环境保护、历史文化保护等方面的事项制定地方性法规，设区的市的地方性法规，须报省、自治区的人民代表大会常务委员会批准后施行。

自治条例和单行条例。民族自治地方的人民代表大会有权依照当地民族的政治、经济和文化的特点，制定自治条例和单行条例。自治区的自治条例和单行条例，报全国人民代表大会常务委员会批准后生效。自治州、自治县的自治条例和单行条例，报省、自治区、直辖市的人民代表大会常务委员会批准后生效。

5. 部门规章

国务院各部委、中国人民银行、审计署和具有行政管理职能的直属机构，可以根据法律和国务院的行政法规、决定、命令，在本部门的权限范围内，制定部门规章。国务院各部的部门规章以部令的形式发布。

6. 地方政府规章

地方政府规章是指省、自治区、直辖市和设区的市、自治州的人民政府，可以根据法律、行政法规和本省、自治区、直辖市的地方性法规，制定规章。地方政府规章可以就下列事项作出规定：（1）为执行法律、行政法规、地方性法规的规定需要制定规章的事项。（2）属于本行政区域的具体行政管理事项。设区的市、自治州的人民政府制定地方政府规章，限于城乡建设与管理、环境保护、历史文化保护等方面的事项。地方政府规章的具体表现形式有：规程、规则、细则、办法、纲要、标准、准则等。地方政府规章以地方人民政府令的形式发布。

7. 其他规范性文件

其他规范性文件又称行政规范性文件，是指除行政法规、部门规章和地方政府规章外，由行政机关或者经法律、法规授权的具有管理公共事务职能的组织依照法定权限、程序制定并公开发布，涉及公民、法人和其他组织权利义务，具有普遍约束力，在一定期限内反复适用的公文。广义上，规范性文件是指属于法律范畴（即宪法、法律、行政法规、地方性法规、自治条例、单行条例、部门规章和地方政府规章）的立法性文件和除此以外的由国家机关和其他团体、组织制定的具有约束力的非立法性文件的总和。国家行政机关制定行政法规和规章以外的行政规范性文件被称为其他规范性文件。《国务院办公厅关于加强行政规范性文件制定和监督管理工作的通知》（国办发〔2018〕37号）的规定，行政规范性文件由制定机关统一登记、统一编号、统一印发。财政部和各级地方政府采购监督管理部门在政府采购管理中发布了大量的其他规范性文件。

（二）政府采购法律体系效力层级

宪法具有最高的法律效力，法律的效力高于行政法规，地方性法规、规章，行政法规的效力高于地方性法规、规章，地方性法规的效力高于本级和下级地方政府规章，省、自治区的人民政府制定的规章的效力高于本行政区域内的设区的市、自治州的人民政府制定的规章。部门规章之间、部门规章与地方政府规章之间具有同等效力，在各自的权限范围内施行。地方性法规、规章之间不一致时，由有关机关依照下列规定的权限作出裁决：（1）同一机关制定的新的一般规定与旧的特别规定不一致时，由制定机关裁决。（2）地方性法规与部门规章之间对同一事项的规定不一致，不能确定如何适用时，由国务院提出意见，国务院认为应当适用地方性法规的，应当决定在该地方适用地方性法规的规定；认为应当适用部门规章的，应当提请全国人民代表大会常务委员会裁决。（3）部门规章之间、部门规章与地方政府规章之间对同一事项的规定不一致时，由国务院裁决。

二、政府采购法律法规及相关法律法规

目前，在我国可以规范和约束政府采购活动的法规，主要由全国性政府采购法律法规及规范性文件和地方性法规、规章及规范性文件构成。另外，还有一些在政府采购中需要适用的相关法律法规或规范性文件，例如，《民法典》《招标投标法》《中华人民共和国招标投标法实施条例》① 等，在此一并加以简要介绍。

（一）《政府采购法》及《政府采购法实施条例》

1. 《政府采购法》的主要内容

2002 年 6 月 29 日，中华人民共和国第九届全国人民代表大会常务委员会第二十八次会议通过了《政府采购法》，该法自 2003 年 1 月 1 日起施行，2014 年 8 月 31 日作出修正。该法共 9 章 88 条，除总则和附则外，分章对政府采购当事人、政府采购方式、政府采购程序、政府采购合同、质疑与投诉、监督检查、法律责任作出规定。《政府采购法》是我国第一部规范政府采购行为的法律，有力推进了政府采购的规范管理，使政府采购工作步入法治化建设轨道。《政府采购法》明确了立法宗旨、适用范围，以政府采购合同的订立、履行为主线对政府采购的全过程加以规范。前四章即总则、政府采购当事人、政府采购方式、政府采购程序，规定了政府采购合同订立的原则、方法、程序和主体等事项；后五章即政府采购合同、质疑与投诉、监督检查、法律责任、附则，规定了保障政府采购合同履行的行政和司法措施。《政府采购法》主要确立了如下制度。

（1）政府采购主体制度。规定了在采购活动中享有权利和承担义务的

---

① 本书后文简称为《招标投标法实施条例》。

政府采购当事人及监督管理机构的法律地位、资质条件和工作职责等。具体包括四个方面内容：一是采购人，规定各级国家机关、事业单位和团体组织属于政府采购法调整主体范围；二是管理主体，规定各级人民政府财政部门负责政府采购监督管理，依法履行对政府采购活动的监督管理职责；三是代理机构，集中采购目录以内的货物、工程和服务，必须由集中采购机构代理采购，也规定了社会代理机构代理实施采购的要求；四是供应商，明确了为采购人提供货物、工程和服务的供应商的准入资格和权利义务。

（2）政府采购程序制度。《政府采购法》既是一部实体法，也是一部程序法。《政府采购法》规范了政府采购方式适用条件、采购方式运作程序、采购流程等内容，为政府采购活动公开、公平、公正进行提供了法律制度保障。《政府采购法》规定的采购方式包括公开招标、邀请招标、竞争性谈判、单一来源采购、询价、国务院政府采购监督管理部门认定的其他采购方式，并规定公开招标应作为政府采购的主要采购方式。目前，监督管理部门明确认定的其他采购方式有竞争性磋商和框架协议采购两种。

（3）政府采购的监督救济制度。《政府采购法》规定了供应商的质疑投诉制度，供应商可以通过询问、质疑和投诉等方式寻求救济。同时《政府采购法》确立了政府采购监督机制，对财政部门监督检查政府采购活动的内容、职责，对集中采购机构采购行为及结果的考核范围作出规定，为财政部门依法行使监督检查职责提供了保障。此外，规定监察机关、审计机关和其他有关政府部门依其职责对政府采购活动进行行政监督并强化社会监督。针对违法行为，《政府采购法》规定了行政责任、民事责任和刑事责任的追究制度。

2. 《政府采购法实施条例》的主要内容

《政府采购法实施条例》经 2014 年 12 月 31 日国务院第七十五次常务会议通过，以中华人民共和国国务院令第 658 号形式公布，自 2015 年 3 月 1 日起施行。《政府采购法实施条例》是《政府采购法》的配套行政法规，内容上严格遵守《政府采购法》的规定，并从以下几个方面完善和细化了《政府采购法》的内容。

在完善政府采购市场机制方面，《政府采购法实施条例》对政府采购市场规则作了重要弥补与细化。一是明确了采购需求在采购报价竞争中的基础性作用。二是规定了评审规则的基本要求。三是强化了采购评审与采购合同的对应关系。在此基础上，《政府采购法实施条例》细化规定了政府采购当事人及其他有关人员在编制采购需求、评审、缔结合同、履约等各环节的权利和义务，促进了政府采购法律体系内容与形式、指导思想与内在逻辑的更好统一，推进实现了政府采购的良法善治。

在提高政府采购透明度方面，《政府采购法实施条例》对《政府采购法》第十一条规定作了全面细化：一是将采购全过程的信息公开，包括采购项目信息、采购文件、中标成交结果、政府采购合同、投诉处理结果等；二是对信息公开的具体内容作出了细化规定，如项目信息应包括采购项目预算、中标成交结果等具体内容；三是增加了推动政府职能转变的公开事项，如达到公开招标数额标准的单一来源采购公示能够有效限制行政权力滥用，公开公共服务需求标准及履约验收情况能够有效推动服务型政府建设。

在强化政府采购政策功能方面，《政府采购法实施条例》扩展了政府采购政策的相关规定：一是细化了制定采购需求标准、预留采购份额、价格评审优惠、优先采购等实现政府采购政策的具体措施，明确了因实施采购政策而改变采购方式的法律依据；二是规定了采购人、采购代理机构执行采购政策的法律义务；三是明确了政府采购政策的实施范围，规定政府采购工程以及与工程建设有关的货物、服务应当执行政府采购政策；四是明确了统一制定政府采购政策的主体，防止因政府采购政策滥用阻碍形成统一规范、有序竞争的政府采购市场。通过这些规定，使得政府采购政策功能得以更好发挥。

《政府采购法实施条例》也做好了与《预算法》及其实施条例、《招标投标法》及其实施条例等法律、行政法规的衔接。例如，《政府采购法实施条例》中有关财政性资金和政府采购预算的规定同《预算法》相衔接。

《政府采购法实施条例》还增强了可操作性，规定了采购人、采购代理机构和供应商从事采购活动应当履行的基本义务和禁止从事的活动，规范引导采购人正确选择采购方式，进一步界定非招标采购方式的适用情形，细化招标采购程序和非招标采购程序，规定评标方法、评审专家的义务和抽取方式，在保障供应商依法维护自身权益的同时防止滥用投诉权，补充设定了多种违法行为的法律责任。

（二）《民法典》

《民法典》由中华人民共和国第十三届全国人民代表大会第三次会议于2020年5月28日通过。《民法典》被称为"社会生活的百科全书"，是新中国第一部以法典命名的法律，在中国特色社会主义法律体系中具有重要地位，是一部固根本、稳预期、利长远的基础性法律。《民法典》自2021年1月1日起施行，《中华人民共和国合同法》废止，有关合同的民事法律规范由《民法典》中的合同编替代。《政府采购法》第四十三条规定，政府采购合同适用合同法。在《中华人民共和国合同法》废止后，我国合同法的具体法律规定主要体现在《民法典》的合同编中。

1. 《民法典》与政府采购合同的订立

《民法典》规定，合同是民事主体之间设立、变更、终止民事法律关系的协议。在政府采购合同中的采购人是行政机关的情况下，采购人虽为行政机关或者事业单位、团体组织，但也是《民法典》规定的法人主体。《民法典》第九十六条规定："本节规定的机关法人、农村集体经济组织法人、城镇农村的合作经济组织法人、基层群众性自治组织法人，为特别法人。"《民法典》第九十七条规定："有独立经费的机关和承担行政职能的法定机构从成立之日起，具有机关法人资格，可以从事为履行职能所需要的民事活动。"即政府采购的采购人依据《民法典》也具有订立政府采购合同的主体资格。

2. 《民法典》与政府采购合同的履行

《民法典》规定，当事人应当按照约定全面履行自己的义务。当事人应当遵循诚信原则，根据合同的性质、目的和交易习惯履行通知、协助、保密等义务。当事人在履行合同过程中，应当避免浪费资源、污染环境和破坏生态。合同生效后，当事人就质量、价款或者报酬、履行地点等内容没有约定或者约定不明确的，可以协议补充；不能达成补充协议的，按照合同相关条款或者交易习惯确定。《民法典》的这些有关合同履行的规定，对政府采购合同的履行同样适用。

（三）《招标投标法》及《招投标法实施条例》

1. 《招标投标法》的主要内容

2000 年 1 月 1 日《招标投标法》正式施行，确立了招标投标基本法律制度。《招标投标法》第三条从项目性质和资金来源两个角度规定了必须招标的工程建设项目范围，确定依法必须招标制度。2018 年，发改委 16 号令和《必须招标的基础设施和公用事业项目范围规定》（以下简称发改委 843 号文）对必须招标项目的范围、规模标准进行了调整，大幅缩小了必须招标的工程建设项目范围，提高了必须招标的工程建设项目规模标准。

除对必须招标项目进行重点规范外，《招标投标法》还规定在中华人民共和国境内进行招标投标活动，适用本法，即对于非必须进行招标的项目，如果选择采用招标方式采购的，也应当适用《招标投标法》规定。但是必须招标项目和非必须招标项目，在具体招标投标程序规则上略有差异。

2. 《招标投标法实施条例》的主要内容

2012 年 2 月 1 日起施行的《招标投标法实施条例》进一步明确了《招标投标法》的适用范围，并细化了规定：需审批前置的招标项目、可以邀请招标的情形、可以不招标的情形、招标代理机构的资格和招标人的权利义务、投标人的权利义务、投标人相互串通投标情形、招标人与投标人串通投标情形、弄虚作假投标情形、投标人或者其他利害关系人向行政监督部门投诉、行政监督部门处理投诉等事项。

（四）有关政府采购的部门规章及规范性文件

财政部作为《政府采购法》确定的国务院政府采购监督管理部门，制定实施了大量的政府采购部门规章及其他形式的规范性文件，并在实践发展中不断修改完善。常用的部门规章主要有：《政府采购货物和服务招标投标管理办法》（财政部令第 87 号）、《政府采购非招标采购方式管理办法》（财政部令第 74 号）、《政府采购质疑和投诉办法》（财政部令第 94 号）、《政府采购信息发布管理办法》（财政部令第 101 号）、《政府购买服务管理办法》（财政部令第 102 号)、《政府采购框架协议采购方式管理暂行办法》(以下简称财政部令第 110 号)。此外,部分部委也出台了有关政府采购管理的其他规范性文件。

(五)地方性法规、地方政府规章及其他规范性文件

政府采购现行有效的地方性法规包括《青海省实施〈中华人民共和国政府采购法〉办法(2022 年修正)》《广东省实施〈中华人民共和国政府采购法〉办法》《海南省实施〈中华人民共和国政府采购法〉办法》《深圳经济特区政府采购条例》等。

政府采购现行有效的地方政府规章包括《山东省政府采购管理办法(2018 年修订)》《上海市政府采购实施办法》《湖南省政府采购暂行办法》《深圳经济特区政府采购条例实施细则(2022 年修正)》等。

另外,各地方人民政府还以政府文件、政府办公厅文件、财政部门文件等形式发布实施了大量有关政府采购管理、规范政府采购活动的行政规范性文件,在各地区范围内均需予以适用。

三、国际组织相关规范性文件

基于政府采购的重要影响,有些国际经济组织形成了有关政府采购合作的国际条约,例如,世界贸易组织的《政府采购协定》(GPA)。另外,有些国际组织也颁布了有关采购的规范性文件,例如,联合国国际贸易法委员会的《公共采购示范法》、世界银行投资项目贷款借款人采购规则等,这些领域的采购管理文件可作为政府采购活动的参考。

(一)《政府采购协定》

《政府采购协定》是世界贸易组织关于政府采购市场开放的专项协议。1979 年,《关税与贸易总协定》缔约方将政府采购纳入贸易投资自由化谈判领域,制定了《政府采购协定》供缔约方自愿申请加入。1995 年世界贸易组织成立后,该协定仍是由世界贸易组织成员自愿申请加入。我国正在进行加入《政府采购协定》的谈判。

该协定的基本目标是就政府采购建立一个有助于实现国际贸易进一步

自由化和扩大、改善国际贸易的多边框架，避免有关政府采购措施被用于保护本国供应商。《政府采购协定》分为正文和附录两大部分。正文为协定条款，包括定义、适用范围、基本原则、发展中国家待遇、采购程序、合同授予、国内审查程序等共二十二条。附录一是各成员的市场开放清单，列明了适用协定的中央政府、地方政府、其他采购实体名单和所适用的采购门槛价及协定所涵盖的货物、建筑服务及其他服务清单。附录二至四为成员发布政府采购信息的刊物和电子媒介清单。《政府采购协定》要求各成员及其采购实体在涵盖采购中对来自任何其他成员的货物或服务及供应商给予国民待遇和最惠国待遇，要求采购实体以透明和公正的方式进行涵盖采购，并对发展中国家在执行协定义务方面给予优惠待遇。《政府采购协定》规定的采购方式主要为公开招标、选择性招标和限制性招标，同时对采购中的谈判或电子反拍程序作出规定。协定要求各成员设立独立于采购实体的行政或司法机关，以审查供应商的质疑。

（二）《联合国国际贸易法委员会公共采购示范法》

《联合国国际贸易法委员会公共采购示范法》（以下简称《公共采购示范法》）是联合国国际贸易法委员会（UNCITRAL）在1994年《联合国国际贸易法委员会货物、工程和服务采购示范法》的基础上修订而来的，其目的是作为各国评价和更新其采购法及惯例时参照的范本，对于尚未有采购法的国家，则作为拟定采购立法时参照的范本。《公共采购示范法》定位适用于一切公共采购，其为公共采购立法的目标包括：（1）采购尽量节省费用，提高效率；（2）不论国籍促进和鼓励供应商和承包商参加采购程序，从而促进国际贸易；（3）促进供应商和承包商为供应采购标的进行竞争；（4）规定对所有供应商和承包商给予公平、平等和公正待遇；（5）促进采购程序的公平、公正，提升公信度；（6）采购相关程序具有透明度。

《公共采购示范法》在对采购程序进行重点规定的基础上，允许政府采购者利用电子采购和框架协议等现代商业方法在采购中最大程度地实现物有所值。为了促进竞争，增强客观性，《公共采购示范法》规定所有程序都必须遵守严格的透明度机制和要求。对于采购过程中作出的所有决定和采取的所有行动，潜在供应商都可以质疑。

第三节　政府采购当事人

一、政府采购的采购人

（一）国家机关

国家机关是指依法享有国家赋予的行政权力，具有独立的法人地位，以国家预算作为独立活动经费的各级机关。国家机关是指从事国家管理和行使国家权力的机关。我国主要有以下国家机关：（1）国家元首。中华人民共和国主席。（2）国家权力机关。全国及地方各级人民代表大会及其常务委员会。（3）国家行政机关。国务院及其所属各部、委、各直属机构和办事机构，地方各级人民政府及其所属的各工作部门、派出机构等。（4）国家审判机关。最高人民法院、地方各级人民法院、专门人民法院。（5）国家检察机关。最高人民检察院、地方各级人民检察院、专门人民检察院。（6）国家军事机关。（7）国家监察机关。

《民法典》第九十七条规定："有独立经费的机关和承担行政职能的法定机构从成立之日起，具有机关法人资格，可以从事为履行职能所需要的民事活动。"即国家机关自成立之日起即具有法人资格。

（二）事业单位

根据《事业单位登记管理暂行条例》的规定，事业单位是指国家为了社会公益目的，由国家机关举办或者其他组织利用国有资产举办的，从事教育、科技、文化、卫生等活动的社会服务组织。事业单位接受政府领导，表现形式为组织或者机构的法人实体。

事业单位一般是国家设置的带有一定公益性质的机构，但不属于政府机构，其工作人员与公务员不同。根据国家事业单位分类改革精神，事业单位不再分为全额拨款事业单位、差额拨款事业单位，而分为公益一类事业单位、公益二类事业单位，还新增了利用国有资产举办的事业单位和社会资本举办的事业单位，是国家不拨款的事业单位。事业单位法人在经批准成立后，应当办理事业单位法人登记。事业单位登记信息可以在"机关赋码和事业单位登记管理平台"网站查询。

（三）团体组织

团体组织，主要是指人民团体、群众团体以及社会组织。人民团体、群众团体又合称为群团组织，群团组织特别是人民团体是广大群众依法、有序、广泛参与管理国家事务和社会事务、管理经济和文化事业的重要渠道。对工会、共青团、妇联等人民团体和群众团体机关参照《中华人民共和国公务员法》管理，由中央编办管理机构定机构、定职责、定编制。社会组织分为三类，即社会团体、民办非企业单位和基金会，原则均须在民政部门办理社会组织登记。社会组织登记信息可以在全国社会组织信用信息公示平台查询。

☞ **小贴士**

在我国法人和其他组织统一社会信用代码制度后，国家机关、事业单位和社团组织均可以申领统一社会信用代码证，因此，采购人的主体资格可以在全国组织机构统一社会信用代码查询平台（cods. org. cn）核实。能够查询到统一社会信用代码的组织机构，是有效存续的法律主体；未能查询到统一社会信用代码的，可能并非有效存续的法律主体，也可能未申领统一社会信用代码证。

二、采购代理机构

按政府采购相关法律法规的规定，我国政府采购代理机构有两类：一是政府依法设立的集中采购机构；二是集中采购机构以外的采购代理机构，称之为社会采购代理机构。

（一）集中采购机构和社会代理机构的区别

集中采购机构既是《政府采购法》规定的政府采购执行机构，也是政府采购代理机构。《政府采购法》规定集中采购机构的业务范围包括法定强制性业务和非强制性业务两个方面。关于强制性业务的范围，《政府采购法》第十八条第二款将"纳入集中采购目录的政府采购项目"划分为通用项目和非通用项目，允许采购人在采购本部门有特殊要求的通用项目时，实行部门集中采购；采购本单位有特殊要求的非通用项目时，可以依法自行采购。因此，集中采购机构的强制性业务范围只是集中采购目录中的通用项目。非强制性业务的范围是未纳入集中采购目录的政府采购项目，采购人可以委托集中采购机构代理采购。

《政府采购代理机构管理暂行办法》规定，政府采购代理机构是指集中采购机构以外、受采购人委托从事政府采购代理业务的社会中介机构。作为社会中介机构的社会代理机构，实行名录登记管理。省级财政部门依托中国政府采购网省级分网建立政府采购代理机构名录。名录信息全国共享并向社会公开。社会代理机构申请进入名录实行承诺制。

集中采购机构和社会代理机构开展政府采购相关业务的职能区别在于：（1）设立的主体和机构的性质不同，集中采购机构是设区的市、自治州以上人民政府根据本级政府采购项目组织集中采购的需要设立的，单位性质是非营利事业法人。而集中采购机构以外的采购代理机构，则是由其自愿依法申请成立的，单位性质是企业法人。（2）两者所代理的政府采购业务范围有所不同，集中采购机构实行的是法定强制委托代理，集中采购机构以外的采购代理机构则是根据采购人自愿委托，代理分散采购项目。采购人不可以将集中采购项目委托社会采购代理机构。

（二）社会代理机构开展业务的要求

《政府采购代理机构管理暂行办法》规定，代理机构代理政府采购业务应当具备以下条件：（1）具有独立承担民事责任的能力；（2）建立完善的政府采购内部监督管理制度；（3）拥有不少于5名熟悉政府采购法律法规、具备编制采购文件和组织采购活动等相应能力的专职从业人员；（4）具备独立办公场所和代理政府采购业务所必需的办公条件；（5）在自有场所组织评审工作的，应当具备必要的评审场地和录音录像等监控设备设施并符合省级人民政府规定的标准。

采购人应当与采购代理机构签署委托代理协议，确定政府采购项目的委托代理关系。《政府采购法实施条例》第十六条规定，《政府采购法》第二十条规定的委托代理协议，应当明确代理采购的范围、权限和期限等具体事项。采购人和采购代理机构应当按照委托代理协议履行各自义务，采购代理机构不得超越代理权限。

根据《政府采购法实施条例》第十四条规定，采购代理机构不得以不正当手段获取政府采购代理业务，不得与采购人、供应商恶意串通操纵政府采购活动。采购代理机构工作人员不得接受采购人或者供应商组织的宴请、旅游、娱乐，不得收受礼品、现金、有价证券等，不得向采购人或者供应商报销应当由个人承担的费用。《政府采购法》和《政府采购法实施条例》对代理机构开展业务中的违法行为规定了相应的法律责任。

三、供应商

供应商是指向采购人提供货物、工程或者服务的法人、其他组织或者自然人。供应商是为政府采购主体提供货物、工程或者服务的法律主体，是政府采购活动的当事人。

（一）供应商的主体资格条件

《政府采购法》第二十二条规定，供应商参加政府采购活动应当具备下列条件：（1）具有独立承担民事责任的能力；（2）具有良好的商业信誉和健全的财务会计制度；（3）具有履行合同所必需的设备和专业技术能力；（4）有依法缴纳税收和社会保障资金的良好记录；（5）参加政府采购活动前三年内，在经营活动中没有重大违法记录；（6）法律、行政法规规定的其他条件。采购人可以根据采购项目的特殊要求，规定供应商的特定条件，但不得以不合理的条件对供应商实行差别待遇或者歧视待遇。

《政府采购法》第二十四条规定，两个以上的自然人、法人或者其他组织可以组成一个联合体，以一个供应商的身份共同参加政府采购。联合体是一个临时性组织，联合体自身不具有法人、其他组织和自然人资格。虽然联合体不是单一的法律主体，但可以以所有组成联合体各方的共同名义作为一个特殊的供应商参加政府采购活动。

☞ **小贴士**

　　财政部在 2019 年 5 月 27 日对留言问题的官方答复：自然人可以作为政府采购活动的供应商参加政府采购。为了简化法律文本，法律规定不可能穷尽所有情形。《政府采购法》第二十二条第二款提到"具有良好的商业信誉和健全的财务会计制度"，是对法人单位和其他组织的要求，不是对自然人的要求。在适用法律时，应该遵循其精神本质，而不应拘泥于具体条文。

（二）供应商的权利义务

　　供应商在政府采购中享有法律赋予的权利，也应当承担相应的义务。政府采购法律法规未对供应商的权利义务作出列举，但供应商至少应享有如下权利：（1）平等地取得政府采购供应商资格的权利；（2）平等地获得政府采购信息的权利；（3）自主、平等地参加政府采购竞争的权利；（4）就政府采购活动事项询问、质疑和投诉的权利；（5）自主、平等地签订政府采购合同并享有政府采购合同约定的权利；（6）要求采购人或者采购代理机构保守其商业秘密的权利；（7）监督政府采购活动的权利。

　　供应商平等参加政府采购活动的竞争，有不受差别待遇或者歧视待遇的权利。为保障这一权利，《政府采购法实施条例》第二十条对属于以不合理的条件对供应商实行差别待遇或者歧视待遇的情形作出细化规定。另外，《中华人民共和国外商投资法实施条例》① 对于外商投资企业平等参加政府采购也作出规定，政府及其有关部门不得阻挠和限制外商投资企业自由进入本地区和本行业的政府采购市场。政府采购的采购人、采购代理机构不

---

　　① 本书后文简称为《外商投资法实施条例》。

得在政府采购信息发布、供应商条件确定和资格审查、评标标准等方面，对外商投资企业实行差别待遇或者歧视待遇，不得以所有制形式、组织形式、股权结构、投资者国别、产品或者服务品牌以及其他不合理的条件对供应商予以限定，不得对外商投资企业在中国境内生产的产品、提供的服务和内资企业区别对待。

政府采购供应商的义务应当包括：（1）遵守政府采购的各项法律、法规和规章制度；（2）在所参加的政府采购活动中按规定接受供应商资格审查，并在资格审查中客观真实地反映自身情况；（3）中标、成交后，按规定程序签订政府采购合同并严格履行合同义务。

为保障政府采购活动的公平竞争，《政府采购法》确立了采购人员及相关人员因与供应商存在利害关系而应当回避的制度。供应商认为采购人员及相关人员与其他供应商有利害关系的，可以向采购人或者采购代理机构书面提出回避申请，并说明理由。采购人或者采购代理机构应当及时询问被申请回避人员，有利害关系的被申请回避人员应当回避。

供应商参加政府采购还应当遵循其他政府采购规则，例如，单位负责人为同一人或者存在直接控股、管理关系的不同供应商，不得参加同一合同项下的政府采购活动。除单一来源采购项目外，为采购项目提供整体设计、规范编制或者项目管理、监理、检测等服务的供应商，不得再参加该采购项目的其他采购活动。

第四节 政府采购其他参与人

一、评审专家

（一）评审专家的选聘

评审专家，是指经省级以上人民政府财政部门选聘，以独立身份参加政府采购评审，纳入评审专家库管理的人员。《政府采购评审专家管理办法》（以下简称《评审专家管理办法》）对政府采购评审专家的选聘作出了规定。

（二）评审专家的权利和义务

评审专家受聘参加政府采购评审活动，依据政府采购文件规定的标准和方法，依法对投标（响应）文件进行独立评审，提出评审意见，不受任何单位和个人的干预。评审专家参加评审，有权获取参加评审活动的劳务报酬。为保障专家对政府采购项目进行公正独立评审，《评审专家管理办法》规定了相关措施以保障评审专家的权利。一是规定采购人应当从评审专家库中随机抽取评审专家，未按规定抽取和使用评审专家的，依照《政府采购法》及有关法律法规追究法律责任。二是要求评审专家发现采购文件违反国家有关强制性规定或者存在歧义、重大缺陷导致评审工作无法进行时，应当停止评审并书面说明情况；评审专家发现供应商有违法行为的应当及时向财政部门报告；在评审过程中受到非法干预的应当及时向财政、监察等部门举报。三是规定评审专家名单在评审结果公告前应当保密，各级财政部门、采购人和采购代理机构有关工作人员不得泄露评审专家的个人情况。四是规定评审专家可以在政府采购信用评价系统中查询本人职责履行情况记录，就有关情况作出说明，并记录采购人或者采购代理机构的职责履行情况。

为加强评审专家管理，《评审专家管理办法》制定了以下监管措施：一是采购人、采购代理机构通过政府采购信用评价系统记录评审专家的职责履行情况。二是专家有提供虚假申请材料、拒不配合答复供应商询问质疑投诉、以评审专家身份从事有损政府采购公信力的活动等情形的，列入不良行为记录。三是将专家不良行为记录与专家聘用、解聘相衔接。四是明确了采购人、采购代理机构对评审专家违法违规行为的报告义务，重申了《政府采购法实施条例》对专家违法行为的处理处罚和责任追究规定。

二、其他社会中介机构

与政府采购有关的其他社会中介机构，是指除采购代理机构以外，参与政府采购活动、发挥专业服务价值的社会中介机构，具体包括政府采购相关法律法规规定的检验、检测、鉴定机构，以及为政府采购提供专业中介服务的会计师事务所、审计师事务所、公证机关、信息咨询等服务事项的咨询机构。

第五节 政府采购的监督管理机构

我国对政府采购的监督管理，主要包括采购人的内部监督和行政体制内相关行政部门的行政监督。监督主体包括财政部门、采购人主管预算单位、采购项目所在行业主管部门，以及审计机构、纪检监察部门等专门监督机构。

一、行政监督部门

（一）财政部门是政府采购的行政监督部门

《政府采购法》第十三条规定，各级人民政府财政部门是负责政府采购监督管理的部门，依法履行对政府采购活动的监督管理职责。各级人民政府其他有关部门依法履行与政府采购活动有关的监督管理职责。其他有关部门包括市场监管、监察等行政监督部门。

（二）财政部门的主要监督职责

财政部门主要监督职责包括以下十二个方面。

（1）制定政府采购管理的规章或者其他行政规范性文件；制定政府采购政策；对相关规章、规范性文件和采购政策进行督促落实。

（2）对政府采购信息公告活动进行监督、检查和管理。

（3）受理采购人采购实施计划的备案。

（4）审批采购人或者采购代理机构的变更采购方式申请。

（5）规定政府采购合同必须具备的条款。

（6）受理采购人的合同备案。

（7）依法处理投诉与行政复议。

（8）对政府采购工作进行检查。

（9）对集中采购机构进行考核。

（10）建立评审专家库，并对专家的使用进行监管。

（11）对违反政府采购法规的行为进行处罚。

（12）审核竞争性磋商采购方式中的价格分权重。

二、主管预算单位

主管预算单位负有编制部门预算职责，是向同级财政部门申报预算的国家机关、事业单位和团体组织。主管预算单位是一级预算单位，即直接向财政部门申报预算资金，并对所属预算单位分配和转拨预算资金的一级预算单位。例如，某市各个公立中小学校是独立的二级预算单位，是采购人的适格主体，主管中小学校的该市教育局即为主管预算单位。在财政预算工作中，主管预算单位直接向同级财政部门编报预算，领拨缴销预算资金，同时负责核定所属单位预算，向所属单位转拨预算资金。

首先，主管预算单位负责指导本部门采购需求管理工作。在采购需求和采购实施计划的审查机制中，主管预算单位可以根据本部门实际情况，确定由主管预算单位统一组织重点审查的项目类别或者金额范围。

其次，主管预算单位在政府采购中承担相应的主体责任。《政府采购框架协议采购方式管理暂行办法》将主管预算单位确定为征集程序和订立框架协议的采购主体，规定集中采购目录以外品目采用框架协议采购的，由主管预算单位负责征集程序和订立框架协议。其他预算单位确有需要的，经其主管预算单位批准，可以采用框架协议采购方式采购。

再次，主管预算单位应当组织评估本部门及所属单位政府采购项目，统筹制定面向中小企业预留采购份额的具体方案，对适宜由中小企业提供的采购项目和采购包，预留采购份额专门面向中小企业采购，并在政府采购预算中单独列示。

最后，对技术复杂、专业性强的采购项目，通过随机方式难以确定合适评审专家的，经主管预算单位同意，采购人可以自行选定相应专业领域的评审专家。

三、行业主管部门

行业主管部门是指按照经济社会活动的不同行业进行分工管理的各级行政主管部门。例如，医疗卫生的行业主管部门是各级卫生行政主管部门，水利建设的行业主管部门是各级水利行政主管部门。"行业主管部门"又称"业务主管部门"。

行业主管部门通常是指与行业管理相关的政府行政管理部门，或者该部门授权代管的事业单位。按照我国《国民经济行业分类》（GB/T4754—2017），为便于对市场主体进行管理，政府会依职责分工确定行业主管部门，由相应的行业主管部门负责行业内市场主体的行政审批事项和分类监管。

四、审计部门

对于政府采购活动，除财政部门的行政监督之外，还有其他专门监督机构的行政监督。专门行政监督是指国家行政系统内部设立的专门监督机关对行政机关及其工作人员实行的专门性监督，主要包括审计监督、监察监督。《政府采购法》第六十八条规定，审计机关应当对政府采购进行审计监督。政府采购监督管理部门、政府采购各当事人有关政府采购活动，应当接受审计机关的审计监督。

审计机关对政府采购实行审计监督的关注重点包括政府采购预算编制的合理性、政府采购方式的合法性、政府采购过程运作的合规性等内容。预算方面主要审计政府采购支出是否都纳入预算、是否按照计划实施采购、追加合同金额是否突破限额。采购过程方面主要审计检查政府采购合同的订立是否合规、供货商是否具有相关资质、是否存在先采购后签订采购合同的行为、是否按照合同规定支付款项、政府采购事项是否按要求执行重大经济事项集体决策程序、是否进行工程造价审核等。对于审计发现的问题，可以进行审计处理，责令整改。

五、监察部门

监察监督是监察机关对于各级国家行政机关及其工作人员的工作、行使公权力的国家机关工作人员、国家公职人员的工作进行监督、检查。监察委员会是国家的监察机关，是行使国家监察职能的专责机关，依照《中华人民共和国监察法》[①] 对所有行使公权力的公职人员进行监察，调查职务违法和职务犯罪，开展廉政建设和反腐败工作，维护宪法和法律的尊严。《政府采购法》第六十九条规定，监察机关应当加强对参与政府采购活动的国家机关、国家公务员和国家行政机关任命的其他人员实施监察。

☞ 小贴士

《政府采购法》第七十条规定，任何单位和个人对政府采购活动中的违法行为，有权控告和检举，有关部门、机关应当依照各自职责及时处理。除行政监督外，全国人民代表大会和地方各级人民代表大会是代表人民行使国家权力的机关，对政府采购具有监督管理权。人大可以预算审批，对政府采购进行"事前监督"，也可以通过行使法律赋予的质询权、罢免权，对政府采购进行监督。新闻媒体和社会公众可以通过控告检举等途径对政府采购进行监督。

---

① 本书后文简称为《监察法》。

第二章　政府采购准备

【本章概述】在政府采购准备阶段，采购人需要了解政府采购的全周期及其风险，据此建立和实施有针对性的内部控制管理手段。同时，采购人还需要了解并编制本单位的政府采购预算，掌握调剂预算的规则及流程、需求调查的方法及内容以及编制采购需求和采购实施计划的方法和流程。

第一节　采购人内部控制管理

一、采购人内部控制的概念、目标及原则

采购人内部控制是指采购人为实现控制目标，通过制定制度、实施措施和执行程序，对采购活动的风险进行防范和管控。

采购人内部控制的目标主要包括：以"分事行权、分岗设权、分级授权"为主线，通过制定制度、健全机制、完善措施、规范流程，逐步形成依法合规、运转高效、风险可控、问责严格的政府采购内部运转和管控制度，做到约束机制健全、权力运行规范、风险控制有力、监督问责到位，实现对政府采购活动内部权力运行的有效制约。

采购人建立与实施内部控制，应当遵循下列原则。

（一）全面管控与突出重点并举

将政府采购内部控制管理贯穿政府采购执行与监管的全流程、各环节，

全面控制，重在预防。抓住关键环节、岗位和重大风险事项，从严管理，重点防控。

（二）分工制衡与提升效能并重

发挥内部机构之间，相关业务、环节和岗位之间的相互监督和制约作用，合理安排分工，优化流程衔接，提高采购绩效和行政效能。

（三）权责对等与依法惩处并行

贯彻权责一致原则，因权定责、权责对应。严格执行法律法规的问责条款，有错必究、失责必惩。

二、政府采购的全周期及其风险

采购过程和合同履行过程中的风险包括国家政策变化、实施环境变化、重大技术变化、预算项目调整、因质疑投诉影响采购进度、采购失败、不按规定签订或者履行合同、出现损害国家利益和社会公共利益等情形。

从大的环节来看，政府采购的全周期大致可以分为政府采购前准备、采购组织实施、合同签订、履约验收、采购绩效评估等多个环节，每个环节都存在不同类型的风险，需要有针对性地进行识别、评估和防控。

采购前准备的核心内容是立项审批与采购需求的识别与定义。立项审批阶段的主要风险有：预算编制不合理、随意立项、拆分立项、化整为零、重复采购等。采购需求的识别与定义阶段的风险主要有：市场调研不充分、采购标的不符合实际使用需求或其性能参数落后于科研趋势、突击使用经费等方面。

采购组织实施包括采购方式的选择、采购信息发布、竞争范围的选择、采购方式的执行、候选供应商的确定等。该阶段的主要风险有：采购方式选择不合理、非竞争性采购方式过度使用、不采用法定信息发布渠道、为个别供应商量身定做采购文件、采购文件内容不合法、流程不合规、资料保存不完整等。

合同签订风险主要是指不在法定期限内签订合同、合同内容不符合采购文件、响应文件等既定内容，合同条款不合法或存在漏洞等。

　　履约验收风险主要包括供应商不能依照合同约定内容履约，验收指标不符合采购文件、响应文件及合同约定，或者采购人验收和考察后期履约时擅自降低验收标准违规验收等。

　　对于重大采购项目，要研究采购过程和合同履行过程中的风险，判断风险发生的环节、可能性、影响程度和管控责任，提出有针对性的处置措施和替代方案。

　　采购绩效评估是政府采购全周期中的重要环节，其风险主要包括缺乏绩效评估、绩效评估方法选用不当、绩效评估数据不真实、绩效评估结果不合理等。

三、采购人内控管理的主要内容

（一）内部控制机构

　　采购内部控制机构是为实现控制目标，通过制定制度、实施措施和执行程序，对采购活动的风险进行防范和管控的部门。采购人应当明确内部归口管理部门，具体负责本单位、本系统的政府采购执行管理。归口管理部门应当牵头建立本单位政府采购内部控制制度，明确本单位相关部门在政府采购工作中的职责与分工，建立政府采购与预算、财务（资金）、资产、使用等业务机构或者岗位之间沟通协调的工作机制，共同做好编制政府采购预算和实施计划、确定采购需求、组织采购活动、履约验收、答复询问质疑、配合投诉处理及监督检查等工作。

　　在采购实践中，计划部门、财务部门、采购归口管理部门、采购代理机构均为政府采购全生命周期内某个环节的执行者，其在政府采购内部控制中只对自身业务范围内的风险进行防范和管控。内部控制机构需要对政府采购全流程进行风险防范和管控，如果由现有的单一机构作为内部控制管理机构，则会涉及其他部门的政府采购业务流程，客观上存在越权的现象，导致部门之间产生矛盾，不利于内部控制工作的开展。同时，由现有的机构作为内部控制管理机构，同时具有内部控制管理者与项目具体实施者两种属性，造成权责不清的现象，增加廉政风险，丧失内部控制应有的作用。因此，在条件允许的情况下，采购人可以结合自身的实际情况，由上级部门成立或者组成跨部门的内部控制机构，从全局角度对政府采购全流程进行风险防控。

（二）采购内控制衡机制

采购内控制衡机制通常包括岗位及其职能的设置、权限设置、审批流程、资金管理、财产管理、会计及审计制度及信息公开等。就采购人和集中采购机构而言，内控制衡机制主要指单位内部的岗位及其职能设置。

采购人和集中采购机构在设置岗位及其职能设置时，没有统一的模式，主要根据业务量、业务类型、工作人员数量以及相应的能力结构进行设置。最重要的是控制关键岗位，明确划分职权，实施适度的分离措施，形成相互制约的工作流程和工作机制。

（三）采购文件管理

采购文件按照储存形式的不同可以分为纸质文件和电子文件。采购文件管理，包含上述两种类型文件的收集、整理、保存、移交和借阅制度。

采购人首先应当制定《政府采购文件管理目录》，针对不同类型的采购文件，制定文件归档责任人和归档期限（见表2-1）。

表 2-1　　　　　　　　政府采购文件管理目录

序号	内容		形式	数量	责任人	归档期限
1	采购方案	采购计划/方案				
2	采购文件	招标/谈判/磋商/询价/单一来源文件				
3	采购公告文件	采购公告				
4	一、准备文件	政府采购项目核准书				
5		询问记录				
6	争议解决文件	质疑函				
7		投诉书				
8	委托代理协议	政府采购委托代理协议书				

序号	内容		形式	数量	责任人	归档期限
9	二、中标（成交）文件	评标（评审）报告				
10		中标（成交）结果公告				
11		中标（成交）通知书				
12	三、合同履约文件	正式合同扫描件				
13		验收文件				
14	四、开标文件资料	开标结果确认文件　开标结果确认表				
15		聊天记录文件　聊天记录				
16		其他　供应商响应文件解密状态表				
17	五、评标（审）文件资料	采购结果确认文件　采购结果确认书				
18		采购人授权函　采购人代表授权函				
19		评标（评审）报告文件　评标/评审报告				
20		澄清函　澄清函				
21		评审结果通知书　供应商评审情况表				
22		专家小组承诺书　小组承诺书				
23		专家评审纪律文件　评审纪律				
24		资格专家承诺书　资格小组承诺书				
25		其他　……				
26	六、投标文件资料	标书文件/响应文件/协商记录				
27	七、其他附件	—　评审专家场内评审行为考评资料				
28		—　会商记录				
29		—　录屏				
30		—　音视频资料				

（四）内控队伍与采购文化建设

与市场经济中普通的交易者相比，增强政府采购内控队伍与采购文化建设显得更加迫切，主要有以下三个原因。

1. 政府采购活动可能产生巨大的经济利益

政府采购的本质是政府采购人员参与市场交易，而且由于涉及国家基础设施的建设和公共用品的采购，往往金额巨大。政府采购从业人员在交易过程中发挥重要作用，如界定采购需求、制订采购方案、制订评审标准、发布采购信息、组织开标评标等。尽管已经出台了各类不同层级的法律法规，力图对上述过程进行规范，但如果这些制度不能内化为从业人员主观的价值追求，就会形成"上有政策、下有对策"的局面，操作人员总能发现并利用制度漏洞，为个人谋取经济利益。

2. 政府采购从业人员身处复杂的外部环境

政府采购活动介于公权力与市场的交汇处，决定了政府采购职业与政府及市场经济的唇齿相依关系。掌握公权力的采购人的道德水准以及整个市场经济的诚信水平都直接影响政府采购职业道德的建构取向，进而构成其最直接依存的外部环境。

3. 政府采购从业人员经常处于道德困境之中

政府采购从业人员虽然也是理性经济人，会为自己的物质利益最大化而努力。但与其他职业不同的是，政府采购从业人员还会面对本单位、评审专家、供应商以及监管部门、审计机构等其他利益相关方。因此，政府采购从业人员需要在"依法合规"以及"满足利益相关方的要求"的多重压力下，决定自己的行为。即政府采购从业人员一方面从属于单位、服从上级领导，但又必须选择超脱出本单位的"公允"立场，甚至部分地担当起监督经营者的职责，亦即并不完全遵循"服从上级"的原则。这种道德困境是政府采购职业行为关系的最重要特征，也是政府采购职业道德应着重解决的问题。

（五）采购风险管理

风险管理的第一步是风险识别。常见的采购风险点包括以下九个方面。（1）采购条件不具备。例如，立项或审批手续不全；未按有关规定核准或备案等。（2）采购形式不合法。例如，未依法选择合理的采购方式；未按规定在指定媒体发布资格预审公告或招标公告等。（3）排斥或者限制供应商。例如，采购文件中要求或者标明特定的生产供应商以及含有排斥供应商的倾向性内容；以获得特定区域、行业或者部门奖项为加分条件或中标条件等。（4）采购文件编制、修改、发出的风险。例如，未按要求使用采购文件标准范本；资格条件和评分办法设置不合理等。（5）项目踏勘和开评标过程的风险。例如，采购人单独或者分别组织供应商进行现场考察；未按相关法律法规和内部程序规定开标或组建评标委员会等。（6）擅自终止采购的风险。例如，采购人在发布招标公告、发出投标邀请书或者发放采购文件后擅自终止采购等。（7）泄密风险。例如，相关人员在开标前向他人透露获取招标文件的供应商名称、数量或者其他可能影响公平竞争的情况；泄露评审委员会成员名单或者评审过程的相关信息等。（8）合同订立阶段的风险。例如，未按规定发出中标、成交通知书或未按规定与中标、成交供应商订立合同；未按照评标、成交结果确定中标、成交供应商或者无正当理由改变中标、成交结果；合同主要条款与采购文件、供应商投标、响应文件的内容不一致或者与供应商订立背离合同实质性内容的协议等。（9）履约风险。例如，供应商工期拖延、质量不达标；未按合同约定标准进行履约验收；未按合同约定进行支付等。

第二节 采 购 预 算

一、政府采购预算概述

政府采购预算是指采购人根据事业发展计划和行政任务编制的，并经过规定程序批准的年度政府采购计划。政府采购预算是行政事业单位等财务预算的重要组成部分，通常包括采购项目、采购资金来源、数量、单价等。政府采购预算集中反映了预算年度内各级政府用于采购的支出计划，在一定程度上反映了预算单位的业务活动范围和方向。

（一）政府采购预算编制基础

《预算法》第三十二条规定，各部门、各单位应当按照国务院财政部门制定的政府收支分类科目、预算支出标准和要求，以及绩效目标管理等预算编制规定，根据其依法履行职能和事业发展的需要以及存量资产情况，编制本部门、本单位预算草案。

部门预算分为基本支出预算和项目支出预算。基本支出预算包括人员工资性支出和公用经费支出，即为保障单位正常运转和人员正常上班的经费支出。因而基本支出的政府采购预算可在往年采购情况的基础上考虑预算年度的特殊性进行预算编制，通常每年变化不大。项目支出预算分为维持类项目和专项支出项目。维持类项目指维持单位正常业务活动的项目经费，由于单位的业务活动基本保持稳定，因而政府采购预算可在往年采购情况的基础上（参考往年采购合同）考虑预算年度的特殊性进行预算编制，通常每年变化不大。专项支出项目是为完成某项特定工作任务安排的专项资金，一般按照项目管理流程，编制专项项目可研报告或项目任务书，政府采购预算可参考批复的可研报告或者项目任务书进行编制。

（二）政府采购预算编制路线

《预算法》第四十六条规定，本级一般公共预算支出，按其功能分类应当编列到项；按其经济性质分类，基本支出应当编列到款。政府采购预算编制路线，主要从基本支出预算和项目支出预算入手。其中，基本支出主要是公用经费，可基于往年采购合同基础上填报政府采购预算；项目支出主要包括维持性项目和专项支出，维持性项目主要基于往年采购合同基础上填报政府采购预算，专项支出则应严格按照批复的可研报告或任务书填报政府采购预算。流程示意如图2-1所示。

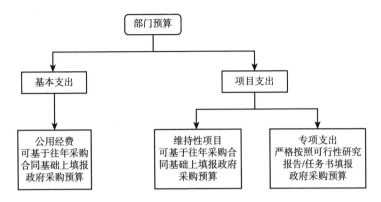

图 2 - 1　政府采购预算挖掘流程

（三）政府采购预算填报参考案例

专项支出项目填报政府采购预算时可参考项目可研报告及可研报告附表，或者项目任务书。

1. 依据可研报告编制政府采购预算

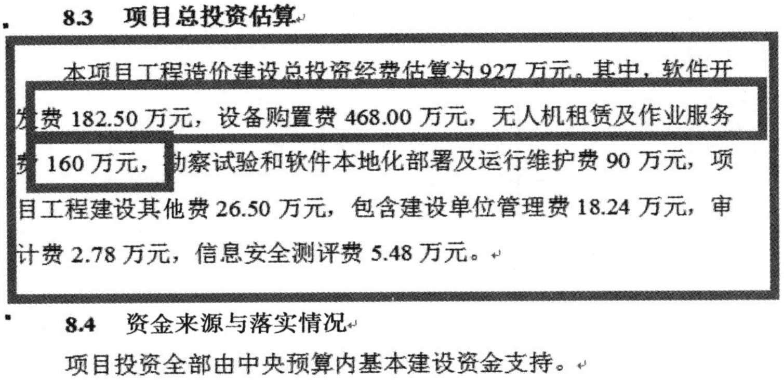

8.3　项目总投资估算

　　本项目工程造价建设总投资经费估算为 927 万元。其中，软件开发费 182.50 万元，设备购置费 468.00 万元，无人机租赁及作业服务费 160 万元，勘察试验和软件本地化部署及运行维护费 90 万元，项目工程建设其他费 26.50 万元，包含建设单位管理费 18.24 万元，审计费 2.78 万元，信息安全测评费 5.48 万元。

8.4　资金来源与落实情况

　　项目投资全部由中央预算内基本建设资金支持。

图 2 - 2　可行性研究报告投资估算

　　由图 2 - 2 可知可行性研究报告的投资估算中可能有三项属于政府采购项目，需要编制政府采购预算，因此，可进一步通过可行性研究报告附表核查，如表 2 - 2 和表 2 - 3 所示。

单位：万元

可行性研究报告附表项目总投资估算

表 2-2

序号	工程或费用名称	建筑与安装工程费	设备购置费	应用软件开发费	合计	投资来源				备注
						中央	地方	自筹	其他	
1	工程费用	0.00	468.00	182.50	900.50	900.50				
1.1	新型机载激光雷达技术应用试验	0.00	468.00	182.50	650.50	650.50				
1.2	无人机租赁及作业服务费	—	—	—	160.00	160.00				
1.3	勘察试验和软件本地化部署及运行维护费	—	—	—	90.00	90.00				
2	工程建设其他费用	—	—	—	26.50	26.50				
2.1	建设单位管理费	—	—	—	18.24	18.24				《基本建设项目建设成本管理规定》（财建〔2016〕504号）
2.2	审计费	—	—	—	2.78	2.78				《会计师事务所服务收费管理办法》（发改价格〔2010〕196号），按项目总投资额的3%计取
2.3	信息安全测评费	—	—	—	5.48	5.48				依据软件工程中信息安全要求进行信息安全测评
	合计				927.00	927.00				

可行性研究报告附表项目设备购置费估算

表 2－3

单位：万元

序号	设备名称	简要规格	参考型号	产地（国别与地区）	设备必要性	单位	数量	单价	合计
1	新型机载激光雷达技术应用试验								
1.1	激光雷达及平台	安全等级 CLASSI，最大测量距离 250m（60%反射率），测距精度 15mm，最大有效测量速率 100000meas./sec.，视场角 360°；定制平台实现搭载多种遥感探测设备	AZ－Li250 Riegl mini VUX－1	中国	必须，用于获取陆地生态系统关键参数	台	1	203.00	203.00
1.2	机载 MiniSAR 合成孔径雷达	工作频率 C 波段、全极化、微带天线，脉冲体制，跳频调频体制，空间分辨率 0.25m、0.5m、1m、2m，扫描幅宽 1Km（typ），测量距离	D3030	中国	必须，用于获取陆地生态系统关键参数	台	1	180.00	180.00
1.3	多光谱成像光谱仪	光谱范围：395－1000nm，光谱带宽 20nm，双面阵探测器：4384×3288 及 2064×1544，无运动光学部件，一次成像，处理器：ARM Cortex A9，帧频：2 Cube/s，供电：5.0 VDC，4.0 W（max），抗风等级：7－8 级，任务能力：3h@20kg 载荷	K6	美国	必须，用于获取地物多光谱辐射信息	台	1	25.00	25.00

续表

序号	设备名称	简要规格	参考型号	产地（国别与地区）	设备必要性	单位	数量	单价	合计
1.4	热红外成像仪	观测帧频高于 30 Hz，灵敏度 0.03 K，观测分辨率 1280×1024，镜头：RGB 与热红外	WIRIS Pro	捷克	必须，用于观测重点区的温度功能区生态数据和湿度数据	台	1	20.00	20.00
1.5	应用服务器	类别：机架式 4U，CPU：4 颗，优于 Intel® Xeon® Gold 5115 2.2Hz 以上处理器，14 核，内存：384GB，硬盘：8＊2TB 7.2K RPM SAS 6Gbps 2.5 英寸热插拔硬盘，RAID 模式：RAID 5，网络控制器：4×1Gb 网络卡，SSD 系统硬盘 500G2 块，2x 万兆网络接口：配套 2016 中文标准版操作系统	联想 ThinkSystem SR860	中国	必须，用于数据服务应用	台	2	16.00	32.00
1.6	网络交换机	性能指标：48 口万兆核心交换机，100GE 上行数据中心交换机，交换容量：2.6Tbps/19.4Tbps，包转发率：720 Mpps，端口描述：48 个 10GE Base－T 接口，6 个 100GE QSFP28 接口，或 40GE QSFP＋端口	华为 CE6870－48 T6CQ－E1	中国	必须，数据传输设备	台	1	8.00	8.00
合计			一						468.00

从表 2-2 和表 2-3 可以清楚地看到有 4 项需要填报政府采购预算，其中设备购置还需具体查询购置设备的明细，以确认采购设备是否达到公开招标数额标准，进而选择拟采用的政府采购方式；确认是否在政府集中采购目录内，以判断填报政府采购组织形式等。

2. 项目任务书

有些专项项目经费是通过项目任务书申请，应重点查询任务书中"任务经费预算书"页，其中重点需查看的经费预算科目包括：办公设备购置费、专业设备购置、信息网络构建及软件购置更新费、委托业务费等科目，确认是否存在需填报政府采购预算的科目。同时，北京市内单位办公费、专用材料费、车辆运行维护费等科目中可能会存在集中采购目录内的小额零星政府采购（比如，复印纸、打印用通用耗材、车辆维修保养及加油服务和机动车保险服务等）。

二、政府采购预算编制

（一）政府采购预算编制的基本要求

全面完整编制政府采购预算是加强政府采购管理的重要基础。政府采购项目均应当编制政府采购预算。

政府采购预算应在预算控制数范围内根据业务活动内容细化。政府采购预算编制要求将采购项目具体化，将资金来源明晰化，以反映部门预算中项目预算的构成及资金分配情况。

以中央预算单位为例，2023 年中央预算单位全面实行中央预算一体化系统后，编制预算在"一上"时即开始编制政府采购预算，填报内容包括部门经济分类、政府采购品目、单位、数量和金额，而在编制"二上"政府采购预算时需明确到具体采购项目并足额预留面向中小企业的采购份额及确认面向小微企业比例，可对"一上"采购预算进行调整、合并和细化。对中央预算一体化系统提示应编而未编采购预算的项目，必须在系统中勾选未编制理由或作出说明，否则系统不予通过。

政府采购预算的填报范围如下。

（1）政府集中采购目录内及政府采购限额标准以上的货物、工程及服务项目。集中采购目录以中央和地方财政部门发文为准，目前最新的采购目录为《国务院办公厅关于印发中央预算单位政府集中采购目录及标准（2020年版）的通知》。

（2）单项采购预算在100万元以上的货物和服务项目、120万元以上的工程项目。

（二）政府采购预算编制规则

所有需填报政府采购预算的项目应纳入部门预算的支出，包括所有非人员支出项目。政府采购预算编报均需通过预算系统进行，填报内容包括"一上"时，政府采购预算在预算编制的"二级项目细化"步骤中与项目文本内容同时填报。项目如果存在政府采购相关需求，在"项目详情"中"是否涉及政府采购"勾选"是"，会出现"政府采购－****年"填报页面。填报内容包括以下几方面内容。

（1）部门经济分类：与"经济分类细化"中的内容一致，需有相关科目预算才可填报；

（2）政府采购品目：请参考《分类目录》填写至最底级目录编号；

（3）是否政府采购：选择"是"；

（4）计量单位、数量和单价：同一经济分类且品目相同的采购可汇总填写；

（5）金额：分资金来源（财政拨款、单位资金、上年结转）填列。

"一上"部门预算上报表中，会自动采集信息形成政府采购支出表，主要涉及内容包括预算项目、部门支出经济科目、采购品目、数量、单价、金额和资金来源。

"二上"时，政府采购预算从"二级项目细化"的政府采购页面提取基本信息，根据提取的内容，进一步细化，填报内容包括以下几个方面内容。

（1）采购预算项目名称：按实际采购内容填写；

（2）采购类型：货物、工程、服务；

（3）是否面向中小企业采购。填写"是""否"。选择"是"代表专门面向中小企业采购，原则上100万~200万元的货物和服务采购项目以及200万~

400万元的工程采购项目，适宜由中小企业提供的，应选"是"，并在相应"货物""工程""服务"栏中填写全部采购预算金额；200万元以上的货物和服务采购项目以及400万元以上的工程采购项目，适宜由中小企业提供的，应选"是"，并在相应"货物""工程""服务"栏中填写至少30%（货物和服务）、40%[①]（工程）采购预算金额，同时填写面向小微企业的比例和金额（不得低于面向中小企业份额的60%）。选择"否"，需填写不适宜原因及说明。

（4）设备名称、拟实现的主要功能或目标。根据采购需求，详细描述需求及测算依据。

（三）政府采购预算编制流程

预算单位政府采购预算编报流程如图2-3所示。首先由财务管理部门在"二上"预算前，下达编制政府采购预算通知，各部门根据项目预算填报政府采购预算需求后，由归口部门审核，财务管理部门对采购预算进行综合平衡，初审后提出建议，然后由预算单位领导班子审定后，按部门预算编制流程，上报至上级主管部门（若有）。

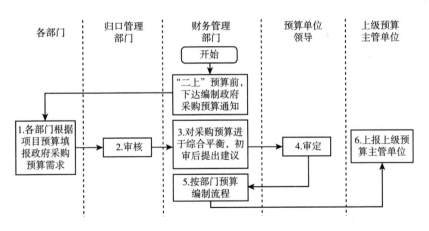

图2-3　预算单位政府采购预算编报流程

---

① 《关于加强财税支持政策落实 促进中小企业高质量发展的通知》规定：超过400万元的工程采购项目中适宜由中小企业提供的，预留份额由30%以上阶段性提高至40%以上的政策延续至2025年底。

> ☞ **小贴士**
>
> ·不得无预算或超预算采购。
>
> ·未按照规定编制政府采购预算，审核将无法通过。
>
> ·对于一次性采购，后期分年度支付的政府采购项目，以后年度支付预算以概算剩余体现，并在以后年度逐年填报冲销，这同时需要提交或上传发展改革委（或资金来源部门）的批复文件，经财政部审批同意后使用概算剩余。

三、政府采购预算上报与下达

（一）政府采购预算上报审核

采购预算应与相关项目的实际业务活动相匹配。政府采购预算作为部门预算的重要组成部分，应通过预算单位领导班子集体审议后再上报部门主管预算单位。

（二）政府采购预算批复下达

政府采购预算依托部门预算由人大审议通过后下达。批复后的政府采购预算项目指标自动导入中央预算管理一体化采购模块，中央预算单位据此编报政府采购计划。省级及以下级别预算单位，按照相应规定。预算执行时，将按照政府采购预算规模，将项目资金分为政府采购预算资金和非政府采购预算资金下达。

（三）政府采购预算指标管理

中央单位于 2023 年正式通过中央预算管理一体化系统相关模块进行预算指标管理。政府采购预算为项目预算的一部分，相关政府采购预算指标的调整调剂通过"预算调整调剂"模块的"预算项目调剂"完成。预算管理一体化系统主要包括基础信息管理、预算管理、预算批复、政府采购、项目库管理、预算调整调剂、资产管理以及预算执行等指标管理相关模块，如图2-4所示。

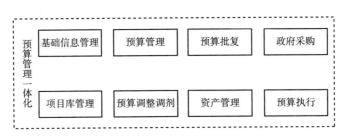

图2-4　政府采购预算指标管理主要相关模块

四、政府采购预算调剂

（一）政府采购预算调剂的基本要求

《预算法》第十三条规定，经人民代表大会批准的预算，非经法定程序，不得调整。各级政府、各部门、各单位的支出必须以经批准的预算为依据，未列入预算的不得支出。政府采购预算是部门预算的有机组成部分，是政府采购活动的主要依据，一经同级人大批准，即具有法律效力，不可随意变更。

预算执行中部门预算资金调剂（包括追加、追减或者调整结构）需要明确政府采购预算的，应按部门预算调剂的有关程序和规定一并办理。由预算单位逐级审核后，再由主管部门审核报财政部备案。备案后的政府采购预算项目指标在一体化系统中相关关联模块会自动更新。

预算执行中预算项目支出总金额不变且不涉及部门支出经济分类的类级科目调整，需要对采购项目名称、采购品目、采购类型、中小企业预留份额进行调整的，在一体化系统"政府采购—采购预算名称及预留情况调整（非预算调整调剂）"模块填报相关信息，由预算单位自行审核后备案使用。涉及部门支出经济分类的类级科目调整、采购金额调整、采购项目的增减调整等在一体化系统"预算调整预调剂"模块填报相关信息，由预算单位逐级审核后，再由主管预算单位审核后备案使用。

调剂备案后的政府采购预算作为中央单位编报政府采购计划、申请变更政府采购方式和采购进口产品的依据。

中央单位应准确区分不同类型，根据采购项目情况据实进行政府采购预算的报批和备案管理，不得随意调减政府采购预算以规避政府采购和公开招标。

（二）政府采购预算调剂规则

部门预算正式下达后，可进行政府采购预算调整。

（1）涉及采购预算项目名称、采购品目、采购类型、中小企业预留份额的调整，在"政府采购—采购预算名称及预留情况调整（非预算调整调剂）"模块填报相关信息，逐级进行审批备案。

（2）涉及采购预算金额、部门支出经济分类的类级科目调整，以及采购事项的增减，在"预算调整与调剂"模块中进行政府采购预算的调整。根据相关调整内容，按照预算一体化内置流程步骤逐级审批备案。

（三）政府采购预算调剂流程

以某中央预算单位为例的政府采购预算调剂流程如下。

（1）提出调剂申请。由申请单位填写政府采购预算调整备案表，并加盖单位公章。在第一季度，以公文形式提交调剂申请，即政府采购预算调整备案表的盖章扫描件，随后逐级审核汇总，在二级预算单位汇总后，在第一季度末的最后5个工作日内，以公文形式报送上级主管计财部门批准。

（2）申请单位通过中央预算管理一体化系统导入预算指标后的3个工作日内，将批准的备案申请录入系统，并报财政部备案。

（3）在第二、三、四季度，需要通过中央预算管理一体化系统填报政府采购预算调剂申请，上传政府采购预算调整备案表的盖章扫描件，随后逐级审核汇总，通过公文报送上级主管计财部门，最后报财政部备案。

政府采购预算调剂流程示意如图2-5所示。

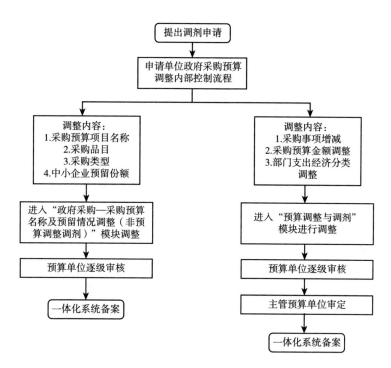

图 2-5　政府采购预算调剂流程

☞ **小贴士**

·政府采购预算是本单位全口径预算的重要组成部分，在编制全口径预算时要全面完整的编制政府采购预算，尽量避免在预算执行过程中进行调剂。

·项目当年无法执行或建设内容大幅缩减等情况下要相应调减政府采购预算，正常的政府采购结余可不进行调减。

·不得随意调减政府采购预算以规避政府采购和公开招标。

·采购预算的调整属于内部控制风险事项，建议建立健全单位内部政府采购预算调整审批制度流程，严格控制相关风险。

第三节　需求调查

一、需求调查的基本要求

采购项目属于《需求管理办法》第十一条规定情形的，应当开展需求调查。具体包括：（1）1000万元以上的货物、服务采购项目，3000万元以上的工程采购项目；（2）涉及公共利益、社会关注度较高的采购项目，包括政府向社会公众提供的公共服务项目等；（3）技术复杂、专业性较强的项目，包括需定制开发的信息化建设项目、采购进口产品的项目等；（4）主管预算单位或者采购人认为需要开展需求调查的其他采购项目。

编制采购需求前一年内，采购人已就相关采购标的开展过需求调查的可以不再重复开展。

按照法律法规的规定，对采购项目开展可行性研究等前期工作，已包含本办法规定的需求调查内容的，可以不再重复调查；对在可行性研究等前期工作中未涉及的部分，应当按照本办法的规定开展需求调查。

二、需求调查方法及内容

采购人可以在确定采购需求前，通过咨询、论证、问卷调查等方式开展需求调查，了解相关产业发展、市场供给和竞争程度、同类采购项目历史成交信息，可能涉及的运行维护、升级更新、备品备件、耗材等后续采购情况，以及其他相关情况，并估算采购费用。

需求调查前应拟定调查项目名称、调查范围。《需求管理办法》第十条第二款规定，面向市场主体开展需求调查时，选择的调查对象一般不少于3个，并应当具有代表性。

三、需求调查报告编制要求

需求调查报告编制要求如下。

（1）确定需求调查的项目名称；

（2）开展需求调查必要说明；

（3）明确拟采用的需求调查方式；

（4）确定调查对象基本情况及调查的数据信息；

（5）提出需求调查结论，说明采购项目的成本费用是否在投资估算范围内，以及能承担本项目的供应商，以及竞争性判断。也可提供与本项目类似的用户调查，或者使用评价等。

四、需求调查报告参考模板

当具体实施政府采购需求调查时，应按照需求调查方法和内容，以及报告编制要求，编制采购项目市场调查情况，逐项填写调查信息。为便于采购人操作，提供政府采购需求调查报告模板，供参考使用（见表2-4）。

表2-4　　　　　　　　　　政府采购需求调查报告

项目名称	***
项目预算	***万元
调查方式	□咨询　□论证　□问卷调查　□网络查询检索及文案调查　□其他方式
项目类别	□1000万元以上的货物、服务采购项目，3000万元以上的工程采购项目 □涉及公共利益、社会关注度较高的采购项目，包括政府向社会公众提供的公共服务项目等 □技术复杂、专业性较强的项目，包括需定制开发的信息化建设项目、采购进口产品的项目等 □主管预算单位或者采购人认为需要开展需求调查的其他采购项目 编制说明：对于同时满足多个类别条件的应当勾选多项
调查结果	（采购标的相关产业发展、市场供给、同类采购项目历史成交信息，可能涉及的运行维护、升级更新、备品备件、耗材等后续采购情况，以及其他相关情况） 1. 相关产业（业务）发展情况 2. 市场供给情况（不少于3个具有代表性的供应商或者品牌，或者其他有限竞争或者供给说明） 3. 同类采购项目历史成交信息（以市场调查对象情况分别列示不少于3个） 4. 可能涉及的运行维护、升级更新、备品备件、耗材等后续采购情况 5. 其他相关情况
市场调查对象情况说明：面向市场主体开展需求调查时，选择的调查对象一般不少于3个，并应当具有代表性	

五、需求调查流程

需求调查的流程主要包括确定需求调查项目、拟采用的需求调查方式、拟确定的调查对象基本情况，最后获得需求调查结论，如图2-6所示。

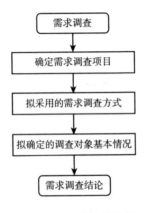

图2-6 需求调查流程

☞ **小贴士**

财政部令第87号第十条规定，采购人应当对采购标的的市场技术或者服务水平、供应、价格等情况进行市场调查，根据调查情况、资产配置标准等科学、合理地确定采购需求，进行价格测算。

第四节 采购需求编制

一、采购需求定义

采购需求是指采购人为实现项目目标，拟采购的标的及其需要满足的技术、商务要求。

确定采购需求应当明确实现项目目标的所有技术、商务要求，功能和质量指标的设置应当充分考虑可能影响供应商报价和项目实施风险的因素。

二、采购需求编制的基本要求

（1）采购需求应当符合法律法规、政府采购政策和国家有关规定，符合国家强制性标准，遵循预算、资产和财务等相关管理制度规定，符合采购项目特点和实际需要。采购需求应当依据部门预算（工程项目概预算）确定。

（2）明确采购项目预算，在预算范围内确定采购标的配置标准、建设内容和拟实现的目标，包括技术和商务等符合采购项目特点的实际要求。

（3）技术要求是指对采购标的的功能和质量要求，包括性能、材料、结构、外观、安全，或者服务内容和标准等。

（4）商务要求是指取得采购标的的时间、地点、财务和服务要求，包括供应商资格条件、服务能力及相关要求、采购标的的交付要求，具体实施的时间（期限）和地点（范围）要求、验收要求、培训要求、付款条件（进度）和方式、包装和运输、售后服务、产权归属，以及保险等要求。

（5）采购需求应当清楚明了、表述规范、含义准确。技术要求和商务要求应当客观，量化指标应当明确相应等次，有连续区间的按照区间划分等次。需由供应商提供设计方案、解决方案或者组织方案的采购项目，应当说明采购标的的功能、应用场景、目标等基本要求，并尽可能明确其中的客观、量化指标。

三、采购需求编制流程

编制采购需求流程如图2-7所示，主要包括确定采购项目名称、确定采购项目预算、项目需求场景介绍、项目技术要求描述、项目服务要求描述、产品交付要求描述、项目建设周期描述、市场供应情况介绍等。

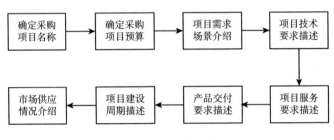

图 2-7　编制采购需求流程

☞ **小贴士**

　　《政府采购法》第十一条规定，采购人在政府采购活动中应当维护国家利益和社会公共利益，公正廉洁，诚实守信，执行政府采购政策，建立政府采购内部管理制度，厉行节约，科学合理确定采购需求。《政府采购法》第十五条第二款规定，采购需求应当符合法律法规以及政府采购政策规定的技术、服务、安全等要求。政府向社会公众提供的公共服务项目，应当就确定采购需求征求社会公众的意见。除因技术复杂或者性质特殊，不能确定详细规格或者具体要求外，采购需求应当完整、明确。必要时，应当就确定采购需求征求相关供应商、专家的意见。

　　财政部令第87号第七十七条第一款规定，采购人未按照规定编制采购需求的，由财政部门责令限期改正；情节严重的，给予警告，对直接负责的主管人员和其他直接责任人员由其行政主管部门或者有关机关依法给予处分，并予以通报；涉嫌犯罪的，移送司法机关处理。

第五节 采购实施计划

一、采购实施计划的定义

采购实施计划是指采购人围绕实现采购需求，对合同的订立和管理所做的安排。采购实施计划根据法律法规、政府采购政策和国家有关规定，结合采购需求的特点确定。

二、采购实施计划的主要内容

（1）合同订立安排，包括采购项目预（概）算、最高限价，开展采购活动的时间安排，采购组织形式和委托代理安排，采购包划分与合同分包，供应商资格条件，采购方式、竞争范围和评审规则等。

（2）合同管理安排，包括合同类型、定价方式、合同文本的主要条款、履约验收方案、风险管控措施等。

采购人可自行组织编制采购实施计划，也可委托采购代理机构或者其他第三方机构编制。

三、采购实施计划操作参考

（一）合同订立安排

（1）确定采购项目标的类别。按照政府采购品目分类，可以选择货物、服务或者工程。

（2）开展采购活动时间安排。包括但不限于编制采购文件、发布采购公告、签订合同、履约验收等。

（3）选择采购组织形式。包括集中采购（政府集中采购和部门集中采购）、分散采购。

（4）采购安排。包括自行组织采购或者委托采购代理机构采购。

（5）落实政府采购政策有关内容。具体可分为如表 2-5 所示的几种情况。

表2-5　　　　　编制采购实施计划落实政府采购政策有关内容

1.《政府采购促进中小企业发展管理办法》有关政策
□面向中小企业预留份额情况：
□采购项目整体预留100%
□设置专门采购包＿＿＿%
□要求以联合体形式参加＿＿＿%
□要求合同分包＿＿＿%
□本项目不预留面向中小企业份额
不预留情况说明：例如，本项目专业性较强，不适宜由中小企业提供，且能承担本项目的中小企业不足3家
标的所属行业：工业
2.《关于政府采购支持监狱企业发展有关问题的通知》《关于促进残疾人就业政府采购政策的通知》等有关政策
情况说明：监狱企业、残疾人福利性单位视同小型、微型企业
3.《关于印发环境标志产品政府采购品目清单的通知》《关于印发节能产品政府采购品目清单的通知》等有关政策
具体情况：例如，本项目采购标的不涉及环境标志产品、政府采购节能产品的采购
4. 其他需落实的政府采购政策
具体情况：例如，需要落实小微企业价格评审优惠政策

（6）选择采购方式及适用理由。具体可分为如表2-6所示的几种情况。

表2-6　　　　　编制采购实施计划选择采购方式及理由

□公开招标　　□邀请招标　　　□竞争性谈判　　□竞争性磋商
□询价　　　　□单一来源采购　□框架协议采购
适用理由：例如，依据《政府采购法》第二十七条规定，采购预算达到公开招标数额标准的，应当采用公开招标方式实施采购
采购方式是否需要财政部门批准：
□不需要
□需要，报批安排

（7）确定供应商资格条件。除符合《政府采购法》第二十二条规定的条件外，也可以根据采购项目需求特点提出其他资格要求。

（8）确定竞争范围。即确定采购项目的供应商是公开方式邀请，还是有限范围内竞争，或是只能从唯一供应商处采购。

（9）明确评审规则。评审方法选择如表2-7所示。

表 2－7　　　　　　　　　编制采购实施计划确定评审规则参考

□最低价评标价法（最低价成交法） □综合评分法（《综合评分明细表》） 　适用理由：采用公开招标方式，依据《政府采购货物和服务招标投标管理办法》（财政部令第 87 号）第五十三条、第五十四条和第五十五条等规定，评标方法分为最低评标价法和综合评分法；技术、服务等标准统一的货物服务项目，应当采用最低评标价法；其他情形的使用综合评分法

（二）合同管理安排

合同管理安排的具体内容和格式如表 2－8 所示。

表 2－8　　　　　　　　　　编制采购实施计划确定合同管理安排

合同类型	__买卖__合同 适用理由：本项目属于货物类采购，适用于买卖合同类型（视不同合同类型，摘抄相应定义） 编制说明：合同类型按照《民法典》规定的典型合同类别，结合采购标的的实际情况确定。可填写买卖、租赁、建设工程、运输、技术、仓储、委托、物业服务等合同		
定价方式	□固定总价　　□固定单价　　□成本补偿　　□绩效激励 适用理由		
合同分包	□不分包 □分包。允许中标（成交）供应商将本项目的非主体、非关键性工作进行分包		
合同文本 主要条款	合同主要条款：（合同文本应当经过采购人聘请的法律顾问审定） 具体以附件形式体现 法律顾问是否审定：□是　　□否（若选是，需提供法律意见书）		
履约验收 方案	履约验收的主体	各级采购预算单位	
	邀请验收对象	□采购代理机构　　　　　　□服务对象 □参加本项目的其他供应商　□专家 □第三方专业机构　　　　　□其他_____	
	时间	项目完工后 10 个工作日内组织验收	
	方式	□单位内部验收　　　□专家评审会 □其他_____	
	程序	□一次性验收　　　□分段验收　　　□分期验收 □其他_____ 说明：例如，按照 *** 验收要求，验收程序主要包括出厂验收、现场验收、业务验收 3 个阶段	
	验收内容及标准	根据合同约定或者采购需求明确	
	其他事项	无	

风险管控	是否需要组织风险判断，提出处置措施和替代方案： □是　　□否 编制说明：若选是，需填写以下内容；若选否，可删除以下内容 对于《政府采购需求管理办法》第十一条规定的采购项目，要研究采购和合同履行过程中，判断风险发生的环节、可能性、影响程度和管控责任，提出有针对性的处置措施和替代方案	
	国家政策变化应对措施	按照政策变化的内容调整合同的工作内容以及合同价款。对此造成的风险由双方共同承担
	实施环境变化应对措施	
	重大技术变化应对措施	
	预算项目调整应对措施	预算已批复，预算金额不再上浮或者下调，如因预算取消的，按照合同约定解除合同
	因质疑投诉影响采购进度应对措施	如质疑投诉不影响合同签订的，则要求中标供应商组织赶工、加快订货等进度计划措施，避免影响合同工期。如质疑投诉影响合同签订或者财政部门责令重新采购的，则重新采购需尽量缩短合同工期，并在采购需求中要求中标供应商须组织赶工措施
	采购失败应对措施	按照相关法律法规执行
	不按规定签订合同应对措施	依据《政府采购法实施条例》第四十九条规定，中标或者成交供应商拒绝与采购人签订合同的，采购人可以按照评审报告推荐的中标或者成交候选人名单排序，确定下一候选人为中标或者成交供应商，也可以重新开展政府采购活动
	不按规定履行合同应对措施	依据《政府采购法》第四十三条规定，政府采购合同适用《民法典》，采购人签约供应商出现不按规定履行合同情形的，按照《民法典》的相关规定和政府采购合同的约定处理
	出现损害国家利益和社会公共利益情形应对措施	按照相关法律法规执行
	其他情况应对措施	无
其他需要说明事项	无	

四、采购实施计划编制流程

政府采购实施计划编制流程示意如图 2 - 8 所示，依次为确定采购项目需求、安排采购活动时间、选择采购组织形式、委托代理机构、确定供应商资格条件、确定竞争范围、确定评审规则、判断采购项目实施风险、确定采购合同类型，最后确定采购项目合同文本。

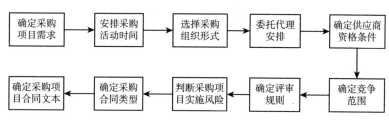

图 2 - 8 政府采购实施计划编制流程

第六节 采购需求和采购实施计划审查

一、对审查内容的基本规定

采购人在采购活动开始前，针对采购需求管理中的重点风险事项以及内控要求，按照《需求管理办法》规定，对采购需求和采购实施计划进行审查，审查分为一般性审查和重点审查。对于审查不通过的，应当修改采购需求和采购实施计划的内容并重新进行审查。

一般性审查和重点审查的具体采购项目范围，由采购人根据实际情况确定。主管预算单位可以根据本部门实际情况，确定由主管预算单位统一组织重点审查的项目类别或者金额范围。需要开展需求调查的采购项目，应当进行重点审查。

一般性审查主要审查是否按照《需求管理办法》规定的程序和内容确

定采购需求、编制采购实施计划。审查内容包括：（1）采购需求是否符合预算、资产、财务等管理制度规定；（2）对采购方式、评审规则、合同类型、定价方式的选择是否说明适用理由；（3）属于按规定需要报相关监管部门批准、核准的事项，是否作出相关安排；（4）采购实施计划是否完整。

重点审查是在一般性审查的基础上，进行非歧视性、竞争性、采购政策、履约风险及其他必要的审查。具体内容包括五个方面：（1）非歧视性审查。主要审查是否指向特定供应商或者特定产品，包括资格条件设置是否合理，要求供应商提供超过2个同类业务合同的，是否具有合理性；技术要求是否指向特定的专利、商标、品牌、技术路线等；评审因素设置是否具有倾向性，将有关履约能力作为评审因素是否适当。（2）竞争性审查。主要审查是否确保充分竞争，包括应当以公开方式邀请供应商的，是否依法采用公开竞争方式；采用单一来源采购方式的，是否符合法定情形；采购需求的内容是否完整、明确，是否考虑后续采购竞争性；评审方法、评审因素、价格权重等评审规则是否适当。（3）采购政策审查。主要审查进口产品的采购是否必要；是否落实支持创新、绿色发展、中小企业发展等政府采购政策要求。（4）履约风险审查。主要审查合同文本是否按规定由法律顾问审定，合同文本运用是否适当，是否围绕采购需求和合同履行设置权利义务，是否明确知识产权等方面的要求，履约验收方案是否完整、标准是否明确，风险处置措施和替代方案是否可行。（5）采购人或者主管预算单位认为应当审查的其他内容。

采购人可以自行组织确定采购需求和编制采购实施计划，也可以委托采购代理机构或者其他第三方机构开展。

二、审查程序参考

（一）采购人建立审查工作机制

审查工作机制成员应当包括本部门、本单位的采购、财务、业务、监督等内部机构成员。采购人可以根据本单位实际情况，建立相关专家和第三方机构参与审查的工作机制。

（二）参与采购需求编制和采购实施计划编制的专家或者第三方机构不得参与审查

（三）按照规定开展审查

（四）采购需求和采购实施计划审查意见书参考格式详见专栏 2.1

三、采购需求和采购实施计划的审查流程

采购需求和采购实施计划的审查流程示意如图 2－9 所示，主要包括采购人建立审查机制、确定审查事项及内容、确定审查人员名单、组织审查活动、签署审查意见以及审查通过后编制采购文件。

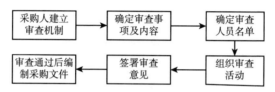

图 2－9　采购需求和采购实施计划审查流程

✒ 专栏 2.1　采购需求和采购实施计划审查意见书示例

采购需求和采购实施计划审查意见书

一、审查项目情况

根据《需求管理办法》及单位内控要求，需对拟采购项目的采购需求和采购实施计划进行审查。

（一）审查项目名称

（二）审查对象：采购需求和采购实施计划

（三）审查时间

（四）审查地点

二、审查意见

（一）一般性审查

一般性审查主要审查是否按照《需求管理办法》规定的程序和内容确定采购需求、编制采购实施计划，如表 2－9 所示。

表 2 - 9   一般性审查内容

审查内容	审查结论
如需开展需求调查的,是否按规定开展需求调查	是
采购需求是否符合预算、资产、财务等管理制度规定	是
对采购方式、评审规则、合同类型、定价方式的选择是否说明适用理由	是
属于按规定需要报相关监管部门批准、核准的事项,是否作出相关安排	是
采购实施计划是否完整	是
审查结论	□通过 □不通过

（二）重点审查

重点审查内容应在一般性审查通过的基础上进行,如表 2 - 10 所示。

表 2 - 10   重点审查内容

审查内容		审查结论
1. 非歧视性审查（主要审查是否指向特定供应商或者特定产品）	资格条件设置是否合理	是
	要求供应商提供超过 2 个同类业务合同的,是否具有合理性	不适用
	技术要求是否指向特定的专利、商标、品牌、技术路线等	否
	评审因素设置是否具有倾向性	否
	有关履约能力作为评审因素是否适当	是
2. 竞争性审查（主要审查是否确保充分竞争）	应当以公开方式邀请供应商的,是否依法采用公开竞争方式	是
	采用单一来源采购方式的,是否符合法定情形	不适用
	采购需求的内容是否完整、明确	是
	采购需求的内容是否考虑后续采购竞争性	是
	评审方法、评审因素、价格权重等评审规则是否适当	是
3. 采购政策审查	进口产品的采购是否必要	无进口
	是否落实中小企业发展政府采购政策要求	是
	是否落实支持监狱发展政府采购政策要求	是
	是否落实促进残疾人就业政府采购政策要求	是
	是否落实绿色发展、节能环保政府采购政策要求	是
	是否落实支持创新政府采购政策要求	不适用

审查内容		审查结论
4. 履约风险审查	合同文本是否按照规定由法律顾问审定	是
	合同文本运用是否适当	是
	是否围绕采购需求和合同履行设置权利义务	是
	是否明确知识产权等方面的要求	是
	履约验收方案是否完整、标准是否明确	是
	风险处置措施和替代方案是否可行	是
5. 采购人或者主管预算单位认为应当审查的其他内容	无	
审查结论		□ 通过 □ 不通过
审查意见： 经审查，采购需求、采购实施计划符合相关规定，审查通过		

三、审查人员

表 2 – 11　　　　　参加审查人员信息

序号	姓名	单位	职务/职称	联系方式	签字
1					
2					
3					

第三章　政府采购的重要选择

【本章概述】本章重点介绍采购人如何根据法律法规要求和采购项目的实际情况，做到合理甄别采购标的及其属性，恰当选择采购组织形式，明确是否采购进口产品、是否划分采购包以及选用何种采购方式。

第一节　采购组织形式

一、集中采购与分散采购

集中采购，是指采购人将列入集中采购目录的项目委托集中采购机构代理采购或者进行部门集中采购的行为；分散采购是指采购人将采购限额标准以上的未列入集中采购目录的项目自行采购或者委托采购代理机构采购的行为。采购限额标准、集中采购目录与采购类型的关系见表 3-1。

表 3-1　　　　　采购类型与集中采购目录、采购限额标准的关系

采购限额标准	集中采购目录内	集中采购目录外
采购限额标准以上	政府采购、集中采购	政府采购、分散采购
未达到采购限额标准	政府采购、集中采购	非政府采购

集中采购的范围由省级以上人民政府公布的集中采购目录确定。属于中央预算的政府采购项目，其集中采购目录由国务院确定并公布，现行中央预算单位政府集中采购目录及标准是由国务院办公厅印发的《中央预算单位政府集中采购及标准（2020 年版）》（国办发〔2019〕55 号）。属于地

方预算的政府采购项目，其集中采购目录由省、自治区、直辖市人民政府或者其授权的机构确定并公布。

集中采购目录包括集中采购机构采购项目和部门集中采购项目。技术、服务等标准统一，采购人普遍使用的项目，列为集中采购机构采购项目；采购人本部门、本系统基于业务需要有特殊要求，可以统一采购的项目，列为部门集中采购项目。

采购人根据预算层级判断适用的集中采购目录。属于中央预算的，应当适用国务院确定的集中采购目录；属于地方各级预算的，适用采购人所在地的省级人民政府或者其授权机构确定的集中采购目录。

二、自行采购与委托采购

（一）适用情形

采购人采购纳入集中采购目录的政府采购项目，必须委托集中采购机构代理采购；采购未纳入集中采购目录的政府采购项目，可以自行采购，也可以委托集中采购机构或者集中采购机构以外的社会代理机构在委托的范围内代理采购。集中采购项目是强制委托、法定委托，采购人必须委托集中采购机构采购，没有选择权；分散采购项目是自愿委托、非强制委托，采购人可以自行采购，也可以委托采购。

针对分散采购项目，实践中采购人通常会考虑专业能力、廉政风险等因素的影响，因此普遍采取委托采购的方式（见图3-1）。

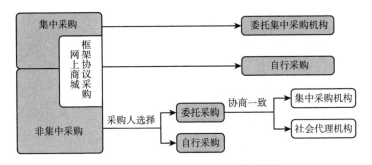

图3-1　自行采购和委托采购的选择

> ☞ **小贴士**
>
> 采购人自行采购需要具备哪些条件？
>
> 第一，负责采购的工作人员应当具备政府采购专业知识和能力。应当熟悉政府采购的法律制度、采购政策、各种采购方式的采购程序；拥有调查采购需求、编制采购文件、设计验收方案的能力。
>
> 第二，采购人应当拥有开展采购活动的场所和设施，主要是指具备录音录像条件的房间。其中，场所和设施条件可以向集中采购机构或者其他单位租赁、借用。

（二）委托代理协议

采购人委托采购的，应当与集中采购机构或者社会代理机构签订委托代理协议，形成委托代理关系，依法确定委托代理的事项，约定双方的权利义务。协议的具体内容由双方协商一致确定，包括但不限于：确定采购需求、编制采购文件、资格审查、组织评审、答复质疑投诉事宜、组织验收。采购人和采购代理机构应当按照委托代理协议履行各自义务，采购代理机构不得超越代理权限。

三、单个项目采购与批量集中采购

我国政府采购实行集中采购和分散采购相结合的模式。实行集中采购，可以加强财政支出管理，提高资金使用效益。但如果以单个项目的形式委托集中采购机构，只是在组织形式上进行了集中，并未形成实质上的规模效益。为此，《政府采购法实施条例》第二十四条规定，对于集中采购目录的项目，适合进行批量集中采购的，应当实行批量集中采购。目前，我国在中央预算层级和个别地方预算层级实行批量集中采购制度。

（一）批量集中采购的适用范围

实行批量集中采购的品目是通用的货物类项目，由财政部门在该预算层级的集中采购目录中划定。空调机、台式计算机、便携式计算机等办公设备属于较为常见的批量集中采购品目。实践中，采购人需要根据适用的批量集中采购目录进行判断。

（二）批量集中采购的程序

批量集中采购的程序，由财政部或者推行批量集中采购的地方财政部门设定。以中央预算单位批量集中采购为例，批量集中采购的步骤大致如下。

（1）财政部定期公布批量集中采购目录，由集中采购机构提出采购需求技术服务标准报财政部，财政部发布中央预算单位批量集中采购品目基本配置标准（以下简称"基本配置标准"）。

（2）中央预算单位确定当次采购品目不同的档次和规格。

（3）中央预算单位组织填报批量集中采购计划，并于当月 10 日前向财政部报送本部门批量集中采购汇总计划。

（4）集中采购机构编制采购文件，完成采购活动，及时将中标（成交）供应商名称、中标（成交）产品完整的技术服务标准等信息进行公告。

（5）中央预算单位根据公告的中标（成交）信息，与中标（成交）供应商或者授权供货商签订采购合同。

（6）集中采购机构督促供应商送货，协调处理合同签订和履约过程中出现的问题。

从上述程序来看，批量集中采购本质上仍然是委托采购，采购人是采购合同的当事人，签订采购合同并享有权利、承担义务。与其他委托集中采购机构采购的项目不同，批量集中采购的特点在于开展采购活动前有一个各预算单位编制采购计划、财政部门归集采购计划的步骤。也正是通过归集汇总采购需求，形成规模效益，降低采购成本。

四、单独采购与联合采购

（一）联合采购的适用情形

联合采购是各采购人为了保证采购标的的一致性，将各自的采购需求汇总集中形成整体的采购需求，进而通过一个采购项目完成各自的采购任务的一种采购组织形式。联合采购可以实现由同一个供应商对所有的采购人分别进行供货或者提供服务，同时也能够有效发挥规模优势，提高采购效益，应予鼓励和支持。

联合采购通常适用于单个项目采购事项。联合采购的前提条件有两个：一是采购需求一致；二是各采购人自愿联合。

（二）联合采购的模式

受到预算调整、资产调整制度的限制，跨预算层级的联合采购比较难以处理。目前，比较可行的联合采购，通常是由处于同一个预算层级的多个单位自愿联合，这种模式可以称为合并模式。合并模式的实质是合并处理采购程序，即多个采购人通过一个采购程序完成采购，与供应商分别签署多份内容基本相同的政府采购合同，或者在一份合同中列明多个采购人并明确各自的份额等事宜。合并模式的优点是权利义务明确，采购人与采购人之间、采购人与供应商之间的合同关系比较清晰（见图3-2）。

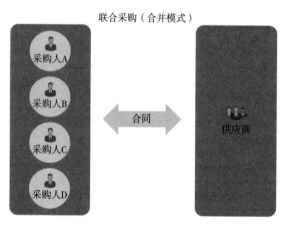

图3-2 联合采购（合并模式）合同关系

五、政府采购平台

政府采购平台是指实施统一的制度和标准，具备开放共享的政府采购资源交易电子服务系统和规范透明的运行机制，是为市场主体、社会公众、行政监督管理部门等提供政府采购交易综合服务的体系。目前，各级各地的政府采购平台分别由各级人民政府建立并进行维护。采购人应当根据自身所属的预算层级，在对应的政府采购平台进行政府采购活动。

第二节　采购标的和采购项目属性

一、政府采购品目分类目录

为了使政府采购工作范围清晰、分类科学，准确地反映我国政府采购工作的基本内容和发展方向，便于对政府采购信息进行统计和分类，为编制年度政府采购目录和政府采购预算提供依据，财政部颁布了《政府采购品目分类目录》（以下简称《分类目录》），这是现在政府采购确定采购标的的主要依据之一。

《分类目录》按照《政府采购法》的规定，将政府采购标的分为三大类：A 货物、B 工程、C 服务，并用"编码—品目名称—说明"的方式，将具体的政府采购品目细化到四级、五级分类。实践中，可以通过逐级查找的方法，确定政府采购标的的具体品目名称和编码。例如：

A 货物

A02 通用设备

A0201 计算机设备及软件

A020101 计算机设备

A02010102 小型计算机

采购小型计算机就可以通过上述查找路径，找到对应编码"A02010102"。对于难以界定具体品目的采购标的，查找时可以对同一分级品目进行比较和查看品目说明，以进一步明确所在品目。例如，"C02 信息技术服务"项下有 9 个子项（例如，C0201 软件开发服务），子项下又细分为若干子项（例如，C020101 基础软件开发服务），各子项均有详细的说明供采购人比对查找（见表 3 - 2）。

表 3-2　　　　　　　　　《分类目录》C02 部分内容

C02	信息技术服务	指为用户提供开发、应用信息技术的服务，以及以信息技术为手段支持用户业务活动的服务
C0201	软件开发服务	指专门从事计算机软件的程序编制、分析等服务
C020101	基础软件开发服务	指为计算机用户提供的基础软件编制、分析等服务，包括操作系统、数据库管理系统、中间件、办公套件、其他基础软件开发服务
C020102	支撑软件开发服务	指为计算机用户提供的支撑软件编制、分析等服务，包括需求分析软件、建模软件、集成开发环境、测试软件、开发管理软件、逆向工程软件和再工程软件、其他支撑软件开发服务
C020103	应用软件开发服务	—
C02010301	通用应用软件开发服务	指为计算机用户提供的通用应用软件编制、分析等服务，包括管理软件、信息检索和翻译软件、多媒体软件、网络通信软件、游戏动漫软件，数字出版软件、地理信息系统软件、科学和工程计算软件、其他通用应用软件开发服务
C02010302	行业应用软件开发服务	指为计算机用户提供的特定行业应用软件编制、分析等服务、包括政务软件、财务软件、金融行业软件、通信行业软件、交通运输行业软件、能源行业软件、医疗行业软件、教育行业软件、其他行业应用软件开发服务
C020104	嵌入式软件开发服务	指为计算机用户提供的嵌入式系统中软件部分的编制、分析等服务，包括嵌入式操作系统、嵌入式数据库系统、嵌入式开发与仿真软件、嵌入式应用软件、其他嵌入式软件开发服务
C020105	信息安全软件开发服务	指为计算机用户提供的信息安全产品软件编制、分析等服务，包括基础和平台类安全软件、数据安全软件、网络与边界安全软件、专用安全软件、安全测试评估软件、安全应用软件、安全支撑、安全管理软件、其他信息安全软件开发服务

二、项目属性：货物、工程和服务

政府采购的标的是货物、服务、工程。所谓货物，是指各种形态和种类的物品，包括原材料、燃料、设备、产品等。所谓工程，是指建设工程，包括建筑物和构筑物的新建、改建、扩建、装修、拆除、修缮等。所谓服务，是指除货物和工程以外的其他政府采购对象。

如何确定采购标的同时包含货物、工程或者服务的采购项目的属性，是实践中的常见问题。对此，现行法律法规给出了解决方案。

首先，按照《分类目录》确定项目属性。

其次，按照《分类目录》无法确定项目属性的，按照有利于采购项目实施的原则确定。

最后，采购项目中如果包含工程建设的内容，按照主从关系确定其属性，即如果货物、服务与工程建设有关，则该项目属于工程建设项目。所谓与工程建设有关的货物，是指构成工程不可分割的组成部分，且为实现工程基本功能所必需的设备、材料等；所称与工程建设有关的服务，是指为完成工程所需的勘察、设计、监理等服务。这为项目是适用政府采购法律体系还是适用招标投标法律体系提供了依据，也为确定项目属性提供了标准。例如，某学校新建教学楼，教学楼内安装电梯，该电梯属于工程建设有关的货物，该电梯项目属于工程采购；该学校教学楼竣工投入使用十年后，拟更换其中两部电梯，则该电梯项目属于货物项目。反之，如果工程的内容仅发挥辅助性功能，就不能将该项目列为工程项目。例如，某医院购置大型医疗设备，预算金额为 500 万元，其中 20 万元用于建筑安放设备的房屋，该项目就属于货物类项目。

三、国产产品与进口产品

（一）采购国货原则

《政府采购法》第十条规定了采购国货原则。政府采购原则上应当采购本国货物、工程和服务，确需购置进口产品的，需要符合条件并通过审核程序。实践中，采购文件没有明确规定允许采购进口产品的，视为禁止采购进口产品；如允许采购进口产品，采购人应当事先通过财政部门的审核，并在采购文件中予以明确。

（二）进口产品的认定

按《进出口货物原产地条例》的规定，完全在一个国家（地区）获得的货物，以该国（地区）为原产地；两个以上国家（地区）参与生产的货物，以最后完成实质性改变的国家（地区）为原产地。实质性改变的确立标准以税则改变为基本标准，以从价百分比、制造或者加工工序等为补充标准。对于进口货物原产地，由海关进行审核。

根据《政府采购进口产品管理办法》（以下简称《进口产品管理办法》）的规定，所谓进口产品是指通过中国海关报关验放进入中国境内且产自境外的产品。

对于产自国内的产品，需要考虑两种特殊情况：一是海关特殊监管区域内企业生产或者加工（包括从境外进口料件）销往境内其他地区的产品，不属于进口产品；对从境外进入海关特殊监管区域，再经办理报关手续从海关特殊监管区域进入境内其他地区的产品，应当认定为进口产品。二是对于已在境内多次流转的进口产品，应当通过向海关查询进口报关记录或者通过商品或者商品包装上的原产地标识等其他证据进行认定。

☞ **小贴士**

某设备的核心部件是进口的，该设备就是进口产品吗？

政府采购领域对进口产品的判断，主要看产品本身是否从境外进入，判断的依据是查验报关手续。《进出口货物原产地条例》按实质性改变作为判断原产地的标准，实操较为困难。因此，在政府采购实践中，某设备是否为进口产品，判断标准是确认该设备是否办理报关手续入境，与该设备核心部件的产地无关。

（三）采购进口产品的条件

根据《政府采购法》和《进口产品管理办法》的规定，采购进口产品，必须满足下列条件之一：

（1）产品在中国境内无法获取；

（2）产品在中国境内无法以合理的商业条件获取；

（3）法律法规另有规定确需采购进口产品的。

上述条件应在采购需求调查时查明。

（四）采购进口产品的审核程序

符合上述条件之一，采购人拟采购进口产品的，应通过采购进口产品审核程序。相关审核程序详见图 3－3。

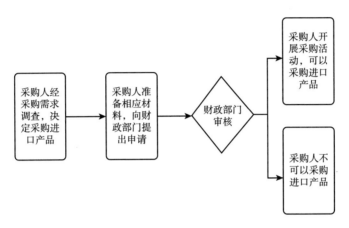

图 3－3　采购进口产品审核流程

采购人拟采购进口产品的，应向设区的市、自治州以上的人民政府财政部门提出申请，提出申请时应当提供的材料见表 3－3。

表 3－3　　　　　　　　　　　　采购进口产品申请材料

产品	《政府采购进口产品申请表》	关于鼓励进口产品的国家法律法规、政策文件复印件	《政府采购进口产品所属行业主管部门意见》	《政府采购进口产品专家论证意见》
国家鼓励进口的产品	√	√		
国家限制进口的产品	√		√	√
其他进口产品	√		√（择一即可）	

《进口产品管理办法》提供了《政府采购进口产品申请表》《政府采购进口产品所属行业主管部门意见》《政府采购进口产品专家论证意见》三份

格式文本，如表 3-4～表 3-6 所示。

表 3-4 政府采购进口产品申请

申请单位	
申请文件名称	
申请文号	
采购项目名称	
采购项目金额	
采购项目所属项目名称	
采购项目所属项目金额	
项目使用单位	
项目组织单位	
申请理由	
	盖　章
	年　　月　　日

表 3-5 政府采购进口产品所属行业主管部门意见

一、基本情况	
申请单位	
拟采购产品名称	
拟采购产品金额	
采购项目所属项目名称	
采购项目所属项目金额	
二、申请理由	
□1. 中国境内无法获取	
□2. 无法以合理的商业条件获取	
□3. 其他	
原因阐述	
三、进口产品所属行业主管部门意见	
	盖　章
	年　　月　　日

表 3-6　　　　　　　政府采购进口产品专家论证意见

政府采购进口产品专家论证意见	
一、基本情况	
申请单位	
拟采购产品名称	
拟采购产品金额	
采购项目所属项目名称	
采购项目所属项目金额	
二、申请理由	
□1. 中国境内无法获取	
□2. 无法以合理的商业条件获取	
□3. 其他	
原因阐述	
三、专家论证意见	
	专　家　签　字
	年　　月　　日

采购人拟采购国家限制进口的重大技术装备和重大产业技术的，应当出具国家发展改革委的意见。采购人拟采购国家限制进口的重大科学仪器和装备的，应当出具科学技术部的意见。采购人出具专家论证意见的，应由五人以上单数的专家组出具，专家组中必须包括一名法律专家，产品技术专家应当为非本单位并熟悉该产品的专家。采购人代表不得作为专家组成员参与论证。

（五）采购进口产品的注意事项

除了应当通过审核程序获得财政部门核准之外，采购人采购进口产品还需要注意以下事项。

（1）采购文件应当包含有利于我国技术创新的条款。《进口产品管理办法》要求，采购人采购进口产品时，应当坚持有利于本国企业自主创新或者消化吸收核心技术的原则，优先购买向我方转让技术、提供培训服务及其他补偿贸易措施的产品；在采购进口产品的采购文件中应当载明优先采购向我国企业转让技术、与我国企业签订消化吸收再创新方案的供应商的进口产品。

（2）政府采购进口产品应当以公开招标为主要方式。

（3）经核准可以采购进口产品的项目，不能排斥国货竞争，即在采购文件中应当允许提供本国产品的供应商参与。

（4）采购合同中应当将维护国家利益和社会公共利益作为必备条款。

（5）合同履行过程中出现危害国家利益和社会公共利益问题的，采购人应当立即终止合同。

（6）参与论证的专家不得作为采购评审专家参与同一项目的采购评审工作。

第三节　划分采购包

一、采购包的概念

采购包是竞争性采购中采购人要求供应商进行竞争报价、对供应商的响应进行评审比较、确定成交、最终与供应商签订合同的基本单位。在工程招标中，采购包也被称为采购标段或者采购标包。

采购人确定采购包通常有合包和分包两种做法。

合包也称打包采购，是指采购人把不同品目、不同类别的标的，集中起来作为一个采购包，选择一个供应商承担和签订合同。合包采购可以使采购标的合同额变大，对供应商更有吸引力。通过合包采购，采购人可以以更低的价格采购到质量更好的货物、工程或者服务。只要合包不减少竞争、不排斥特定的供应商，采购人应优先采用合包的方式进行采购。

分包是指采购人把同一品目、同一类别的标的人为分切为若干个更小的单位进行采购，每个采购包分别选择供应商承担和签订合同。分包采购往往是为了选择更专业的供应商承担特定标的的供货或者提供服务。采购人认为单个采购包金额过大、由单个供应商承担采购风险过高的，也可以进行分包采购。

例如，某办公家具购置项目，采购预算为 500 万元，采购内容包括办公桌、办公椅、会议桌、会议椅、文件柜。在考虑分包时，采购人可以参考《分类目录》中的家具品目，将办公桌、办公椅、会议桌、会议椅、文件柜各自作为单独的采购包进行采购，也可以为了形成批量，把同类的货物集中打包采购，例如把同属台、桌类的办公桌和会议桌打成一包，同属椅凳类的办公椅和会议椅打成一包，也可以把办公桌、会议桌、办公椅、会议椅、文件柜全部打成一个包进行采购。假设采购内容还包括保险柜，为了让更专业的供应商供货，采购人可以将专业性强的保险柜单独打包进行采购。

二、划分采购包需考虑的因素

（一）法律法规对采购包划分的限制

1. 不得肢解工程

《中华人民共和国建筑法》第二十四条规定，提倡对建筑工程实行总承包，禁止将建筑工程肢解发包。建筑工程的发包单位可以将建筑工程的勘察、设计、施工、设备采购一并发包给一个工程总承包单位，也可以将建筑工程勘察、设计、施工、设备采购的多项发包给一个工程总承包单位。但是，不得将应当由一个承包单位完成的建筑工程肢解成若干部分发包给几个承包单位。例如，办公楼施工招标时，不得将结构工程、机电安装工程、装饰装修工程、电梯工程等分别划分标段，选择不同的承包商承包。应当将办公楼交给一个施工总承包单位实施施工总承包。

建设工程实行总承包有多种模式，最常见的是工程总承包（Engineering Procurement and Construction，EPC）模式。工程总承包是将工程的设计、施工和设备采购作为整体由一个单位承包的方式。工程总承包也是工程项目打包采购的一种最常见的形式。工程总承包中的设备采购是指生产设备，而不是建筑物构筑物组成部分的设备，例如电梯、空调等。工程总承包对采购人有诸多好处，有利于控制工程投资，简化工程管理，减少设计和施工因衔接导致的扯皮，缩短建设工期，落实合同责任。

2. 不得规避招标

（1）关于工程建设项目，《招标投标法实施条例》第二十四条规定，招标人对招标项目划分标段的，应当遵守《招标投标法》的有关规定，不得利用划分标段限制或者排斥潜在投标人。依法必须进行招标的项目，招标人不得利用划分标段规避招标。《必须招标的工程项目规定》（国家发改委第16号令）规定，工程建设项目中可以合并进行的勘察、设计、施工、监理以及与工程建设有关的重要设备、材料等的采购，合同估算价合计达到必须招标的标准的，必须招标。

（2）关于货物和服务项目，《政府采购法实施条例》第二十八条规定，在一个财政年度内，采购人将一个预算项目下的同一品目或者类别的货物、服务采用公开招标以外的方式多次采购，累计资金数额超过公开招标数额标准的，属于以化整为零方式规避公开招标，但项目预算调整或者经批准采用公开招标以外方式采购的除外。

3. 不得规避政府采购

采购人可以对政府采购货物和服务项目进行分包采购，分包后的采购包金额低于政府采购限额标准的，仍应按照政府采购的规定实施采购，否则构成规避政府采购。

4. 框架协议的特殊规定

《政府采购框架协议采购方式管理暂行办法》（财政部令第110号）规定，以框架协议采购方式采购的项目，采购人应按照《分类目录》将采购标的细化到底级品目，并细分不同等次、规格或者标准的采购需求，合理设置采购包。

（二）技术关联性对采购包划分的影响

货物类集成项目采购，由于不同品目之间存在技术关联，因此不建议划分采购包进行采购。例如，信息化设备采购，计算机、服务器、交换机等网络设备在信息系统建设中具有技术关联性，应当合并为一个采购包进行采购；在急救车采购项目中，急救车、担架、急救医疗设备、氧气瓶等都是与急救相关的设备，也应当合并为一个采购包采购。

在考虑工程项目标段划分时，需要考虑工程技术关联性、工程量的计量、标段界面可清晰划分等因素。例如，因为技术紧密相关，桥梁工程就不宜划分标段施工，但公路和铁路的路基施工就可以按照里程划分为多个标段。服务项目划分采购包也应当考虑上述因素。

（三）专业和资质对采购包划分的影响

对于包含多种专业内容的采购项目和需要供应商具备多项资质的采购项目，划分采购包需要考虑标的专业性的影响以及资质对供应商的影响。对于不同专业之间关联性不强的采购项目，采购人应当分包采购，以便选择更加专业的供应商完成专业性工作。对于不同专业之间关联紧密的项目，采购人可以合包采购，以选择具备多种专业能力的供应商承担。对于涉及多个专业或者需要供应商具备多个资质的采购项目，为保证有足够数量的供应商参与竞争，采购人可以允许供应商向其他提供专业服务的供应商分包专业工作，也可以允许联合体参加承包。

采购人应当对中标供应商对专业工作进行分包作出限制性规定。《招标投标法》和《政府采购法》均有相关规定，工程的主体、关键性工作不得分包，必须由总包单位自己完成。只有工程的非主体、非关键性工作才允许分包，但是采购人应对允许分包的专业工作的内容、金额、专业资质等提出要求和作出规定。

（四）市场竞争对采购包划分的影响

为了达到供应商充分竞争的目的，采购人应当将采购包设计为能够引起供应商兴趣、愿意参与竞争的标的或者规模。以下是有利于市场竞争的情形。

1. 预算金额大的项目

通常情况下，供应商的项目盈利与项目预算金额成正比。有时单一品目的采购金额较小，可以考虑把具有相关性的同类产品打包进行采购，达到提高项目金额的目的。

2. 标的单一的项目

标的越单一，供应商投标成本越低，供应商参加竞争的意愿越强。采购人通常不应把不属于同一类别的品目打包采购，例如，计算机和办公家具就不宜合并为一个采购包。

3. 门槛要求低的项目

对供应商资质、业绩等门槛条件要求简单的项目，供应商无须分包或者组成联合体就可参加，参与竞争的成本低，积极性相对较高。

（五）风险管控因素对采购包划分的影响

采购风险与采购金额呈正相关，采购项目金额越大，采购人的风险也越大。为吸引更多供应商参加竞争，需要把采购包做大。但采购包过大会增加采购风险，也会导致采购人在履约阶段过于倚靠单一供应商，增加履约风险（供应商经营状况的细微变动可能会对采购人的正常办公运转带来严重影响）。例如，公路、铁路施工项目经常按照修筑里程划分若干标段，由若干施工单位同时施工，既可以分散风险，又可以集中多家施工单位资源加快工程进度。

三、分包采购的"兼投不兼中"

采购人将同一类别或者同一品目的标的划分为多个采购包进行采购，主要目的是为了将采购包授予不同的供应商，以分散采购风险、确保合同进度。但由于头部效应，在没有特殊规定的情况下，多个采购包很可能都由同一家供应商成交。对此，采购人可以采用"兼投不兼中"的原则确定成交供应商。

注意，采用"兼投不兼中"时，采购人应当在采购文件中明确规定供应商在多个采购包中同时位列第一时，选择该供应商成交的采购包的标准。通常使用的标准有：按照成交金额的大小依次确定成交采购包；按照采购包编号由小到大的顺序（即第一包、第二包、第三包……）确定成交采购包等。

例如，某项目分为三个采购包，采购文件约定"兼投不兼中"，采用按照采购包编号由小到大的顺序确定成交采购包的标准。经评审，三个包的成交候选人顺序均为供应商 A、供应商 B、供应商 C。按照采购文件的约定，最终确定本项目第一包成交人为供应商 A、第二包成交人为供应商 B、第三包成交人为供应商 C。

又如，某项目分为两个采购包，采购文件约定"兼投不兼中"，采用按照成交金额的大小依次确定成交采购包的标准。供应商 D 在第一包和第二包中均位列成交候选人第一名，供应商 D 第一包报价 190 万元，第二包报价 2000 万元。此时供应商 D 应当成交第二包，第一包顺延选择排名第二的供应商成交。

第四节 选择采购方式

一、政府采购方式概述

当前，我国政府采购共有七种采购方式，分别是公开招标、邀请招标、竞争性谈判、询价、单一来源采购、竞争性磋商和框架协议采购，分别适用不同情形。

（一）公开招标

公开招标是指采购人依法以招标公告的方式邀请非特定的供应商参加投标的采购方式。公开招标是政府采购的主要方式，达到公开招标数额标准的货物和服务项目都应当公开招标。工程项目的相关规定详见本书第五章"招标采购方式"第九节"招标采购工程建设项目"。

（二）邀请招标

邀请招标是指采购人依法从符合相应资格条件的供应商中随机抽取 3 家以上供应商，并以投标邀请书的方式邀请其参加投标的采购方式。只能从有限范围的供应商处采购的货物和服务项目，或者采用公开招标方式的费用占政府采购项目总价值的比例过大的货物和服务项目，可以采用邀请招标方式。工程项目的相关规定详见本书第五章"招标采购方式"第九节

"招标采购工程建设项目"。

（三）竞争性谈判

竞争性谈判是指谈判小组与符合资格条件的供应商就采购货物、工程和服务事宜进行谈判，供应商按照谈判文件的要求提交响应文件和最后报价，采购人从谈判小组提出的成交候选人中确定成交供应商的采购方式。符合下列情形之一的采购项目，可以采用竞争性谈判方式采购。

（1）招标后没有供应商投标或者没有合格标的，或者重新招标未能成立的；

（2）技术复杂或者性质特殊，不能确定详细规格或者具体要求的；

（3）非采购人所能预见的原因或者非采购人拖延造成采用招标所需时间不能满足用户紧急需要的；

（4）因艺术品采购、专利、专有技术或者服务的时间、数量事先不能确定等原因不能事先计算出价格总额的；

（5）政府采购工程不进行招标的。

（四）询价

询价是指询价小组向符合资格条件的供应商发出采购货物询价通知书，要求供应商一次报出不得更改的价格，采购人从询价小组提出的成交候选人中确定成交供应商的采购方式。货物规格、标准统一，现货货源充足且价格变化幅度小的货物类政府采购项目，可以采用询价方式采购。

☞ **小贴士**

　　工程项目和服务项目都不适用询价采购方式。

（五）单一来源采购

单一来源采购是指采购人从某一特定供应商处采购货物、工程和服务的采购方式。符合下列情形之一的项目，可以采用单一来源方式采购。

（1）只能从唯一供应商处采购的；

（2）发生了不可预见的紧急情况不能从其他供应商处采购的；

（3）必须保证原有采购项目一致性或者服务配套的要求，需要继续从原供应商处添购，且添购资金总额不超过原合同采购金额10%的。

（六）竞争性磋商

竞争性磋商是指采购人通过组建竞争性磋商小组与符合条件的供应商就采购货物、工程和服务事宜进行磋商，供应商按照磋商文件的要求提交响应文件和报价，采购人从磋商小组评审后提出的候选供应商名单中确定成交供应商的采购方式。符合下列情形的项目，可以采用竞争性磋商方式开展采购。

（1）政府购买服务项目；

（2）技术复杂或者性质特殊，不能确定详细规格或者具体要求的；

（3）因艺术品采购、专利、专有技术或者服务的时间、数量事先不能确定等原因不能事先计算出价格总额的；

（4）市场竞争不充分的科研项目，以及需要扶持的科技成果转化项目；

（5）按照《招标投标法》及其实施条例必须进行招标的工程建设项目以外的工程建设项目。

（七）框架协议采购

框架协议采购是指集中采购机构或者主管预算单位对技术、服务等标准明确、统一，需要多次重复采购的货物和服务，通过公开征集程序，确定第一阶段入围供应商并订立框架协议，采购人或者服务对象按照框架协议约定规则，在入围供应商范围内确定第二阶段成交供应商并订立采购合同的采购方式。技术、服务等标准明确、统一，需要多次重复采购的货物和服务，可以采用框架协议采购方式采购。

二、各种政府采购方式的特点比较

各种政府采购方式具有明显不同的特点，采购人在选择采购方式时，应基于对采购方式特点的充分了解，选择适合采购项目的采购方式（见表3-7）。

各类政府采购方式特点比较

表3-7

项目	公开招标	邀请招标	竞争性谈判	竞争性磋商	询价	单一来源采购	框架协议采购
适用项目	公开招标数额标准以上的货物和服务	未达到公开招标数额标准的货物和服务	未达到公开招标数额标准的货物和服务,以及不招标的工程	未达到公开招标数额标准的货物和服务,以及不招标的工程	未达到公开招标数额标准的货物	未达到公开招标数额标准的货物和服务,以及不招标的工程	未达到公开招标数额标准为小额、零星采购的货物和服务
采购合同定价方式	供应商竞争定价	供应商竞争定价	供应商竞争定价	供应商竞争定价	供应商竞争定价	采购人与供应商协商定价	供应商竞争定价
供应商报价次数	一次	一次	多次	多次	一次	协商定价	第二阶段采用二次竞价的存在供应商报价的情形
邀请供应商方式	招标公告	资格预审公告、供应商库随机选取、推荐	采购公告、供应商库随机选取、推荐	采购公告、供应商库随机选取、推荐	采购公告、供应商库随机选取、推荐	—	—
采购文件发售期限	5个工作日	5个工作日	—	5个工作日	—	—	5个工作日
等标期	20日	20日	3个工作日	10日	3个工作日	—	20日
开标或公开开启	公开开标	公开开标	一般不公开开启	一般不公开开启	不开启	—	—
采购过程中谈判	不可以谈判	不可以谈判	可以谈判	可以谈判	不可以谈判	可以谈判	—

三、政府采购货物和服务项目的采购方式选择

政府采购项目的预算数额对选择采购方式具有重要意义。《政府采购法》规定，集中采购目录以外的货物、工程和服务采购项目，预算金额达到政府采购限额标准的属于政府采购的范围，应当采用政府采购的方式进行采购；预算金额达到公开招标数额标准的货物和服务应采用公开招标方式进行采购。政府采购限额标准和公开招标数额标准由国务院和省级人民政府制定。

与此同时，《招标投标法》也对必须招标的工程建设项目作出了明确规定。

（一）公开招标数额标准以上的政府采购货物和服务项目

1. 公开招标

达到公开招标数额标准的政府采购货物和服务项目，应当公开招标。

2. 邀请招标或者非招标方式

由于情况特殊，达到公开招标数额标准的政府采购货物和服务项目，采购人拟采用邀请招标或者非招标采购方式采购的，应当向设区的市、自治州以上人民政府采购监督管理部门提交以下申请材料，经财政部门批准才可以采用邀请招标或非招标方式：

（1）采购人名称、采购项目名称、项目概况等项目基本情况说明；

（2）项目预算金额、预算批复文件或者资金来源证明；

（3）拟申请采用的采购方式和理由。

☞ 小贴士

技术较复杂或者专业性较强的大型装备、咨询服务等采购项目，以及不能完全确定客观指标，需由供应商提供设计方案、解决方案或者组织方案的首购订购、设计服务、政府和社会资本合作等项目，一

般宜采用竞争性谈判或者竞争性磋商方式采购。达到公开招标数额标准的，采购人可向财政部门提出改变采购方式的申请，经财政部门批准后采用竞争性谈判或者竞争性磋商方式采购。

3. 公开招标后改变采购方式

达到公开招标数额标准的货物和服务项目采用公开招标方式的，投标截止后供应商不足 3 家或者通过资格审查或者符合性审查的供应商不足 3 家，如果招标文件没有不合理条款、招标程序符合规定，采购人可以向财政部门申请改变为竞争性谈判采购方式（供应商只有 2 家）或者单一来源采购方式（供应商只有 1 家）。采购人申请改变采购方式时，应当提交下列申请材料。

（1）采购人名称、采购项目名称、项目概况等项目基本情况说明；

（2）项目预算金额、预算批复文件或者资金来源证明；

（3）拟申请采用的采购方式和理由；

（4）在省级以上财政部门指定的媒体上发布招标公告的证明材料；

（5）采购人、采购代理机构出具的对招标文件和招标过程是否有供应商质疑及质疑答复情况的说明；

（6）评标委员会或者 3 名以上评审专家出具的招标文件没有不合理条款的论证意见。

（二）未达到公开招标数额标准的政府采购货物和服务项目

未达到公开招标数额标准的政府采购货物和服务项目，采购人应根据采购项目的具体情况，考虑采购需求、采购实施进度、市场供需等情况，选择邀请招标或者适当的非招标采购方式。

四、工程建设项目选择采购方式

相关内容详见本书第五章"招标采购方式"第九节"招标采购工程建设项目"。

第四章　资格审查

【本章概述】本章主要内容为明确资格审查的概念和目的，重点对法定资格条件进展分类梳理，并介绍资格审查办法、资格审查程序，强调资格审查实务注意事项等。

第一节　资格审查的概念及资格条件

一、定义

资格审查是指采购人对供应商的资质资格、财务状况、设备、人员、专业技术能力、业绩、信誉等方面进行评估，以确定其是否具有参加政府采购活动和履行合同的资格能力的活动。

二、采购人权利

对供应商进行资格审查是采购人的权利，也是政府采购的必要程序，能充分保障采购人合法权益。《政府采购法》第二十三条规定，采购人可以要求供应商提供有关资质证明文件和业绩情况，按照对供应商的法定资格条件和采购人对供应商的特定要求，对供应商进行资格审查。

三、资格条件

供应商参加政府采购活动的资格条件包括法定资格条件、特定资格条件和限制性规定三个方面。

(一) 法定资格条件

《政府采购法》第二十二条规定了供应商参加政府采购活动应当具备的六项法定资格条件。

1. 具有独立承担民事责任的能力

在实务中，要提供法人或者其他组织（非法人组织）的营业执照等证明文件，自然人的身份证明。

（1）供应商属于营利法人的，提供在工商部门注册的有效营业执照；供应商属于事业单位、社会团体、基金会、社会服务机构等非营利法人的，提供有效的"事业单位法人证书"或者"执业许可证""登记证书"等证明文件。

（2）供应商属于非法人组织的，提供在工商部门注册的有效营业执照。

（3）供应商是个体工商户的，个体工商户属于自然人，提供有效的"个体工商户营业执照"；供应商是自然人的，提供有效的自然人身份证明。

（4）被宣告破产的供应商不具备承担民事责任的能力，不得参加政府采购活动。

（5）政府采购的供应商是指参加政府采购活动，有意愿向采购人提供货物、工程或者服务的法人、非法人组织或者自然人。

需要特别指出的是，《民法典》第一百零二条规定，非法人组织是不具有法人资格，但是能够依法以自己的名义从事民事活动的组织，包括个人独资企业、合伙企业、不具有法人资格的专业服务机构，不具有独立承担民事责任的能力。法人或者非法人组织依法设立的分支机构属于其他组织，不属于法人或者非法人组织，也不具有独立承担民事责任的能力。但在实务中，非法人组织、法人或者非法人组织依法设立的分支机构被视同为可以参加政府采购活动的供应商。

2. 具有良好的商业信誉和健全的财务会计制度

在实务中，供应商提供财务状况报告，依法缴纳税收和社会保障资金的相关材料。财务状况报告包括经审计的财务报告、银行出具的资信证明。

（1）供应商应提供经审计的财务报告，包括"四表一注"，即资产负债表、利润表、现金流量表、所有者权益变动表及其附注，或者其基本存款账户开户银行出具的资信证明。

供应商是中小企业的，按照《财政部关于开展政府采购信用担保试点工作方案》的规定，专业担保对供应商进行资信审查后出具投标担保函的，不需要提供财务状况报告。

（2）供应商缴纳税收的证明材料主要是供应商税务登记证和参加政府采购活动前一段时间内缴纳增值税、营业税和社会所得税的凭据。

3. 具有履行合同所必需的设备和专业技术能力

被责令停业，暂扣或者吊销执照，或者吊销资质证书的供应商不得参加政府采购活动。

4. 有依法缴纳税收和社会保障资金的良好记录

尚欠缴应纳税款或者社会保险费的供应商不得参加政府采购活动。

5. 参加政府采购活动前 3 年内，在经营活动中没有重大违法记录

参加政府采购活动前 3 年内，在经营活动中存在重大违法记录的；或者因违法行为，被依法限制或者禁止参加政府采购活动的，都不得参加政府采购活动。

重大违法记录是指供应商因违法经营受到刑事处罚或者责令停产停业、吊销许可证或者执照、较大数额罚款等行政处罚。

"较大数额罚款"的标准为 200 万元。法律、行政法规以及国务院相关部门明确相关领域"较大数额罚款"标准高于 200 万元的，从其规定。

需要注意的是，供应商在参加政府采购活动前 3 年内因违法经营被禁止在一定期限内参加政府采购活动，期限届满的，可以参加政府采购活动，采购人不得以此拒绝其参加政府采购活动。

另外，采购人在编制采购文件时，针对供应商应当具备的法定资格条件，根据《政府采购法实施条例》第十七条的规定，除了第一项提供

法人或者非法人组织的营业执照等证明条件，自然人的身份证明外，其余的可以要求供应商提交承诺函（声明函），以证实其已具备法定资格条件。

6. 法律、行政法规规定的其他条件

第一类是承接采购项目所应当具有的经营许可、资质条件等行政许可类要求。国家根据《中华人民共和国行政许可法》和行政管理的规定对相关领域的供应商设置的行政许可，一般有许可证、资质证书或者行业准入等形式。

（1）工业产品生产许可证。

工业产品生产许可证是国家对关系人体健康、财产安全、资金安全、通信质量安全、保障劳动安全等重要工业产品生产企业实行的行政许可制度。《中华人民共和国工业产品生产许可证管理条例》规定，任何企业未取得工业产品生产许可证不得生产列入目录的重要工业产品。

（2）安全生产许可证。

安全生产许可证是国家对危险化学品、烟花爆竹、民用爆破器材生产企业实行的安全生产许可制度。《安全生产许可证条例》（国务院令第397号）规定，危险化学品、烟花爆竹、民用爆破器材生产企业未取得安全生产许可证的，不得从事生产活动。

（3）特种设备生产许可证。

《中华人民共和国特种设备安全法》规定，对人身和财产安全有较大危险性的锅炉、压力容器（含气瓶）、压力管道、电梯、起重机械、客运索道、大型游乐设施、场（厂）内专用机动车辆等特种设备的生产（包括设计、制造、安装、改造、修理）、经营、使用、检验、检测企业必须取得生产许可证才可从事相关业务。

（4）医疗器械生产许可证和经营许可证。

《医疗器械监督管理条例》规定，国家对医疗器械分为三类管理：第一类是风险程度低，实行常规管理可以保证其安全、有效的医疗器械；第二类是具有中度风险，需要严格控制管理以保证其安全、有效的医疗器械；

第三类是具有较高风险，需要采取特别措施严格控制管理以保证其安全、有效的医疗器械。

①医疗器械生产许可证。国家对第一类医疗器械生产企业实行备案管理，第二类、第三类医疗器械生产企业实行许可管理。

②医疗器械经营许可证。国家对经营第二类医疗器械的企业实行备案管理，对经营第三类医疗器械的企业实行许可管理。经营第一类医疗器械不需要许可和备案。

（5）药品生产许可证和经营许可证。

《中华人民共和国药品管理法》规定，药品生产企须经企业所在地省、自治区、直辖市人民政府药品监督管理部门批准并发给《药品生产许可证》，凭《药品生产许可证》到工商行政管理部门办理登记注册。否则不得生产药品。

药品批发企业，须经企业所在地省、自治区、直辖市人民政府药品监督管理部门批准并发给《药品经营许可证》；开办药品零售企业，须经企业所在地县级以上地方药品监督管理部门批准并发给《药品经营许可证》，凭《药品经营许可证》到工商行政管理部门办理登记注册。否则不得经营销售药品。

（6）中国强制性认证（"3C"标志）。

国家对涉及人类健康和安全，动植物生命和健康、环境保护和公共安全的产品实行强制认证制度。《强制性产品认证管理规定》规定，凡列入《实施强制性产品认证的产品目录》的产品，必须经国家制定的认证机构认证合格，取得相应的认证证书，并加施认证标志后，方可出厂销售、进口和在经营性活动中使用。

（7）安全评价检测检验机构资质。

《安全评价检测检验机构管理办法》规定，从事法定的安全评价、检测检验服务的检测检验机构，应取得安全评价检测检验机构资质认证。

（8）网络安全专用产品相关认证。

《关于调整网络安全专用产品安全管理有关事项的公告》规定，列入

《网络关键设备和网络安全专用产品目录》的网络安全专用产品应当按照《信息安全技术 网络安全专用产品安全技术要求》等相关国家标准的强制性要求，由具备资格的机构安全认证合格或者安全检测符合要求后，方可销售或者提供。

（9）危险化学品经营许可证。

《危险化学品经营许可证管理办法》规定，国家对危险化学品经营实行许可制度，经营危险化学品的企业，应当取得危险化学品经营许可证。

（10）电信业务经营许可证。

《电信业务经营许可管理办法》规定，经营基础电信业务和经营增值电信业务，应当依法取得电信管理机构颁发的经营许可证，电信业务经营者在电信业务经营活动中，应当遵守经营许可证的规定，接受、配合电信管理机构的监督管理。经营许可证分为基础电信业务经营许可证和增值电信业务经营许可证两类。

（11）电信设备进网许可证。

《中华人民共和国电信条例》规定，国家对接入公用电信网的电信终端设备、无线电通信设备和涉及网间互联的电信设备实行进网许可制度。实行进网许可制度的电信设备必须获得工业和信息化部颁发的进网许可证（含进网试用批文）。

（12）政府购买服务的承接主体。

《政府购买服务管理办法》规定，公益一类事业单位、使用事业编制且由财政拨款保障的群团组织，不作为政府购买服务的承接主体，即此类单位不满足承接政府购买服务的资格条件。

（13）食品经营许可。

《食品经营许可和备案管理办法》规定，在中华人民共和国境内从事食品销售和餐饮服务活动，除了特殊情形外，应当依法取得食品经营许可。食品经营者在不同经营场所从事食品经营活动的，应当依法分别取得食品经营许可或者进行备案。

（14）保安服务许可证。

《保安服务管理条例》规定，国家对从事保安服务的单位和保安员实行许可管理，申请设立保安服务公司，应当向所在地设区的市级人民政府公安机关提交申请书以及能够证明其符合规定的条件。对符合条件的，核发保安服务许可证。

（15）承装（修、试）电力设施许可证。

《承装（修、试）电力设施许可证管理办法》规定，在中华人民共和国境内从事承装、承修、承试电力设施活动的，应当取得许可证。承装、承修、承试电力设施，是指对输电、供电、受电电力设施的安装、维修和试验。

（16）银行保险机构许可证。

《银行保险机构许可证管理办法》规定，银行保险机构开展金融业务，应当依法取得许可证，许可证包括金融许可证、保险许可证、保险中介许可证。

第二类是与政府采购政策功能相关资格条件有以下三个方面。

一是采购国货。

政府采购应当采购本国货物、工程和服务，除特殊情形并经财政部门审核后，不得采购进口产品。

二是促进中小企业发展（预留采购份额）。

《政府采购促进中小企业发展管理办法》规定，200万元以下的政府采购货物和服务项目、400万元以下的政府采购工程项目，适宜由中小企业提供的，采购人应当专门面向中小企业；超过200万元的货物和服务采购项目、超过400万元的工程采购项目中适宜由中小企业提供的，预留该部分采购项目预算总额的30%（货物和服务）、40%①（工程）以上专门面向中小企业采购，其中预留给小微企业的比例不低于60%。采购人需要据此设置

---

① 《关于加强财税支持政策落实 促进中小企业高质量发展的通知》规定，超过400万元的工程采购项目中适宜由中小企业提供的，预留份额由30%以上阶段性提高至40%以上的政策延续至2025年底。

相关资格条件。

三是政府强制采购产品（节能产品）。

政府采购节能产品实施品目清单管理。采购标的如属于《节能产品政府采购品目清单》范围中政府强制采购产品的，供应商投标（响应）产品必须获得国家确定的认证机构出具的、处于有效期之内的节能产品认证证书。

（二）特定资格条件

特定资格条件也称为采购人自设资格条件。《需求管理办法》规定，采购人可以根据采购需求设定特定条件。根据采购需求特点提出的供应商资格条件，要与采购标的的功能、质量和供应商履约能力直接相关，且属于履行合同必需的条件，包括特定的专业资格或者技术资格、设备设施、业绩情况、专业人才及其管理能力等。业绩情况作为资格条件时，要求供应商提供的同类业务合同一般不超过 2 个，并明确同类业务的具体范围。涉及政府采购政策支持的创新产品采购的，不得提出同类业务合同、生产台数、使用时长等业绩要求。

（三）资格条件的限制性规定

供应商通过资格审查成为合格供应商，除应满足法定资格条件和采购文件规定的特定资格条件外，不得存在下列情形。

（1）与采购人或采购人委托的采购代理机构存在利害关系且影响采购公正性的；

（2）与其他供应商的法定代表人或者主要负责人为同一人的；

（3）与其他供应商存在直接控股、管理关系的；

（4）为采购项目提供整体设计、规范编制或者项目管理、监理、检测等服务的；

（5）被责令停业，暂扣或者吊销执照，或者吊销资质证书的；

（6）在中国政府采购网（www.ccgp.gov.cn）中被列入政府采购严重违法失信行为记录名单的；

（7）在全国企业信用信息公示系统（www.gsxt.gov.cn）中被列入严重违法失信企业名单的；

（8）在"信用中国"网站（www.creditchina.gov.cn）中被列入失信被执行人、安全生产领域严重失信惩戒名单、拖欠农民工工资失信联合惩戒对象名单的；

（9）存在下列情形，但尚未构成重大违法记录的，被财政部门禁止1年至3年内参加政府采购活动，且在期限内的。

①提供虚假材料谋取中标、成交的；

②采取不正当手段诋毁、排挤其他供应商的；

③与采购人、其他供应商或者采购代理机构恶意串通的；

④向采购人、采购代理机构行贿或者提供其他不正当利益的；

⑤在招标采购过程中与采购人进行协商谈判的。

（10）因捏造事实、提供虚假材料或者以非法手段取得证明材料进行虚假、恶意投诉，被财政部门禁止1年至3年内参加政府采购活动，且在期限内的（参见财政部政府采购指导性案例2）

需要特别指出两点内容。

一是供应商参加政府采购限制性规定中的第五至第十项情形，只针对供应商本身，与其生产制造的产品无关。例如，供应商A子公司存在上述情形的，其母公司供应商B并不会因此受限制，反之亦然。因为母子公司之间属于相互独立的法人，各自应独立承担法律责任。（参见财政部政府采购信息公告第528号）

例如，供应商C被限制参加政府采购活动，供应商C不论是以自己生产制造的产品，或者以其他供应商生产制造的产品，都被限制参加政府采购活动。其他供应商通过合法途径取得供应商C生产制造的产品，并以此参加政府采购活动的，其不受限制。即被限制参加政府采购活动针对供应商本身，是对主体资格的限制，并不针对产品。

二是以联合体形式参加政府采购活动的供应商，联合体任何成员存在上述限制性规定情形的，该联合体无法通过资格审查，被限制参加政府采

购活动。（参见财政部政府采购指导性案例 32 号）

（四）实务要点

（1）法定资格条件、采购项目需要行政许可类的资质资格或者因执行政府采购政策而需要的资格条件，应当按照规定设置为供应商应当具备的资格条件。已设为资格条件的，包括采购人自设资格条件，不得再设置为评审因素。（参见财政部政府采购信息公告第 626 号和第 723 号）

（2）禁止采购人以不合理条件对供应商实行差别待遇或者歧视待遇，有如下之一的情形的，属于采购人以不合理条件对供应商实行差别待遇或者歧视待遇。

①设定的特定资格条件与合同履行无关，并与采购项目具体特点和实际需要不相适应；或者资格条件要求指向特定供应商、特定产品或者服务。

②以供应商的所有制形式、组织形式或者股权结构，对供应商实施差别待遇或者歧视待遇，对民营企业设置不平等条款，对内资企业和外资企业在中国境内生产的产品、提供的服务区别对待的。

③通过入围方式设置备选库、名录库、资格库作为参与政府采购活动的资格条件。

④限制供应商工商注册登记地，或者要求供应商在政府采购活动前进行不必要的登记、注册，或者要求设立分支机构的。（参见政府采购指导性案例 18 号）

⑤将供应商的注册资本、资产总额、营业收入、从业人员、利润、纳税额、累计业绩等规模条件，或者营业执照经营范围、企业注册地、纳税地、企业股权结构、成立年限、经营年限等方面作为资格条件的。

⑥除进口货物以外，将生产厂家授权、承诺、证明、背书等作为资格条件的。

⑦以营业执照记载的经营范围作为确定供应商经营资质资格的依据，或者以供应商营业执照记载的经营范围采用某种特定表述或者明确记载某个特定经营范围作为资格条件的。

⑧将国家明令取消行政审批的资质、资格，或者在国家已经明令取消资质资格的领域，将其他资质资格作为资格条件的。（参见政府采购指导性案例3号和财政部政府采购信息公告第702号）

⑨要求供应商提供检测报告，采购人为供应商指定特定的检测机构，或者未给供应商进行检测和提供检测报告预留必要时间的。（参见政府采购指导性案例23号）

（3）要求供应商应当具有某种资质、资格证书时，采购人应当明确颁发相应证书的机构名称和资质、资格的级别及有效范围。

（4）设置国际公认的标准或者认证的，采购人需确认申请此类标准或者认证的条件中没有对申请人的注册资金、营业收入等业绩规模的限制；同时应当确保该标准或认证是在中国境内实施较广，并且有较多供应商取得的，以保证市场充分竞争。（参见政府采购指导性案例4号）

（5）除技术复杂、专业性强或者长期运营服务采购项目外，不宜将业绩作为资格要求，不得限定为特定区域或者特定采购人的业绩资格要求。符合条件可以设置的，业绩资格要求一般不超过2项，且不得设定特定业绩金额。（参见政府采购指导性案例4号）

（6）是否接受联合体参加政府采购活动是采购人的权利，采购人应当根据采购需求和采购实施计划，在资格预审公告或者采购公告中载明是否接受联合体，如未载明，采购人不得拒绝联合体。如已载明不接受联合体，即应理解为联合体形式的供应商不符合资格条件。采购人不得强制市场主体组成联合体参加政府采购活动。

第二节　资格审查概述

一、资格审查方法

资格审查方法分为资格预审和资格后审两种方法。必须指出的是，目前，政府采购法体系未使用"资格后审"这一专业术语，本指南所称"资格后审"是与"资格预审"相对的一种资格审查方法。资格预审主要用于邀请招标，公开招标项目采用资格后审方法为宜。

采用资格预审方法的，采购人应当在提交资格预审申请文件截止时间后，按照资格预审文件规定的审查方法和标准，对供应商提交的资格预审申请文件进行审查。

采用资格后审方法的，采购人应当在开标后、评审前，按照采购文件规定的资格审查方法和标准，对供应商提交的投标（响应）文件进行审查。

二、合格制与有限数量制

在招标投标法体系中，资格预审办法细分为"合格制"和"有限数量制"两种。"合格制"是指凡是符合资格预审文件规定的资格审查标准的申请人，均通过资格预审；"有限数量制"是指招标人或其依法组建的资格审查委员会按照资格预审文件规定的资格审查标准对合格申请人进行量化打分，择优确定通过资格预审申请人的数量 N 家，只有 N 家申请人取得投标资格。若合格申请人的数量在 N 家以下，全部合格申请人都取得相应投标资格，不再进行量化打分择优。

政府采购法体系对此没有明文规定。本指南认为资格预审办法可以细分为"合格制"和"有限数量制"两种。一般情况下宜采用"合格制"；预计符合资格条件的供应商过多的，可采用"有限数量制"。资格后审办法只有"合格制"。

三、审查主体

对供应商进行资格审查的主体是采购人，采购人可以委托采购代理机构对供应商进行资格审查。负责具体资格审查工作的人员称为资格审查人员。

采用资格预审办法的，采购人不需要组建，也不能组建类似评标委员会性质的资格审查委员会，并由其进行资格审查；采用资格后审办法的，采购人不能将资格审查工作交由评审委员会完成。

四、回避制度

政府采购活动涉及多方经济利益，为保证政府采购活动公平公正，充分保护政府采购当事人的合法权益，维护国家利益和社会公共利益，政府采购建立了回避制度。

在资格审查环节，采购人员及相关人员与供应商有下列利害关系之一的，应当回避。

（1）参加采购活动前3年内与供应商存在劳动关系；

（2）参加采购活动前3年内担任供应商的董事、监事；

（3）参加采购活动前3年内是供应商的控股股东或者实际控制人；

（4）与供应商的法定代表人或者负责人有夫妻、直系血亲、三代以内旁系血亲或者近姻亲关系；

（5）与供应商有其他可能影响政府采购活动公平、公正进行的关系。

供应商认为采购人员及相关人员与其他供应商有利害关系的，可以向采购人或者采购代理机构书面提出回避申请，并说明理由。采购人或者采购代理机构应当及时询问被申请回避人员，有利害关系的被申请回避人员应当回避。

在评审环节，采购人员及相关人员，包括评审专家，同样适用本回避机制。

五、资格预审与资格后审的区别

以公开招标方式为例，资格预审与资格后审的主要区别如表4-1所示。

表4-1　　　　　　　资格预审与资格后审的主要区别

对比项目	资格预审	资格后审
审查时间	提供采购文件前	开标后、评审前
评审人	采购人或者采购代理机构	采购人或者采购代理机构
评审对象	申请人的资格预审申请文件	供应商的投标（响应）文件

续表

对比项目	资格预审	资格后审
审查方法	合格制或者有限数量制	合格制
优缺点	避免不合格的申请人进入投标阶段，节约社会成本；提高供应商投标（响应）的针对性、积极性；减少评审阶段的工作量，缩短评审时间，提高评审的科学性、可比性； 延长采购的过程，增加采购人组织资格预审和申请人参加资格预审的费用	减少资格预审环节，缩短采购时间；供应商数量相对较多，竞争性更强，提高串标、围标难度； 增加开标后资格审查难度。供应商投标（响应）的针对性不够，增加供应商投标（响应）成本
适用范围	比较适合于技术难度较大或者投标（响应）文件编制费用较高，或者供应商数量较多的项目	除技术难度较大或者投标（响应）文件编制费用较高，或者供应商数量较多之外的项目

第三节　资格审查程序及实务

采用资格后审办法的资格审查程序及实务详见本指南第五章"招标采购方式"。采用资格预审办法的，采购人应当编制资格预审文件，发布资格预审公告。一般程序和要求如下。

一、编制资格预审文件

采购人应当根据采购需求和采购项目特点，按照国务院财政部门制定的资格预审标准文本编制资格预审文件。国务院财政部门已制定并公布资格预审文件标准文本的，采购人应当使用。资格预审文件应当包括以下主要内容。

（1）资格预审邀请；

（2）申请人须知；

（3）申请人的资格要求；

（4）资格审核标准和方法；

（5）申请人应当提供的资格预审申请文件的内容和格式；

（6）提交资格预审申请文件的方式、截止时间、地点及资格审核日期；

（7）申请人信用信息查询渠道及截止时点、信用信息查询记录和证据留存的具体方式、信用信息的使用规则等；

（8）省级以上财政部门规定的其他事项。

需要特别指出的是，资格预审文件应当明确采用"合格制"或者"有限数量制"。采用"有限数量制"的，应当明确择优选择"有限数量制"的具体方法。

二、发布资格预审公告

资格预审公告应当在省级以上人民政府财政部门指定的媒体上发布。公告期限为 5 个工作日。公告内容应当以省级以上财政部门指定媒体发布的公告为准。公告期限自省级以上财政部门指定媒体最先发布公告之日起算。

资格预审公告应当包括采购人和采购项目名称、采购需求、对供应商的资格要求以及供应商提交资格预审申请文件的时间和地点。应当包括以下主要内容。

（1）采购人及其委托的采购代理机构的名称、地址和联系方法；

（2）采购项目的名称、预算金额，设定最高限价的，还应当公开最高限价；

（3）采购人的采购需求；

（4）供应商的资格要求；

（5）获取资格预审文件的时间期限、地点和方式；

（6）提交资格预审申请文件的方式和截止时间及资格预审时间；

（7）公告期限；

（8）采购项目联系人姓名和电话。

三、提供资格预审文件

采购人应当按照资格预审公告规定的时间、地点提供资格预审文件，提供期限自资格预审公告发布之日起计算不得少于5个工作日。提供期限届满后，获取资格预审文件的供应商不足3家的，可以顺延提供期限，并予公告。资格预审文件应当免费提供。

四、资格预审文件的澄清或者修改

采购人可以对已发出的资格预审文件进行必要的澄清或者修改，但不得改变采购标的和资格条件。澄清或者修改应当在原公告发布媒体上发布澄清公告。澄清或者修改的内容作为资格预审文件的组成部分。

澄清或者修改的内容影响资格预审申请文件编制的，采购人应当在提交资格预审申请文件截止时间至少3日前，以书面形式通知所有获取资格预审文件的供应商；不足3日的，采购人应当顺延提交资格预审申请文件的截止时间。

资格预审文件的澄清或者修改具体注意事项，详见本指南第五章第二节"招标文件的澄清或者修改"。

五、编制并提交资格预审申请文件

供应商应当按照资格预审文件的要求编制资格预审申请文件，资格预审申请文件应当对资格预审文件提出的要求和条件作出响应，并按照规定方式、截止时间向采购人提交资格预审申请文件，未按照规定提交的资格预审申请文件将被拒收。

采购人应当根据采购项目特点确定供应商编制资格预审申请文件的合理时间，提交资格预审申请文件的时间自公告发布之日起不得少于5个工作日。

六、审查资格预审申请文件

采用自行招标组织形式，或者采购人自行进行资格审查的，应当按照采购人政府采购活动内部控制管理制度选定资格审查人员。在资格审查前，采购人应当强调审查纪律，存在法定应当回避情形的，资格审查人员应当主动回避。

资格审查人员应当按照资格预审文件规定的标准和方法，对资格预审申请文件进行审查。资格审查时，资格审查人员可以要求供应商对资格预审申请文件进行澄清、说明。该项工作详见本书第五章第五节评标中的"投标文件的澄清、说明或者修正"。

七、提交资格审查报告

资格审查应当形成资格审查报告。资格审查报告由资格审查人员签字确认，并加盖采购人或者采购代理机构公章，作为采购文件一并存档。在评标时，资格审查报告应当作为相关资料提供给评审委员会。

资格审查报告应当包括以下内容。

（1）采购项目简要概况；

（2）资格审查的时间和地点；

（3）资格审查人员的名单；

（4）提交资格预审申请文件的供应商名单；

（5）通过资格审查的供应商名单；

（6）未通过资格审查的供应商名单及原因；

（7）确认通过资格审查的供应商名单。

采购人根据资格审查报告确定通过资格预审的供应商，并向通过资格预审的供应商发出邀请书，并有权获得采购文件参加投标（响应）；反之，该供应商无法获得采购人发出的邀请书，无权继续参加后续政府采购活动，即使其编制投标（响应）文件，也将会被采购人拒收。

八、资格审查实务要点

（1）资格预审文件或者采购文件未规定的资格审查方法和标准，不得作为资格审查依据。

（2）采购人负有告知供应商未通过资格审查的原因的义务。

采用资格预审的，资格审查结束后，采购人应当同时向通过资格预审的供应商发出邀请书，向未通过资格预审的供应商发出资格预审结果通知书，并告知其未通过的原因。在投标或者响应截止时间前，采购人不得对获取邀请书的供应商进行公示。

采用资格后审的，在中标或者成交结果公告的同时，采购人应当在发出评标或者评审结果通知书的同时，向未通过资格审查的供应商告知其未能通过资格审查的原因。

（3）政府采购法体系对资格预审申请文件是否需要密封或者加密没有相关规定。采购人可以在资格预审文件中要求供应商对资格预审申请文件进行密封或者加密，并对资格预审申请文件的拆封或者解密进行相应规定。

（4）政府采购法体系对是否规定公开开启资格预审申请文件没有相关规定。本指南建议采购人对此不作具体要求。

（5）采用资格后审的，采购人可以在采购文件中要求供应商在投标（响应）文件中对响应资格审查的材料单独封装，以便采购人或者相应的评审小组进行审查。

第五章　招标采购方式

【本章概述】政府采购法规定公开招标应当作为政府采购的主要采购方式，本章以公开招标的程序为主线，重点介绍招标、投标、开标、评标、中标和订立书面合同的实务操作。对邀请招标确定被邀请供应商和政府采购工程建设项目的法律适用进行了阐述。

第一节　概　　述

一、概念

《政府采购法》规定公开招标应当作为政府采购的主要采购方式。从财政部公布的数据看，2019 年采用公开招标方式进行的采购占全国政府采购规模的比例为 78.3%，2020 年为 79.3%，2021 年为 77.6%，2022 年为 77.2%，可见公开招标方式的重要性。

招标是指采购人公布标的特征和交易条件，通过供应商的公平竞争，按照事先确定的程序及规则，对多个供应商提交的一次性报价及实施方案进行评审，实现择优选择交易主体、交易价格，并订立书面合同的一种交易方式。

二、招标方式和组织形式

（一）招标方式

招标分为公开招标和邀请招标。

公开招标，属于非限制性竞争招标，是指采购人依法以招标公告的方式邀请不特定的供应商参加投标的采购方式。

邀请招标，属于有限制竞争性招标，是指采购人依法从符合相应资格条件的供应商中随机抽取 3 家以上供应商，并以投标邀请书的方式邀请其参加投标的采购方式。

（二）组织形式

招标组织形式分为委托招标和自行招标。

采购人委托采购代理机构代理招标的，采购代理机构应当在采购人委托的范围内依法开展采购活动。采购代理机构及其分支机构不得在所代理的采购项目中投标或者代理投标，不得为所代理的采购项目的投标人参加本项目提供投标咨询，并应当遵守《政府采购法》体系中关于采购人具体招标行为的规定。未纳入集中采购目录的采购项目，采购人自行招标的，应当有编制招标文件、组织招标的能力和条件，并有与采购项目专业性相适应的专业人员。

三、招标的适用前提

（一）标的市场处于买方市场

招标是将传统的"买卖双方之间的博弈"转化为"供应商之间的博弈"。但只有市场供给大于需求、买方处于有利交易地位的市场态势时，采购人才可能通过招标实现供应商之间竞争博弈，降低交易价格，采购到物有所值的标的，提高政府采购资金的使用效益。反之，采购人将难以利用招标投标机制发挥竞争优势。

（二）在投标截止前，供应商之间相关信息保密

在投标截止前，供应商与供应商之间应保持交易信息的保密状态。从招标的竞争机理可知，为实现供应商之间的有效竞争，除依法应当公开的信息以外，禁止供应商之间沟通本次交易信息，以确保供应商之间存在竞争博弈，而非合作博弈。如果供应商之间相互协商沟通交易信息，或者达

成攻守同盟、串通投标，会排除或者限制竞争，破坏招标的竞争机理，严重损害采购人利益。

（三）招标交易费用小于预期节约成本

在招标活动中，采购人开展需求调查、编制招标方案、进行招标都需要一定的成本，只有招标成本远小于招标项目可能节约的成本，采用招标方式才有经济意义。因此，只有项目达到一定规模，通过招标降低的项目成本才能弥补招标交易支出的费用，才能体现采用招标方式追求的物有所值。

（四）采购需求完整、明确

招标具有一次性报价的特点，供应商对于具体招标项目，只能报出唯一可不更改的报价，投标要约与中标承诺只有一次机会，所以采购需求应当完整、明确。否则，各供应商无法在同一条件下进行报价等实质性响应，采购目标就会落空，物有所值就无法实现。

（五）用于项目采购

项目是为了实现既定目标，在资源约束的条件下开展的一次性工作，具有临时一次性、特定成果与目标唯一性、不断完善的渐进性和存在风险的不确定性等基本属性。招标活动具有项目的类似属性，是为了实现招标采购目标所作出的一种阶段性努力。政府采购活动用于消费，非连续不断、周而复始的规律性活动，因此，政府采购活动都属于项目采购。

四、招标程序

招标程序包括招标、投标、开标、评标、中标和订立合同六个环节。招标的实质是订立合同的过程：采购人发布招标公告、招标文件，对应订立合同的要约邀请；供应商投标，对应订立合同的要约；采购人发出中标通知书，对应订立合同的承诺。以公开招标，采用资格后审方法为例，招标程序如图 5-1 所示。

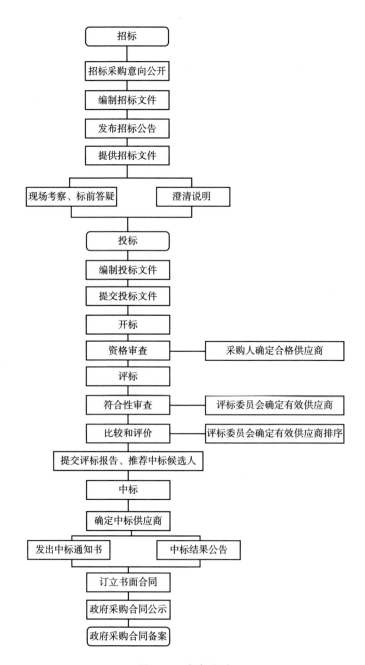

图 5 - 1　招标程序

第二节　招　　标

一、采购意向公开

（一）定义和意义

采购意向公开是指采购人在开始政府采购活动前，按照有关规定将采购项目名称、采购需求概况、采购预算等主要采购内容，在指定的媒介上进行公开的行为。

推进采购意向公开是优化政府采购营商环境的重要举措。做好采购意向公开工作有助于提高政府采购透明度，方便供应商提前了解政府采购信息，对于保障各类市场主体平等参与政府采购活动，提升采购绩效，防范抑制腐败具有重要作用。

（二）媒介要求

采购人应当在发布资格预审公告或者招标公告前公开招标意向。中央预算单位的招标意向在中国政府采购网（www.ccgp.gov.cn）中央主网公开；地方预算单位的招标意向在中国政府采购网地方分网公开，招标意向也可以在省级以上财政部门指定的其他媒体同步公开。

（三）内容要求

采购意向包括政府采购项目名称、采购需求概况、预算金额和预计采购时间等。采购意向应当尽可能清晰完整，便于供应商提前做好参与招标采购活动的准备。招标采购意向仅作为供应商了解采购人初步招标安排的参考，招标采购项目实际采购需求、预算金额和执行时间以采购人最终发布的资格预审公告或者招标公告和招标文件为准。政府采购意向公开参考文本见专栏 5 – 1。

（四）时间要求

采购意向公开时间应当尽量提前，原则上不得晚于发布资格预审公告或者招标公告开始前 30 日。因采购人不可预见的原因急需开展的招标项目，可不公开政府采购意向。

此外，采用非招标采购方式进行采购的，除框架协议采购方式外，均应当公开采购意向。

二、招标文件

（一）概述

1. 定义

招标文件，是采购人采用招标方式进行采购，向供应商发出并告知采购需求、竞争规则和合同条件等信息的要约邀请文件。

2. 编制原则和要点

（1）体现采购项目需求和特点。

采购人应当认真研究采购需求和采购实施计划，并根据政府采购政策、采购预算科学编制招标文件，充分体现采购项目需求和特点。采购需求和采购实施计划的内容，详见本指南第二章"政府采购准备"。

（2）使用标准文本。

采购人应当按照国务院财政部门制定的招标文件标准文本编制招标文件。

国务院财政部门未制定并公布标准文本前，地方财政部门已制定并公布示范文本的，应当参照使用。

（3）合法合理。

招标文件应当依法确定供应商资格条件、实质性要求、评审因素和合同条款等。招标文件的内容不得违反法律、行政法规、强制性标准、政府采购政策，或者违反公开透明、公平竞争、公正和诚实信用原则。

对于不允许偏离的实质性要求和条件，即决定供应商是否通过资格审查、符合性审查的条款，采购人应当在招标文件中规定，并以醒目的方式标明。

3. 招标文件的主要内容

招标文件应当包括采购项目的采购需求、供应商资格条件、实质性要求、评标标准和方法以及拟订立的合同文本等。具体应当包括以下主要内容。

（1）招标公告（资格后审）/投标邀请书（资格预审、邀请招标）；

（2）供应商应当提交的资格材料，以及资格审查方法和标准；

（3）为落实政府采购政策，采购标的需满足的要求，以及供应商须提供的材料；

（4）采购项目预算金额，设定的最高限价；

（5）采购项目的技术规格、数量、服务标准等要求，包括附件、图纸等；

（6）投标有效期；

（7）货物、服务提供的时间、地点、方式；

（8）评标方法、评标标准和投标无效情形；

（9）拟订立的政府采购合同文本；

（10）投标文件编制要求（包括投标文件的编排、签署、盖章、密封或者加密要求等）、投标报价要求和投标保证金的提交、退还方式以及不予退还投标保证金的情形；

（11）供应商信用信息查询渠道及截止时间、信用信息查询记录和证据留存的具体方式、信用信息的使用规则等；

（12）中标供应商向采购代理机构支付采购代理服务费的，采购代理服务费的具体金额或者计算方法和支付方式；

（13）省级以上财政部门规定的其他事项。

4. 招标文件目录

为方便供应商阅读招标文件，充分响应招标文件规定的实质性要求和条件，采购人通常将招标文件应当包括的主要内容进行归纳，一般按照如下的目录展开编制。

（1）招标公告（资格后审）/投标邀请书（资格预审、邀请招标）；

（2）供应商须知；

（3）评标方法和评标标准；

（4）采购需求；

（5）政府采购合同；

（6）投标文件格式；

（7）附件。

5. 招标终止

除采购项目取消外，采购人不得擅自终止招标。

终止招标的，采购人应当及时在原公告发布媒体上发布终止公告，以书面形式通知相关供应商，并将项目实施情况报告本级财政部门。已经收取招标文件费用或者投标保证金的，采购人应当在终止招标后 5 个工作日内，退还所收取的招标文件费用和投标保证金及其产生的孳息。

（二）招标文件要素

1. 提供招标文件

采购人应当按照投标邀请书或者招标公告规定的方式、时间提供招标文件，提供期限自招标文件开始发出之日起计算不得少于 5 个工作日。

采用电子化招标的，采购人应当向供应商免费提供电子招标文件。暂未实现电子化招标采购的，采购人可以以发售的形式提供招标文件，招标文件售价应当按照弥补制作、邮寄成本的原则确定。鼓励采购人向供应商免费提供纸质招标文件。

在实务中，采用资格后审方法的，提供招标文件期限届满后，获取招标文件的供应商不足 3 家的，采购人可以顺延提供期限，并予公告。

采购人提供招标文件需遵守以下要求。

（1）招标文件售价不得以营利为目的，不得以招标采购金额作为确定招标文件售价的依据；

（2）不得要求供应商法定代表人或者主要负责人亲自领购招标文件；

（3）不得将领购招标文件变成毫无法律依据的"投标报名"，并以"投标报名"之名行"资格审查"之实，限制供应商参加领购招标文件。（政府采购指导性案例5号、25号和财政部政府采购信息公告第1310号）

2. 政府采购政策

政府采购应当有助于实现国家的经济和社会发展的政策目标，通过制定采购需求标准、预留采购份额、价格评审优惠、优先采购、绿色采购等措施，实现节约能源、保护环境、扶持不发达地区和少数民族地区、促进中小企业发展，支持科技创新等目标。包括但不限于以下几个方面。

（1）采购国货。

政府采购应当采购本国货物、工程和服务。但有下列情形之一的除外。

①需要采购的货物、工程或者服务在中国境内无法获取或者无法以合理的商业条件获取的；

②为在中国境外使用而进行采购的；

③其他法律、行政法规另有规定的。

具体实务详见本书第三章第二节。

（2）扶持中小企业发展。

中小企业，是指在中华人民共和国境内依法设立，依据《中小企业划型标准规定》（工信部联企业〔2011〕300号），以采购标的所属行业的中小企业划分标准确定的中型企业、小型企业和微型企业。

《政府采购促进中小企业发展管理办法》（财库〔2020〕46号）规定，在政府采购活动中，供应商提供的货物、工程或者服务符合下列情形的，享受中小企业扶持政策。

①在货物采购项目中，货物由中小企业制造，即货物由中小企业生产且使用该中小企业商号或者注册商标；

②在工程采购项自中，工程由中小企业承建，即工程施工单位为中小企业；

③在服务采购项目中，服务由中小企业承接，即提供服务的人员为中小企业依照《中华人民共和国劳动合同法》订立劳动合同的从业人员。

视同中小企业的三种情形。

①《政府采购促进中小企业发展管理办法》（财库〔2020〕46号）规定，符合中小企业划分标准的个体工商户视同中小企业；

②《关于促进残疾人就业政府采购政策的通知》（财库〔2017〕141号）规定，残疾人福利性单位视同小型、微型企业；

③《政府采购支持监狱企业发展有关问题的通知》（财库〔2014〕68）规定，监狱企业视同小型、微型企业。

需要说明的是，若供应商同时属于小型或者微型企业、监狱企业、残疾人福利性单位两种以上的，不重复享受小微企业价格评审优惠政策。

判断是否为中小企业的五种特殊情形。

①与大型企业的负责人为同一人，或者与大型企业存在直接控股、管理关系的，即使符合中小企业划分标准，也不属于中小企业；

②小微企业与中型企业的负责人为同一人，或者与中型企业存在直接控股、管理关系的，即使符合中小企业划分标准，不属于小型企业或者微型企业；

③在货物采购项目中，供应商提供的货物既有中小企业制造的货物，也有大型企业制造的货物，不属于中小企业；

④供应商提供的货物既有中型企业制造货物，也有小微企业制造的货物，属于中型企业；

⑤以联合体形式参加政府采购活动的，按照"就大不就小"的原则确定联合体。

采购人在政府采购活动中应当合理确定项目的采购需求，不得以企业注册资本、资产总额、营业收入、从业人员、利润、纳税额等规模条件和财务指标作为供应商的资格要求或者评审因素，不得在企业股权结构、经营年限等方面对中小企业实行差别待遇或者歧视待遇。

对中小企业扶持包括但不限于以下措施。

①预留采购份额。

适宜由中小企业提供的项目，通过灵活采取项目整体预留、合理预留采购包、要求大企业与中小企业组成联合体、要求大企业向中小企业分包等形式，确保中小企业合同份额。

对于 200 万元以下的政府采购货物和服务项目、400 万元以下的政府采购工程项目，适宜由中小企业提供的，采购人应当专门面向中小企业采购。需要注意的是，"以下"包括本数。

对于超过 200 万元的政府采购货物和服务项目、超过 400 万元的政府采购工程项目中适宜由中小企业提供的，分别预留该部分采购项目预算总额的 30%、40%[①]以上专门面向中小企业采购，其中预留给小微企业的比例不低于 60%。

通过下列措施预留份额：一是将采购项目整体或者设置采购包专门面向中小企业采购；二是要求供应商以联合体形式参加采购活动，且联合体中中小企业承担的部分应达到一定比例；三是要求获得采购合同的供应商将采购项目中的一定比例分包给一家或者多家中小企业。

②价格评审优惠。

经主管预算单位统筹后未预留份额专门面向中小企业采购的采购项目，以及预留份额项目中的非预留部分采购包，采购人应当对符合条件的供应商投标报价给予价格评审优惠。具体要求详见本节"18. 价格评审优惠"。

③资金支付期限、预付款比例。

鼓励采购人提高对中小企业的预付款比例。采购人不得要求中小企业接受不合理的付款期限、方式、条件和违约责任等交易条件，不得违约拖欠中小企业的货物、工程、服务款项。由中小企业提供的货物、工程、服务，采购人应当自货物、工程、服务交付之日起 30 日内支付款项；合同另有约定的，付款期限最长不得超过 60 日。

④信用担保（鼓励）。

除依法设立的投标保证金、履约保证金、工程质量保证金、农民工工资保证金外，工程建设中不得收取其他保证金。保证金的收取比例应当符

---

① 《关于加强财税支持政策落实 促进中小企业高质量发展的通知》规定，超过 400 万元的工程采购项目中适宜由中小企业提供的，预留份额由 30% 以上阶段性提高至 40% 以上的政策延续至 2025 年底。

合国家有关规定。采购人不得将保证金限定为现金。中小企业以金融机构保函提供保证的,采购人应当接受。鼓励采购人接受中小企业提供信用担保。

⑤中小企业融资(鼓励)。

中小企业以应收账款担保融资的,采购人应当自中小企业提出确权请求之日起 30 日内确认债权债务关系,支持中小企业融资。鼓励中小企业依法合规通过政府采购合同融资。

中小企业参加政府采购活动,应当按照招标文件给定的格式出具《中小企业声明函》,否则不得享受相关中小企业扶持政策。

(3)保护环境。

为了保护环境,政府采购节能产品、环境标志产品实施品目清单管理。财政部、发展改革委、生态环境部等部门根据产品节能环保性能、技术水平和市场成熟程度等因素,确定实施政府优先采购和强制采购的产品类别及所依据的相关标准规范,以品目清单的形式发布并适时调整。采购人应当依据品目清单和认证证书实施政府优先采购或者强制采购。

采购人拟采购的产品属于品目清单范围的,采购人依据国家确定的认证机构出具的、处于有效期之内的节能产品、环境标志产品认证证书,对获得证书的产品实施政府优先采购或者强制采购。关于政府采购节能产品、环境标志产品的相关规定依据《关于调整优化节能产品、环境标志产品政府采购执行机制的通知》(财库〔2019〕9 号)执行。对于同时列入环保清单和节能产品政府采购清单的产品,应当优先于只列入其中一个清单的产品。

(4)支持科技创新。

《中华人民共和国科学技术进步法》第九十一条规定,对境内自然人、法人和非法人组织的科技创新产品、服务,在功能、质量等指标能够满足政府采购需求的条件下,政府采购应当购买;首次投放市场的,政府采购应当率先购买,不得以商业业绩为由予以限制。政府采购的产品尚待研究开发的,通过订购方式予以实施。采购人应当优先采用竞争性方式确定科学技术研究开发机构、高等学校或者企业进行研究开发，产品研发合格后按约定采购。

此外，在采购首台套产品、"制造精品"的自主创新产品等方面也有相关扶持政策。

3. 最高限价

政府采购的最高限价，在招标领域通常也称最高投标限价、招标控制价。

是否设定最高限价是采购人的权利。在开展采购活动前，采购人再次进行价格测算，如果发现市场价格变化较大，较上次价格测算、上报采购预算有一定的降幅，特别是信息技术类等更新迭代较快的产品，采购人通常会设定最高限价。设定最高限价应当注意以下几个方面。

（1）最高限价应当在采购预算额度内合理设定，即最高限价应当低于采购预算；

（2）最高限价应当在招标文件中载明，随招标文件一并公开；

（3）最高限价为招标文件的实质性要求，供应商应当响应，供应商报价超过最高限价的，其投标无效。

需要指出的是，政府采购的采购是指以合同方式有偿取得货物、工程和服务的行为，包括购买、租赁、委托、雇用等，即只有"买"，没有"卖"，为保证充分竞争，提高政府采购资金的使用效益，采购人不得设定最低限价。

4. 联合体

（1）定义。

联合体是指两个以上的自然人、法人或者其他组织组成联合体并签订联合体协议，以一个供应商的身份共同参加政府采购活动。

（2）身份性质。

联合体在性质上不属于自然人、法人、其他组织，其是政府采购活动中一种特殊的供应商形式，属于身份特殊的供应商。

对采购人而言，一个联合体就是一个身份特殊的供应商，与联合体中的成员数量无关。联合体成员再多，也只能以一个供应商的身份对外作出意思表示。例如，A 公司直接控股或者管理 B 公司，A 公司和 B 公司组成联合体投标，此时参加投标的供应商只有该联合体 1 家。也不会因 A 公司直接控股或者管理 B 公司，而导致联合体投标无效。

（3）采购人的权利。

是否接受联合体投标是采购人的权利。采购人应根据采购项目的实际情况，并结合市场竞争状况调查情况，以及是否需要落实政府采购政策等因素充分考虑，确定是否接受联合体投标。采购人可以对联合体成员的数量提出要求。

对于一个市场主体难以独立完成的大型复杂项目，或者需要由不同行业、不同专业的市场主体强强联合共同完成的特殊项目，采购人一般接受联合体投标。

采购人可以对联合体成员的数量提出要求。

（4）采购人权利的边界。

采购人是否接受联合体投标应当在资格预审公告或者招标公告中载明，以便市场主体根据采购项目的具体要求和自身能力，决定是否组成联合体投标。如未载明，"法律不保护躺在权利上睡觉的人"，采购人该权利消灭，则采购人不得拒绝联合体投标。

采购人不得对联合体成员的所有制形式、组织形式进行限定。例如，要求联合体所有成员的所有制形式是国有企业；要求联合体所有成员的组织形式是法人，均属于以不合理的条件限制或者排斥供应商。

在采购人接受联合体投标的前提下，任何市场主体有权自行决定单独参加投标，或者选择任何其他市场主体一起组成联合体投标。采购人不得为市场主体指定具体的联合体成员；不得强制市场主体组成联合体投标。

（5）联合协议。

联合协议通常被称为联合体投标协议书或者联合体共同投标协议。联合体投标协议应当由联合体全部成员法定代表人、主要负责人或者其授权代表签字并加盖公章。联合体投标协议应当包括如下内容：联合体的牵头人和成员名称，牵头人的职责、权利及义务，各成员的专业分工和应当承担的义务。

联合体应当按照资格预审文件或者招标文件提供的联合体投标协议格式签订联合体投标协议。联合体投标协议属于资格预审申请文件或者投标文件的组成部分，联合体应当将联合体投标协议与资格预审申请文件或者投标文件一并提交采购人。否则，该联合体将被认定为不满足资格预审文件或者招标文件规定的资格条件。

需要特别指出的是，采用资格预审办法的，通过资格预审的联合体，仍然需要在其投标文件中附上联合体投标协议。

（6）联合体的资格条件、实质性要求响应的认定和评审因素评审得分判定。

联合体中有同类资质的成员按照联合体分工承担相同工作的，应当按照资质等级最低的成员确定资质等级。即联合体投标协议中承担同一专业工作的成员不止一家的，应按照承担该专业工作的成员中最低资质资格认定联合体在该专业工作的资质及等级，无须考虑不承担该专业工作的联合体成员的资质。以政府采购工程为例，某联合体成员分别为 A 公司、B 公司和 C 公司，其中 A 公司具有房屋建筑工程施工总承包一级资质和机电安装工程总承包三级资质，B 公司具有房屋建筑工程施工总承包二级和机电安装工程总承包二级资质，C 公司具有房屋建筑工程总承包三级资质和机电安装工程总承包一级资质。联合体投标协议的分工为 A 公司和 B 公司负责建筑工程，C 公司负责机电安装工程。A 公司和 B 公司负责建筑工程，A 公司和 B 公司的建筑工程施工总承包资质最低等级是二级，无须考虑 C 公司；机电安装工程由 C 公司负责，其机电安装工程总承包一级，无须考虑 A 公司和 B 公司。综上所述，该联合体的资质及等级是建筑工程施工总承包二级资质和机电安装工程施工总承包一级资质。

联合体是否响应招标文件规定的实质性要求，以及评审因素评审得分判定按此类推。

联合体投标的，可以由联合体中的一方或者多方共同交纳保证金，其交纳的保证金对联合体各方均具有约束力。

（7）联合体成员投标受限制。

为避免市场主体滥用联合体，以多重身份参与投标（相当于提交两份以上投标文件），导致不公平竞争和串通投标，损害采购人合法权益，法律法规规定联合体各方不得再单独参加或者与其他市场主体另外组成联合体参加同一政府采购活动，否则投标均无效。例如，某政府采购招标项目，联合体甲成员为 A 公司和 B 公司，联合体乙成员为 A 公司和 C 公司，两个联合体成员都有成员 A 公司，联合体甲和联合体乙均投标无效。

需要特别指出两点：一是联合体的成员应当具备法定资格条件，不得存在招标文件规定的限制参加政府采购的情形。二是不同联合体成员之间的法定代表人或者主要负责人为同一人的，或者存在直接控股、管理关系的，投标均无效。例如，某政府采购招标项目，联合体甲成员为 A 公司和 B 公司，联合体乙成员为 C 公司和 D 公司，如果 A 公司直接控股 C 公司，会导致联合体甲和联合体乙均投标无效。

（8）联合体组成不得更改。

联合体组成不得更改，是指通过资格预审后的联合体不得增减、更换成员，否则其投标无效。例如，联合体成员为 A 公司、B 公司和 C 公司，在资格预审通过后，该联合体增加一名综合实力更强的 D 公司，或者 A 公司退出联合体。这一变化需要对联合体投标协议进行实质性的修改或者变更，即意味着产生了一家全新的联合体，该全新的联合体并没有参加资格预审，未参加资格预审的供应商无法获得投标资格，因此其投标无效。

需要特别说明的是，通过资格预审后的联合体增减、更改成员的，一般情况下投标无效，但也存在特殊的情形。例如，联合体成员为 E 公司、F 公司和 G 公司，在资格预审后，投标截止时间前，F 公司和 G 公司合并为 J 公司，F 公司和 G 公司的法人资格均告消灭。联合体成员由原 E 公司、F 公司和 G 公司，更改为 E 公司和 J 公司，联合体投标协议中原由 F 公司和 G 公司承担的工作和责任由 J 公司全部承担，该情形下联合体投标协议并未实质性的修改或者变更，该联合体附上公司合并相关证明材料的，其投标有效。

（9）提出质疑。

联合体进行质疑的，若联合体投标协议书中明确由牵头人向采购人质疑的，牵头人在提交质疑函的同时应附上联合体协议书，以证明质疑函是联合体的真实意思表示；若未附上，质疑函应当有全体成员的签字或者盖章。即联合体进行质疑必须联合体成员"集体上阵"，联合体任何成员无权单独进行质疑，即不能"单独行动"，因为联合体任何成员，均不是质疑供应商，不具备质疑的资格条件。供应商质疑或者提起投诉的内容，详见本指南第九章"政府采购争议与救济"。

（10）法定连带责任。

法定连带责任是指依照法律规定，由两名以上当事人对共同产生的不履行民事义务的民事责任承担全部责任，并因此引起内部债务关系的一种民事责任。

联合体中标后，联合体各方应当共同与采购人签订采购合同，在合同履行中就采购合同约定的事项，对采购人承担法定连带责任。例如，联合体履行中标合同时，某成员未能按照共同投标协议和合同约定履行合同，产生违约金，此时采购人有权要求联合体任何成员依据合同约定的违约责任支付违约金。

5. 现场考察或者标前答疑会

采购人根据采购项目特点，可以邀请已获取招标文件的供应商进行现场考察或者参加开标前答疑会。

（1）采购人权利。

是否组织供应商现场考察或者召开标前答疑会是采购人的权利。现场考察或者开标前答疑会，并非招标必经程序，是否组织由采购人根据采购项目的特点和需要自行决定。采购人可以组织多次，也可以不组织。若组织，为提高工作效率，减轻供应商的投标成本，鼓励采购人采用线上方式进行。

（2）采购人权利的边界。

采购人决定组织现场考察或者召开标前答疑会的，应当在招标文件中载明，或者在招标文件提供截止期限后以书面形式通知所有获取招标文件的供应商。

采购人不得组织单个或者部分获取招标文件的供应商进行上述活动，否则将被认定为就同一采购项目向供应商提供有差别的项目信息，属于以不合理的条件对供应商实行差别待遇或者歧视待遇。

采购人不得要求供应商必须参加上述活动。言外之意，是否参加采购人组织的现场考察或者开标前答疑会是供应商的权利。

（3）在实务中的注意事项。

组织现场考察的，应当安排在招标文件中规定的招标文件澄清或者修改时间之前，或者开标答疑会前，以便采购人在开标答疑会时统一解答供应商在现场考察时提出的问题，并以书面形式对招标文件进行澄清或者修改。

组织上述活动时，采购人应当采取相应的保密措施，不得对供应商进行点名或者集中签到，以防止泄露已获取招标文件的供应商的名称，影响供应商公平竞争，也容易导致串通投标。

自愿放弃参加现场考察或者开标前答疑会的供应商，视为认可上述活动结果，其质疑权消灭，即其无权就这两项采购活动过程向采购人质疑。

招标文件应明确参加现场考察或者开标前答疑会的费用、风险等由供应商本人承担。

6. 投标截止时间和"等标期"

（1）投标截止时间。

投标截止时间是指供应商按照招标文件要求提交投标文件的截止时间。采购人应当在招标文件中规定投标截止时间。投标截止时间应当为具体的时间点，例如，北京时间某年某月某日上午9点30分。投标截止与开标为同一时间，因此投标截止时间最好设定为工作日的具体时间点。

采购人设定投标截止时间时，应当先确定供应商编制投标文件所需要的合理时间，法律规定的时间应当予以保证。

投标截止时间是招标文件和投标文件生效，产生法律约束力的时间点。在投标截止时间前，采购人可以对已发出的招标文件进行修改，甚至终止招标，且无须承担任何法律责任；供应商已提交投标文件的，可以撤回、修改投标文件，也可以放弃投标，无须承担任何法律责任。反之，采购人不得修改招标文件，采购人终止招标的，应当承担法律责任；供应商不得修改投标文件，不得撤销投标文件，否则应当承担法律责任。

需要特别指出的是，《民法典》规定，要约到达受要约人时生效，但采购人接收供应商提交的投标文件时，通常投标文件并未生效，生效与否取决于是否已到投标截止时间。两法关于要约生效时间的规定不一致，由于《民法典》是一般法，《政府采购法》是特别法，因此采用政府采购方式订立合同的，应当适用特别法。

（2）"等标期"。

"等标期"与"备标时间"所表达的意思相同，但二者均非法律意义上的词语。"等标期"是指采购人自招标文件发出之后等待供应商提交投标文件的期限，即自招标文件发出之日起，至投标截止时间止，留给供应商编制投标文件的时间段。《政府采购法》第三十五条规定，采购人设定的"等标期"不得少于二十日。

上述"二十日"期间的计算适用《民法典》，即开始的当日不计入，自下一日开始计算。期间的最后一日是法定休假日的，以法定休假日结束的次日为期间的最后一日。期间的最后一日的截止时间为二十四时；有业务时间的，停止业务活动的时间为截止时间。

需要注意的是，法定"等标期"适用于招标方式，与具体采用公开招标或者邀请招标无关；与采购预算是否达到公开招标数额标准无关。

7. 投标有效期

（1）定义。

投标有效期是指从投标截止时间起，投标文件保持有效、约束力的期限。投标有效期为采购人对供应商发出的要约作出承诺的期限，也是供应商就其提交的投标文件承担相应义务的期限。

（2）作用。

一方面，约束供应商在投标有效期内不能随意更改和撤销投标，否则供应商应当承担缔约过失责任，采购人可以不退还其提交的投标保证金；另一方面，也约束采购人应当在投标有效期内完成开标、评标、定标（中标）和订立书面合同的工作。投标有效期届满，投标文件失去约束力。

（3）合理设定投标有效期。

采购人应当根据采购项目的规模和复杂性，以及开标、评标、中标和订立书面合同等工作所需要的时间，在各环节满足法定和实际必需时间的前提下，合理设定投标有效期。

投标有效期过短，采购人可能无法完成开标、评标、中标和订立书面合同等工作，导致招标失败。投标有效期过长，会增加供应商面临的市场价格波动风险和经营风险，供应商可能会通过提高投标报价转移风险，导致采购人的采购成本提高。

（4）投标有效期为实质性要求。

采购人应当在招标文件中载明投标有效期，投标有效期是招标文件的实质性要求，供应商应当响应。投标文件中承诺的投标有效期应当不少于招标文件中载明的投标有效期，否则认定投标未能实质性响应招标文件要求，投标无效。

（5）投标有效期的延长。

在政府采购法体系，对采购人延长投标有效期并未作出相关规定。因此，本指南不鼓励采购人在非特殊情况下要求供应商延长投标有效期。

在实务中，在投标有效期届满前，确因采购人特殊情况需要，可以通过书面形式要求供应商延长投标有效期。供应商同意延长投标有效期的，应相应延长投标保证金的有效期，但不得修改其投标文件的实质性内容。供应商拒绝延长投标有效期的，投标文件在原投标有效期届满时失效，供应商届时有权收回投标保证金。招标文件规定对有效投标进行补偿的，拒绝延长投标有效期的供应商也有权获得相应补偿。

8. 对招标文件的澄清或者修改

对招标文件的澄清或者修改，是指在招标文件发出后，由于部分内容存在模糊、遗漏、错误、矛盾甚至出现违反法律、行政法规、强制性标准、政府采购政策，或者违反公开透明、公平竞争、公正和诚实信用原则等情形，而对招标文件作出的书面补充、澄清或者修改。

（1）采购人的权利与义务。

采购人进行澄清或者修改分为主动和被动两种情形。采购人发现已发出的招标文件存在上述问题，将会主动澄清或者修改。在主动情形下，对招标文件进行澄清或者修改是采购人的权利。

供应商在有效期内向采购人提出问题、询问、质疑，问题存在或者质疑成立进而影响或者可能影响中标结果的，采购人将会被动澄清或者修改。此外，可能出现财政部门在投诉处理或者监督检查中也可以责令要求采购人澄清或者修改的情形。在被动情形下，对招标文件进行澄清或者修改是采购人的义务。

（2）采购人权利的边界及注意事项。

①澄清或者修改招标文件的最晚时间应当在投标截止时间前。澄清或者修改的内容影响投标文件编制的，应当在投标截止时间至少15日前，以书面形式通知所有获取招标文件的供应商；时间不足的，采购人应当顺延投标截止时间。

在实务中，如果仅修改开标时间、地点等内容，一般认定不影响投标文件编制。其他情形是否影响供应商编制投标文件，应由获取招标文件的供应商进行判断，而非采购人自行认定。采购人可以在将澄清或者修改的内容发给所有获取招标文件的供应商的同时，发出"是否影响投标文件编制"的征询函，若有供应商回复"影响"，即应认定本次澄清或者修改内容影响投标文件编制，进而受到15日的期限限制。反之则反是。此外，采购人不得要求供应商承诺"不影响投标文件编制"。

②澄清和修改的内容不应限制和影响已经获取或者未获取招标文件的供应商依法参加投标竞争。对采购标的、资格要求或者实质性要求等进行修改的，采购人应当在原公告发布媒体上发布本次招标活动结束公告，重新开展采购活动。

③澄清或者修改的内容为本采购项目招标文件的组成部分，对采购人

和供应商均具有约束力。采购人应当在原公告发布媒体上发布澄清公告，在规定时间之前以书面形式将澄清或者修改的内容发给所有获取招标文件的供应商。

④澄清和修改应说明供应商提出的具体问题，以及采购人对问题的答复，但不能指明提出问题的供应商名称。

9. 投标保证金

（1）性质。

投标保证金是供应商向采购人提供的投标担保，其法律本质是缔约过失责任的承担。所以，对于投标保证金更准确地应称其为投标担保。

（2）作用。

用于约束和规范供应商的投标行为：一是保证供应商在投标有效期内不得修改或者撤销其投标文件；二是保证供应商在中标后按照招标文件和投标文件与采购人订立书面合同。

（3）采购人的权利。

是否要求供应商提交投标保证金是采购人的权利，采购人可以根据采购项目和市场的实际情况决定是否要求供应商提交投标保证金。

为充分发挥政府采购的政策功能，促进中小企业健康发展，鼓励采购人允许中小企业引入信用担保手段，为中小企业在投标担保等方面提供专业化服务。为优化营商环境，减轻供应商参加政府采购活动的成本，鼓励采购人不要求供应商提交投标保证金。需要特别指出的是，除采购人授权外，采购代理机构、公共资源交易中心等无权要求供应商提交投标保证金。

（4）采购人的权利边界。

①投标保证金不得超过采购项目预算金额的2%。采购人设定最高限价的，建议不超过最高限价的2%。

②采购人应当允许供应商自主选择以支票、汇票、本票或者金融机构、担保机构出具的保函等非现金形式提交投标保证金。

③采购人应当在招标文件中明确投标保证金的银行同期存款利息计算

办法，以及退还的时间、程序和方法，不予退还的情形等。

④采购人不得为供应商指定特定的金融机构、担保机构出具投标保证金；采购人不得将投标保证金挪作他用。

（5）投标保证金的有效期。

投标保证金的有效期应当与投标有效期一致。如采购人要求延长投标有效期，供应商同意延长的，其投标保证金有效期也相应延长。

（6）投标保证金的提交。

投标保证金是投标文件的组成部分，所以采购人收取投标保证金的到账（保函提交）截止时间应当与投标截止时间一致。即采购人不得要求供应商在投标截止时间前提交投标保证金。（参见财政部政府采购信息公告第778号和第781号）

投标联合体应当按照招标文件的规定提交投标保证金，无论以联合体各方共同提交或者以联合体一方名义单独提交的投标保证金，均对联合体各方具有约束力。

（7）供应商的义务。

供应商应当按照招标文件规定的金额、形式和时间提交投标保证金，否则其投标无效。

（8）投标保证金的退还。

在投标截止时间前供应商撤回投标文件的，采购人应当自收到供应商书面撤回通知之日起5个工作日内，退还已收取的投标保证金。

采购人应当自中标通知书发出之日起5个工作日内退还未中标供应商的投标保证金，自政府采购合同订立之日起5个工作日内退还中标供应商的投标保证金。

在招标过程中废标或者招标终止的，采购人应当自确定废标之日起5个工作日内退还已收取的投标保证金。招标终止的，采购人还应当退还其在银行产生的孳息。

需要指出的是，采购人逾期退还投标保证金的，除应当退还投标保证金本金外，还应当按中国人民银行同期贷款基准利率上浮20%后的利率支付超期资金占用费。

（9）不予退还投标保证金。

采购人可以在招标文件中规定不予退还投标保证金的情形。通常包括：一是在投标截止时间后供应商撤销投标文件的；二是中标供应商无正当理由不与采购人订立书面合同，或者在订立书面合同时向采购人提出附加条件，或者不按照招标文件要求提交履约保证金的；三是被认定为存在串通投标、弄虚作假投标、以他人名义投标等违法行为的。

需要特别注意两点：一是采购人设定不予退还供应商已提交投标保证金的情形，应当围绕投标保证金的性质，紧扣供应商是否存在缔约过失责任，不得随意规定投标保证金不予退还的情形。例如，不得规定，"供应商未能实质性响应招标文件要求的，其投标保证金不予退还"。二是不予退还的投标保证金的受益人是采购人，采购人应当将不予退还的投标保证金如数上缴国库，不得截留。

10. 技术标准规范

技术标准规范包括：国际技术标准、国家技术标准、行业技术标准、采购人自行制定的技术标准四类。前三类是公开发布的，可以从相关网站和出版物查询，因此，在使用标准规范时采购人在招标文件中说明技术标准规范的名称、编号和颁布时间等信息即可。采购人如果采用自行制定的技术标准规范，则需要在招标文件中提供技术标准规范的各项具体内容。

技术参数按照采购需求可以分为必须满足的参数和允许偏离的参数两种。必须满足的参数是指该参数对于采购项目具有决定性意义，对于该参数的任何偏离都将影响采购项目的效果。在实务中，必须满足的参数也被称为关键参数、重要参数、实质性参数、实质性条款、实质性指标，也被称为"星号（'★'或'*'）条款"。

允许偏离的参数是指该参数对于采购项目不具有决定性意义，一定程度的偏离不会对采购项目造成大的影响的参数。在实务中，允许偏离的参数也被称为一般参数、非关键参数、非实质性参数、一般打分项、一般评分项等。尽管采购项目可以接受对允许偏离的参数的偏离，但是偏离过多会由量变转为质变。因此，采购人可以在招标文件规定允许偏离的参数的同时，明确每个参数允许偏离的范围和允许偏离的项数。如果供应商的偏离超出了允许的范围或者项数，则评标时应被认为是实质性偏离而导致投标无效。

技术参数有以下几种表现形式。

（1）要求准确响应的指标。

要求准确响应的指标通常是指在招标文件中作出唯一要求（特定数值、特定功能）的指标。例如，招标文件要求汽车具有手自一体变速箱、6缸汽油发动机、前轮驱动等都属于要求准确响应的指标。对于要求准确响应的指标，供应商必须严格按照要求进行准确响应，响应的指标值既不能不足，也不能超过。对于以上指标的响应，手动变速箱和自动变速箱都不符合要求，只有手自一体变速箱才符合要求；4缸汽油发动机和8缸汽油发动机都不符合要求，只有6缸汽油发动机才符合要求；后轮驱动和四轮驱动都不符合要求，只有前轮驱动才符合技术标准要求。

（2）要求满足响应或者超出响应的指标。

要求满足响应或者超出响应的指标分为三类。第一类是大于（等于）或小于（等于）指标。大于（等于）或者小于（等于）指标一般给定一个标准值，大于（等于）或者小于（等于）标准值的被认为符合要求。例如，百公里油耗小于10升、2个以上安全气囊等都属于这类指标。

第二类是区间范围指标。区间范围指标是要求投标指标应位于区间中的指标。例如，乘员座位数量2~5个、车内宽度1.5~1.6米都属于这类指标。对于区间范围指标的响应，只要投标指标位于要求范围内的任一点即为符合要求。例如，某供应商提供车辆的乘员座位数量5个、车内宽度1.55米，符合技术标准要求。

第三类是限度范围指标。限度范围指标是要求投标指标满足限度范围的指标。例如，汽车可使用环境温度−10℃~45℃。对于限度范围指标的响应，必须分别覆盖范围指标的上限值和下限值才被认为满足要求。例如，某供应商提供的汽车可使用环境温度 −15℃ ~ 50℃，符合技术标准要求；而如果只覆盖要求范围的一部分，例如，使用环境温度 −5℃ ~ 40℃，则被认为不满足要求。

需要特别指出两点：一是设定技术标准要求应当遵循预算、资产配置标准等相关管理制度规定，符合采购项目特点和实际需要，厉行勤俭节约；二是技术标准要求不得指向特定的供应商，限制或者排斥其他供应商。

11. 投标样品

采购人一般不得要求供应商提供样品，仅凭书面方式不能准确描述采购需求或者需要对样品进行主观判断以确认是否满足采购需求等特殊情况的除外。

需要对样品进行主观判断的，通常采购人或者评标委员会的主观感官判断成分较大或者较为重要，这类标的的技术要求无法通过书面方式准确描述，例如，生物制品、水产品、粮食等。

采购人要求供应商提供样品的，应当在招标文件规定样品制作、样品评审的要求和标准。需要随样品提交相关检测报告的，还应当在招标文件中规定对检测机构的要求、检测内容等。采购人不得为供应商指定特定的检测机构。检测和提供检测报告需要花费较长时间的，采购人应当考虑预留必要时间。

采购人要求供应商提供样品的，应当考虑给予供应商适当的样品制作费或者合理补偿，可以包含在供应商投标报价内。

采购人应当按照招标文件规定对中标供应商提供的样品进行保管、封存，并作为履约验收的参考。采购人应当自中标通知书发出之日起5个工作日内退还未中标供应商提供的样品。

在实务中，若未中标供应商因没有利用价值、不方便等原因提出不接受退还样品的，采购人应当要求其出具自愿不接受退还的样品的书面说明。

12. 相同品牌产品投标

提供相同品牌产品的不同供应商参加同一合同项下投标的，按1家供应商计算。

在提供相同品牌产品的不同供应商中，以通过资格审查、符合性审查且报价最低（采用最低评标价法）或者评审得分最高（采用综合评分法）的供应商获得中标人候选人推荐资格，最低报价或者最高评审得分相同的，由评标委员会按照招标文件规定的方法确定。需要特别注意的时，采用综合评分法的采购项目，招标文件应当规定按照中标候选人排序的方法确定，不得规定采取随机抽取方式确定。其他同品牌供应商不具备中标候选人推荐资格。

非单一产品采购项目，采购人应当根据采购项目技术构成、产品价格比重等合理确定核心产品，并在招标文件中载明。不同供应商提供的核心产品品牌相同的，按前述方法处理。

13. 投标文件签署

采购人要求供应商在投标文件上盖章或者签字，目的是证明投标文件是该供应商编制提交的，其内容具体确定，对该供应商具有法律约束力，一旦其中标，采购人将向其发出中标通知书。

在实务中，招标文件通常规定在投标文件上加盖供应商公章或者（和）主要负责人签字。供应商是法人的，由供应商的法定代表人签字；供应商是非法人组织的，由供应商的主要负责人签字；供应商是自然人的，由其本人签字；供应商是联合体形式，由联合体投标协议约定的成员，一般是牵头人的法定代表人或者主要负责人签字。法定代表人或者主要负责人授权代理人签字的，投标文件应附授权委托书。

采购人要求供应商签署投标文件，应当从鼓励交易的角度出发，通常要求在开标一览表、投标函、承诺函和声明函等投标文件最重要部分盖章或者（和）签字即可，不应泛化到投标文件的各个部分。采购人不得要求投标文件应由供应商的法定代表人、主要负责人或者其授权的代理人逐页小签或者签署。

若某投标文件未盖章和签字，或者供应商未按照招标文件的要求签署投标文件的，投标无效。

采用电子招标的，鼓励采购人仅要求供应商使用 CA 数字证书在投标文件封面加盖供应商单位电子印章即可。若为联合体投标，在投标文件封面中供应商落款处需填写联合体所有组成成员的名称，投标文件封面仅需由联合体牵头人使用 CA 数字证书加盖牵头人单位电子印章即可。联合体投标协议应当由联合体各方盖单位章后扫描编入投标文件。

14. 拒收投标文件

从充分竞争的角度看，采购人应当鼓励更多的供应商提交投标文件参与竞争，但为了维护公平竞争和提高效率，法律法规赋予采购人拒收符合下述三种情形的投标文件的权利。

（1）未通过资格预审的供应商提交的投标文件。

未通过资格预审的供应商不具备投标资格。未通过资格预审的供应商包括两种情形：一是参加资格预审未通过（包括采用有限数限制方法的，未在有限数限制内）；二是未参加资格预审的。

（2）未按照招标文件要求密封（加密）的投标文件。

为了防止供应商投标报价等投标文件信息泄露，保护采购人和供应商的合法权益，采购人应当在招标文件中要求供应商按照规定对投标文件进行密封（加密）。

在保证密封的前提下，招标文件对投标文件的密封要求应当尽量简化，不宜过于烦琐严格，不宜增加供应商的投标成本。采用电子招标的，供应商应当使用 CA 数字证书进行加密。（参见财政部指导性案例 11 号）

（3）被逾期送达的投标文件。

逾期送达是指供应商未在招标文件规定的时间前将投标文件送到指定地点并成功提交，送达的时间已超过投标截止时间。

为避免争议，禁止采购人滥用拒收投标文件的权利，除上述三种情形之外，采购人不得扩大拒收投标文件的情形。例如，要求供应商法定代表人或者主要负责人提交投标文件，否则被拒收。

15. 评标方法

政府采购招标评标方法分为最低评标价法和综合评分法。

（1）最低评标价法是指投标文件满足招标文件全部实质性要求，且评标价最低的供应商为排名第一中标候选人的评标方法。

技术、服务等标准统一、市场供应充足的办公设备与用品、后勤服务等采购项目，应当采用最低评标价法。

（2）综合评分法是指投标文件满足招标文件全部实质性要求，且按照评审因素的量化指标评审得分最高的供应商为排名第一中标候选人的评标方法。

技术复杂、专业性强的采购项目，以及实行双信封（投标报价和商务技术文件分别装订密封在两个不同的投标文件信封中）投标的采购项目，应当采用综合评分法。

评审因素包括投标报价和采购需求中的技术、商务要求。评审因素及其权重应当以实现性价比最优为目标，应当符合下列要求。

一是技术和商务评审因素应当是技术和商务要求中的量化指标。技术和商务要求中的非量化指标应当作为实质性要求，不得作为评审因素。

二是评分项应当按照级次指标设置对应分值，量化指标有连续区间的，设置各区间对应的不同分值，不应采用横向比较。（财政部指导性案例27号）

三是资格要求、履约能力不得作为评审因素。

四是货物项目的价格分值占总分值的比重不得低于30%；服务项目的价格分值占总分值的比重不得低于10%。执行国家统一定价标准和采用固定价格采购的项目，其价格不列为评审因素。

五是价格分应当采用低价优先法计算，即以有效供应商中最低投标报价为评标基准价。各供应商的价格分为评标基准价除以其投标报价后，再乘以价格分权重和100。即投标报价得分 =（评标基准价/投标报价）×100。

六是评审得分为技术、商务、投标报价等得分之和。

$P = F_1 \times A_1 + F_2 \times A_2 + \cdots + F_n \times A_n$

其中，P为评审得分；

F_1，F_2，$\cdots$，F_n分别为各项评审因素的得分；

A_1，A_2，$\cdots$，A_n分别为各项评审因素所占的权重（$A_1 + A_2 + \cdots + A_n = 1$）。

（3）在实务中，需要注意以下三点。

一是除了算术修正外，不能对供应商的投标报价进行任何调整。投标报价按照招标文件进行修正，且经供应商书面确认后，为该供应商最新的投标报价，原投标报价失去意义。

二是评标价是指为了执行政府采购政策，评标委员会按照招标文件的规定，对符合条件的供应商的投标报价进行价格评审优惠后的价格。不享受价格评审优惠的供应商，其评标价等于其投标报价。评标价只适用于评标，评标结束后评标价失去意义。

三是采用最低评标价法出现两家以上供应商评标价相同的，将投标报价低的排前；采用综合评分法出现两家以上供应商评审得分相同的，将投标报价低的排前。上述情况下仍相同的，招标文件应当规定其排名顺序的方法。

16. 视为串通投标

（1）视为串通投标的情形。

串通投标隐蔽性强，认定难。为提高采购效率，间接有效遏制串标行为，《政府采购货物和服务招标投标管理办法》第三十七条规定，在资格审查或者评标时发现供应商存在有下列情形之一的，视为供应商串通投标，其投标无效。

①不同供应商的投标文件由同一单位或者个人编制。

②不同供应商委托同一单位或者个人办理投标事宜；

③不同供应商的投标文件载明的项目管理成员或者联系人员为同一人；

④不同供应商的投标文件异常一致或者投标报价呈规律性差异；

⑤不同供应商的投标文件相互混装；

⑥不同供应商的投标保证金从同一单位或者个人的账户转出。

（2）"视为"是一种将具有不同客观外在表现的形象等同视之的立法技术，是法律上的拟制。"视为"的结论不可推翻、不可纠正。在实务中，需要注意以下五个问题。

一是采购人应当在招标文件中载明《政府采购货物和服务招标投标管理办法》第三十七条视为串通投标的规定。

二是采购人可以在招标文件中对每一项视为串通投标的客观外在表现进行细化，客观外在表现与上述规定情形相似、相当的，可以视为串通投标。例如，供应商之间的投标文件制作网卡 MAC（制作机器码）地址一致，与"不同供应商的投标文件由同一单位或者个人编制"客观外在表现相当，可以视为串通投标。

采购人不得在招标文件中新增视为串通投标的其他情形。

三是在资格审查或者评标时，一旦发现供应商存在上述情形，采购人或者评标委员会不需要也不允许供应商进行澄清、说明，直接视为串通投标，投标无效。

四是视为串通投标的法律后果，仅限于投标无效，其法律后果不能等同于恶意串通投标（属于串通投标）。即采购人不得以供应商被视为串通投标而不予退还其已提交的投标保证金；财政部门不得以视为串通投标对供应商直接作出行政处罚。

五是采购项目出现供应商视为串通投标情况的，采购人应当以书面形式报告财政部门，财政部门应将此类情况列入监督检查工作的重点。

17. 异常低价投标

供应商恶意低价投标的行为严重扰乱政府采购秩序，损害采购人合法权益。为遏制这种行为，《政府采购货物和服务招标投标管理办法》（财政部令第 87 号）规定，评标委员会认为供应商的报价明显低于其他通过符合性审查供应商的报价，有可能影响产品质量或者不能诚信履约的，应当要求其在评标现场合理的时间内提供书面说明，必要时提交相关证明材料；供应商不能证明其报价合理性的，评标委员会应当将其作为无效投标处理。

在实务中，需要把握好以下五点内容。

（1）异常低价投标认定需要经过两个环节。第一个环节，评标委员会认为供应商可能异常低价投标；第二个环节，针对可能异常低价投标的供应商，评标委员会应当启动澄清说明机制，最终认定可能异常低价投标的供应商是否异常低价投标。异常低价投标的评审详见本章第五节"评标"。

（2）目前，在法律法规层面并未明确异常低价投标的客观判断标准。

本书建议采购人在招标文件中设定可能异常低价投标的客观判断标准。判断标准应当合法、合理和科学，不得设定为具体的数额，否则会被认为间接设定了最低限价；不得在开标或者评标时随机抽取下浮率计算后作为判断标准；设有标底的，不得以低于标底直接作为判断标准。

另外，需要注意，参与判断的是供应商投标报价，而非供应商享受价格评审优惠后的评标价。

（3）采购人应当在招标文件中规定供应商提供书面说明和必要的相关证明材料的合理时间。

采购人不得要求供应商为保证诚信、全面履行合同而提供适当担保。

（4）评标委员会不得未经异常低价投标认定程序而直接认定供应商投标无效。

（5）可能异常低价投标的供应商被要求提交书面说明和必要的相关证明后，若未提交或者未能证明其投标报价合理性和诚信履约的，评标委员会认定为异常低价投标，其投标无效。

18. 价格评审优惠

（1）定义。

价格评审优惠是指对符合条件的供应商的投标报价给予价格优惠，以价格优惠后的评标价参加评标。

（2）常见情形的价格评审优惠。

经主管预算单位统筹后未预留份额专门面向中小企业采购的采购项目，以及预留份额项目中的非预留部分采购包，按照《政府采购促进中小企业发展管理办法》和《关于进一步加大政府采购支持中小企业力度的通知》的规定，采购人应当对符合条件的供应商给予价格评审优惠。

①小微企业。

《政府采购促进中小企业发展管理办法》和《关于进一步加大政府采购支持中小企业力度的通知》规定，货物服务采购项目小微企业价格评审优惠幅度为10%～20%；政府采购工程项目为3%～5%；使用优惠后的评标价参加评标。

需要指出的是，适用《招标投标法》的政府采购工程建设项目，采用综合评估法但未采用低价优先法计算价格得分的，评标时应当在采用原报价进行评分的基础上增加其价格得分的3%~5%作为其价格分。

②联合体或者分包。

接受大中型企业与小微企业组成联合体或者允许大中型企业向一家或者多家小微企业分包的采购项目，对于联合协议或者分包意向协议约定小微企业的合同份额占合同总金额30%以上的，采购人应当对联合体或者大中型企业的报价给予4%~6%（货物服务采购项目）、1%~2%（政府采购工程建设项目）的价格评审优惠，用优惠后的评标价参加评标。

需要指出的是，适用《招标投标法》的政府采购工程建设项目，采用综合评估法但未采用低价优先法计算价格得分的，《政府采购促进中小企业发展管理办法》规定，评标时应当在采用原报价进行评分的基础上增加其价格得分的1%~2%作为其价格分。

（3）其他情形的价格评审优惠。

政府采购节能产品、环境标志产品实施品目清单管理。采购的产品如属于《节能产品政府采购品目清单》《环境标志产品政府采购品目清单》范围中优先采购产品的，在实务中通常设为加分项，采购人也可以在招标文件中规定对提供优先采购产品的供应商的投标报价予以一定的价格评审优惠。

为了支持创新发展，采购人可以在招标文件中规定优先采购被认定为首台套产品和"制造精品"的自主创新产品，对于符合规定的供应商予以价格评审优惠。

（4）价格评审优惠的注意事项。

①扶持小微企业（联合体或者分包）和优先采购的价格评审优惠可以同时适用生效。

②价格评审优惠比例对小型企业和微型企业同等对待，不作区分。具体采购项目的价格评审优惠比例或者价格分加分比例，由采购人根据采购标的相关行业、市场情况等，在规定幅度内确定。

③价格评审优惠之后的价格称为评标价，其只用于评标，换言之，享

受价格评审优惠的供应商，其一旦中标，其中标价依然是该供应商的投标报价，并非价格评审优惠之后的评标价。

19. 履约保证金

（1）履约保证金的性质及作用。

履约保证金是中标供应商向采购人提供的用于保障、约束其履行政府采购合同义务的担保。

中标供应商不履行政府采购合同义务，给采购人造成经济损失的，采购人按照政府采购合同约定扣除全部或者部分履约保证金，或者由担保人承担担保责任。履约保证金制度对于预防和遏制弄虚作假行为和恶意低价投标的恶性竞争，防范政府采购合同履行风险，保护采购人的合法权益，具有积极作用。

（2）采购人的权利。

是否要求中标供应商提交履约保证金是采购人的权利。为优化营商环境，减轻中标供应商履行政府采购合同的成本，鼓励采购人不要求中标供应商提交履约保证金，采用信用担保。

（3）采购人权利的边界。

采购人应当在政府采购合同中约定履约保证金退还的方式、时间、条件和不予退还的情形，明确逾期退还履约保证金的违约责任。

履约保证金的数额不得超过政府采购合同金额（中标价）的10%。采购人应当允许供应商自主选择以支票、汇票、本票或者金融机构、担保机构出具的保函等非现金形式提交履约保证金。

采购人不得为中标供应商指定特定的金融机构、担保机构出具履约保证金；采购人不得将履约保证金挪作他用。

（4）时间要求。

履约保证金作为订立书面合同的条件，应当在订立政府采购合同前提交。履约保证金的有效期自政府采购书面合同订立之日起至合同约定的中标供应商主要义务履行完毕时止。

中标供应商将政府采购合同约定的主要义务履行完毕，采购人应当按照政府采购合同约定及时退还履约保证金。履约保证金是担保形式的，保函自动失效。

（5）中标供应商的义务。

中标供应商应当按照招标文件的规定，在订立政府采购合同前，向采购人提交履约保证金，否则取消其中标资格，投标保证金不予退还。

在实务中，开具履约保函时，有些金融机构、担保机构方可能会要求中标供应商先提供政府采购合同，中标供应商可以提供招标文件、投标文件和中标通知书，并做好相关解释工作。

20. 采购代理服务费

采购代理服务费是指采购代理机构受采购人委托办理政府采购事宜所收取的费用。按照"谁委托，谁付费"原则，采购代理机构完成委托事务的，采购人应当按照约定向其支付采购代理服务费，采购代理服务费实行市场调节价，由双方协商确定。

采购人与采购代理机构可以订立"由第三人履行的合同"，即在委托合同（代理协议）中约定采购代理服务费由中标供应商支付。但中标供应商作为"第三人"不因该合同的订立而负给付义务，"由第三人履行的合同"，只能在合同当事人（采购人与采购代理机构）之间有其效力，中标供应商并非该合同当事人，不能因此直接负担义务。相应地，采购代理机构不享有直接对中标供应商的履行请求权，这需要通过另一合同关系，即采购人与中标供应商之间缔约的"向第三人履行的合同"实现。实务操作要点如下。

（1）采购人应当在招标文件中明确规定采购代理服务费由中标供应商支付的具体数额标准或者计算方法和支付办法，并作为招标文件的实质性要求，要求供应商在投标报价时充分考虑。

若招标文件未作上述规定，采购人在发出中标通知书前提出要求，或者订立书面合同时要求写入合同条款的，供应商有权拒绝支付采购代理服务费。该情况下，采购人应当亲自履行债务，向采购代理机构支付采购代理服务费，否则应当向采购代理机构承担违约责任。反之，中标供应商应当按照"向第三人履行的合同"的约定全面、适当地履行合同，向采购代理机构支付采购代理服务费，否则，应当向采购人承担违约责任。

中标结果公告时，应将本项目采购代理服务费的收费标准及收费金额一并公开。

（2）中标供应商支付采购代理服务费的履行期限，最早应当在采购人发出中标通知书后，即应在"向第三人履行合同"成立并生效后。因此，采购代理机构不得在发出中标通知书前要求排名第一的中标候选人支付采购代理服务费。

（3）不得将支付采购代理服务费与退还投标保证金挂钩。招标文件不得规定中标供应商未按照合同约定支付采购代理服务费，投标保证金不予退还。投标保证金的性质是担保，采购人行使投标担保权是追究供应商缔约过失责任的一种方式。政府采购合同订立后，即使中标供应商不履行合同义务，其应当承担的也是违约责任，而非缔约过失责任，因此不能将两者挂钩。

（4）当出现废标未能确定中标供应商的情形时，若不可归责于采购代理机构，根据《民法典》第九百二十八条规定，因不可归责于受托人的事由，委托合同解除或者委托事务不能完成的，委托人应当向受托人支付相应的报酬，即采购人应当向采购代理机构支付相应的采购代理服务费。

21. 双信封投标法

双信封投标是招标文件规定按两部分编制和提交投标文件的方式，采购人根据采购项目需求和优质优价等要求，在招标文件中要求供应商提交商务技术文件（不包含投标报价）与投标报价的双信封式投标文件。

双信封投标是一种特殊的综合评分法，其类似"有限数量制"的资格后审办法。供应商将投标报价和商务技术文件分别装订密封在两个不同的投标文件信封中，并在投标截止时间前同时提交。开标和评标分两步进行：第一步，采购人首先对商务技术文件开标，采购人进行资格审查，评标委员会完成商务技术文件评审，选定一定数量的合格供应商进入下一环节；第二步，采购人再组织对进入第二阶段的供应商投标报价的开标和评标。需要注意的是，商务技术文件不能涉及投标报价的任何内容，具体文件内容应当在招标文件中规定清楚并列出清单，防止两部分文件装订和密封错位。采用电子化招标的，可以分阶段解密，原理相同。

双信封投标的优点在于：一是提高评审效率，部分供应商在第一阶段即被拒绝、认定投标无效，无须对其进行后续的第二阶段开标和评标；部分项目在第一阶段也可能就被宣布废标，无须进行后续开标和评标。二是第一阶段认定项目废标时，供应商投标报价、投标方案等重要内容并未公开，该项目重新采购时，供应商参加重新采购竞争的报价和方案不会因上述重要内容已公开而受到影响。

双信封投标程序相对复杂、时间较长，一般适合技术复杂、专业性强的采购项目。当前，我国政府采购法律法规对双信封投标没有明确规定，本书建议采购人在不违反现行法律法规的前提下慎重选用。

第三节　投　　标

投标是招标的相对应概念，是指供应商按照招标文件规定的资格条件、实质性要求和合同条件等要求，编制投标文件并在投标截止时间前提交采购人以参与竞争的行为。

一、编制投标文件

投标文件是反映供应商技术、经济、商务等方面实力和对招标文件响应程度的重要文件，是采购人、评标委员会评价供应商的重要依据，也是决定投标成败的关键。因此，供应商应当认真分析招标文件，严格按照招标文件的要求编制投标文件，对招标文件提出的要求和条件作出响应。

二、提交投标文件

供应商应当在投标截止时间前，将投标文件密封送达投标地点或者加密后传输提交到招标文件要求的电子招标投标交易系统。采购人或者电子招标投标系统在收到投标文件后，应当如实记载投标文件的送达时间和密封或者加密情况，签收保存，并向供应商出具签收回执。任何组织和个人不得在开标前开启或者解密投标文件。

未通过资格预审的供应商提交的投标文件，以及逾期送达或者未按照招标文件要求密封或者加密的投标文件，采购人或者电子招标投标交易系统应当拒收并提示。

在实务中应当注意两点：一是未按照招标文件要求密封的投标文件被拒收，不等于绝对拒收，供应商采取补救措施进行密封后，在投标截止时间前再次提交的，采购人应当接收。二是采用电子招标的，供应商应当在投标截止时间前完成全部投标文件的上传工作，逾期未完成投标文件上传的，电子招标投标交易系统应当拒收并关闭上传通道。

三、撤回与撤销投标文件

（一）撤回投标文件

在投标截止时间前，供应商有权以书面形式通知采购人撤回已提交的投标文件。撤回投标文件的供应商可以选择不再参加投标竞争，也可以对投标文件进行补充、修改后再次提交参与投标竞争。

在实务中需注意两点：一是供应商撤回已提交的投标文件，不再参加投标竞争的，采购人应当自收到供应商书面撤回通知之日起 5 个工作日内，退还已收取的投标保证金。二是供应商对投标文件补充、修改后再次提交参与投标竞争的，补充、修改的内容应当作为投标文件的组成部分，按照招标文件要求签署、密封（加密）。

（二）撤销投标文件

在投标截止时间后，投标文件已生效，对供应商有约束力，供应商不得撤销投标文件。供应商撤销投标文件的，投标文件失效，失去中标资格，采购人可以不予退还其已提交的投标保证金，还可以拒绝其参加该采购项目重新开展的采购活动。

（三）撤回与撤销的区别

（1）投标文件的撤回发生在投标截止时间之前；投标文件的撤销发生在投标截止时间之后。

（2）投标文件的撤回是使一个尚未发生、将要发生法律效力的投标文件不发生法律效力；投标文件的撤销是使一个已经发生法律效力的投标文件失去法律效力。

（3）供应商撤回投标文件，无须承担投标保证金不被退还的风险；撤销投标文件，供应商承担投标保证金不被退还的风险。

四、供应商投标禁止性行为

供应商应当遵循公平竞争的原则，不得存在招标文件规定的限制性情形，不得存在如下行为。

（1）恶意串通投标；

（2）采取不正当手段诋毁、排挤其他供应商，妨碍其他供应商的竞争行为；

（3）以他人名义投标；

（4）弄虚作假或者提供假冒伪劣产品；

（5）向采购人或者评标委员会行贿或者提供其他不正当利益；

（6）捏造事实、提供虚假材料或者以非法手段取得证明材料提出质疑或者提起投诉；

（7）损害采购人或者其他供应商的合法权益；

（8）法律法规或者招标文件规定的其他禁止性行为。

第四节　开　标

开标是招标活动的必经程序，是招标采购活动遵循公开透明原则和

"阳光采购"的体现，是确保供应商提交的投标文件与采购人资格审查、评标委员会评审的投标文件是同一份文件的重要环节。开标环节加强了采购人与供应商之间，以及供应商与供应商之间的监督。

一、开标准备

开标准备是指开标前采购人为依法开标而准备的前期工作，通常包括接收或者拒收投标文件、确认已成功提交投标文件的供应商数量、布置开标现场和相关人员到位等工作。

（一）接收投标文件

1. 供应商应当按照招标文件要求的方式提交投标文件

招标文件要求提交纸质版投标文件的，供应商提交投标文件的方式可以是直接送达，即供应商派授权代表按照规定的时间和地点直接将投标文件送达。除招标文件载明不接受邮寄方式提交以外，供应商可以采用邮寄方式提交投标文件，但应谨慎使用。需要注意的是，邮寄方式送达投标文件的送达时间应以采购人实际收到时间为准，而非以"邮戳为准"。

采用电子招标的，供应商使用 CA 数字证书对投标文件进行加密后，登录招标文件载明的电子招标投标交易系统，使用 CA 数字证书上传已加密的投标文件。

2. 接收投标文件的过程要求

供应商采用直接送达方式提交投标文件的，采购人应当安排专人在招标文件指定地点接收投标文件，并详细记录投标文件送达人、送达时间、份数、包装密封、标识等查验情况。经供应商确认后，向其出具接收投标文件的凭证。

投标文件存在招标文件规定拒收情形之一的，采购人或者电子招标投标交易系统应当予以拒收。

在保证达到密封目的的前提下，采购人应接受密封细微偏差的投标文件。投标文件未按招标文件要求密封的，在投标截止时间前，采购人应当

允许供应商自行更正补救。（财政部指导性案例 11 号）

在投标截止时间前，供应商书面通知采购人撤回其已提交的投标文件的，采购人应当核实撤回投标书面通知的真实性。

（二）确认供应商数量

在投标截止后，采购人应当确认成功提交投标文件的供应商数量。供应商少于 3 家的，不得开标，采购人或者电子招标投标交易系统应将接收的投标文件原封退回供应商。

（三）其他准备工作

采购人应当将在投标截止时间前接收的所有投标文件等运送至开标地点。采购人应当提前布置好开标会议室，准备好开标需要的录音录像设备等。采购人应当准备好开标资料，如开标记录表、标底文件（如有）、投标文件接收登记表、签收凭证等。采购人还应当准备相关国家法律法规汇编、招标文件等以备必要时使用。

采购人应当通知与开标会议有关的工作人员按时到达开标现场，包括主持人、开标人、唱标人、记录人等。

采用电子招标的，采购人应当保证电力供应、通信网络、交易系统服务器、数据库等正常运行。

二、开标程序

（一）纸质招标开标程序

1. 宣布开标纪律

主持人宣布开标纪律，对参与开标会议的人员提出要求，例如，在开标过程中不得喧哗，将通信工具调整到静音状态，按规定的方式提问等。任何组织和个人不得干扰正常的开标程序。

2. 宣布有关人员姓名

主持人介绍采购人代表，依次宣布开标人、唱标人、记录人、监标人（如有）等有关人员。

3. 公布在投标截止时间前接收投标文件的情况

采购人当场公布在投标截止时间前提交投标文件的供应商名称、标包、提交时间以及供应商撤回投标文件等情况。

4. 检查投标文件的密封情况

供应商检查各自提交的投标文件密封状况是否与投标文件接收时的密封状况一致，确认是否存在被提前开启的情况。确认已经被提前开启的，供应商有权要求责任人赔偿损失。

在密封检查前，采购人应当当场核验参加开标会议的供应商授权代表的授权委托书和有效身份证件。

5. 宣布投标文件开标顺序

主持人宣布开标顺序。采购人一般应在招标文件中事先规定开标顺序。例如，规定按照"先到后开、后到先开的顺序"进行开标，或者规定按照"供应商提交投标文件的顺序"进行开标。

6. 公布标底

采购项目设有标底的，采购人应当在开标时公布标底。

7. 唱标

唱标人应当根据招标文件规定的内容和要求进行唱标，宣读供应商名称、投标报价和招标文件规定的需要宣布的其他内容。在投标截止时间前收到的所有投标文件，在开标时都应当当众予以拆封、宣读。未经开标唱标公布的投标文件不得进入下一环节。

唱标人唱标时，重要的内容宜宣读两遍，以便记录人、供应商记录。在投标截止时间前撤回投标文件的，应宣读其撤回投标文件的书面通知。

8. 确认开标记录

开标会议应当做好书面记录和录音录像。开标工作人员应认真核验并如实记录投标文件的密封检查、投标报价、投标保证金等开标、唱标情况，以及开标时间、地点、程序信息。采购人代表、唱标人、记录人、监标人（若有）、供应商代表等应在开标记录上签字确认。

9. 开标结束

开标程序完成后，主持人宣布开标结束。

（二）电子招标开标程序

一是系统进入倒计时，电子招标投标交易系统自动提醒已成功上传（提交）投标文件的供应商参加开标。到达开标时间时，电子招标投标交易系统公布开标时间到，并进行开标。

二是电子招标投标交易平台自动提取所有投标文件，公布在投标截止时间前成功上传（提交）投标文件的供应商名称和数量。

三是按照招标文件规定的解密方式，由供应商使用 CA 数字证书或者采购人使用公钥集中对已加密的投标文件进行解密。

四是在解密完成后，电子招标投标交易系统统计已解密投标文件的供应商数量，如果已解密的投标文件（供应商数量）不足 3 家的，除采取招标文件规定的补救措施之外，电子招标投标交易系统应当宣布因已解密投标文件的供应商不足 3 家而予以废标，不得公布已解密投标文件的供应商名称、投标报价等内容，即不再继续开标，所有投标文件原路退还供应商。反之，公布所有已解密投标文件的供应商名称、投标报价和招标文件规定的应当公布的其他内容。

五是已解密并公开的供应商使用 CA 数字证书加盖单位电子印章确认自身开标记录，同时电子招标投标交易系统生成采购项目的开标记录。

六是电子招标投标交易系统宣布开标结束。

三、开标实务要点及注意事项

一是开标应当在招标文件规定的时间、地点公开进行。

二是由采购人主持开标，邀请供应商参加开标，供应商自主决定是否参加开标，采购人不得强制供应商参加开标，供应商未参加开标的，视同认可开标结果。但是，采用电子招标的，如果招标文件规定由供应商登录电子招标投标交易系统，使用 CA 数字证书解密已加密提交的投标文件的，供应商应当在线参加开标。

三是采用双信封投标的采购项目，应当按照招标文件的规定对不同信封的投标文件分别进行开标。

四是采购人应当对开标进行全程录音录像。录音录像应当清晰可辨并作为采购文件一并存档。

五是除应当在接收投标文件环节和开标环节拒收投标文件的情形外，任何组织和个人不得在开标现场对投标文件是否有效作出判断，应提交采购人进行资格审查和评标委员会进行评审。

六是采用电子招标的，因供应商原因造成投标文件未解密的，视为其撤销投标；因供应商之外的原因造成投标文件未解密的，视为供应商撤回投标文件，供应商有权要求责任人赔偿其直接损失。

七是公开招标数额标准以上的采购项目，投标截止时间后提交投标文件，或者已解密投标文件的供应商不足3家的，采购人应当在分析采购失败原因后，重新公开招标或者依法采用其他采购方式采购。

八是评标委员会成员不得参加开标活动。

九是关于开标记录，需要注意如下事项。（1）采购人不得强制要求供应商代表在开标记录上签字确认。（2）供应商代表是否签字确认开标记录不对其投标文件的有效性产生影响。（3）供应商未对自己的开标记录表进行确认的，视同其认可开标记录。（4）开标纪录应作为评标报告的组成部分存档备查。

第五节　评　　标

评标应当由采购人依法组建的评标委员会负责。评标委员会应当按照招标文件规定的评标标准和方法，审查投标文件是否符合招标文件规定的实质性要求，对有效投标文件进行比较和评价，向采购人提交书面评标报告，并推荐中标候选人名单及排序。

一、定义及基本程序

（一）定义

评标是指由采购人依法组建的评标委员会按照招标文件规定的评标标准和方法，对投标文件进行评审和比较，编制评标报告并向采购人推荐中标候选人而依法进行的一项评估活动。

（二）基本程序

1. 评标前工作（资格审查）

本书提及的评标前工作是指采用资格后审办法的公开招标项目，在开标结束后、评标前，由采购人或者采购人委托的采购代理机构依法对供应商的资格进行审查的行为。

采购人应当按照招标文件规定的标准和方法对供应商进行资格审查，符合资格条件要求的合格供应商不足 3 家的，应予以废标，不得进入评标环节。相关实务操作详见本书第四章"资格审查"。

已采用资格预审办法的采购项目，评标前无须重复本工作。需要指出的是，在资格预审后、投标截止时间前，供应商发生合并、分立、破产等重大变化的，应当及时书面告知采购人，并在投标文件中附上相关材料。该情况下，采购人在评标前，应当对此类供应商再度进行资格审查，供应商不具备资格预审文件规定的资格条件要求的，其投标无效。

2. 评标准备

满足评标条件的采购项目，采购人应当做好评标准备工作，评标准备工作主要包括如下内容。

（1）依法组建评标委员会，核对评审专家身份和采购人代表授权函，评标委员会成员共同推选评标组长。

（2）宣布并强调评标纪律，公布合格供应商名单，告知评标委员会成员应当回避的情形。实务操作和要求详见本节"基本原则与纪律"。

（3）（非必须）采购人介绍采购项目概况和招标文件中与评标相关的内

容等有关情况。实务操作和要求详见本节"基本原则与纪律"。

（4）准备好评标需要的资料和设施。例如，投标文件、招标文件、开标记录等资料；录音录像设备、电脑、打印机、投影仪、计算器等设施。

（5）研读招标文件。评标委员会应当研读招标文件，了解招标项目的范围和性质，招标文件中规定的主要技术要求、标准和商务条款、投标无效的条款，招标文件规定的评标标准、评标方法以及应当在评标过程中考虑的相关因素等内容。

评标委员会发现招标文件存在歧义、重大缺陷导致评标无法进行，或者招标文件内容违反法律、行政法规强制性规定，影响中标结果的，应当停止评标工作，与采购人沟通确认，并作书面记录。

3. 符合性审查

符合性审查是指评标委员会按照招标文件规定的评标标准和方法，对供应商是否响应招标文件规定的实质性要求进行审查，以确定有效供应商的行为。相关实务操作详见本节"评标实务"。

4. 澄清、说明或者修正

澄清、说明或者修正是指评标委员会按照招标文件的规定，要求供应商以书面形式对其投标文件进行必要的澄清、说明或者修正，或者评标委员会对可能异常低价投标的供应商要求提交书面说明。相关实务操作详见本节"评标实务"。

5. 比较和评价

比较和评价是指评标委员会按照招标文件规定的评审因素对通过符合性审查的投标文件（即有效供应商的投标文件）进行比较、评分，以确定供应商评标报价或者评审得分高低排序的行为。

6. 确定中标候选人名单，编写并提交评标报告

评标委员会通过上述评审后，按照招标文件规定确定中标候选人名单及排序，编写评标报告并向采购人提交，本次评标结束。

二、基本原则与纪律

（一）评标原则和工作要求

1. 评标原则

评标活动应当遵循公平、公正、科学、择优的原则。

2. 评标工作要求

评标委员会成员应当按照上述原则履行职责，对所提出的评审意见承担个人责任。评标工作应符合以下基本要求。

（1）认真研读招标文件，正确把握采购项目的采购需求和采购特点。采购人可以在评标前说明采购项目的背景和采购需求，说明内容不得含有歧视性、倾向性意见，不得超出招标文件所述范围。说明应当提交书面材料，并随采购文件一并存档。

（2）严格按照招标文件规定的评标标准和方法评审投标文件，招标文件未规定的评标方法、评审标准等不得作为评标的依据。（财政部政府采购信息公告第 376 号）

（二）评标纪律

采购人应当在评标活动开始前宣布评标工作纪律，并将记载评标工作纪律的书面文件作为采购文件一并存档。

1. 评标由评标委员会依法进行，任何组织和个人不得非法干预

任何组织和个人对评标工作不得明示或者暗示其倾向性、引导性意见，不得修改或者细化招标文件确定的评标程序、评审方法、评审因素和评审标准。

2. 评标应当严格保密进行

除采购人代表、评标现场组织人员外，采购人的其他工作人员以及与评标工作无关的人员不得进入评标现场。

3. 统一上交电子设备

在评标工作开始前，评标委员会成员应当将手机等通信工具或者相关

电子设备交由采购人统一保管，拒不上交的，采购人可以拒绝其参加评标工作并向财政部门报告。

4. 评标委员会成员禁止行为

（1）确定参与评标至评标结束前私自接触供应商；

（2）非法接受供应商提出的与投标文件不一致的澄清或者说明；

（3）违反评标纪律，发表倾向性意见或者征询采购人的倾向性意见；

（4）对需要专业判断的主观评审因素协商评分；

（5）在评标过程中擅离职守，影响评标程序正常进行；

（6）收受供应商、采购代理机构以及其他利害关系人的财物或者其他好处，谋取不正当利益。

评标委员会成员有上述行为之一的，其评审意见无效。该成员是评审专家的，不得获取评审劳务报酬和报销异地评审差旅费。

需要特别指出的是，评审专家在评标中，索取他人财物或者非法收受他人财物，为他人谋取利益，数额较大的，依照《中华人民共和国刑法》（以下简称《刑法》）第一百六十三条的规定，以非国家工作人员受贿罪定罪处罚；采购人代表在评标中有上述行为的，依照《刑法》第三百八十五条的规定，以受贿罪定罪处罚。

5. 评标委员会成员共同推选评标组长，采购人代表不得担任组长

6. 对评标参与人员的保密要求

相关评标活动参与人员应当严格遵守保密规则，不得记录、复制或者带走任何评标资料；不得泄露与评标有关的任何情况。应当保密的内容包括以下几方面。

（1）评标委员会成员名单（在中标结果公告前）；

（2）投标文件评审和比较情况；

（3）中标候选人的推荐情况（在中标结果公告前）；

（4）评标情况以及在评标过程中获悉的国家秘密、商业秘密。

（三）回避制度

评标委员会成员应当回避的具体情形详见本书第四章"资格审查"。

评标委员会成员发现本人与参加采购活动的供应商有利害关系的，应当主动提出回避。采购人发现评标委员会成员与参加采购活动的供应商有利害关系的，应当要求其回避。

除特殊项目外，采购人代表不得以评审专家身份参加本采购项目的评标活动；采购代理机构工作人员不得参加由本机构代理的采购项目的评标活动；各级财政部门的政府采购监督管理工作人员，不得作为评审专家参与政府采购项目的评审活动。

三、评标环节采购人的职责

采购人负责组织评标工作，并履行下列主要职责。

一是依法组建评标委员会。

二是核对评审专家身份和采购人代表授权函，对评审专家在政府采购活动中的职责履行情况予以记录，并及时将有关违法违规行为向财政部门报告。

三是宣布评标纪律，告知评标委员会成员应当回避的情形。

四是公布合格供应商（通过资格审查的供应商）名单。

五是维护评标秩序，监督评标委员会按照招标文件规定的评标程序、方法和标准进行独立评标，及时制止和纠正评标委员会成员的倾向性言论或者违法违规行为。

六是核对评标结果，发现评标结果存在分值汇总计算错误的、分项评分超出评分标准范围的、评标委员会成员对客观评审因素评分不一致等情形的，要求评标委员会复核或者书面说明理由，评标委员会拒绝的，应予记录并向本级财政部门报告。

七是处理与评标有关的其他事项。

四、评标委员会

（一）概念

评标委员会是指由采购人依法组建，利用自己的专业技术和技能，按照招标文件规定的评标标准和方法对合格供应商的投标文件进行评审，并向采购人推荐中标候选人和提交评标报告的临时机构。

（二）评标委员会的组建

评标委员会由采购人依法组建，其他组织没有权利为采购人组建评标委员会，即采购人是组建采购项目评标委员会的唯一主体。

评标委员会由采购人代表和评审专家组成，成员人数应当为5人以上单数，其中评审专家不得少于成员总数的三分之二。

组建评标委员会和采购人代表进入评标委员会均是采购人的权利。需要注意的是，前者权利不得放弃，后者权利可以放弃，即采购人可以不派采购人代表进入评标委员会。（财政部指导性案例17号）

采购人权利的边界如下。

（1）采购项目符合采购预算金额1000万元以上，或者技术复杂，或者社会影响较大三种情形之一的，评标委员会成员人数应当为7人以上单数。

（2）采购人派出采购人代表的数量不得过多，以挤占评审专家占评标委员会成员总数的比例，使得该比例少于三分之二。

（3）评标委员会应当推选评标组长。评标组长通常由专业技术能力强、综合组织和协调能力强的评审专家担任。采购人不得指定评标组长，采购人代表也不得担任评标组长。评标组长的主要职责是主持、组织评标工作，不享有独特的评标权利，与其他评标委员成员享有同等的评标权利。

（4）除特殊项目外，评审专家应当从省级以上财政部门设立的政府采购评审专家库中，通过随机抽取方式确定，不得由采购人直接指定。采购人代表不得以评审专家身份参加本采购项目的评标。（财政部指导性案例第15号）

特殊采购项目是指技术复杂、专业性强，通过随机方式难以确定合适评审专家的采购项目。经主管预算单位同意，采购人可以自行选定相应专业领域的评审专家。《关于完善中央单位政府采购预算管理和中央高校科研院所科研仪器设备采购管理有关事项的通知》规定，中央高校、科研院所的科研仪器设备采购，可在政府采购评审专家库外自行选择评审专家。

（三）评标委员会成员的变更

评标委员会成员缺席、回避或者出于健康原因不能评标的，采购人应当依法及时更换人员后继续评标，无法及时补足评标委员会成员的，采购人应当停止评标活动，封存所有投标文件和开标、评标资料，依法重新组建评标委员会进行评标，被更换的评标委员会成员和原评标委员会所作出的评标意见无效。

采购人应当将变更、重新组建评标委员会的情况予以记录，并随采购文件一并存档。

需要指出的是，被更换的评标委员会成员应当履行保密义务。

五、评标实务

（一）符合性审查

评标委员会应当按照招标文件规定的评标标准和方法，对符合资格的供应商的投标文件进行符合性审查，以确定其是否满足招标文件的实质性要求。投标文件未能满足招标文件规定的实质性要求的，投标无效。

投标文件存在以下情形的，评标委员会应当认定供应商投标无效。

（1）未按照招标文件规定提交投标保证金的（包括但不限于以下表现形式）。

①未提交或者未在投标截止时间前提交的；

②未足额提交的；

③投标保证金形式不符合招标文件规定的；

④保函实质性内容不符合招标文件规定的；

⑤投标保证金从其他供应商账户转出的。

（2）投标文件未按招标文件要求签署的；

（3）报价超过招标文件中规定的预算金额或者最高限价的；

（4）投标文件的投标有效期不满足（短于）招标文件规定的；

（5）提交了两个以上不同投标报价的；

（6）投标文件的交货期限或者服务期限不满足招标文件规定的。

需要注意的是，若招标文件要求交货期是某具体时间（比如，某年某月某日）或者时间段（比如，某年某月某日至某年某月某日）的，供应商的响应时间在招标文件规定时间之前或者之后的，都属于未实质性响应。

（7）投标文件未能对招标文件规定的关键参数（重要参数、实质性参数）进行实质性响应的；

（8）存在招标文件规定的视为串通投标情形的；

（9）存在恶意串通，妨碍其他供应商的竞争行为的；

（10）存在损害采购人或者其他供应商的合法权益情形的；

（11）投标文件含有采购人不能接受的附加条件的；

（12）未能实质性响应招标文件规定的其他实质性要求的；

（13）法律、法规和招标文件规定的其他无效情形。

在实务中，为了方便评标委员会评标，提高评标效率，采购人往往会提前准备辅助评标的相关表格，例如，符合性审查要求一览表。在评标时，评标委员会使用上述表格对投标文件逐一核对，发现未能满足的，认定投标无效。本书认为，非招标文件载明的辅助评标的表格，仅供评标委员会参考，评标委员会应当按照招标文件规定的实质性要求（已以醒目方式标明，集中一起）进行评标。在核对确保辅助评标的相关表格没有遗漏、修改或者新增实质性要求的前提下，才可以使用。

（二）对投标文件的澄清、说明

1. 含义和目的

对投标文件的澄清、说明是指在评标过程中，评标委员会要求供应商以书面形式对投标文件进行澄清、说明。

要求供应商对投标文件进行必要的澄清、说明，一方面，为了评标委员会准确理解投标文件内容，了解供应商真实意思表示，进而对投标文件作出更为公正、客观的评价；另一方面，为了消除评标委员会和供应商对招标文件和投标文件理解上的偏差，避免采购人和中标供应商在合同履行过程中出现不必要的争议。

2. 可以澄清、说明的法定情形

（1）含义不明确；

（2）对同类问题表述不一致；

（3）出现明显文字和计算错误的内容。

3. 评标委员会权利

在投标截止时间后，投标文件已生效，对供应商和采购人具有约束力，任何组织和个人不得修改投标文件。法律赋予评标委员会在符合法定情形下，可以要求供应商对投标文件进行澄清、说明和修正的权利。采购人、财政部门等组织无权要求。

当投标文件出现上述可以澄清、说明的法定情形时，评标委员会认为不需要供应商进行澄清、说明的，也可以不要求供应商对投标文件进行澄清、说明。是否需要，通常由评标委员会从是否影响评标和一旦该供应商中标，若不澄清、说明，是否会影响合同的订立及履行这两个方面进行判断。

4. 评标委员会权利的边界

（1）非法定情形的，评标委员会不得要求供应商对投标文件进行澄清、说明。

（2）要求供应商对投标文件进行澄清、说明的通知应当采用书面形式，不得泄露评标委员会成员名单。

（3）不得暗示或者诱导供应商作出澄清、说明；不得接受供应商主动提出的澄清、说明。

5. 被要求澄清、说明的供应商的义务

（1）按照招标文件或者澄清、说明通知书中的规定进行。

①形式要求，以书面形式进行澄清、说明；

②签署要求，签字或者盖章或者签字和盖章；

③时间要求，在规定时间前提交。

（2）澄清、说明内容不得超出投标文件的范围或者改变投标文件的实质性内容。

（3）澄清、说明文件为投标文件的组成部分，对供应商具有约束力，供应商一旦中标，对合同执行有影响的澄清、说明文件，应当作为合同的组成部分。

（三）投标报价的修正

1. 含义和目的

投标报价修正是指评标委员会对供应商投标报价进行算术校核时，对投标报价中存在的计算错误，或者投标单价、投标报价表述前后不一致等法定情形进行修正，并经供应商书面确认的行为。

投标报价修正，一方面，有利于评标委员会准确理解投标文件的内容，了解供应商的真实意思表示，尊重算术运算的实际结果，从而对投标文件作出公正、客观的评价；另一方面，有助于消除评标委员会和供应商对招标文件和投标文件理解上的偏差，避免中标供应商的投标报价存在计算错误，如未能依法进行修正，该错误会导致后期双方争议，影响合同履行。

2. 修正的前提条件

在实务中，由于供应商的主客观原因，经常会出现投标报价计算错误、投标报价表述前后不一致、投标报价（总价）低但综合单价高等情形。评标时，评标委员会难以认定供应商是否故意为之，相关法律法规也未对供应商无意为之或故意为之进行区分并加以规制。为探求供应商的真实意思表示，法律授权评标委员会可以要求供应商进行修正。

当供应商的投标报价出现计算错误或者单价、投标报价表述前后不一致等法定情形时，除招标文件另有规定的情形，评标委员会可以要求供应商进行修正。非上述法定情形不得对投标报价进行修改。

除招标文件另有规定的情形，是指采购人可以在招标文件中规定，供应商投标报价存在计算错误的，或者计算偏差超过一定偏差率的，认为供应商编制的投标文件质量太差，不能响应招标文件要求，其投标无效。

3. 修正原则

在投标文件中出现对同类问题表述不一致或者投标报价计算错误的，

除招标文件规定投标无效的情况外，可以按照《政府采购货物和服务招标投标管理办法》（财政部令第 87 号）第五十九条规定或者本书推荐的招标文件下列规定进行修正。

（1）投标文件中开标一览表（报价表）内容与投标文件中相应内容不一致的，以开标一览表（报价表）为准；

（2）投标文件中开标一览表（报价表）没有投标报价计算过程，总价大写金额和小写金额不一致的，以大写金额为准；但是大写金额有明显错误的，以小写金额为准；

（3）投标文件中开标一览表（报价表）有投标报价计算过程，存在任何两种形式报价不一致的，以投标文件报价的单价复核计算的单价汇总金额为准。

修正后的内容经供应商书面确认后产生约束力。供应商拒绝确认，即认为修正后的投标报价非其真实意思表示，此时该供应商投标报价非"具体确定的"，意思表示不真实，其投标属无效的民事法律行为，评标委员会应当认定其投标无效。

需要指出的是，任何关于投标报价修正的规定，其实质都应当是探求供应商投标报价真实意思表示的过程，否则就是对投标报价进行修改而非修正。在投标截止时间后，任何组织和个人不得对投标报价进行修改。

（四）对异常低价投标的评审

在评标时，评标委员会发现供应商的投标报价明显低于其他有效投标报价，符合招标文件规定的可能异常低价投标的标准时，应当要求其提交书面说明和必要的相关证明材料。

1. 评标委员会的义务

此处的书面说明与投标文件的澄清、说明的要求和注意事项基本一致，但与要求供应商对符合法定情形的投标文件进行澄清、说明是评标委员会的权利不同。在供应商可能异常低价投标时，评标委员会应当要求供应商提交书面说明，必要时提供相关证明材料，属于评标委员会的义务。

评标委员会不得未经异常低价投标认定程序而直接认定属于可能异常

低价投标的供应商投标有效或者无效。

2. 供应商的义务

供应商应当如实提交书面说明和必要的相关证明材料，其说明和证明材料的出发点和重点在于消除评标委员会对其在低价投标基础上，如果中标能否全面、诚信履行合同的顾虑，而并非在于分析、说明投标报价是否低于其个别成本。

3. 书面说明的后果

供应商未按照要求提交书面说明，或者不能证明其投标报价合理性和确保诚信履约的，评标委员会应当认定其异常低价投标，投标无效。反之，不属于异常低价投标的，应当认定其投标有效。

（五）比较和评价

评标委员会按照招标文件中规定的评标方法和标准，对通过符合性审查的投标文件进行综合比较与评价；未通过符合性审查的投标文件不得进入比较与评价。

1. 采用最低评标价法

评标委员会按照招标文件规定对符合价格评审优惠的供应商进行价格扣除，计算各供应商的评标价。不享受价格评审优惠的供应商，其评标价等于投标报价。评标结果按各供应商的评标价由低到高顺序排列。评标价最低的供应商将被推荐为排名第一的中标候选人，其他依次排列。

2. 采用综合评分法

（1）投标报价得分。

综合评分法的投标报价得分应当采用低价优先法计算：有效供应商中投标报价最低的投标报价为评标基准价，供应商的投标报价得分统一按照下列公式计算：投标报价得分 =（评标基准价/评标价）× 100。

有效供应商是指通过资格审查、符合性审查（包括投标报价修正确认和异常低价评审后）的供应商。

在评标过程中，不得去掉有效投标报价中的最高报价和最低报价。执行国家统一定价标准和采用固定价格采购的项目，其价格不列为评审因素，即不存在投标报价得分。

（2）汇总得分及排序。

评标委员会按照招标文件规定的评标标准和方法对有效供应商的商务、技术等进行比较和评价，汇总得出各供应商的评审得分。

评标委员会各成员的评分均具有法律效力，评标时应当保留各成员的评分，不得采用类似"去掉最高分和最低分"等方法计算得分。（财政部指导性案例 18 号）

评标结果按评审后各供应商的评审得分由高到低顺序排列。评审得分相同的，按投标报价由低到高顺序排列。得分且投标报价相同的并列。投标文件满足招标文件全部实质性要求，且按照评审因素的量化指标评审得分最高的供应商为排名第一的中标候选人，其他依次排列。

（六）评标报告

评标委员会根据全体评标成员签字的原始评标记录和评标结果编写评标报告。评标报告应当包括以下内容。

（1）合格供应商名单、有效供应商名单和评标委员会成员名单；

（2）评标方法和标准；

（3）符合性审查情况，包括供应商未通过符合性审查的原因；

（4）技术、商务部分比较评价情况；

（5）评标结果，确定的中标候选人名单及排序；

（6）资格审查报告；

（7）其他需要说明的情况。

包括在评标过程中供应商根据评标委员会要求进行的澄清、说明或者修正，评标委员会成员的更换等。

评标报告应当由评标委员会全体成员签字。评标委员会成员对需要共同认定的事项存在争议的，应当按照少数服从多数的原则作出结论。持不同意见的评标委员会成员应当以书面形式说明其不同意见和理由，评标报告应当注明该不同意见。否则，视为其同意评标报告。

未按照招标文件规定的评审标准进行评标的，评标报告无效。（财政部政府采购信息公告第 376 号）

（七）重新评标

1. 定义

重新评标，即评标已产生评标结果，但因存在特殊情形，需要对采购项目进行重新评标。

2. 重新评标的分类

根据重新评标的原因和情形，分为原评标委员会重新评标和重新组建评标委员会评标两类。

（1）原评标委员会重新评标。

出现下列错误情形导致评标结果无效的，评标委员会应当重新评标；但是，采购合同已经履行的除外。

①分值汇总计算错误的；

②分项评分超出评分标准范围的；

③评标委员会成员对客观评审因素评分不一致的；

④经评标委员会认定评分畸高、畸低的。

在评标报告签署前，经复核发现存在以上情形之一的，评标委员会应当当场修改评标结果，并在评标报告中记载；在评标报告签署后，采购人或者采购代理机构发现存在以上情形之一的，应当组织原评标委员会进行重新评审，重新评审改变评标结果的，应书面报告本级财政部门。

需要指出的是，采购人资格审查出错，或者未按照招标文件规定的资格条件审查标准和方法进行资格审查，导致评标结果无效的，采购人应当重新进行资格审查，符合评标条件的，应当交给评标委员会重新评标。

（2）重新组建评标委员评标。

评标委员会或者其成员存在下列情形导致评标结果无效的，采购人可以重新组建评标委员会进行评标，并书面报告本级财政部门，但采购合同已经履行的除外。

①评标委员会组成不符合法律法规规定的；

②确定参与评标至评标结束前私自接触供应商的；

③非法接受供应商提出的与投标文件不一致的澄清或者说明的；

④违反评标纪律，发表倾向性意见或者征询采购人的倾向性意见的；

⑤对需要专业判断的主观评审因素协商评分的；

⑥在评标过程中擅离职守，影响评标程序正常进行的；

⑦评标委员会及其成员独立评标受到非法干预的；

⑧评审专家未按照招标文件规定的评标程序、评标方法和评标标准进行独立评审或者泄露评标情况的；

⑨评审专家与供应商存在利害关系未回避的；

⑩评审专家收受供应商贿赂或者获取其他不正当利益的。

有违法违规行为的原评标委员会成员不得参加重新组建的评标委员会。

（八）废标

1. 概念

废标是指整个招标活动无效，未能产生和采购人订立书面合同的中标供应商，未能达到采购人预期效果，招标采购的目的落空，本次招标采购活动作废。废标在招标投标法体系称为"招标失败"，政府采购非招标采购方式称为"采购失败"，表达的意思相同。

2. 废标情形

在招标采购中，出现下列情形之一的，应予废标。

（1）符合专业条件的供应商或者对招标文件作出实质响应的供应商不足三家的；

（2）出现影响采购公正的违法、违规行为的；

（3）供应商的报价均超过采购预算，采购人不能支付的；

（4）因重大变故，采购任务取消的。

废标后，采购人应当将废标理由通知所有参加投标的供应商。

3. 注意事项

（1）废标后，已确定中标供应商的，中标无效；政府采购合同已订立未履行的，政府采购合同无效。

（2）废标后，除采购任务取消的情形外，采购预算达到政府采购公开招标数额标准的，应当重新组织公开招标；需要采取其他方式采购的，应当在采购活动开始前获得设区的市、自治州以上人民政府采购监督管理部门或者政府有关部门批准。

（3）因重大变故致使采购任务取消的废标，其实质为招标终止，采购人应当按照招标终止要求执行相关手续。

4. 不得滥用废标权

任何人不得滥用废标权，废标决定必须严格按照相关法律法规规定，务必做到慎重、准确。

第六节　中　　标

一、确定中标供应商

评标报告应当在评标结束后 2 个工作日内提交给采购人。

采购人应当自收到评标报告之日起或者自行招标的评标结束后 5 个工作日内，确定评标报告推荐排名第一的中标候选人为中标供应商。逾期未作出决定，采购人又不能说明合法理由的，视同确定评标报告推荐排名第一的中标候选人为中标供应商。

二、发出中标通知书和中标结果公告

采购人应当自确定中标供应商之日起 2 个工作日内，发出中标通知书，并在省级以上人民政府财政部门指定的媒体上公告中标结果，中标公告期限为 1 个工作日。

（一）中标通知书

中标通知书采用发信主义，一旦发出，即对采购人和中标供应商均具有法律效力。中标通知书发出后，采购人不得违法改变中标结果；中标供应商无正当理由不得放弃中标，否则，应当依法承担法律责任。

需要特别指出的是，《最高人民法院关于适用〈中华人民共和国民法典〉合同编通则若干问题的解释》（法释〔2023〕13号）第四条规定，采取招标方式订立合同，当事人请求确认合同自中标通知书到达中标供应商时成立的，人民法院应予支持。合同成立后，当事人拒绝签订书面合同的，人民法院应当依据招标文件、投标文件和中标通知书等确定合同内容。

（二）中标结果公告

1. 中标结果公告应当包括以下主要内容。

（1）采购人及其委托的采购代理机构的名称、地址、联系方式；

（2）项目名称和项目编号；

（3）中标供应商名称、地址和中标价，主要中标标的的名称、规格型号、数量、单价、服务要求；

（4）因落实政府采购政策等进行价格评审优惠后中标供应商的评标价；

（5）采用最低评标价法的，公告中标结果时应当同时公告因落实政府采购政策等进行价格扣除后中标供应商的评审报价；采用综合评分法的，公告中标结果时应当同时公告中标供应商的评审总得分。

（6）中标公告期限；

（7）评标委员会成员名单；

（8）省级以上财政部门或者招标文件规定的其他内容。

招标文件应当随中标结果同时公告，招标文件已公告的，不再重复公告。

在公告中标结果的同时，采购人应当向未中标的供应商发出评标结果通知书，并告知其未通过资格审查、符合性审查或者评审得分及未中标的原因。

2. 中标公告内容还应注意以下三点。

（1）采购人与采购代理机构约定采购代理服务费由中标供应商支付的，还应当公告本次采购代理服务费具体金额；

（2）中标供应商享受中小企业扶持政策的，应当公开中标供应商的《中小企业声明函》；

（3）采用邀请招标方式，采购人采用书面推荐方式产生符合资格条件供应商的，还应当将所有被推荐供应商名单和推荐理由随中标结果同时公告。

第七节　签订书面合同

一、概要

政府采购合同应当采用书面形式，应当使用国务院财政部门会同国务院有关部门制定的政府采购合同标准文本。

政府采购合同适用《民法典》合同编。采购人和供应商之间的权利和义务，应当按照平等、自愿的原则以合同方式约定。

政府采购合同应当包括采购人与中标供应商的名称和住所、标的、数量、质量、价款或者报酬、履行期限及地点和方式、验收要求、违约责任、解决争议的方法等内容。

对于通过预留采购项目、预留专门采购包、要求以联合体形式参加或者合同分包等措施签订的政府采购合同，应当明确标注本合同为中小企业预留合同。其中，要求以联合体形式参加政府采购活动或者合同分包的，应当将联合协议或者分包意向协议作为政府采购合同的组成部分。

需要指出的是，合同标准文本并非合同示范文本，前者具有强制性，应当使用；后者不具有强制性，仅示范使用。

二、前提条件

签订书面合同前，应满足以下四点前提条件。

（1）中标通知书已发出；

（2）招标文件要求中标供应商提交履约保证金的，中标供应商已按照招标文件要求提交；

（3）时间要求在投标有效期内；

（4）不存在影响合同无效的情形。

存在以下行为的，即使已签订书面合同，仍然被认定合同无效，自始无效、当然无效、绝对无效。所以，在订立书面合同前，采购人与中标供应商不得存在如下情形。

1. 虚假的意思表示

《民法典》第一百四十六条规定，行为人与相对人以虚假的意思表示实施的民事法律行为无效。在招标活动中，具体表现为中标供应商存在以他人名义投标、弄虚作假等行为。

2. 违反效力性强制性规定

《民法典》第一百五十三条规定，违反法律、行政法规的强制性规定的民事法律行为无效。但是，该强制性规定不导致该民事法律行为无效的除外。违背公序良俗的民事法律行为无效。

3. 恶意串通，损害他人合法权益

《民法典》第一百五十四条规定，行为人与相对人恶意串通，损害他人合法权益的民事法律行为无效。在招标活动中具体表现为中标供应商与采购人或者其他供应商恶意串通投标。

三、采购人的权利和义务

采购人应当自中标通知书发出之日起30日内，按照招标文件和中标供应商投标文件的规定，与中标供应商签订书面合同。采购人因不可抗力原因迟延签订书面合同的，应当自不可抗力事由消除之日起7日内完成书面合同签订事宜。

所签订的书面合同不得对招标文件确定的事项和中标供应商投标文件作实质性修改。采购人不得向中标供应商提出任何不合理的要求作为签订书面合同的条件。

采购人可以委托采购代理机构代表其与中标供应商签订政府采购合同。由采购代理机构以采购人名义签订合同的，应当提交采购人的授权委托书，作为合同附件。

中标供应商拒绝与采购人签订政府采购合同的，采购人可以按评标报告推荐的中标候选人名单排序，确定下一候选人为中标供应商，也可以重新开展政府采购活动。

四、公告和备案

采购人应当自合同签订之日起 2 个工作日内，将合同在省级以上人民政府财政部门指定的媒体上公告，合同中涉及国家秘密、商业秘密的内容除外。

采购人应当自合同签订之日起 7 个工作日内，将合同副本报同级政府采购监督管理部门和有关部门备案。

五、变更合同

政府采购合同的双方当事人不得擅自变更合同，依照《政府采购法》确需变更政府采购合同内容的，采购人应当自合同变更之日起 2 个工作日内在省级以上财政部门指定的媒体上发布政府采购合同变更公告，但涉及国家秘密、商业秘密的信息和其他依法不得公开的信息除外。政府采购合同变更公告应当包括原合同编号、名称和文本，原合同变更的条款号，变更后作为原合同组成部分的补充合同文本，合同变更时间，变更公告日期等。

第八节 邀 请 招 标

邀请招标与公开招标除在适用条件、确定受邀请供应商产生方式和中标结果公告方面有实质性区别之外，其余环节完全一致。因此，本书将其适用条件和确定受邀请供应商的产生方式及程序编成一节单独阐述。

一、定义

邀请招标，属于有限制竞争性招标，是指采购人依法从符合相应资格条件的供应商中随机抽取 3 家以上供应商，并以投标邀请书的方式邀请其参加投标的采购方式。

二、适用条件

《政府采购法》第二十九条规定，政府采购具有特殊性，只能从有限范围的供应商处采购的货物或者服务；或者采用公开招标方式的费用占政府采购项目总价值的比例过大的，可以采用邀请招标方式采购。

三、确定受邀请供应商

《政府采购货物和服务招标投标管理办法》（财政部令第 87 号）第十四条规定，采用邀请招标方式的，采购人应当通过发布资格预审公告征集，从省级以上人民政府财政部门建立的供应商库中选取或者采购人书面推荐的方式产生符合资格条件的供应商名单，并从中随机抽取 3 家以上供应商向其发出投标邀请书。

（一）产生符合资格条件供应商的方式

邀请招标产生符合资格条件供应商名单的方式有如下三种。

1. 发布资格预审公告征集（以下简称"征集"）

通过征集方式产生符合资格条件供应商名单的，采购人或者采购代理机构应当按照资格预审文件载明的标准和方法，对供应商进行资格预审。

2. 从省级以上人民政府财政部门建立的供应商库中选取（以下简称"选取"）

3. 采购人书面推荐（以下简称"推荐"）

采购人采用选取或者推荐方式产生符合资格条件供应商名单的，备选的符合资格条件供应商总数不得少于拟随机抽取供应商总数的两倍。

随机抽取是指通过抽签等能够保证所有符合资格条件的供应商被以机会均等的方式选定。随机抽取供应商时，应当有不少于两名采购人工作人员在场监督，并形成书面记录，随采购文件一并存档。

（二）确定受邀请供应商的基本程序

确定受邀请供应商的产生程序分解为以下三步。

1. 产生

按照资格预审文件规定的方式依法产生符合资格条件的供应商，又可进一步细分为"征集、选取、推荐"三种方式。

2. 抽取

随机抽取，是在第一步框定的符合资格条件的供应商范围内，通过随机抽取确定受邀请供应商。

3. 发出

同时向受邀请供应商发出投标邀请书。

（三）实务要点及注意事项

1. 采用征集方式的，在特殊情况下无需随机抽取

如果资格预审文件规定从符合资格条件的供应商中随机抽取3家受邀请的供应商，采购人按照资格预审文件规定的审查标准对供应商进行资格审查后，恰好只有3家供应商符合资格条件，或者资格预审文件规定符合资格条件的供应商达到3家以上的，符合资格条件的供应商均获得投标邀请书。在上述两种情形下，采购人无须随机抽取，因为第一步不仅产生了符合资格条件的供应商，也确定了受邀请的供应商，可以理解为"两步并一步"，效率更高。

在实务中，采用征集方式的，本书建议在资格预审文件中设置上述第二种情形的规定，以提高采购效率，并使更多符合资格条件的供应商参与竞争。

2. 资格预审适用"合格制"和"有限数量制"

邀请招标采用"征集"方式的，也存在"合格制"和"有限数量制"两种方法。例如，资格预审文件规定符合资格条件的供应商为3家以上的，这些供应商均获得投标邀请书，其实质就是"合格制"；资格预审文件规定

从符合资格条件的供应商中随机抽取 5 家并向其发出投标邀请书的，其实质就是"有限数量制"。采用"有限数量制"的，采购人应当在资格预审文件中明确受邀请的供应商数量 N（N≥3），同时规定当实际符合资格条件的供应商数量在 3 家以上、N 家以下的，不再进行随机抽取。

3. 灵活组合使用"征集、选取、推荐"三种方式

在实践中，经常存在"征集"后只有两家供应商符合资格条件，或者采用"选取"方式的，省级以上财政部门建立的供应商库中只有 4 家供应商等情形。为避免上述情形，提高采购效率，可以灵活组合使用"征集、选取、推荐"三种方式，即同时选择两种以上方式产生符合资格条件的供应商名单。

需要注意的是，在实务中采用混合叠加方式产生受邀请供应商的，应当遵守《政府采购货物和服务招标投标管理办法》（财政部令第 87 号）第十四条设置的禁止性规定。例如，供应商库内只有 4 家供应商，采购人书面推荐 2 家供应商，合起来刚好 6 家供应商，满足了"备选的符合资格条件供应商总数不得少于拟随机抽取供应商总数的两倍"的要求。但如果从这 6 家供应商中直接随机抽取 3 家，就违反了《政府采购货物和服务招标投标管理办法》第十四条关于"两倍"的规定初衷。因为不排除该情形下随机抽取的 3 家供应商中有 2 家供应商是采购人书面推荐的。正确的做法应当是从供应商库内的 4 家供应商中随机抽取 2 家，再从采购人书面推荐的 2 家供应商中随机抽取 1 家，通过这种方法确定 3 家受邀请的供应商名单更合理，也更符合立法本意。

在实践中，还有一种变通方法，即将供应商库的供应商转为采购人书面推荐的供应商。

4. 库内供应商有权放弃投标资格

供应商虽然进入相应的供应商库，但并不代表其有义务参加每一次政府采购活动，即被选取甚至被随机抽取选中的供应商，有权按照自己的意愿放弃投标资格。

5. 规范随机抽取行为

在随机抽取活动中，应注意同步做好以下三项工作。

（1）监督。应当有不少于两名采购人工作人员在现场监督。

（2）记录。要求以书面记录。有条件的，本书建议对抽取过程进行全程录音录像。

（3）存档。此记录属于采购文件的一部分，按规定至少保存十五年。

6. 注意做好保密工作

在实践中，在随机抽取受邀供应商时，有的采购人为了彰显公平，邀请所有符合资格条件的供应商一起参加随机抽取活动，点名确认各供应商的身份后让其各自抽取；在发放投标邀请书时，为做到"同时"向所有受邀请的供应商发出，有的采购人通知所有受邀请供应商在规定时间集中上门，面对面点名确认身份后，同时向受邀请供应商发放纸质投标邀请书，以上做法显然泄露了各受邀请供应商名单，违反了《政府采购货物和服务招标投标管理办法》第二十八条关于投标信息保密的相关规定。

第九节　招标采购工程建设项目

一、定义

本书所谈及的工程建设项目是指工程以及与工程建设有关的货物、服务。

工程是指建设工程，包括建筑物和构筑物的新建、改建、扩建及其相关的装修、拆除、修缮等。工程即通常意义的施工，需要供应商具有相应的建筑业企业资质。

与工程建设有关的货物，是指构成工程不可分割的组成部分，且为实现工程基本功能所必需的设备、材料等，特指为保证项目质量和与实现项目基本功能相关的重要设备、材料。

与工程建设有关的服务是指为完成工程所需的勘察、设计、监理等服务，特指为保证项目质量起到至关重要作用的和为完成工程所需的服务，仅指勘察、设计、监理三项服务，不包括工程咨询、造价咨询、招标代理、项目管理和工程保险等。

二、法律适用

政府采购工程建设项目，采用招标方式采购的，适用《招标投标法》及其实施条例；采用其他方式采购的，适用《政府采购法》及其实施条例。

政府采购工程依法不进行招标的，应当采用竞争性谈判、竞争性磋商或者单一来源采购方式采购。

政府采购工程建设项目，应当执行政府采购政策。

📌 **专栏 5-1　政府采购意向公开示例**

政府采购意向公开

(采购人名称)　　___年___（至）___月
政府采购意向

为便于供应商及时了解政府采购信息，根据《财政部关于开展政府采购意向公开工作的通知》（财库〔2020〕10号）等有关规定，现将(采购人名称)　　___年___（至）___月采购意向公开如下。

序号	采购项目名称	采购需求概况	预算金额（万元）	预计采购时间（填写到月）	备注
	填写具体采购项目的名称	填写采购标的名称，采购标的需实现的主要功能或者目标，采购标的数量，以及采购标的需满足的质量、服务、安全、时限等要求	精确到万元	填写到月	其他需要说明的情况
	……				
	……				

本次公开的采购意向是本采购人政府采购工作的初步安排，具体采购项目情况以相关采购公告和采购文件为准。

(采购人名称)
___年___月

177

专栏 5 - 2　中小企业声明函（参考）

中小企业声明函（货物）

本公司（联合体）郑重声明，根据《政府采购促进中小企业发展管理办法》（财库〔2020〕46 号）的规定，本公司（联合体）参加<u>(单位名称)</u>的<u>(项目名称)</u>采购活动，提供的货物全部由符合政策要求的中小企业制造。相关企业（含联合体中的中小企业、签订分包意向协议的中小企业）的具体情况如下。

1. <u>(标的名称)</u>，属于<u>(采购文件中明确的所属行业)</u>行业；制造商为<u>(企业名称)</u>，从业人员＿＿＿人，营业收入为＿＿＿万元，资产总额为＿＿＿万元，属于<u>(中型企业、小型企业、微型企业)</u>；

2. <u>(标的名称)</u>，属于<u>(采购文件中明确的所属行业)</u>行业；制造商为<u>(企业名称)</u>，从业人员＿＿＿人，营业收入为＿＿＿万元，资产总额为＿＿＿万元，属于<u>(中型企业、小型企业、微型企业)</u>；

以上企业，不属于大企业的分支机构，不存在控股股东为大企业的情形，也不存在与大企业的负责人为同一人的情形。

本企业对上述声明内容的真实性负责。如有虚假，将依法承担相应责任。

企业名称（盖章）：

日期：

专栏 5 - 3　中小企业声明函（参考）

中小企业声明函（工程、服务）

本公司（联合体）郑重声明，根据《政府采购促进中小企业发展管理办法》（财库〔2020〕46 号）的规定，本公司（联合体）参加<u>(单位名称)</u>的<u>(项目名称)</u>采购活动，工程的施工单位全部为符合政策要求的中小企业（或者服务全部由符合政策要求的中小企业承接）。相关企业（含联合体中的中小企业、签订分包意向协议的中小企业）的具体情况如下。

1. <u>(标的名称)</u>，属于<u>(采购文件中明确的所属行业)</u>；承建（承接）企业为(企业名称)，从业人员＿＿＿人，营业收入为＿＿＿万元，资产总额为＿＿＿万元，属于(中型企业、小型企业、微型企业)；

2. (标的名称)，属于(采购文件中明确的所属行业)；承建（承接）企业为(企业名称)，从业人员＿＿＿人，营业收入为＿＿＿万元，资产总额为＿＿＿万元，属于(中型企业、小型企业、微型企业)；

以上企业，不属于大企业的分支机构，不存在控股股东为大企业的情形，也不存在与大企业的负责人为同一人的情形。

本企业对上述声明内容的真实性负责。如有虚假，将依法承担相应责任。

企业名称（盖章）：

日期：

专栏5-4　联合体投标协议（参考）

联合体投标协议

＿＿＿(所有成员名称)＿＿＿自愿组成联合体，共同参加(政府采购项目名称)投标。现就联合体共同投标事宜签订如下协议。

1. (某成员名称)为牵头人。

2. 联合体牵头人合法代表联合体各成员负责本政府采购项目投标活动，代表联合体提交和接收相关资料、信息及指示，并处理与投标和中标有关的一切事务；联合体中标后，联合体各方共同与采购人订立合同，联合体牵头人负责合同订立和合同实施阶段的主办、组织和协调工作。

3. 联合体将严格按照招标文件的各项要求，提交投标文件，履行中标后的合同，共同承担合同约定的义务和责任。

4. 联合体各成员内部的职责分工如下：＿＿＿＿＿＿＿＿＿＿＿。

5. 本协议书自所有成员单位加盖单位章之日起生效，合同履行完毕后自动终止。

牵头人名称：＿＿＿＿＿＿＿＿＿＿＿（盖单位章）

成员名称：＿＿＿＿＿＿＿＿＿＿＿（盖单位章）

年　　月　　日

🗡 **专栏5－5　政府采购投标担保函（参考）**

政府采购投标担保函

(采购人名称)：

鉴于＿＿＿(供应商名称)＿＿＿(以下简称"供应商")于＿＿＿年＿＿＿月＿＿＿日参加(政府采购项目名称)投标，(担保人名称)(以下简称"我方")无条件地、不可撤销地保证：若供应商在投标有效期内撤销投标文件，中标后无正当理由不与采购人订立书面合同，在订立合同时向采购人提出附加条件，不按照招标文件要求提交履约保证金，或者发生招标文件明确规定可以不予退还投标保证金的其他情形，我方承担保证责任。收到你方书面通知后，我方在7日内向你方无条件支付人民币（大写）＿＿＿＿＿＿＿＿元。

本担保函在投标有效期内保持有效。要求我方承担保证责任的通知应在上述期限内送达我方。你方延长投标有效期的决定，应通知我方。

担保人名称：＿＿＿＿＿＿＿＿＿＿＿＿＿＿＿＿＿（盖单位章）

法定代表人或者其委托代理人：＿＿＿＿＿＿＿＿＿＿＿＿＿（签字）

地　　址：＿＿＿＿＿＿＿＿＿＿＿＿＿＿＿＿＿＿＿＿

电　　话：＿＿＿＿＿＿＿＿＿＿＿＿＿＿＿＿＿＿＿＿

传　　真：＿＿＿＿＿＿＿＿＿＿＿＿＿＿＿＿＿＿＿＿

年　　月　　日

第六章　非招标采购方式

【本章概述】政府采购方式除公开招标和邀请招标外，还有竞争性谈判、竞争性磋商、询价、单一来源采购和框架协议采购等非招标采购方式。本章详细介绍各种非招标采购方式的定义、特点、适用范围、采购文件编制和采购程序等内容。

第一节　竞争性谈判

竞争性谈判是指谈判小组与符合资格条件的供应商就采购货物、工程和服务事宜进行谈判，供应商按照谈判文件的要求提交响应文件和最后报价，采购人从谈判小组提出的成交候选人中确定成交供应商的采购方式。采用竞争性谈判方式采购的项目，采购人应当按照《政府采购法》第三十八条和《政府采购非招标采购方式管理办法》的规定实施采购。

一、特点

竞争性谈判是一种竞争性采购方式。在竞争性谈判采购中，采购人成立谈判小组，由谈判小组与供应商进行谈判，通过谈判确定采购需求和合同条款的具体要求。供应商按照谈判确定的最终需求和合同条件提交最后报价。谈判小组根据供应商最后报价向采购人推荐成交候选人。

竞争性谈判的特点是采购需求和合同条件可以在采购过程中进行调整。由于具有这样的特点，采购人在制定采购（谈判）文件时，不需要像招标和询价等采购方式那样必须在采购需求中明确采购标的的具体技术规格和要求。

二、适用情形

竞争性谈判方式适用以下五种情形：

（1）招标后没有供应商投标或者没有合格标的，或者重新招标未能成立的；

（2）技术复杂或者性质特殊，不能确定详细规格或者具体要求的；

（3）非采购人所能预见的原因或者非采购人拖延造成采用招标所需时间不能满足用户紧急需要的；

（4）因艺术品采购、专利、专有技术或者服务的时间、数量事先不能确定等原因不能事先计算出价格总额的；

（5）政府采购工程不进行招标的。

以上第（2）种和第（4）种情形，都可以通过谈判确定详细规格或者具体要求，适合技术复杂、专业性强的大型装备、咨询服务等采购项目。

三、竞争性谈判程序

（一）程序概述

竞争性谈判包括以下程序：

（1）成立谈判小组；

（2）制定谈判文件；

（3）确定参加谈判的供应商；

（4）发售谈判文件；

（5）澄清谈判文件（必要时）；

（6）接收响应文件；

（7）评审响应文件；

（8）谈判；

（9）接收供应商最后报价；

（10）确定成交候选人及排序；

（11）确定成交供应商；

（12）公告成交结果和发出成交通知书；

（13）签订采购合同。

（二）竞争性谈判流程（见图6-1）

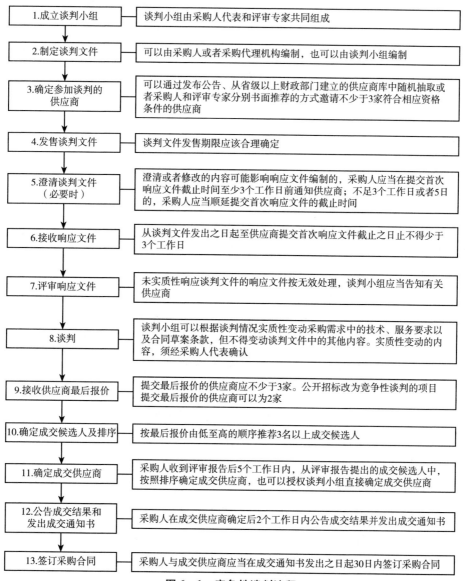

1.成立谈判小组	谈判小组由采购人代表和评审专家共同组成
2.制定谈判文件	可以由采购人或者采购代理机构编制，也可以由谈判小组编制
3.确定参加谈判的供应商	可以通过发布公告、从省级以上财政部门建立的供应商库中随机抽取或者采购人和评审专家分别书面推荐的方式邀请不少于3家符合相应资格条件的供应商
4.发售谈判文件	谈判文件发售期限应该合理确定
5.澄清谈判文件（必要时）	澄清或者修改的内容可能影响响应文件编制的，采购人应当在提交首次响应文件截止时间至少3个工作日前通知供应商；不足3个工作日或者5日的，采购人应当顺延提交首次响应文件的截止时间
6.接收响应文件	从谈判文件发出之日起至供应商提交首次响应文件截止之日止不得少于3个工作日
7.评审响应文件	未实质性响应谈判文件的响应文件按无效处理，谈判小组应当告知有关供应商
8.谈判	谈判小组可以根据谈判情况实质性变动采购需求中的技术、服务要求以及合同草案条款，但不得变动谈判文件中的其他内容。实质性变动的内容，须经采购人代表确认
9.接收供应商最后报价	提交最后报价的供应商应不少于3家。公开招标改为竞争性谈判的项目提交最后报价的供应商可以为2家
10.确定成交候选人及排序	按最后报价由低至高的顺序推荐3名以上成交候选人
11.确定成交供应商	采购人收到评审报告后5个工作日内，从评审报告提出的成交候选人中，按照排序确定成交供应商，也可以授权谈判小组直接确定成交供应商
12.公告成交结果和发出成交通知书	采购人在成交供应商确定后2个工作日内公告成交结果并发出成交通知书
13.签订采购合同	采购人与成交供应商应当在成交通知书发出之日起30日内签订采购合同

图6-1　竞争性谈判流程

(三) 竞争性谈判程序

1. 成立谈判小组

谈判小组是由采购人依法组建，负责确认或者制定谈判文件、确定参加谈判供应商、对供应商响应文件进行评审、与供应商进行谈判、向采购人推荐成交候选人或者根据采购人的授权确定成交供应商的临时机构。

(1) 谈判小组的职责。谈判小组在竞争性谈判中起着极为重要的作用。在招标采购中，评标委员会仅负责对投标文件进行评审。而竞争性谈判中，谈判小组除了负责对响应文件进行评审外，还可以负责制定谈判文件或者确认采购人或者采购代理机构编制的谈判文件、推荐参加谈判的供应商、在谈判中对供应商进行资格审查、在谈判中修改谈判文件的技术和商务要求及合同条款等。

(2) 谈判小组的人员组成。谈判小组由采购人代表和评审专家共同组成，其中评审专家人数不得少于谈判小组成员总数的2/3。采购人不得以评审专家身份参加本部门或者本单位采购项目的评审。采购代理机构人员不得参加本机构代理的采购项目的评审。

(3) 谈判小组的成员数量。谈判小组的成员数量至少为3人以上单数。采购人可以根据需要，组成3人、5人、7人（依此类推）的谈判小组。达到公开招标数额标准的货物或者服务采购项目，以及达到必须招标规模标准的政府采购工程项目采用竞争性谈判方式的，谈判小组成员数量应当为5人以上单数。

(4) 采购人选派采购人代表。采购人可以根据需要选派采购人代表参加谈判小组，采购人代表的数量不得超过谈判小组成员总数的1/3。采购人代表参加谈判小组是代表采购人单位的职务行为，而非个人行为，这与评审专家有所不同。采购人代表在谈判中的意见和行为代表采购人的意志。采购人可以派本单位人员担任采购人代表，也可以根据需要从本单位以外聘请专业人员担任采购人代表。采购人应当向选派的代表出具授权书。采购人代表不得以评审专家身份参加谈判小组。采购人代表在谈判小组中履行与评审专家相同的职责，但不得担任谈判小组的组长。

选派代表参加谈判小组是采购人的权利，任何单位都不得剥夺或者限制，但采购人可以主动放弃。如果采购人放弃派代表参加谈判，可以由随机抽取确定的评审专家补齐人数。

（5）评审专家的产生。评审专家应当从政府采购评审专家库内相关专业的专家名单中随机抽取。技术复杂、专业性强的竞争性谈判采购项目，通过随机方式难以确定合适的评审专家的，经主管预算单位同意，可以自行选定评审专家。技术复杂、专业性强的项目，以及将合同条款作为谈判内容的项目，评审专家中应当包含 1 名法律专家。

经主管预算单位同意后，采购人自己选定的评审专家可以不是政府采购评审专家库中的专家，不受政府采购评审专家条件的限制，但应具备评审技术复杂、专业性强的项目的专业知识和能力。

（6）特殊情况下自行选择评审专家。根据高等院校和科研院所政府采购的特殊需要，财政部制定了专门办法，放宽了对高等院校和科研院所选择评审专家的限制。《关于完善中央单位政府采购预算管理和中央高校、科研院所科研仪器设备采购管理有关事项的通知》（财库〔2016〕194 号）规定，中央高校、科研院所科研仪器设备采购，可在政府采购评审专家库外自行选择评审专家。自行选择的评审专家与供应商有利害关系的，应严格执行回避有关规定。评审活动完成后，中央高校、科研院所应在评审专家名单中对自行选定的评审专家进行标注，并随同成交结果一并公告。由地方管理的高等院校和科研院所，选择评审专家应符合当地财政部门的特殊规定。

（7）成立谈判小组的时间。采购人应当根据谈判小组在竞争性谈判采购中的工作内容确定成立谈判小组的时间。谈判小组负责制定谈判文件的采购项目，采购人应当在开始采购活动前成立谈判小组；采购人或者采购代理机构编制谈判文件，需要谈判小组和采购人共同推荐参加采购活动供应商的采购项目，应当在确定邀请供应商名单之前成立谈判小组；对于公开招标后没有供应商投标或者没有合格标的，或者重新招标未能成立的采购项目，以及其他谈判小组仅负责与供应商进行谈判的采购项目，可以在供应商提交响应文件截止时间之前成立谈判小组。

（8）谈判小组保密。谈判小组成立之后，直至确定成交供应商之前，采购人不得将谈判小组成员名单泄露给参加采购活动的供应商和无关人员。

2. 制定谈判文件

（1）制定谈判文件的主体。根据采购项目的不同情况，谈判文件可以由采购人或者采购人委托的采购代理机构编制，也可以由谈判小组编制。由采购人编制谈判文件的项目，应当在向供应商发出谈判文件之前由谈判小组确认谈判文件。谈判小组如果对谈判文件有疑义，采购人应当与谈判小组取得一致。同样，由谈判小组编制的谈判文件，也应当在获得采购人同意后向供应商发出。

对于由于公开招标失败更改采购方式为竞争性谈判的项目，供应商资格条件、采购需求以及合同条款通常都沿用原招标文件的内容，仅在谈判文件中补充谈判程序和确定成交的标准。这种情况下通常采购人都是在组织谈判之前成立谈判小组。谈判小组开始谈判之前，应当先确认谈判文件。如果需要修改谈判文件的采购需求和合同草案，可以在谈判中进行修改。如果谈判小组认为谈判文件存在违反法律法规和国家有关强制性规定、供应商资格条件设置不合理、评审方法和程序不合法等影响采购公平的情形，应当向采购人说明后终止谈判。

（2）谈判文件的组成。谈判文件一般应当包括采购邀请、供应商须知、采购需求、合同条款草案、响应文件格式、评审方法和标准等内容。

一是采购邀请。采购邀请是采购人要求被邀请的供应商向采购人提交要约的意思表示，即要约邀请。采购邀请是采购文件的组成部分。采购邀请通常包括采购项目介绍、采购方式、采购标的、采购预算、采购需求概要、供应商资格条件、谈判文件获取方式、响应文件提交的截止时间及地点等内容。采用公告方式邀请供应商参加竞争性谈判的，采购公告的内容应当与采购邀请的内容保持一致，并在采购公告中明确公告期限。

二是供应商须知。供应商须知通常包括响应文件编制要求，价格构成或者报价要求，保证金数额、形式，不予退还保证金的情形，谈判程序，谈判过程中可能变动的技术和商务内容以及合同条款等。

三是采购需求。采购需求应当包括拟采购的标的及其需要满足的技术、商务要求。采购需求应当以满足采购实际需求为原则，不得擅自提高经费预算和资产配置等采购标准。采购需求中包含落实政府采购政策要求的相关内容，包括节约能源、保护环境、绿色采购以及扶持中小企业发展等需求。采购内容涉及《节能产品政府采购清单》中强制采购内容的，应当明确要求供应商提供的产品必须具有国家确定的认证机构出具的、处于有效期之内的节能产品认证证书。采购需求不得要求或者标明供应商名称或者特定货物的品牌，不得含有指向特定供应商的技术、服务等条件，不得以不合理的条件限制供应商。

采购需求中要求供应商必须满足的各项关键参数或者指标，都应以醒目的标识提示供应商。供应商响应文件如不能满足上述指标要求，其响应文件将被谈判小组作无效处理，不再参加后续的谈判。采购人通常在供应商必须满足的各项参数或者指标前加星号"＊"或"★"，作为识别关键参数或者指标的标记。

技术复杂或者性质特殊，采购人不能确定详细规格或者具体要求或者不能事先计算出价格总额的项目，采购人可以提出初步或者简要的技术要求，在谈判过程中通过与供应商的谈判交流确定最终采购需求及详细规格或者具体要求。

四是合同条款草案。合同条款草案通常包括标的数量和质量、验收程序和标准、付款条件、权利义务、违约责任、解决争议的方法等内容。合同条款草案通常在谈判中是可以改变的；不可改变的，采购人应当在谈判文件中明确提示供应商。

五是响应文件格式。为便于比较评价，采购人通常要求供应商按照规定的格式提供响应函、报价一览表、技术指标和商务指标响应表或者偏离表、供应商需要填写的其他内容，以及要求供应商证明其符合谈判文件提出的技术和商务要求的证明材料。未对供应商进行资格预审的，还应明确供应商提供资格证明材料的要求和格式。

竞争性谈判的响应报价以供应商最后一轮报价为准。因此，首轮响应文件的价格只供谈判小组参考。采购人也可以要求供应商在首轮响应文件中不报价格，以免价格信息泄露而影响供应商竞争。

六是评审方法和标准。竞争性谈判确定成交是从提交最后报价的供应商中，按照质量和服务均能满足采购文件实质性响应要求且最后报价最低的原则确定成交供应商。这种方法类似于招标采购中的最低评标价法。评审方法应当明确落实对于中小企业政策进行价格扣除的相关规定，以扣除后的价格进行比较。

（3）采用谈判文件标准文本或者示范文本。当地财政部门已经制定了谈判文件标准文本或者示范文本的，采购人应当使用谈判文件标准文本或者示范文本编制谈判文件。财政部门规定谈判文件标准文本或者示范文本中不得改变的内容，未经财政部门同意，采购人不得擅自改变。

3. 确定参加谈判的供应商

确定参加谈判供应商的方法有发布公告、从供应商库中选取和推荐产生 3 种。采购人应采用其中一种方法邀请不少于 3 家符合相应资格条件的供应商参加竞争性谈判采购活动。

（1）发布公告。发布公告邀请供应商参加竞争性谈判采购活动是最常用和最便捷的方式。采购人应当在政府采购信息发布媒体发布竞争性谈判公告。竞争性谈判公告应当采用财政部规定的格式，参见本章后附专栏 6－1。

供应商通过政府采购信息发布媒体获取采购项目信息，根据公告内容决定是否参加采购竞争。

为了确保参加谈判的供应商符合供应商资格条件，采购人还可以采用资格预审公告的方式征集供应商。采购人应在政府采购信息发布媒体发布资格预审公告。资格预审公告应采用财政部规定的格式，详见《政府采购公告和公示信息格式规范（2020 年版）》。

采购人应当免费向供应商提供资格预审文件。

（2）从供应商库中选取。采购人从省级以上财政部门建立的供应商库中随机抽取 3 家以上符合相应资格条件的供应商参加竞争性谈判采购活动。这种方式在实践中应用不多，原因在于极少有省级以上财政部门建立了可供采购人按照不同采购需求选择邀请供应商的供应商库。如有，符合政府采购法规定条件的供应商应当可以在采购活动开始前加入供应商库。

（3）推荐产生。由采购人和谈判小组中的评审专家分别书面推荐合计3家以上符合相应资格条件的供应商参加竞争性谈判采购活动。为了确保推荐的供应商符合相应资格条件，采购人或者谈判小组可以对推荐的供应商进行资格预审。采购人和评审专家应当各自出具书面推荐意见，采购人推荐供应商的比例不得高于推荐供应商总数的50%。推荐参加竞争性谈判采购活动的供应商名单确定以后，采购人或者谈判小组应当向被推荐的供应商发出邀请书。邀请书的内容应包括竞争性谈判采购公告格式的全部内容。采购人或者谈判小组还应当与被推荐的供应商确认其是否接受邀请参加本项目采购活动。接受邀请的供应商数量不足3家的，采购人和谈判小组中评审专家应补充推荐供应商，直至接受邀请的供应商数量达到3家以上。

达到公开招标数额标准的货物、服务采购项目，招标过程中提交投标文件或者经评审实质性响应招标文件要求的供应商只有两家时，经设区的市、自治州以上人民政府财政部门批准后采购人可以与该两家供应商进行竞争性谈判采购。没有达到公开招标数额标准的货物、服务采购项目，公开招标出现以上情形时，采购人可自行决定与该两家供应商进行竞争性谈判采购，或者采用其他采购方式重新采购。

4. 发售谈判文件

采用公告邀请供应商的项目，采购人应当按竞争性谈判公告中规定的时间和地点发售谈判文件。采用其他方法邀请供应商的，采购人应当以书面形式告知发售谈判文件时间和地点。谈判文件售价应当按照弥补制作成本的原则确定，不得以营利为目的，不得以项目预算金额作为确定谈判文件售价依据。

采购人应当考虑供应商获取采购项目信息和安排前来购买谈判文件的合理时间，合理确定谈判文件的发售时间。采购人应当根据项目的实际情况合理确定供应商编制响应文件的时间。从谈判文件发出之日起至供应商提交首次响应文件截止之日止不得少于3个工作日。

5. 澄清谈判文件（必要时）

提交首次响应文件截止时间前，采购人或者谈判小组可以对已发出的谈判文件进行必要的澄清或者修改，澄清或者修改的内容作为谈判文件的组成部分。澄清或者修改的内容可能影响响应文件编制的，采购人应当在提交首次响应文件截止时间3个工作日前，以书面形式通知所有获取谈判文件的供应商；不足3个工作日的，采购人应当顺延提交首次响应文件截止时间。

谈判文件的内容不得违反法律、行政法规、强制性标准、政府采购政策，或者违反公开透明、公平竞争、公正和诚实信用原则。有以上情形的，采购人不得通过澄清谈判文件继续采购，应当修改谈判文件后重新进行采购。

6. 接收响应文件

供应商应当按照谈判文件的要求编制响应文件，并对其提交的响应文件的真实性、合法性承担法律责任。响应文件应当由供应商的法定代表人或者其授权代表签字或者加盖公章。由授权代表签字的，应当附法定代表人授权书。供应商为自然人的，应当由本人签字并附身份证明。

供应商应当在谈判文件规定的截止时间前，将响应文件密封送达指定地点。采购人应当按照谈判文件的规定接收供应商提交的响应文件。在截止时间后送达的响应文件，采购人应当拒收。

如果在规定的提交响应文件截止时间前，提交响应文件的供应商不足3家，采购人应当终止采购活动。公开招标的货物、服务采购项目，经设区的市、自治州以上人民政府财政部门批准与两家供应商进行竞争性谈判的，提交响应文件的供应商为两家的，竞争性谈判可以继续进行。

竞争性谈判采购项目一般不公开开启响应文件。采购人接收响应文件后，应妥善保管，保护好响应文件的密封。转交谈判小组进行评审时，应当向谈判小组确认密封完好。

7. 评审响应文件

谈判小组对响应文件进行的评审分为以下步骤。

（1）审查。谈判小组应当按照客观、公正、审慎的原则，根据谈判文件的规定对响应文件进行审查。审查内容包括资格审查和符合性审查。已经进行过资格预审的项目，谈判小组可不再对供应商进行资格审查。没有事先对供应商进行资格预审的，应当按照谈判文件规定的资格条件对供应商进行资格审查，不符合供应商资格条件的响应文件按无效处理。谈判小组对符合资格条件的供应商的响应文件内容进行符合性审查，按照谈判文件的要求逐项确认响应文件对谈判文件的响应情况。未实质性响应的按无效处理。响应文件按无效处理的，谈判小组应当告知有关供应商。

（2）澄清。谈判小组在对响应文件进行审查时，可以要求供应商对响应文件中含义不明确、同类问题表述不一致或者有明显文字和计算错误的内容作出必要的澄清、说明或者更正。供应商的澄清、说明或者更正不得超出响应文件的范围或者改变响应文件的实质性内容。供应商的澄清、说明或者更正构成响应文件的内容，应当按响应文件的要求签字或者盖章。

8. 谈判

（1）谈判方式。谈判小组所有成员应当集中与单一供应商分别进行谈判，并给予所有参加谈判的供应商平等的谈判机会。谈判顺序和谈判轮次按照谈判文件规定，若没有规定，谈判顺序一般采用抽签方式确定，也可以由谈判小组根据谈判情况现场决定；谈判轮次可由谈判小组根据情况现场决定。对于需要通过与供应商谈判确定采购需求或者实施方案的项目，谈判轮次可以是两轮或者多轮；对于采购需求已经明确、仅需要进行价格竞争的项目，谈判轮次可以为一轮或者两轮。谈判可以采用现场会议方式，也可以采用视频会议方式进行。

采购人应当采取有效措施做好谈判现场保密。采购人应当对谈判过程录音录像，录音录像资料作为政府采购文件进行保存。

（2）谈判内容。竞争性谈判采购的谈判目的不是对价格和交易条件进行讨价还价。谈判小组的谈判包括以下内容：一是通过与供应商的谈判了解采购标的技术和市场，以及供应商响应方案的技术特点；二是根据供应商的响应情况修正采购需求的技术和服务要求，使其更加符合市场和技术的实际情况；三是通过交流在采购人和供应商之间达成对合同条款的共识，必要时可修改和完善合同条款，以便更有利于合同的履行和供应商降低价格；四是使采购需求对供应商更加公平，有利于供应商充分和平等竞争。对于公开招标转为竞争性谈判的项目，以及采购需求明确的项目，谈判小组可以简化谈判环节，在与供应商确认采购需求和合同条款不做改变后，可直接要求供应商进行最后报价。

（3）谈判程序。

①陈述和介绍。谈判小组应当要求供应商就响应方案进行深入介绍，并听取供应商对采购需求中的技术和服务要求以及合同草案提出的修改或者优化意见。

②修改谈判文件。谈判小组对供应商陈述和介绍的内容进行汇总、分析和比较，根据需要可以实质性变动采购需求中的技术、服务要求以及合同草案条款，但不得变动谈判文件中的其他内容。实质性变动的内容须经采购人代表确认。

谈判小组对谈判文件作出的实质性变动是谈判文件的有效组成部分，谈判小组应当及时以书面形式同时通知所有参加谈判的供应商。

③供应商重新提交响应文件。供应商应当根据谈判文件的变动情况，按照谈判小组的要求重新提交响应文件。

④再次确认响应文件内容。谈判小组对供应商重新提交的响应文件进行审查，确认重新提交的响应文件是否符合修改后的谈判文件要求。不符合要求的，允许供应商修改和完善。修改和完善后仍不符合谈判文件要求的按无效响应处理，供应商不得参加最后报价。

谈判文件不能详细列明采购标的的技术、服务要求，需经谈判由供应商提供最终设计方案或者解决方案的。谈判结束后，谈判小组应当按照少数服从多数的原则投票推荐3家以上供应商的设计方案或者解决方案，要求其提交最后报价。

9. 接收供应商最后报价

供应商按照谈判小组规定的时间提交最后报价。提交最后报价的供应商数量应当不少于 3 家，但是公开招标项目因为投标人不足 3 家或者符合要求的供应商不足 3 家导致招标失败转为竞争性谈判的项目，提交最后报价的供应商数量可以为 2 家，否则应当终止采购活动。

已提交响应文件的供应商，在提交最后报价之前，可以根据情况退出谈判。采购人应当退还已经退出谈判的供应商的保证金。

谈判小组可根据谈判文件的规定，对供应商的最后报价进行公开开启。供应商的响应文件及最后报价，均是供应商的商业秘密。如果谈判文件没有对最后报价的公开开启作出规定，谈判小组无权公开供应商的最后报价。

10. 确定成交候选人及排序

（1）审查最后报价。谈判小组对供应商提交的最后报价进行审查，审查供应商是否按照谈判文件的要求进行报价，有无遗漏报价内容，是否改变了谈判小组已经确认的实质性要求。经审查无误后，谈判小组按照最后报价由低至高的顺序对供应商进行排序。

（2）推荐成交候选人或者确定成交供应商。谈判小组按照排序，推荐不少于 3 家供应商为成交候选人。提交最后报价的供应商数量为 2 家时，谈判小组可以推荐 2 家成交候选人。采购人如果授权谈判小组确定成交供应商，谈判小组应当确定排名第一的成交候选人为成交供应商。

（3）编写评审报告。谈判小组应当根据谈判和评审情况编写评审报告，评审报告应当包括以下主要内容。

①邀请供应商参加采购活动的具体方式和相关情况，以及参加采购活动的供应商名单；

②评审日期和地点，谈判小组成员名单；

③评审情况记录和说明，包括对供应商的资格审查情况、供应商响应文件评审情况、谈判情况、报价情况等；

④提出的成交候选人的名单及理由。如果采购人授权谈判小组确定成交供应商，谈判小组应当说明确定的成交供应商。

（4）评审报告签署。评审报告应当由谈判小组全体成员签字认可。谈判小组成员对评审报告有异议的，按照少数服从多数的原则决定。对评审报告有异议的谈判小组成员，应当在报告上签署不同意见并说明理由。谈判小组成员拒绝在报告上签字又不书面说明其不同意见和理由的，视为同意评审报告。

11. 确定成交供应商

（1）报送评审报告。采购代理机构或者谈判小组应当在评审结束后 2 个工作日内将评审报告送采购人确认。

（2）复核评审报告。采购人收到评审报告后，可以对评审报告的内容进行复核。发现资格性检查认定错误，采购人可以向谈判小组提出异议，要求谈判小组纠正；发现谈判小组没有按照谈判文件规定的程序进行谈判、对响应文件进行评审，谈判小组推荐的成交候选人或者根据采购人授权确定的成交供应商不满足谈判文件提出的资格条件或者技术服务的实质性要求，谈判小组成员与供应商进行串通，供应商弄虚作假，谈判和评审受到外界非法干扰影响采购结果的，采购人可以向财政部门反映，要求财政部门进行监督检查。

（3）确定成交供应商。采购人应当在收到评审报告后 5 个工作日内，从评审报告提出的成交候选人中，按照排序确定成交供应商，也可以书面授权谈判小组直接确定成交供应商。采购人逾期未确定成交供应商且不提出异议的，视为确定评审报告提出的排序第一的成交候选人为成交供应商。

12. 公告成交结果和发出成交通知书

采购人应当在成交供应商确定后 2 个工作日内，在省级以上财政部门指定的政府采购信息发布媒体上公告成交结果，同时向成交供应商发出成交通知书，并将谈判文件随成交结果同时公告。财政部制定的《政府采购公告和公示信息格式规范（2020 年版）》规定竞争性谈判成交结果公告格式和内容参见本章后附专栏 6-2。

13. 签订采购合同

采购人与成交供应商应当在成交通知书发出之日起 30 日内，按照谈判文件确定的合同文本以及采购标的、规格型号、采购金额、采购数量、技术和服务要求等事项签订政府采购合同。

采购人不得向成交供应商提出超出谈判文件以外的任何要求作为签订合同的条件，不得与成交供应商订立背离谈判文件确定的合同文本以及采购标的、规格型号、采购金额、采购数量、技术和服务要求等实质性内容的协议。

成交供应商拒绝签订政府采购合同的，采购人可以按评审报告推荐的中标候选人名单排序，确定下一候选人为成交供应商，也可以重新开展政府采购活动，无须向财政部门报批。相关实务内容详见本书第九章"政府采购争议与救济"第五节"合同争议""二、缔约阶段的争议处理"。

第二节　竞争性磋商

竞争性磋商是指采购人通过成立竞争性磋商小组与符合条件的供应商就采购货物、工程和服务事宜进行磋商，供应商按照磋商文件的要求提交响应文件和报价，采购人从磋商小组评审后提出的成交候选人中确定成交供应商的采购方式。采用竞争性磋商方式的采购项目，采购人应当按照《政府采购竞争性磋商采购方式管理暂行办法》（以下简称《磋商管理办法》）规定实施。

一、特点

竞争性磋商与竞争性谈判的特点基本相同，即采购需求和合同条件可以在磋商过程中进行调整。主要区别在于竞争性磋商使用综合评分法，竞争性谈判使用最低价法。

由于具有这样的特点，采购人在制定采购（磋商）文件时，不需要像招标和询价等采购方式那样必须在采购需求中明确采购标的具体的技术规格和要求。

二、适用情形

竞争性磋商方式适用以下五种情形。

一是政府购买服务项目；

二是技术复杂或者性质特殊，不能确定详细规格或者具体要求的；

三是因艺术品采购、专利、专有技术或者服务的时间、数量事先不能确定等原因不能事先计算出价格总额的；

四是市场竞争不充分的科研项目，以及需要扶持的科技成果转化项目；

五是按照《招标投标法》及其实施条例必须进行招标的工程建设项目以外的工程建设项目。

三、竞争性磋商程序

（一）程序概述

竞争性磋商包括以下程序。

（1）成立磋商小组；

（2）制定磋商文件；

（3）确定参加磋商的供应商；

（4）发售磋商文件；

（5）澄清磋商文件（必要时）；

（6）接收（和开启）响应文件；

（7）评审响应文件；

（8）磋商谈判；

（9）接收供应商最后报价；

（10）确定成交候选人及排序；

（11）确定成交供应商；

（12）公告成交结果和发出成交通知书；

（13）签订采购合同。

（二）竞争性磋商流程（见图 6 - 2）

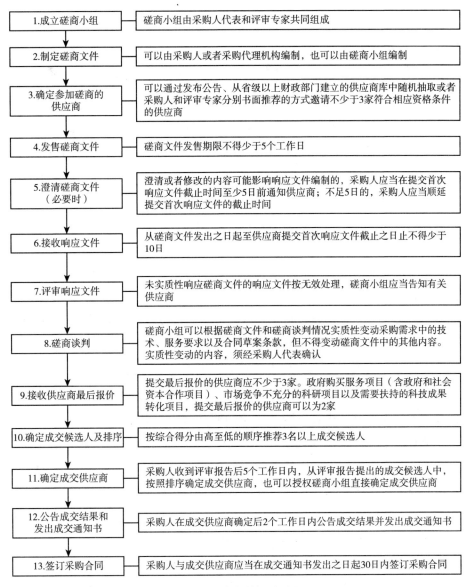

图 6 - 2　竞争性磋商流程

（三）竞争性磋商程序

1. 成立磋商小组

磋商小组是由采购人依法组建，负责确认或者制定磋商文件、确定参加磋商供应商、对供应商响应文件进行评审、与供应商进行磋商谈判、向采购人推荐成交候选人或者根据采购人的授权确定成交供应商的临时机构。

（1）磋商小组的职责。磋商小组在竞争性磋商中起着极为重要的作用。磋商小组除了负责对响应文件进行评审外，还可以负责制定磋商文件或者确认采购人或者采购代理机构编制的磋商文件、推荐参加磋商的供应商、在磋商中对供应商进行资格审查、在磋商中修改磋商文件的技术和商务要求及合同条款等。

（2）磋商小组的人员组成。磋商小组由采购人代表和评审专家共同组成，其中评审专家人数不得少于磋商小组成员总数的2/3。采购人不得以评审专家身份参加本部门或者本单位采购项目的评审。采购代理机构人员不得参加本机构代理的采购项目的评审。

（3）磋商小组的成员数量。磋商小组的成员数量至少为3人以上单数。采购人可以根据需要，组成3人、5人、7人（依此类推）的磋商小组。

（4）采购人选派采购人代表。采购人根据需要可以选派采购人代表参加磋商小组，采购人代表的数量不得超过谈判小组成员总数的1/3。采购人代表参加磋商小组是代表采购人单位的职务行为，而非个人行为，这与评审专家有所不同。采购人代表在磋商中的意见和行为代表采购人的意志。采购人可以派本单位人员担任采购人代表，也可以根据需要从本单位以外聘请专业人员担任采购人代表。采购人应当向选派的代表出具授权书。采购人代表不得以评审专家身份参加磋商小组。采购人代表在磋商小组中履行与评审专家相同的职责，但不得担任磋商小组的组长。

选派代表参加磋商小组是采购人的权利，任何单位都不得剥夺或者限制，但采购人可以主动放弃。如果采购人放弃派代表参加磋商小组，可以由随机抽取确定的评审专家补齐人数。

（5）评审专家的产生。评审专家应当从政府采购评审专家库内相关专业的专家名单中随机抽取。市场竞争不充分的科研项目、需要扶持的科技成果转化项目，以及情况特殊、通过随机方式难以确定合适的评审专家的项目，经主管预算单位同意，采购人可以自行选定评审专家。技术复杂、专业性强的项目，以及将合同条款作为磋商内容的项目，评审专家中应当包含1名法律专家。

经主管预算单位同意后，采购人自己选定的评审专家可以不是政府采购评审专家库中的专家，不受政府采购评审专家条件的限制，但应具备评审技术复杂、专业性强的项目的专业知识和能力。

（6）特殊情况下自行选择评审专家。根据高等院校和科研院所政府采购的特殊需要，财政部制定了专门办法，放宽了对高等院校和科研院所选择评审专家的限制。《科研仪器设备采购管理有关事项的通知》规定，中央高校、科研院所科研仪器设备采购，可在政府采购评审专家库外自行选择评审专家。自行选择的评审专家与供应商有利害关系的，应严格执行回避有关规定。评审活动完成后，中央高校、科研院所应在评审专家名单中对自行选定的评审专家进行标注，并随同成交结果一并公告。由地方管理的高等院校和科研院所，选择评审专家应符合当地财政部门的特殊规定。

（7）成立磋商小组的时间。采购人应当根据磋商小组在竞争性磋商采购中的工作内容确定成立磋商小组的时间。磋商小组负责制定磋商文件的采购项目，采购人应当在开始采购活动前成立磋商小组；采购人或者采购代理机构编制磋商文件，需要磋商小组和采购人共同推荐参加采购活动供应商的采购项目，应当在确定邀请供应商名单之前成立磋商小组；对于磋商小组仅负责与供应商进行磋商谈判的采购项目，可以在供应商提交响应文件截止时间之前成立磋商小组。

（8）磋商小组保密。磋商小组成立之后，直至确定成交供应商之前，采购人不得将磋商小组成员名单泄露给参加采购活动的供应商和无关人员。

2. 制定磋商文件

（1）制定磋商文件的主体。根据采购项目的不同情况，磋商文件可以由采购人或者采购人委托的采购代理机构编制，也可以由磋商小组编制。

由采购人编制磋商文件的项目，应当在向供应商发出磋商文件之前由磋商小组确认磋商文件。磋商小组如果对磋商文件有疑义，采购人应当与谈判小组取得一致。同样，由磋商小组编制的磋商文件，也应当在获得采购人同意后向供应商发出。

对于磋商小组不负责编制磋商文件、不负责推荐参加磋商采购供应商的项目，采购人可以在组织磋商谈判之前成立磋商小组。磋商小组开始磋商之前，应当先确认磋商文件内容。如果需要修改磋商文件的采购需求和合同草案，可以在磋商中进行修改。如果磋商小组认为磋商文件存在违反法律法规和国家有关强制性规定、供应商资格条件设置不合理、评审方法和程序不合法等影响采购公平的情形，应当向采购人说明后终止磋商。

（2）磋商文件的组成。磋商文件一般应当包括采购邀请、供应商须知、采购需求、合同条款草案、响应文件格式、评审方法和标准等内容。

①采购邀请。采购邀请是采购人要求被邀请的供应商向采购人提交要约的意思表示，即要约邀请。采购邀请是磋商文件的组成部分。采购邀请通常包括采购项目介绍、采购方式、采购标的、采购预算、采购需求概要、供应商资格条件、磋商文件获取方式、响应文件提交的截止时间地点等内容。采用公告方式邀请供应商参加竞争性磋商的，采购公告的内容应当与采购邀请的内容保持一致，并在采购公告中明确公告期限。

②供应商须知。供应商须知通常包括响应文件编制要求，价格构成或者报价要求，保证金数额、形式，不予退还保证金的情形，磋商谈判程序，磋商谈判过程中可能变动的技术和商务内容以及合同条款等。

③采购需求。采购需求应当包括拟采购的标的及其需要满足的技术、商务要求。采购需求应当以满足采购实际需求为原则，不得擅自提高经费预算和资产配置等采购标准。采购需求中包含落实政府采购政策的相关内容，包括节约能源、保护环境、绿色采购以及扶持中小企业发展等要求。采购内容涉及《节能产品政府采购清单》中强制采购内容的，应当明确要求供应商提供的产品必须具有国家确定的认证机构出具的、处于有效期之内的节能产品认证证书。采购需求不得要求或者标明供应商名称或者特定

货物的品牌，不得含有指向特定供应商的技术、服务等条件，不得以不合理的条件限制供应商。

采购需求中要求供应商必须满足的各项关键参数或者指标，都应以醒目的标识提示供应商。供应商响应文件如不能满足上述指标要求，其响应文件将被磋商小组作为无效处理，不再参加后续的磋商。采购人通常在供应商必须满足的各项参数或者指标前加星号"＊"或"★"，作为识别关键参数或者指标的标记。

技术复杂或者性质特殊，采购人不能确定详细规格或者具体要求或者不能事先计算出价格总额的项目，采购人可以提出初步或者简要的技术需求，在磋商谈判过程中通过与供应商的交流确定最终采购需求。

④合同条款草案。合同条款草案通常包括标的数量和质量、验收程序和标准、付款条件、权利义务、违约责任、解决争议的方法等内容。合同条款草案通常在磋商中是可以改变的。合同条款草案中不可改变的内容，采购人应当在磋商文件中明确提示供应商。

⑤响应文件格式。为了便于比较评价，采购人通常应要求供应商按照规定的格式提供响应函、报价一览表、技术指标和商务指标响应表或者偏离表、供应商需要填写的其他内容，以及要求供应商证明其符合磋商文件提出的技术和商务要求的证明材料。未对供应商进行资格预审的，还应明确供应商提供资格证明材料的要求和格式。

竞争性磋商的响应报价以供应商最后一轮报价为准。因此，首轮响应文件的价格只供磋商小组参考。采购人也可以要求供应商在首轮响应文件中不报价，以免价格信息泄露而影响供应商竞争。

⑥评审方法和标准。竞争性磋商确定成交是采用综合评分法对提交最后报价的供应商的响应文件和最后报价进行综合评分，确定评审得分最高的供应商为成交供应商。综合评分法评审标准中的分值设置应当与评审因素的量化指标相对应。货物项目的价格分值占总分值的比重（即权值）为30%～60%，服务项目的价格分值占总分值的比重（即权值）为10%～30%。采购项目中含有不同采购对象的，以占项目资金比例最

高的采购对象确定其项目属性。因艺术品采购、专利、专有技术或者服务的时间、数量事先不能确定等原因不能事先计算出价格总额的项目和执行统一价格标准的项目，价格不列为评分因素。综合评分法中的价格分统一采用低价优先法计算，即满足磋商文件要求且最后报价最低的供应商的价格为基准价，其价格分为满分。（同招标方式的综合评分法一致，详见本书第五章"招标方式"第五节"评标""五、评标实务（五）比较和评价 2. 采用综合评分法"）

评审方法应当明确落实中小型企业政策进行价格扣除的相关要求，以及对节能认证产品和环保认证产品的加分或者倾斜政策办法。

工程项目采用竞争性磋商方式采购的，评审因素中价格分权重、基准价确定方法、价格分计算公式可根据需要设定，不受财政部 87 号令、《磋商管理办法》和财政部 74 号令的约束。价格评分时对于供应商中符合促进中小企业发展政策的，不进行价格扣除，而是额外进行加分。（具体详见本书第五章"招标方式"第二节"招标""二、招标文件（二）招标文件要素 18. 价格评审优惠"）

（3）采用磋商文件标准文本或者示范文本。当地财政部门已经制定了磋商文件标准文本或者示范文本的，采购人应当使用磋商文件标准文本或者示范文本编制磋商文件。财政部门规定磋商文件标准文本或者示范文本中不得改变的内容，未经财政部门同意，采购人不得擅自改变。

3. 确定参加磋商的供应商

确定参加磋商供应商的方法有发布公告、从供应商库中选取和推荐产生 3 种。采购人应采用其中一种方法邀请不少于 3 家符合相应资格条件的供应商参加竞争性磋商采购活动。

（1）发布公告。发布公告邀请供应商参加竞争性磋商采购活动是最常用和最便捷的方式。采购人应当在政府采购信息发布媒体发布竞争性磋商公告。竞争性磋商公告应当采用财政部规定的格式，参见本章后附专栏 6 - 3。

供应商通过政府采购信息发布媒体获取采购项目信息，根据公告内容决定是否参加采购竞争。

为了确保参加磋商的供应商符合供应商资格条件，采购人还可以采用资格预审公告的方式征集供应商。采购人应在政府采购信息发布媒体发布资格预审公告。资格预审公告应采用财政部规定的格式，详见《政府采购公告和公示信息格式规范（2020年版）》。

采购人应当免费向供应商提供资格预审文件。

（2）从供应商库中选取。采购人从省级以上财政部门建立的供应商库中随机抽取3家以上符合相应资格条件的供应商参加竞争性磋商采购活动。这种方式在实践中应用不多，原因在于极少有省级以上财政部门建立了可供采购人按照不同采购需求选择邀请供应商的供应商库。如有，符合政府采购法规定条件的供应商应当可以在采购活动开始前加入供应商库。

（3）推荐产生。由采购人和磋商小组中的评审专家分别书面推荐合计3家以上符合相应资格条件的供应商参加竞争性磋商采购活动。为了确保推荐的供应商符合相应资格条件，采购人或者磋商小组可以对推荐的供应商进行资格预审。采购人和评审专家应当各自出具书面推荐意见，采购人推荐供应商的比例不得高于推荐供应商总数的50%。推荐参加竞争性磋商采购活动的供应商名单确定以后，采购人或者磋商小组应当向被推荐的供应商发出邀请书。邀请书的内容应包括竞争性磋商采购公告格式的全部内容。采购人或者磋商小组还应当与被推荐的供应商确认其是否接受邀请参加本项目采购活动。接受邀请的供应商数量不足3家的，采购人和磋商小组中评审专家应当补充推荐供应商，直至接受邀请的供应商数量达到3家以上。

4. 发售磋商文件

采用公告邀请供应商的项目，采购人应当按竞争性磋商公告中规定的时间和地点发售磋商文件。采用其他方法邀请供应商的，采购人应当以书面形式告知发售谈判文件时间和地点。磋商文件售价应当按照弥补制作成本的原则确定，不得以营利为目的，不得以项目预算金额作为确定磋商文件售价依据。

采购人应当考虑供应商获取采购项目信息和安排前来购买磋商文件的合理时间，合理确定磋商文件的发售时间。磋商文件的发售期限自开始之日起不得少于 5 个工作日。采购人应当根据项目的实际情况合理确定供应商编制响应文件的时间。从磋商文件发出之日起至供应商提交首次响应文件截止之日止不得少于 10 日。

5. 澄清磋商文件（必要时）

提交首次响应文件截止时间前，采购人或者磋商小组可以对已发出的磋商文件进行必要的澄清或者修改，澄清或者修改的内容作为磋商文件的组成部分。澄清或者修改的内容可能影响响应文件编制的，采购人应当在提交首次响应文件截止时间 5 日前，以书面形式通知所有获取磋商文件的供应商；不足 5 日的，采购人应当顺延提交首次响应文件截止时间。

磋商文件的内容不得违反法律、行政法规、强制性标准、政府采购政策，或者违反公开透明、公平竞争、公正和诚实信用原则。有以上情形的，采购人不得通过澄清磋商文件继续采购，应当修改磋商文件后重新进行采购。

6. 接收（和开启）响应文件

供应商应当按照磋商文件的要求编制响应文件，并对其提交的响应文件的真实性、合法性承担法律责任。响应文件应当由供应商的法定代表人或者其授权代表签字或者加盖公章。由授权代表签字的，应当附法定代表人授权书。供应商为自然人的，应当由本人签字并附身份证明。

供应商应当在磋商文件规定的截止时间前，将响应文件密封送达指定地点。采购人应当按照磋商文件的规定接收供应商提交的响应文件。在截止时间后送达的响应文件，采购人应当拒收。

如果在规定的提交响应文件截止时间前，提交响应文件的供应商不足 3 家，采购人应终止采购活动。

竞争性磋商采购项目一般不公开开启响应文件。采购人接收响应文件后，应妥善保管，保护好响应文件的密封。转交磋商小组进行评审时，应当向谈判小组确认密封完好。公开开启响应文件的，一般只向供应商公布参加磋商的供应商、确定磋商的顺序、宣布磋商纪律，供应商首轮报价不宜公布。

7. 评审响应文件

磋商小组对响应文件进行的评审分为以下步骤。

（1）审查。磋商小组应当按照客观、公正、审慎的原则，根据磋商文件的规定对响应文件进行审查。审查内容包括资格审查和符合性审查。已经进行过资格预审的项目，磋商小组可不再对供应商进行资格审查。没有事先对供应商进行资格预审的，应当按照磋商文件规定的资格条件对供应商进行资格审查，不符合供应商资格条件的响应文件按无效处理。磋商小组对符合资格条件的供应商的响应文件内容进行符合性审查，按照磋商文件的要求逐项确认响应文件对磋商文件的响应情况。未实质性响应的按无效处理。响应文件按无效处理的，磋商小组应当告知有关供应商。

（2）澄清。磋商小组在对响应文件进行审查时，可以要求供应商对响应文件中含义不明确、同类问题表述不一致或者有明显文字和计算错误的内容作出必要的澄清、说明或者更正。供应商的澄清、说明或者更正不得超出响应文件的范围或者改变响应文件的实质性内容。供应商的澄清、说明或者更正构成响应文件的内容，应当按响应文件的要求签字或者盖章。

8. 磋商谈判

（1）磋商谈判方式。磋商小组所有成员应当集中与单一供应商分别进行磋商谈判，并给予所有参加磋商谈判的供应商平等的磋商机会。磋商谈判顺序和轮次按照磋商文件规定，若没有规定，磋商谈判顺序一般采用抽签方式确定，也可以由磋商小组根据磋商谈判情况现场决定；磋商谈判轮次可由磋商小组根据情况现场决定。对于需要通过与供应商磋商谈判确定采购需求或者实施方案的项目，磋商谈判轮次可以是两轮或者多轮；对于采购需求已经明确、仅需要进行价格竞争的项目，磋商谈判轮次可以为一轮或者两轮。磋商谈判可以采用现场会议方式，也可以采用视频会议方式进行。

采购人应当采取有效措施做好磋商谈判现场保密。采购人应当对磋商谈判过程录音录像，录音录像资料作为政府采购文件进行保存。

（2）磋商谈判内容。竞争性磋商采购的磋商目的不是对价格和交易条件进行讨价还价。磋商谈判包括以下内容：一是通过与供应商的磋商谈判了解采购标的技术和市场，以及供应商响应方案的技术特点；二是根据供应商的响应情况修正采购需求的技术和服务要求，使其更加符合市场和技术的实际情况；三是通过交流在采购人和供应商之间达成对合同条款的共识，必要时可修改和完善合同条款，以便更有利于合同的履行和供应商降低价格；四是使采购需求对供应商更加公平，有利于供应商充分和平等竞争。对于采购需求明确的项目，磋商小组可以简化磋商谈判环节，在与供应商确认采购需求和合同条款不做改变后，可直接要求供应商进行最后报价。

（3）磋商谈判程序。

①陈述和介绍。磋商小组应当要求供应商就响应方案进行深入介绍，并听取供应商对采购需求中的技术和服务要求以及合同草案提出的修改或者优化意见。

②修改磋商文件。磋商小组对供应商陈述和介绍的内容进行汇总、分析和比较，根据需要可以实质性变动采购需求中的技术、服务要求以及合同草案条款，但不得变动磋商文件中的其他内容。实质性变动的内容须经采购人代表确认。

磋商小组对磋商文件作出的实质性变动是磋商文件的有效组成部分，磋商小组应当及时以书面形式同时通知所有参加磋商谈判的供应商。

③供应商重新提交响应文件。供应商应当根据磋商文件的变动情况，按照磋商小组的要求重新提交响应文件。

④再次确认响应文件内容。磋商小组对供应商重新提交的响应文件进行审查，确认重新提交的响应文件是否符合修改后的磋商文件要求。不符合要求的，允许供应商修改和完善。修改和完善后仍不符合磋商文件要求的按无效响应处理，供应商不得参加最后报价。

磋商文件不能详细列明采购标的的技术、服务要求，需经磋商谈判由供应商提供最终设计方案或者解决方案的，磋商谈判结束后，磋商小组应当按照少数服从多数的原则投票推荐3家以上供应商的设计方案或者解决方案，要求其提交最后报价。

9. 接收供应商最后报价

供应商按照磋商小组规定的时间提交最后报价。提交最后报价的供应商数量应当不少于3家，但是市场竞争不充分的科研项目、需要扶持的科技成果转化项目以及政府购买服务项目（含政府和社会资本合作项目），提交最后报价的供应商数量可以为2家，否则应当终止采购活动。

已提交响应文件的供应商，在提交最后报价之前，可以根据情况退出磋商谈判。采购人应当退还已经退出磋商谈判的供应商的保证金。

磋商小组可根据磋商文件的规定，对供应商的最后报价进行公开开启。供应商的响应文件及最后报价，均是供应商的商业秘密。如果磋商文件没有对最后报价的公开开启作出规定，磋商小组无权公开供应商的最后报价。

10. 确定成交候选人及排序

（1）审查最后报价。磋商小组对供应商提交的最后报价进行审查，审查供应商是否按照磋商文件的要求进行报价，有无遗漏报价内容，是否改变了磋商小组已经确认的实质性要求。经审查无误后，磋商小组成员按照磋商文件规定的综合评分法对响应文件和最后报价独立进行评价、打分，汇总每个磋商小组成员给供应商的评分。按照综合得分由高至低的顺序对供应商进行排序。

（2）推荐成交候选人或者确定成交供应商。磋商小组按照供应商排序，推荐不少于3家供应商为成交候选人。提交最后报价的供应商数量为2家时，磋商小组可以推荐2家成交候选人。采购人如果授权磋商小组确定成交供应商，磋商小组应当确定排名第一的成交候选人为成交供应商。

（3）编写评审报告。磋商小组应当根据磋商谈判和评审情况编写评审报告，评审报告应当包括以下主要内容。

一是邀请供应商参加采购活动的具体方式和相关情况；

二是获取磋商文件的供应商名单和磋商小组成员名单；

三是响应文件开启日期和地点（如有）；

四是评审情况记录和说明，包括对供应商的资格审查情况、供应商响应文件评审情况、磋商情况、报价情况等；

五是提出的成交候选人的排序名单及理由。如果采购人授权磋商小组确定成交供应商，磋商小组应当说明确定的成交供应商。

（4）评审报告签署。评审报告应当由磋商小组全体成员签字认可。磋商小组成员对评审报告有异议的，按照少数服从多数的原则决定。对评审报告有异议的磋商小组成员，应当在报告上签署不同意见并说明理由。磋商小组成员拒绝在报告上签字又不书面说明其不同意见和理由的，视为同意评审报告。

11. 确定成交供应商

（1）报送评审报告。采购代理机构或者磋商小组应当在评审结束后 2 个工作日内将评审报告送采购人确认。

（2）复核评审报告。采购人收到评审报告后，可以对评审报告的内容进行复核。发现资格性检查认定错误、分值汇总计算错误、分项评分超出评分标准范围、客观分评分不一致、经磋商小组一致认定评分畸高、畸低的情形，采购人可以向磋商小组提出异议，要求磋商小组纠正；发现磋商小组没有按照磋商文件规定的程序进行磋商谈判、对响应文件进行评审，磋商小组推荐的成交候选人或者根据采购人授权确定的成交供应商不满足磋商文件提出的资格条件或者技术服务的实质性要求，磋商小组成员与供应商进行串通，供应商弄虚作假，磋商谈判和评审受到外界非法干扰影响采购结果的，采购人可以向财政部门反映，要求财政部门进行监督检查。

（3）确定成交供应商。采购人应当在收到评审报告后 5 个工作日内，从评审报告提出的成交候选人中，按照排序确定成交供应商，也可以书面授权磋商小组直接确定成交供应商。采购人逾期未确定成交供应商且不提出异议的，视为确定评审报告提出的排序第一的成交候选人为成交供应商。

12. 公告成交结果和发出成交通知书

采购人应当在成交供应商确定后 2 个工作日内，在省级以上财政部门指定的政府采购信息发布媒体上公告成交结果，同时向成交供应商发出成交通知书，并将磋商文件随成交结果同时公告。财政部制定的《政府采购公告和公示信息格式规范（2020 年版）》规定竞争性磋商成交结果公告格式和内容参见本章后附专栏 6－4。

13. 签订采购合同

采购人与成交供应商应当在成交通知书发出之日起 30 日内，按照磋商文件确定的合同文本以及采购标的、规格型号、采购金额、采购数量、技术和服务要求等事项签订政府采购合同。

采购人不得向成交供应商提出超出磋商文件以外的任何要求作为签订合同的条件，不得与成交供应商订立背离磋商文件确定的合同文本以及采购标的、规格型号、采购金额、采购数量、技术和服务要求等实质性内容的协议。

成交供应商拒绝签订政府采购合同的，采购人可以按评审报告推荐的中标候选人名单排序，确定下一候选人为成交供应商，也可以重新开展政府采购活动，无须向财政部门报批。相关实务内容详见本书第九章"政府采购争议与救济"第五节"合同争议""二、缔约阶段的争议处理"（见表 6－1、表 6－2）。

表 6－1　　　　　竞争性谈判与竞争性磋商采购方式采购程序差异比较

	竞争性谈判	竞争性磋商
法律依据	《政府采购非招标采购方式管理办法》	《政府采购竞争性磋商采购方式管理暂行办法》
适用情形	（1）招标后没有供应商投标或者没有合格标的，或者重新招标未能成立的 （2）技术复杂或者性质特殊，不能确定详细规格或者具体要求的 （3）非采购人所能预见的原因或者非采购人拖延造成采用招标所需时间不能满足用户紧急需要的 （4）因艺术品采购、专利、专有技术或者服务的时间、数量事先不能确定等原因不能事先计算出价格总额的 （5）政府采购工程不进行招标的	（1）政府购买服务项目 （2）技术复杂或者性质特殊，不能确定详细规格或者具体要求的 （3）因艺术品采购、专利、专有技术或者服务的时间、数量事先不能确定等原因不能事先计算出价格总额的 （4）市场竞争不充分的科研项目，以及需要扶持的科技成果转化项目 （5）按照《招标投标法》及其实施条例必须进行招标的工程建设项目以外的工程建设项目

续表

	竞争性谈判	竞争性磋商
谈判文件或者磋商文件发售时间	无规定	磋商文件的发售期限自开始之日起不得少于 5 个工作日
等标期	从谈判文件发出之日起至供应商提交首次响应文件截止之日止不得少于 3 个工作日	从磋商文件发出之日起至供应商提交首次响应文件截止之日止不得少于 10 日
修改谈判文件或者磋商文件	澄清或者修改的内容可能影响响应文件编制的，采购人、采购代理机构或者谈判小组应当在提交首次响应文件截止之日 3 个工作日前，以书面形式通知所有接收谈判文件的供应商，不足 3 个工作日的，应当顺延提交首次响应文件截止之日	澄清或者修改的内容可能影响响应文件编制的，采购人、采购代理机构应当在提交首次响应文件截止时间至少 5 日前，以书面形式通知所有获取磋商文件的供应商；不足 5 日的，采购人、采购代理机构应当顺延提交首次响应文件截止时间
可以邀请两家供应商谈判的情形	公开招标的货物、服务采购项目，招标过程中提交投标文件或者经评审实质性响应招标文件要求的供应商只有两家时，经本级财政部门批准后可以与该两家供应商进行竞争性谈判采购	无此规定
最后报价和推荐成交候选人可以为两家的情形	公开招标的货物、服务采购项目，招标过程中提交投标文件或者经评审实质性响应招标文件要求的供应商只有两家时，经本级财政部门批准后可以与该两家供应商进行竞争性谈判采购，提交最后报价的供应商、推荐的成交候选人可以为两家	市场竞争不充分的科研项目，以及需要扶持的科技成果转化项目，政府购买服务项目（含政府和社会资本合作项目），在采购过程中符合要求的供应商（社会资本）只有两家的，竞争性磋商采购活动可以继续进行
开启响应文件	一般不公开开启	一般不公开开启
谈判小组或者磋商小组	谈判小组由采购人代表和评审专家共 3 人以上单数组成，其中评审专家人数不得少于竞争性谈判小组成员总数的 2/3；达到公开招标数额标准的货物或者服务采购项目，或者达到招标规模标准的政府采购工程，竞争性谈判小组应当由 5 人以上单数组成	磋商小组由采购人代表和评审专家共 3 人以上单数组成，其中评审专家人数不得少于磋商小组成员总数的 2/3

续表

	竞争性谈判	竞争性磋商
评审方法	最低价法	综合评分法
推荐成交候选人	谈判小组应当从质量和服务均能满足采购文件实质性响应要求的供应商中，按照最后报价由低到高的顺序提出3名以上成交候选人	磋商小组应当根据综合评分情况，按照评审得分由高到低顺序推荐3名以上成交候选人

表6-2　　　竞争性谈判与竞争性磋商采购方式适用情形比较

适用情形	竞争性谈判	竞争性磋商
招标后没有供应商投标或者没有合格标的，或者重新招标未能成立	●	
技术复杂或者性质特殊，不能确定详细规格或者具体要求的	●	●
非采购人所能预见的原因或者非采购人拖延造成采用招标所需时间不能满足用户紧急需要的	●	
因艺术品采购、专利、专有技术或者服务的时间、数量事先不能确定等原因不能事先计算出价格总额的	●	●
政府购买服务项目		●
市场竞争不充分的科研项目，以及需要扶持的科技成果转化项目		●
不招标的工程项目	●	●

第三节　询　　价

　　询价是指询价小组向符合资格条件的供应商发出采购货物询价通知书，要求供应商一次报出不得更改的价格，采购人从询价小组提出的成交候选人中确定成交供应商的采购方式。询价采购程序应按照《政府采购法》第四十条和财政部令第74号的规定实施。

一、特点

询价采购方式的特点是供应商只有一次报价机会，且采购人以报价作为选择成交供应商的标准。为了使供应商能够一次性提出准确和有竞争性的报价，询价通知书的采购需求、报价要求、评审标准、合同条款等内容应该尽可能地详细、准确。

二、适用情形

询价采购只适用于采购的货物规格、标准统一、现货货源充足且价格变化幅度小的货物采购项目。

工程施工和服务项目都不应采用询价方式。需要专门定制的货物通常也不采用询价方式。

三、询价采购程序

（一）程序概述

询价采购包括以下程序。

（1）成立询价小组；

（2）制定询价通知书；

（3）确定参加询价的供应商；

（4）发售询价通知书；

（5）澄清询价通知书（必要时）；

（6）接收响应文件；

（7）评审响应文件；

（8）确定成交候选人及排序；

（9）确定成交供应商；

（10）公告成交结果和发成交通知书；

（11）订采购合同。

（二）询价采购流程图（见图6－3）

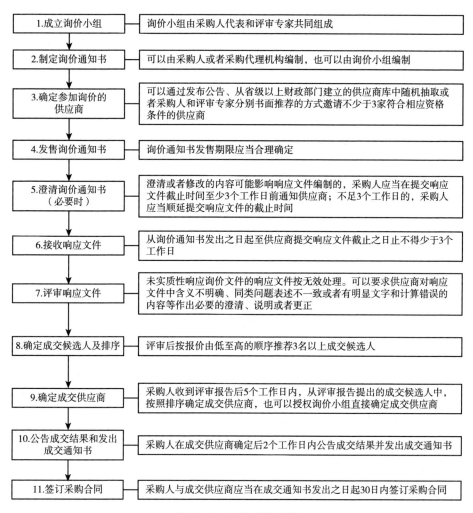

1.成立询价小组	询价小组由采购人代表和评审专家共同组成
2.制定询价通知书	可以由采购人或者采购代理机构编制，也可以由询价小组编制
3.确定参加询价的供应商	可以通过发布公告、从省级以上财政部门建立的供应商库中随机抽取或者采购人和评审专家分别书面推荐的方式邀请不少于3家符合相应资格条件的供应商
4.发售询价通知书	询价通知书发售期限应当合理确定
5.澄清询价通知书（必要时）	澄清或者修改的内容可能影响响应文件编制的，采购人应当在提交响应文件截止时间至少3个工作日前通知供应商；不足3个工作日的，采购人应当顺延提交响应文件的截止时间
6.接收响应文件	从询价通知书发出之日起至供应商提交响应文件截止之日止不得少于3个工作日
7.评审响应文件	未实质性响应询价文件的响应文件按无效处理。可以要求供应商对响应文件中含义不明确、同类问题表述不一致或者有明显文字和计算错误的内容等作出必要的澄清、说明或者更正
8.确定成交候选人及排序	评审后按报价由低至高的顺序推荐3名以上成交候选人
9.确定成交供应商	采购人收到评审报告后5个工作日内，从评审报告提出的成交候选人中，按照排序确定成交供应商，也可以授权询价小组直接确定成交供应商
10.公告成交结果和发出成交通知书	采购人在成交供应商确定后2个工作日内公告成交结果并发出成交通知书
11.签订采购合同	采购人与成交供应商应当在成交通知书发出之日起30日内签订采购合同

图6－3　询价采购流程

（三）询价采购程序

1. 成立询价小组

询价小组是由采购人组建成立，负责确认或者制定询价通知书、确定询价供应商、对供应商响应文件进行评审、向采购人推荐成交候选人或者根据采购人的授权确定成交供应商的临时机构。

（1）询价小组的人员组成。相关内容同竞争性谈判、竞争性磋商。

（2）询价小组的成员数量。询价小组的成员数量至少为 3 人以上单数。达到公开招标数额标准的货物采购项目，以及达到招标规模标准的工程货物采购项目（单项合同估算价达 200 万元）采用询价方式采购的，询价小组应当为 5 人以上单数。

（3）采购人选派采购人代表。相关内容同竞争性谈判、竞争性磋商。

（4）评审专家的产生。相关内容同竞争性谈判、竞争性磋商。

（5）特殊情况下自行选择评审专家。相关内容同竞争性谈判、竞争性磋商。

（6）成立询价小组的时间。相关内容同竞争性谈判、竞争性磋商。

（7）询价小组保密。相关内容同竞争性谈判、竞争性磋商。

2. 制定询价通知书

（1）制定询价通知书的主体。根据采购项目的不同情况，询价通知书可以由采购人或者采购人委托的采购代理机构编制，也可以由询价小组编制。由采购人编制询价通知书的项目，应该在向供应商发出询价通知书之前由询价小组确认询价通知书。询价小组如果对询价通知书的内容有疑义，采购人应与询价小组取得一致。同样，由询价小组编制的询价通知书，也应获得采购人同意才可向供应商发出。

（2）询价通知书的组成。询价通知书内容通常都很简洁，但应当包括采购邀请、供应商须知、采购需求、合同条款、响应文件格式、评审方法和标准等内容。

①采购邀请。相关内容同竞争性谈判、竞争性磋商。

②供应商须知。供应商须知通常包括响应文件编制要求、价格构成或者报价要求、保证金数额和形式以及不予退还保证金的情形等。

③采购需求。相关内容同竞争性谈判、竞争性磋商。

④合同条款。合同条款通常包括标的数量和质量、验收程序和标准、付款条件、权利义务、违约责任、解决争议的方法等。合同条款一般都是

实质性要求，供应商在响应时不得偏离。合同条款中不可偏离的内容，采购人应当在询价通知书中明确提示供应商。

⑤响应文件格式。相关内容同竞争性谈判、竞争性磋商，但询价不涉及多轮报价环节。

⑥评审方法和标准。相关内容同竞争性谈判。

（3）采用询价通知书标准文本或者示范文本。相关内容同竞争性谈判、竞争性磋商。

3. 确定参加询价的供应商

确定参加询价供应商的方法有发布公告、从供应商库中选取和推荐产生3种。采购人应采用其中一种方法邀请不少于3家符合相应资格条件的供应商参加询价采购活动。

（1）发布公告。询价公告及资格预审公告的相关内容同竞争性谈判、竞争性磋商。

（2）从供应商库中选取。相关内容同竞争性谈判、竞争性磋商。

（3）推荐产生。相关内容同竞争性谈判、竞争性磋商。

4. 发售询价通知书

相关内容同竞争性谈判。

5. 澄清询价通知书（必要时）

由于询价通知书在评审过程中不能改变，对于询价通知书中存在的任何歧义、不准确、不清晰、不完整的内容，都应及时澄清。澄清环节的相关内容同竞争性谈判。

6. 接收响应文件

相关内容同竞争性磋商。

7. 评审响应文件

询价小组对响应文件的评审分为以下步骤。

（1）审查。相关内容同竞争性谈判、竞争性磋商，但询价不适用竞争性谈判、竞争性磋商的特殊情况下两家供应商能够继续评审的情形，即如果符合要求的供应商数量不足三家，采购人应当终止采购。

（2）澄清。相关内容同竞争性谈判、竞争性磋商。

8. 确定成交候选人及排序

（1）供应商排序。询价小组对符合资格条件和实质性满足询价通知书各项要求的供应商，按照价格由低至高的顺序进行排序。

（2）推荐成交候选人。询价小组按照供应商排序，推荐 3 家以上供应商为成交候选人。采购人如果授权询价小组确定成交供应商，询价小组应确定排名第一的成交候选人为成交供应商。

（3）编写评审报告。相关内容同竞争性谈判、竞争性磋商。

9. 确定成交供应商

（1）报送评审报告。相关内容同竞争性谈判、竞争性磋商。

（2）复核评审报告。相关内容同竞争性谈判、竞争性磋商。

（3）确定成交供应商。相关内容同竞争性谈判、竞争性磋商。

10. 公告成交结果和发出成交通知书

相关内容同竞争性谈判、竞争性磋商。财政部制定的《政府采购公告和公示信息格式规范（2020 年版)》规定的询价采购成交结果公告格式和内容参见本章后附专栏 6 - 6。

11. 签订采购合同

相关内容同竞争性谈判、竞争性磋商。

第四节　单一来源采购

单一来源采购是指采购人从某一特定供应商处采购货物、工程和服务的采购方式。单一来源采购程序应当按照《政府采购法》第三十九条和财政部 74 号令的规定实施。

一、特点

单一来源采购方式是政府采购七种采购方式中唯一没有供应商竞争的采购方式。单一来源采购时，采购人往往处于被动和弱势地位，供应商反而经常处于主动和强势地位。采用单一来源方式采购的，采购人与供应商应当遵循公平和诚实信用的原则，在保证采购项目质量和双方商定合理价格的基础上进行采购。

二、适用情形

单一来源采购方式适用于以下三种情形。

（1）只能从唯一供应商处采购的；

（2）发生了不可预见的紧急情况不能从其他供应商处采购的；

（3）必须保证原有采购项目一致性或者服务配套的要求，需要继续从原供应商处添购，且添购资金总额不超过原合同采购金额百分之十的。

三、单一来源采购程序

（一）程序概述

单一来源采购的程序在相关法律法规中并没有类似公开招标、竞争性谈判、竞争性磋商等方式的详细规定，其程序限定主要集中于如何确定单一来源的供应商以及与此相关的公示活动。在实践中，采购人出于程序正义及廉政风险等考量，通常采用较为周密的组织程序实施单一来源采购。因此，本指南按照该情形展开阐述，供采购人参考。

单一来源采购主要包括以下程序。

（1）确定单一来源供应商；

（2）成立谈判小组；

（3）编制单一来源采购文件；

（4）供应商提交响应文件；

（5）评审；

（6）协商；

（7）确定成交；

（8）公告成交结果；

（9）签订采购合同。

（二）单一来源采购流程图（见图6-4）

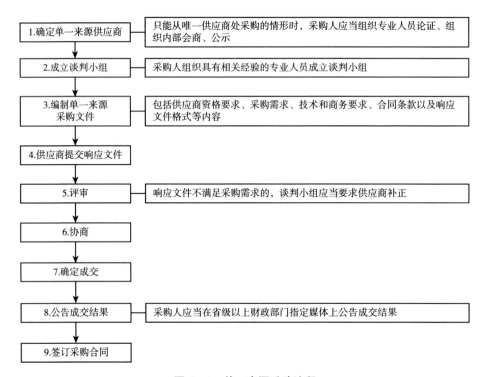

图6-4　单一来源采购流程

（三）单一来源采购程序

1. 确定单一来源供应商

（1）只能从唯一供应商处采购的情形。

对于采购项目预算金额达到公开招标数额标准的项目，采购人选择采用单一来源采购方式的，应当组织专业人员论证、内部人员进行会商、在媒体上进行公示，报财政部门批准后才可实施采购。具体程序如下。

一是组织专业人员进行论证。采购人应当组织 3 名以上专业人员对只能从唯一供应商处采购的理由进行论证。专业人员论证意见应当完整、清晰和明确，意见不明确或者含混不清的，属于无效意见，不作为审核依据。专业人员论证意见中应当载明专业人员姓名、工作单位、职称、联系电话和身份证号码。专业人员不能与论证项目有直接利害关系，不能是本单位或者单一来源供应商及其关联单位的工作人员。

二是进行内部会商。采购人应当在合理提出采购需求的基础上，组织财务、业务等相关部门（岗位），根据采购需求和相关行业、产业发展状况，对拟申请采用单一来源采购方式的理由及必要性进行内部会商。会商意见应当由相关部门（岗位）人员共同签字认可。

三是单一来源公示。采购人应当在财政部门指定媒体上对单一来源方式和确定的唯一供应商进行公示，公示期不得少于 5 个工作日。公示内容包括。

①采购人、采购项目名称和内容；

②拟采购的货物或者服务的说明；

③采用单一来源采购方式的原因及相关说明；

④拟定的唯一供应商名称、地址；

⑤专业人员对相关供应商因专利、专有技术等原因具有唯一性的具体论证意见，以及专业人员的姓名、工作单位和职称；

⑥公示的期限；

⑦采购人、采购代理机构、财政部门的联系地址、联系人和联系电话。

四是处理异议。任何供应商、单位或者个人对采用单一来源采购方式公示有异议的，可以在公示期内将书面意见反馈给采购人。采购人收到对采用单一来源采购方式公示的异议后，应当在公示期满后 5 个工作日内，组织补充论证。补充论证后认为异议不成立的，应当将异议意见、论证意见与公示情况一并报相关财政部门。采购人应当将补充论证的结论告知提出异议的供应商、单位或者个人；补充论证后认为异议成立的，采购人不应当采用单一来源方式采购。

五是报财政部门审批。采购人应经过主管预算单位向财政部门报申请变更采购方式的公文。公文中应当载明以下内容：预算单位名称、采购项目名称、项目概况等项目基本情况说明，拟申请采用的采购方式和理由，联系人及联系电话，拟定的唯一供应商名称、地址，项目预算金额、预算批复文件或者资金来源证明，单位内部会商意见，专业人员论证意见等。

（2）紧急采购的情形。

当发生了不可预见的紧急情况，不能从其他供应商处采购时，采购人可以按紧急采购组织单一来源采购。紧急采购时，采购人应当按照就近、快捷的原则选择确定单一来源供应商。

（3）从原供应商处添购的情形。

从原供应商处添购时，应当确保单一来源供应商是原采购合同的供应商。不得改从其他供应商处采购。

对属于紧急采购和从原供应商处添购的情形，采购人应当按照实事求是的原则自行判断并决定采用单一来源采购方式，并对自己的选择承担责任。如果采购金额达到公开招标数额标准以上，采购人应报财政部门批准后方可实施。

2. 成立谈判小组

采购人成立由具有相关经验的专业人员组成的谈判小组，负责单一来源采购。谈判小组应当负责编制单一来源采购文件、与供应商进行谈判、编写谈判情况说明等工作。专业人员可以是采购人本单位人员，也可以从其他单位聘请。

3. 编制单一来源采购文件

为了提高单一来源采购效率，掌握谈判的主动性，谈判小组可以编制单一来源采购文件，明确供应商资格要求、采购需求、技术和商务要求、合同条款以及响应文件格式等内容。谈判小组应当将单一来源采购文件发给确定的单一来源供应商，要求其按照采购文件准备响应文件。

4. 供应商提交响应文件

供应商应当按照单一来源采购文件的要求准备响应文件。供应商的授权代表参加谈判的，应当携带供应商法定代表人的授权书。

5. 评审

谈判小组对响应文件进行审查，确认供应商符合资格条件，实质性满足采购文件提出的各项技术和商务要求。否则，应当要求供应商补充、完善响应文件相关内容。

6. 协商

确认响应文件的内容符合采购文件要求后，谈判小组与供应商就采购内容、范围、技术指标、商务条件、合同条款、采购价格等实质性内容进行谈判协商，与供应商商定合理的成交价格并保证采购项目质量。谈判小组还应确认供应商的采购标的成本、同类项目合同价格以及相关专利、专有技术等信息，对谈判结果的合理性进行评价。

谈判结束后，谈判小组应当编写协商情况记录，主要内容包括以下几个方面。

（1）按照 74 号令规定需要进行公示的项目的公示情况说明；

（2）协商日期和地点，谈判小组人员名单；

（3）供应商提供的采购标的成本、同类项目合同价格以及相关专利、专有技术等情况分析和说明；

（4）合同主要条款及价格商定情况。

7. 确定成交

采购人对协商情况记录进行审查，确认谈判小组与供应商商定的成交价格合理并且能够保证采购项目质量的，可以确定单一来源供应商为成交供应商。

8. 公告成交结果

采购人确定单一来源供应商为成交供应商后，应当在省级以上财政部门指定的政府采购信息发布媒体上公告成交结果。成交结果公告的格式参见本章后附专栏 6 – 7。

9. 签订采购合同

采购人与成交供应商应当按照协商结果签订政府采购合同。

第五节　框架协议采购

一、概述

框架协议采购作为我国政府采购的第七种采购方式的，分为两个阶段实施：第一阶段是征集确定入围供应商阶段，征集人通过公开征集程序确定一定数量的入围供应商，与入围供应商订立框架协议；第二阶段是确定成交阶段，采购人或者服务对象按照框架协议约定的规则从入围供应商中确定成交供应商，与其签订采购合同。

（一）适用情形

框架协议采购方式竞争性较弱，因此其适用情形受到严格限制。财政部门对框架协议采购方式实行审核备案管理：集中采购机构采用框架协议采购的，应当拟定采购方案，报本级财政部门审核后实施；主管预算单位采用框架协议采购的，应当在采购活动开始前将采购方案报本级财政部门备案。

符合下列情形之一的政府采购项目，可以采用框架协议采购方式采购：

（1）集中采购目录以内品目，以及与之配套的必要耗材、配件等，属于小额零星采购的；

（2）集中采购目录以外，采购限额标准以上，本部门、本系统行政管理所需的法律、评估、会计、审计等鉴证咨询服务，属于小额零星采购的；

（3）集中采购目录以外，采购限额标准以上，为本部门、本系统以外的服务对象提供服务的政府购买服务项目，需要确定 2 家以上供应商由服务对象自主选择的；

（4）国务院财政部门规定的其他情形。

采购限额标准以上，是指同一品目或者同一类别的货物、服务年度采购预算达到采购限额标准以上。采购限额标准以下（不含本数）货物和服务项目不属于政府采购范围，采购人可以参照《政府机构框架协议采购方式管理暂行办法》（以下简称财政部110号令）采用框架协议采购方式，也可以采用其他方式采购。

属于第二项情形，主管预算单位能够归集需求形成单一项目进行采购，通过签订时间、地点、数量不确定的采购合同满足需求的，不得采用框架协议采购方式。

工程项目不适用框架协议采购方式。

（二）框架协议采购的征集人

集中采购机构、主管预算单位及其委托的采购代理机构是框架协议采购的征集人。集中采购目录以内品目以及与之配套的必要耗材、配件等，采用框架协议采购的，由集中采购机构负责征集程序和签订框架协议。

集中采购目录以外品目采用框架协议采购的，由主管预算单位负责征集程序和订立框架协议。其他预算单位确有需要的，经其主管预算单位批准，可以采用框架协议采购方式采购。其他预算单位采用框架协议采购方式采购的，应当遵守财政部110号令关于主管预算单位的规定。

（三）框架协议采购的分类

框架协议采购分为封闭式框架协议采购和开放式框架协议采购两种。

封闭式框架协议采购是指在框架协议有效期内，除框架协议约定的情形外，征集人不得增加入围供应商的框架协议。开放式框架协议采购是指在框架协议有效期内，愿意接受框架协议条件的供应商可以随时申请加入框架协议成为入围供应商或者退出并放弃入围供应商资格的框架协议。

封闭式框架协议采购是框架协议采购的主要形式。除法律、行政法规或者财政部110号令另有规定外，框架协议采购应当采用封闭式框架协议采购。财政部 110 号令规定的可以采用开放式框架协议采购的情形（符合以下之一即可）。

（1）集中采购目录以内品目，以及与之配套的必要耗材、配件等，属于小额零星采购，因执行政府采购政策不宜淘汰供应商的，或者受基础设施、行政许可、知识产权等限制，供应商数量在 3 家以下且不宜淘汰供应商的。例如通信网络租用服务，供热、供水、供气、供电服务，金融服务等。

（2）集中采购目录以外，采购限额标准以上，为本部门、本系统以外的服务对象提供服务的政府购买服务项目中，能够确定统一付费标准，因地域等服务便利性要求，需要接纳所有愿意接受协议条件的供应商加入框架协议，以供服务对象自主选择的。例如，家政服务、养老服务、医疗服务、体检服务等。

（四）采购前的准备工作

1. 开展需求调查

征集人应当通过开展需求调查，提出技术和商务要求。开展需求调查时，应听取采购人、供应商和专家等意见。面向供应商开展需求调查时，征集人应当选择具有代表性的调查对象，调查对象一般各不少于 3 个。

2. 确定框架协议采购包

采购包是采购人实施采购时与供应商签订采购合同的最小单位。征集人确定框架协议的采购包时，应当按照《分类目录》，将采购标的细化到底级品目并细分不同档次、规格或者标准的采购需求，合理设置采购包。例如，对办公桌进行框架协议采购，办公桌在《分类目录》中的底级品目是 A05010201 办公桌，但相对实际采购需求而言，这个底级品目仍然太过粗糙，需要进一步细化为不同材质、不同尺寸、不同功能的办公桌，在此基础上设置采购包才能满足采购人的精准采购要求。

3. 提出采购需求

采购需求包括各个采购包的技术和商务要求。采购需求应当符合以下要求。

（1）满足采购人和服务对象实际需要，符合市场供应状况和市场公允标准，在确保功能、性能和必要采购要求的情况下促进竞争。

（2）符合预算标准、资产配置标准等有关规定，厉行节约，不得超标准采购。

（3）货物项目应当明确货物的技术和商务要求，包括功能、性能、材料、结构、外观、安全、包装、交货期限、交货的地域范围、售后服务等；服务项目应当明确服务内容、服务标准、技术保障、服务人员组成、服务交付或者实施的地域范围，以及所涉及的货物的质量标准、服务工作量的计量方式等。

（4）采购需求在框架协议有效期内不得变动。

此外，建议在编制采购需求时全面考虑不同采购人的差异化需求，以使不同采购人都可以在框架协议入围供应商中采购到符合要求的货物或者服务产品。

4. 制定框架协议采购方案

框架协议采购方案应包括框架协议的类型、框架协议的采购包、参加框架协议的采购人范围、框架协议的期限、框架协议的采购预算、供应商资格要求、确定入围供应商的评审方法、入围供应商数量和淘汰率、入围供应商的补充和退出等内容。

5. 报财政部门审核或者备案

集中采购机构采用框架协议采购的，应当将采购方案报本级财政部门审核后实施。主管预算单位采用框架协议采购的，应当在采购活动开始前将采购方案报本级财政部门备案。

二、封闭式框架协议采购程序

采用封闭式框架协议采购的项目，征集人应当公开征集确定入围供应商。公开征集程序按照政府采购公开招标的规定执行。

（一）采购流程

封闭式框架协议采购流程如图6-5所示。

第一阶段：征集确定入围供应商

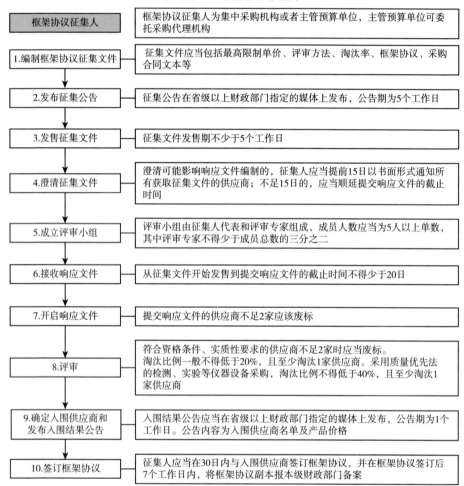

| 框架协议征集人 | 框架协议征集人为集中采购机构或者主管预算单位，主管预算单位可委托采购代理机构 |

| 1.编制框架协议征集文件 | 征集文件应当包括最高限制单价、评审方法、淘汰率、框架协议、采购合同文本等 |

| 2.发布征集公告 | 征集公告在省级以上财政部门指定的媒体上发布，公告期为5个工作日 |

| 3.发售征集文件 | 征集文件发售期不少于5个工作日 |

| 4.澄清征集文件 | 澄清可能影响响应文件编制的，征集人应当提前15日以书面形式通知所有获取征集文件的供应商；不足15日的，应当顺延提交响应文件的截止时间 |

| 5.成立评审小组 | 评审小组由征集人代表和评审专家组成，成员人数应当为5人以上单数，其中评审专家不得少于成员总数的三分之二 |

| 6.接收响应文件 | 从征集文件开始发售到提交响应文件的截止时间不得少于20日 |

| 7.开启响应文件 | 提交响应文件的供应商不足2家应该废标 |

| 8.评审 | 符合资格条件、实质性要求的供应商不足2家时应当废标。淘汰比例一般不得低于20%，且至少淘汰1家供应商。采用质量优先法的检测、实验等仪器设备采购，淘汰比例不得低于40%，且至少淘汰1家供应商 |

| 9.确定入围供应商和发布入围结果公告 | 入围结果公告应当在省级以上财政部门指定的媒体上发布，公告期为1个工作日。公告内容为入围供应商名单及产品价格 |

| 10.签订框架协议 | 征集人应当在30日内与入围供应商签订框架协议，并在框架协议签订后7个工作日内，将框架协议副本报本级财政部门备案 |

第二阶段：确定成交

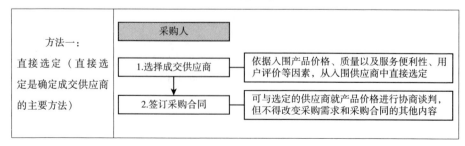

方法一：直接选定（直接选定是确定成交供应商的主要方法）	采购人	
1.选择成交供应商	依据入围产品价格、质量以及服务便利性、用户评价等因素，从入围供应商中直接选定
2.签订采购合同	可与选定的供应商就产品价格进行协商谈判，但不得改变采购需求和采购合同的其他内容

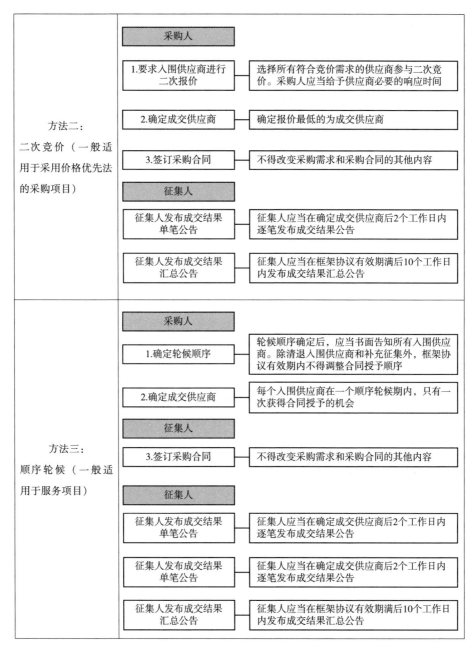

图 6 - 5 封闭式框架协议采购流程

（二）采购程序

第一阶段：征集确定入围供应商

封闭式框架协议采购的第一阶段包括编制框架协议征集文件、发布征集公告、发售征集文件、澄清征集文件、成立评审小组、接收响应文件、开启响应文件、评审、确定入围供应商和发布入围结果公告、签订框架协议等程序。

1. 编制框架协议征集文件

征集人编制的征集文件应当包括以下主要内容。

（1）征集公告。

①征集公告应当包括以下主要内容。

②征集人名称、地址、联系人和联系方式；

③采购项目名称、编号，采购需求以及最高限制单价，适用框架协议的采购人或者服务对象范围，能预估采购数量的，还应当明确预估采购数量；

④供应商的资格条件；

⑤框架协议的期限；

⑥获取征集文件的时间、地点和方式；

⑦响应文件的提交方式、提交截止时间和地点，开启方式、时间和地点；

⑧公告期限；

省级以上财政部门规定的其他事项。

（2）供应商须知。

供应商须知包括以下内容。

①供应商应当提交的资格证明材料和技术商务要求响应材料。

②政府采购政策要求以及政策执行措施。在落实绿色采购（节能环保等）政策方面，对实施强制采购或者执行强制性绿色采购标准的品目，应当将符合绿色采购政策作为实质性要求，对实施优先采购或者执行推荐性绿色采购标准的品目，应当在评审时给予相关供应商评审优惠；在扶持中小企业发展政策方面，对符合条件的小微企业，应当按照《政府采购促进中小企业发展管理办法》的规定给予价格扣除优惠政策。

> ☞ **小贴士**
>
> 政府绿色采购、促进中小企业发展等采购政策原则上在框架协议采购的第一阶段落实，第二阶段交易不再作要求；政府采购进口产品管理要求在第二阶段落实。

③框架协议的期限。货物项目框架协议有效期一般不超过1年，服务项目框架协议有效期一般不超过2年。

> ☞ **小贴士**
>
> 框架协议的服务采购项目与一签两年或者三年的服务采购项目不同。框架协议的服务采购项目，采购人需要采购服务时才与入围供应商签订采购合同；一签2年或者3年的服务采购项目，采购人应当通过招标或者竞争性磋商与中标或者成交供应商签订合同。

④报价要求。框架协议各个品目的报价都应以单价进行报价。入围供应商的报价是采购人或者服务对象确定第二阶段成交供应商的最高限价。供应商的报价可以采用固定单价形式，也可以采用阶梯定价形式（即确定量价关系折扣）。征集文件中应当规定供应商报价的最高限制单价。对于有政府定价的品目，最高限制单价应当执行政府定价；没有政府定价的品目，最高限制单价可以通过需求调查，根据需求标准科学确定。

货物项目单价按照台（套）等计量单位确定，其中包含售后服务等相关服务费用。服务项目单价按照单位采购包的价格或者人工单价等确定。服务项目所涉及的货物的费用，能够折算入服务项目单价的应当折入，需要按实结算的应当明确结算规则。

⑤厂商授权要求。货物项目的供应商应当为产品生产厂家或者生产厂家唯一授权供应商。供应商入围后，可以委托一家或者多家代理商，按照框架协议约定接受采购人合同授予，并履行采购合同。入围供应商应当在

框架协议中提供委托协议和委托的代理商名单。

⑥响应文件的编制要求。征集文件应当明确响应文件的组成内容，签署、装订和提交方式，响应文件提交的截止时间和地点，开启方式、开启时间和地点，以及响应文件有效期。

⑦供应商信用信息查询渠道及截止时点、信用信息查询记录和证据留存的具体方式、信用信息的使用规则等。

⑧采购代理机构代理费用的收取标准和方式（如有）。

（3）采购需求。

征集人应当根据框架协议采购品目的特点和实际需要，结合需求调查提出采购需求。框架协议采购需求在框架协议有效期内不得变动。

采购需求应当明确要求，供应商响应的货物和服务的技术、商务等条件不得低于采购需求，货物原则上应当是市场上已有销售的规格型号，不得是专供政府采购的产品。对货物项目每个采购包只能用 1 个产品进行响应，征集文件有要求的，应当同时对产品的选配件、耗材进行报价。服务项目包含货物的，响应文件中应当列明货物清单及质量标准。

采购需求中设定的资格、技术、商务条件应当与采购项目的具体特点和实际需要相适应或者与合同履行直接相关。采购需求中的技术、服务等要求不得指向特定供应商、特定产品，不得以不合理条件限制或者排斥供应商。

采购需求应当包含落实政府采购政策要求，提出节约能源、保护环境、绿色采购以及扶持中小企业发展等具体要求。

（4）第一阶段评审方法。

第一阶段评审方法的相关内容主要包括：确定第一阶段入围供应商的评审方法和评审标准、响应文件无效情形、确定入围供应商的数量和淘汰率等。

确定第一阶段入围供应商的评审方法包括价格优先法和质量优先法。

价格优先法是指对满足采购需求且响应报价不超过最高限制单价的货物、服务，按照响应报价从低到高排序，根据征集文件规定的淘汰率或者入围供应商数量上限，确定入围供应商的评审方法。

质量优先法是指对满足采购需求且响应报价不超过最高限制单价的货

物、服务进行质量综合评分，按照质量评分从高到低排序，根据征集文件规定的淘汰率或者入围供应商数量上限，确定入围供应商的评审方法。货物项目质量因素包括采购标的的技术水平、产品配置、售后服务等；服务项目质量因素包括服务内容、服务水平、供应商的履约能力、服务经验等。质量因素中的可量化指标应当划分等次，作为评分项；质量因素中的其他指标可以作为实质性要求，不得作为评分项。

采用价格优先法的项目，淘汰比例一般不得低于20%，且至少淘汰1家供应商。采用质量优先法的检测、实验等仪器设备采购，淘汰比例不得低于40%，且至少淘汰1家供应商。

有政府定价、政府指导价的项目，以及对质量有特别要求的检测、实验等仪器设备，可以采用质量优先法，其他项目应当采用价格优先法。

对耗材使用量大的复印、打印、实验、医疗等仪器设备进行框架协议采购的，应当要求供应商同时对3年以上约定期限内的专用耗材进行报价。评审时应当考虑约定期限的专用耗材使用成本，修正仪器设备的响应报价或者质量评分。

征集人应当在征集文件、框架协议和采购合同中规定，入围供应商在约定期限内，应当以不高于其报价的价格向适用框架协议的采购人供应专用耗材。

评审方法应当体现政府采购政策，严格落实政府采购强制节能规定，以及优先购买节能、环保产品和扶持中小企业产品等政策要求。

（5）框架协议。

框架协议内容包括以下几个方面。

①集中采购机构或者主管预算单位以及入围供应商的名称、地址和联系方式；

②采购项目名称、编号；

③采购需求以及最高限制单价；

④封闭式框架协议第一阶段的入围产品详细技术规格或者服务内容、服务标准，协议价格；

⑤入围产品升级换代规则；

⑥确定第二阶段成交供应商的方式；

⑦适用框架协议的采购人或者服务对象范围，以及履行合同的地域范围；

⑧资金支付方式、时间和条件；

⑨采购合同文本，包括根据需要约定适用的简式合同或者具有合同性质的凭单、订单；

⑩框架协议期限；

⑪入围供应商清退和补充规则；

⑫协议方的权利和义务；

⑬需要约定的其他事项。

（6）响应文件格式。

响应文件格式包括响应函格式、资格证明文件格式、技术偏离表格式、商务偏离表格式、以担保函形式提交的保证金格式等。

2. 发布征集公告

征集人应当在财政部门指定的政府采购信息发布媒体上发布征集公告。公告期限为 5 个工作日。

3. 发售征集文件

征集人应当按照征集公告规定的时间、地点提供征集文件，提供期限自征集公告发布之日起计算不得少于 5 个工作日。提供期限届满后，获取征集文件的供应商只有 1 家的，可以顺延提供期限，并予公告。征集文件售价应当按照弥补制作、邮寄成本的原则确定，不得以营利为目的。

4. 澄清征集文件

相关内容同公开招标。

5. 成立评审小组

相关内容同公开招标。

6. 接收响应文件

相关内容同公开招标。

7. 开启响应文件

相关内容同公开招标。

8. 评审

评审包括资格审查、符合性审查和对供应商排序。

（1）资格审查。

相关内容同公开招标。

（2）符合性审查。

评审小组应当按照征集文件中规定的评审方法和标准，对资格审查合格的响应文件的符合性进行审查，对符合性审查合格的响应文件进行商务和技术评估，综合比较与评价。

符合资格条件、实质性要求的供应商应当不少于 2 家，否则应该终止采购活动。

（3）对供应商排序。

采用价格优先法评审的，评审小组按价格由低至高的顺序对供应商排序；采用质量优先法评审的，评审小组按除价格以外各项因素综合评审得分由高至低的顺序对供应商排序。

9. 确定入围供应商和发布入围结果公告

（1）确定入围供应商。

征集人按照评审小组评审后对供应商的排序，确定淘汰供应商和入围供应商。

采用价格优先法的项目，淘汰比例一般不得低于 20%，且至少淘汰 1 家供应商。采用质量优先法的检测、实验等仪器设备采购，淘汰比例不得低于 40%，且至少淘汰 1 家供应商。

征集人可以根据淘汰率和入围数量两个因素确定入围供应商（见表 6-3）。

表 6-3 淘汰率和入围供应商数量对比

符合要求的供应商数量	入围供应商数量		
	淘汰 20% 及以上的项目	淘汰 30% 及以上的项目	淘汰 40% 及以上项目
1	征集失败	征集失败	征集失败
2	1	1	1

续表

符合要求的 供应商数量	入围供应商数量		
	淘汰 20% 及以上的项目	淘汰 30% 及以上的项目	淘汰 40% 及以上项目
3	2	2	1
4	3	2	2
5	4	3	3
6	4	4	3
7	5	4	4
8	6	5	4
9	7	6	5
10	8	7	6

表 6-4 为按照淘汰率 30% 和最多确定 10 个入围供应商的情况示例。

表 6-4　　　　　　　入围供应商的情况

符合要求的 供应商数量	入围供应商数量 （个）	符合要求的 供应商数量（个）	入围供应商数量 （个）
1	征集失败	9	6
2	1	10	7
3	2	11	7
4	2	12	8
5	3	13	9
6	4	14	9
7	4	15 以上	10
8	5		

（2）发布入围结果公告。

征集人确定入围供应商后，应当在财政部门指定的政府采购信息发布媒体上发布入围结果公告。入围结果公告应当包括以下主要内容：

①采购项目名称、编号；

②征集人的名称、地址、联系人和联系方式；

③入围供应商名称、地址及排序；

④最高入围价格或者最低入围分值；

⑤入围产品名称、规格型号或者主要服务内容及服务标准，入围单价；

⑥评审小组成员名单；

⑦采购代理服务收费标准及金额；

⑧公告期限；

⑨省级以上财政部门规定的其他事项。

⑩入围结果公告期为 1 个工作日。征集人应同时向入围供应商发出入围通知书。

10. 签订框架协议

征集人应当在入围通知书发出之日起 30 日内与入围供应商签订框架协议，并在框架协议签订后 7 个工作日内，将框架协议副本报本级财政部门备案。框架协议不得对征集文件确定的事项以及入围供应商的响应文件作实质性修改。

征集人应当在框架协议签订后 3 个工作日内通过电子化采购系统将入围信息告知适用框架协议的所有采购人或者服务对象。入围信息应当包括所有入围供应商的名称、地址、联系方式、入围产品信息和协议价格等内容。入围产品信息应当详细列明技术规格或者服务内容、服务标准等能反映产品质量特点的内容。征集人应当确保征集文件和入围信息在整个框架协议有效期内随时可供公众查阅。

第二阶段：确定成交

封闭式框架协议采购的第二阶段包括选择确定成交供应商、签订采购合同、公告成交结果等程序。

11. 选择确定成交供应商

采购人或者服务对象一般应在入围供应商中选择确定成交供应商。只有出现特定情形，采购人才可以向非入围供应商采购。

（1）向入围供应商采购。

采购人或者服务对象可以采用直接选定、二次竞价和顺序轮候方式从入围供应商中确定成交供应商。

①直接选定。直接选定方式是确定第二阶段成交供应商的主要方式。采购人或者服务对象依据入围产品价格、质量以及服务便利性、用户评价等因素，从第一阶段入围供应商中直接选定。

②二次竞价。二次竞价方式是指以框架协议约定的入围产品、采购合同文本等为依据，以协议价格为最高限价，采购人明确第二阶段竞价需求，从入围供应商中选择所有符合竞价需求的供应商参与二次竞价，确定报价最低的为成交供应商的方式。进行二次竞价应当给予供应商必要的响应时间。二次竞价一般适用于采用价格优先法的采购项目。

③顺序轮候。顺序轮候方式是指根据征集文件中确定的轮候顺序规则，对所有入围供应商依次授予采购合同的方式。顺序轮候一般适用于服务项目。

每个入围供应商在一个顺序轮候期内，只有一次获得合同授予的机会。合同授予顺序确定后，应当书面告知所有入围供应商。除清退入围供应商和补充征集外，框架协议有效期内不得调整合同授予顺序。

（2）向非入围供应商采购。

采购人证明能够以更低价格向非入围供应商采购相同货物，且入围供应商不同意将价格降至非入围供应商以下的，可以向非入围供应商采购，但征集人应当在征集文件中载明并在框架协议中约定。此外，采购人将合同授予非入围供应商的，应当在确定成交供应商后 1 个工作日内，将成交结果抄送征集人，由征集人按照单笔公告要求发布成交结果公告。采购人应当将相关证明材料和采购合同一并存档备查。

12. 签订采购合同

采购人根据框架协议中明确的各项条件以及确定供应商成交时明确的采购数量和合同价款等条件，与成交供应商签订采购合同。服务对象为自然人的，可以直接要求确定的成交供应商提供服务。

13. 公告成交结果

征集人应当负责公告框架协议的成交结果单笔公告和成交结果汇总公告。

（1）成交结果单笔公告。

以二次竞价或者顺序轮候方式确定成交供应商的，征集人应当在确定成交供应商后 2 个工作日内逐笔发布成交结果单笔公告。

成交结果单笔公告可以在省级以上财政部门指定的媒体上发布，也可以在开展框架协议采购的电子化采购系统发布，发布成交结果公告的渠道应当在征集文件或者框架协议中告知供应商。单笔公告应当包括以下主要内容：

①采购人的名称、地址和联系方式；

②框架协议采购项目名称、编号；

③成交供应商名称、地址和成交金额；

④成交标的名称、规格型号或者主要服务内容及服务标准、数量、单价；

⑤公告期限。

⑥成交结果单笔公告的公告期为 1 个工作日。

（2）成交结果汇总公告。

征集人应当在框架协议有效期满后 10 个工作日内发布成交结果汇总公告。汇总公告应当包括采购人的名称、地址和联系方式、框架协议采购项目名称、编号和所有成交供应商的名称、地址及其成交合同总数和总金额。

三、开放式框架协议采购程序

采用开放式框架协议采购方式的项目，征集人应当通过公开征集和供应商自愿申请加入的方式确定入围供应商。开放式框架协议的公开征集程序，按照财政部 110 号令规定执行。

（一）采购流程

开放式框架协议采购流程如图 6-6 所示。

1.第一阶段：征集确定入围供应商

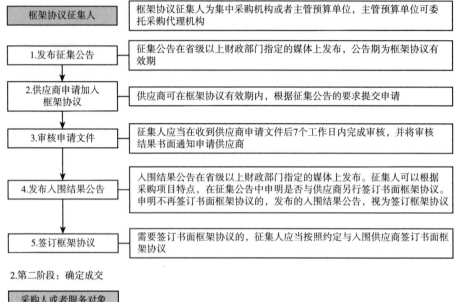

框架协议征集人	框架协议征集人为集中采购机构或者主管预算单位，主管预算单位可委托采购代理机构
1.发布征集公告	征集公告在省级以上财政部门指定的媒体上发布，公告期为框架协议有效期
2.供应商申请加入框架协议	供应商可在框架协议有效期内，根据征集公告的要求提交申请
3.审核申请文件	征集人应当在收到供应商申请文件后7个工作日内完成审核，并将审核结果书面通知申请供应商
4.发布入围结果公告	入围结果公告在省级以上财政部门指定的媒体上发布。征集人可以根据采购项目特点，在征集公告中申明是否与供应商另行签订书面框架协议。申明不再签订书面框架协议的，发布的入围结果公告，视为签订框架协议
5.签订框架协议	需要签订书面框架协议的，征集人应当按照约定与入围供应商签订书面框架协议

2.第二阶段：确定成交

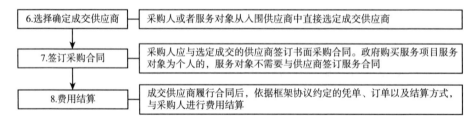

采购人或者服务对象	
6.选择确定成交供应商	采购人或者服务对象从入围供应商中直接选定成交供应商
7.签订采购合同	采购人应与选定成交的供应商签订书面采购合同。政府购买服务项目服务对象为个人的，服务对象不需要与供应商签订服务合同
8.费用结算	成交供应商履行合同后，依据框架协议约定的凭单、订单以及结算方式，与采购人进行费用结算

图6-6 开放式框架协议采购流程

（二）采购程序

1. 第一阶段：征集确定入围供应商

开放式框架协议采购的第一阶段包括发布征集公告、发售征集文件、供应商申请加入框架协议、审核申请文件、发布入围结果公告、签订框架协议等程序。

（1）发布征集公告。

征集人发布征集公告，邀请供应商加入框架协议。征集公告应当包括以下主要内容。

①征集人的名称、地址、联系人和联系方式；

②采购项目名称、编号，采购需求以及最高限制单价，适用框架协议的采购人或者服务对象范围，能预估采购数量的，还应当明确预估采购数量；

③供应商的资格条件；

④框架协议的期限；

⑤供应商应当提交的资格材料；

⑥资格审查方法和标准；

⑦入围产品升级换代规则；

⑧用户反馈和评价机制；

⑨入围供应商的清退规则；

⑩供应商信用信息查询渠道及截止时点、信用信息查询记录和证据留存的具体方式、信用信息的使用规则等；

⑪订立开放式框架协议的邀请；

⑫供应商提交加入框架协议申请的方式、地点，以及对申请文件的要求；

⑬履行合同的地域范围、协议方的权利和义务等框架协议内容；

⑭采购合同文本；

⑮付费标准，费用结算及支付方式；

⑯省级以上财政部门规定的其他事项。

⑰征集公告在省级以上财政部门指定的媒体上发布，公告期为框架协议有效期。

（2）供应商申请加入框架协议。

征集公告发布后至框架协议期满前，供应商可以按照征集公告要求，随时向征集人提交加入框架协议的申请。

（3）审核申请文件。

征集人应当在收到供应商申请文件后7个工作日内完成审核，并将审核结果书面通知申请供应商。

（4）发布入围结果公告。

征集人应当在审核通过后2个工作日内，发布入围结果公告，公告入围供应商名称、地址、联系方式及付费标准，并动态更新入围供应商信息。征集人应当确保征集公告和入围结果公告在整个框架协议有效期内随时可供公众查阅。

（5）签订框架协议。

征集人可以根据采购项目特点，在征集公告中申明是否与供应商另行签订书面框架协议。申明不再签订书面框架协议的，发布入围结果公告，视为签订框架协议。需要签订书面框架协议的，征集人应按照约定与入围供应商签订书面框架协议。

2. 第二阶段：确定成交

开放式框架协议采购的第二阶段包括选择确定成交供应商、签订采购合同、费用结算等程序。

（1）选择确定成交供应商。

在框架协议有效期内，采购人或者服务对象从入围供应商中直接选择确定成交供应商。

（2）签订采购合同。

采购人应与确定成交的供应商签订书面采购合同。政府购买服务项目服务对象为个人的，服务对象不需要与供应商签订书面服务合同，可直接要求选定的供应商按照框架协议规定的质量标准提供服务。

（3）费用结算。

成交供应商履行采购合同或者框架协议约定的责任，向采购人或者服务对象提供货物或者服务后，依据采购合同或者框架协议约定的凭单、订单以及结算方式，与采购人进行费用结算。

第六节　其他采购组织实施方式

对于不属于政府采购的范围的小额采购项目，采购人可以自愿采用

《政府采购法》规定的采购方式采购，也可以通过制定内控制度，规定适合本单位的采购方法。制定内控制度时，采购人可以根据小额采购项目的采购预算金额的区间，设计适用于不同预算金额区间的简易采购方式。以下简要介绍几种常用的采购组织实施方式。

一、定点采购

（一）定点采购的定义

定点采购是指采购人明确工程、货物和服务的质量、价格等要求及采购程序，通过公开招标等竞争性采购方式，确定一家或者多家定点供应商，与定点供应商签订定点采购协议，采购人在定点采购协议有效期内选择定点供应商根据协议提供工程、货物和服务的行为。

（二）定点采购的适用范围

定点采购适用于采购频次较多、采购内容分散、数额较小的采购品目，例如零星的维修、修缮工程，零件、工具、消耗品、食材等货物，零星和小额的服务等。

采购人能够归集需求形成采购金额较大的单一项目进行采购的，不适用定点采购方式。

二、电子卖场

（一）定义

电子卖场指集中采购机构依托互联网，利用云计算、大数据、移动互联等技术，实现货物、工程和服务全流程网上交易、监管及信息服务的电子平台。电子卖场有时也称为"网上超市""网上商城"等。

（二）适用范围

电子卖场通常是集中采购机构为实施集中采购目录中公开招标数额标准以下小额采购项目而设立的。不同的集中采购机构设立的电子卖场的服务范围有所不同。有些电子卖场也向采购人提供政府采购限额标准以下项目的交易服务。该情况下，采购人可通过电子卖场进行零星、多频次的工程、货物和服务项目的采购。

（三）采购程序

电子卖场常用的交易方式包括直购、比价、反拍等。采购人在电子卖场进行交易时，应当执行相应电子卖场的交易规则。

1. 直购

直购是指采购人直接选择电子卖场中某款产品或者服务，自主确定与提供该产品或者服务的供应商成交。

2. 比价

比价是指采购人根据采购最高限价和技术参数，从电子卖场上架的产品中择优选择 3 个不同品牌的产品，发布比价需求公告，所选产品的供应商自愿参与报价。报价时间截止后，以系统记录的供应商最终报价作为评判依据，价格最低的供应商成交。比价适用于通用性强、技术规格统一的产品或者服务。

3. 反拍

反拍是指采购人选择某款产品，设定报价截止时间、单价降幅区间，发布反拍需求公告，所选产品供应商自愿参与报价。报价时间截止后，以系统记录的供应商最终报价作为评判依据，价格最低的供应商成交。报价截止时间内，供应商可在单价降幅区间内，以不高于上一轮的价格向下多轮报价。

专栏 6-1　竞争性谈判公告示例

竞争性谈判公告

项目概况

（采购标的）采购项目的潜在供应商应在（地址）获取谈判文件，并于＿＿年＿月＿日＿点＿分（北京时间）前提交响应文件。

一、项目基本情况

项目编号（或者政府采购计划编号、采购计划备案文号等，如有）：

_____

项目名称：_____

采购方式：竞争性谈判

预算金额：_____

最高限价（如有）：_____

采购需求：(包括但不限于标的的名称、数量、简要技术需求或者服务要求等)

合同履行期限：_____

本项目（是/否）接受联合体。

二、申请人的资格要求

1. 满足《中华人民共和国政府采购法》第二十二条规定

2. 落实政府采购政策需满足的资格要求：如属于专门面向中小企业采购的项目，供应商应为中小微企业、监狱企业、残疾人福利性单位

3. 本项目的特定资格要求：如项目接受联合体参加采购，对联合体应提出相关资格要求；如属于特定行业项目，供应商应当具备特定行业法定准入要求。

三、获取采购文件

时　　间：____年　月　日至____年　月　日，每天上午__至__，下午__至__（北京时间，法定节假日除外）

地　　点：_____

方　　式：_____

售　　价：_____

四、响应文件提交

截止时间：____年　月　日　点　分（北京时间）（从谈判文件开始发出之日起至供应商提交首次响应文件截止之日止不得少于3个工作日）

地　　点：_____

五、公告期限

自本公告发布之日起 3 个工作日。

六、其他补充事宜

七、凡对本次采购提出询问，请按以下方式联系

1. 采购人信息

名　　称：＿＿＿＿＿＿＿＿＿＿＿＿＿

地　　址：＿＿＿＿＿＿＿＿＿＿＿＿＿

联系方式：＿＿＿＿＿＿＿＿＿＿＿＿＿

2. 采购代理机构信息（如有）

名　　称：＿＿＿＿＿＿＿＿＿＿＿＿＿

地　　址：＿＿＿＿＿＿＿＿＿＿＿＿＿

联系方式：＿＿＿＿＿＿＿＿＿＿＿＿＿

3. 项目联系方式

项目联系人：(组织本项目采购活动的具体工作人员姓名)

电　　话：＿＿＿＿＿＿＿＿＿＿＿＿＿

专栏6-2　竞争性谈判成交结果公告示例

成交结果公告

一、项目编号：＿＿＿＿＿＿＿＿＿＿＿＿＿

二、项目名称：＿＿＿＿＿＿＿＿＿＿＿＿＿

三、成交信息

供应商名称：＿＿＿＿＿＿＿＿＿＿＿＿＿

供应商地址：＿＿＿＿＿＿＿＿＿＿＿＿＿

成交金额：(可填写下浮率、折扣率或者费率)

四、主要标的信息

货物类	服务类	工程类
名称： 品牌（如有）： 规格型号： 数量： 单价：	名称： 服务范围： 服务要求： 服务时间： 服务标准：	名称： 施工范围： 施工工期： 项目经理： 执业证书信息：

五、评审专家名单：＿＿＿＿＿＿＿＿＿＿＿

六、代理服务收费标准及金额：＿＿＿＿＿＿＿＿＿＿＿

七、公告期限

自本公告发布之日起1个工作日。

八、其他补充事宜

九、凡对本次公告内容提出询问，请按以下方式联系。

1. 采购人信息

名　　称：＿＿＿＿＿＿＿＿＿＿＿

地　　址：＿＿＿＿＿＿＿＿＿＿＿

联系方式：＿＿＿＿＿＿＿＿＿＿＿

2. 采购代理机构信息（如有）

名　　称：＿＿＿＿＿＿＿＿＿＿＿

地　　址：＿＿＿＿＿＿＿＿＿＿＿

联系方式：＿＿＿＿＿＿＿＿＿＿＿

3. 项目联系方式

项目联系人：(组织本项目采购活动的具体工作人员姓名)

电　　话：＿＿＿＿＿＿＿＿＿＿＿

十、附件

1. 谈判文件（已公告的可不重复公告）

2. 被推荐供应商名单和推荐理由（适用采用书面推荐方式产生符合资格条件的潜在供应商）

3. 成交供应商为中小企业的，应公告其《中小企业声明函》

4. 成交供应商为残疾人福利性单位的，应公告其《残疾人福利性单位声明函》

5. 成交供应商为注册地在国家级贫困县域内物业公司的，应公告注册所在县扶贫部门出具的聘用建档立卡贫困人员具体数量的证明

📌 专栏 6 – 3　竞争性磋商公告示例

竞争性磋商公告

> 项目概况
>
> （采购标的）采购项目的潜在供应商应在（地址）获取磋商文件，并于＿＿＿年＿月＿日＿点＿＿（北京时间）前提交响应文件。

一、项目基本情况

项目编号（或者政府采购计划编号、采购计划备案文号等，如有）：

＿＿＿＿＿＿＿＿

项目名称：＿＿＿＿＿＿＿＿＿＿

采购方式：竞争性磋商

预算金额：＿＿＿＿＿＿＿＿＿

最高限价（如有）：＿＿＿＿＿＿＿＿＿＿

采购需求：(包括但不限于标的的名称、数量、简要技术需求或者服务要求等)

合同履行期限：＿＿＿＿＿＿＿＿＿＿

本项目（是/否）接受联合体。

二、申请人的资格要求

1. 满足《中华人民共和国政府采购法》第二十二条规定

2. 落实政府采购政策需满足的资格要求：(如属于专门面向中小企业采购的项目，供应商应为中小微企业、监狱企业、残疾人福利性单位)

3. 本项目的特定资格要求：(如项目接受联合体参加采购，对联合体应提出相关资格要求；如属于特定行业项目，供应商应当具备特定行业法定

准入要求）

三、获取磋商文件

时　　间：＿＿＿年　月　日至＿＿＿年　月　日（磋商文件的发售期限自开始之日起不得少于 5 个工作日），每天上午＿至＿，下午＿至＿（北京时间，法定节假日除外）

地　　点：＿＿＿＿＿＿＿＿＿＿＿＿＿＿＿

方　　式：＿＿＿＿＿＿＿＿＿＿＿＿＿＿＿

售　　价：＿＿＿＿＿＿＿＿＿＿＿＿＿＿＿

四、响应文件提交

截止时间：＿＿＿年　月　日　点　分（北京时间）（从磋商文件开始发出之日起至供应商提交首次响应文件截止之日止不得少于 10 日）

地　　点：＿＿＿＿＿＿＿＿＿＿＿＿＿＿＿

五、开启

时　　间：＿＿＿年　月　日　点　分（北京时间）

地　　点：＿＿＿＿＿＿＿＿＿＿＿＿＿＿＿

六、公告期限

自本公告发布之日起 3 个工作日。

七、其他补充事宜

八、凡对本次采购提出询问，请按以下方式联系

1. 采购人信息

名　　称：＿＿＿＿＿＿＿＿＿＿＿＿＿＿＿

地　　址：＿＿＿＿＿＿＿＿＿＿＿＿＿＿＿

联系方式：＿＿＿＿＿＿＿＿＿＿＿＿＿＿＿

2. 采购代理机构信息（如有）

名　　称：＿＿＿＿＿＿＿＿＿＿＿＿＿＿＿

地　　址：＿＿＿＿＿＿＿＿＿＿＿＿＿＿＿

联系方式：＿＿＿＿＿＿＿＿＿＿＿＿＿＿＿

3. 项目联系方式

项目联系人：(组织本项目采购活动的具体工作人员姓名)

电　　话：＿＿＿＿＿＿＿＿＿＿＿＿＿＿

专栏6-4　竞争性磋商成交结果公告示例

成交结果公告

一、项目编号：＿＿＿＿＿＿＿＿＿＿＿＿

二、项目名称：＿＿＿＿＿＿＿＿＿＿＿＿

三、成交信息

供应商名称：＿＿＿＿＿＿＿＿＿＿＿＿

供应商地址：＿＿＿＿＿＿＿＿＿＿＿＿

成交金额：(可填写下浮率、折扣率或者费率)

四、主要标的信息

货物类	服务类	工程类
名称： 品牌（如有）： 规格型号： 数量： 单价：	名称： 服务范围： 服务要求： 服务时间： 服务标准：	名称： 施工范围： 施工工期： 项目经理： 执业证书信息：

五、评审专家名单：＿＿＿＿＿＿＿＿＿＿＿＿

六、代理服务收费标准及金额：＿＿＿＿＿＿＿＿＿＿＿＿

七、公告期限

自本公告发布之日起1个工作日。

八、其他补充事宜

九、凡对本次公告内容提出询问，请按以下方式联系。

1. 采购人信息

名　　称：＿＿＿＿＿＿＿＿＿＿＿＿

地　　址：＿＿＿＿＿＿＿＿＿＿＿＿

联系方式：＿＿＿＿＿＿＿＿＿＿＿＿

2. 采购代理机构信息（如有）

名　　　称：＿＿＿＿＿＿＿＿＿＿＿＿＿＿

地　　　址：＿＿＿＿＿＿＿＿＿＿＿＿＿＿

联系方式：＿＿＿＿＿＿＿＿＿＿＿＿＿＿

3. 项目联系方式

项目联系人：(组织本项目采购活动的具体工作人员姓名)

电　　话：＿＿＿＿＿＿＿＿＿＿＿＿＿＿

十、附件

1. 磋商文件（已公告的可不重复公告）

2. 被推荐供应商名单和推荐理由（适用采用书面推荐方式产生供应商的）

3. 成交供应商为中小企业的，应公告其《中小企业声明函》

4. 成交供应商为残疾人福利性单位的，应公告其《残疾人福利性单位声明函》

5. 成交供应商为注册地在国家级贫困县域内物业公司的，应公告注册所在县扶贫部门出具的聘用建档立卡贫困人员具体数量的证明。

专栏 6-5　询价公告示例

询价公告

> 项目概况
>
> 　（采购标的）采购项目的潜在供应商应在（地址）获取询价通知书，并于＿＿＿年＿月＿日＿点＿分（北京时间）前提交响应文件。

一、项目基本情况

项目编号（或者政府采购计划编号、采购计划备案文号等，如有）：＿＿＿＿＿＿

项目名称：＿＿＿＿＿＿＿＿

采购方式：询价

预算金额：＿＿＿＿＿＿＿＿

最高限价（如有）：_____

采购需求：(包括但不限于标的的名称、数量、简要技术需求或者服务要求等)

合同履行期限：_____

本项目（是/否）接受联合体。

二、申请人的资格要求

1. 满足《中华人民共和国政府采购法》第二十二条规定

2. 落实政府采购政策需满足的资格要求：(如属于专门面向中小企业采购的项目，供应商应为中小微企业、监狱企业、残疾人福利性单位)

3. 本项目的特定资格要求：(如项目接受联合体参加采购，对联合体应提出相关资格要求；如属于特定行业项目，供应商应当具备特定行业法定准入要求)

三、获取询价通知书

时　　间：_____年　月　日至_____年　月　日，每天上午__至__，下午__至__（北京时间，法定节假日除外）

地　　点：_____

方　　式：_____

售　　价：_____

四、响应文件提交

截止时间：_____年　月　日　点　分（北京时间）（从询价通知书开始发出之日起至供应商提交响应文件截止之日止不得少于3个工作日）

地　　点：_____

五、公告期限

自本公告发布之日起3个工作日。

六、其他补充事宜

七、凡对本次采购提出询问，请按以下方式联系

1. 采购人信息

名　　称：_____

地　　址：＿＿＿＿＿＿＿＿＿＿＿＿

联系方式：＿＿＿＿＿＿＿＿＿＿＿＿

2. 采购代理机构信息（如有）

名　　称：＿＿＿＿＿＿＿＿＿＿＿＿

地　　址：＿＿＿＿＿＿＿＿＿＿＿＿

联系方式：＿＿＿＿＿＿＿＿＿＿＿＿

3. 项目联系方式

项目联系人：(组织本项目采购活动的具体工作人员姓名)

电　　话：＿＿＿＿＿＿＿＿＿＿＿＿

专栏6-6　询价成交结果公告示例

成交结果公告

一、项目编号：＿＿＿＿＿＿＿＿＿＿＿＿

二、项目名称：＿＿＿＿＿＿＿＿＿＿＿＿

三、成交信息

供应商名称：＿＿＿＿＿＿＿＿＿＿＿＿

供应商地址：＿＿＿＿＿＿＿＿＿＿＿＿

成交金额：(可填写下浮率、折扣率或者费率)

四、主要标的信息

名　　称：＿＿＿＿＿＿＿＿＿＿＿＿

品牌（如有）：＿＿＿＿＿＿＿＿＿＿＿＿

规格型号：＿＿＿＿＿＿＿＿＿＿＿＿

数　　量：＿＿＿＿＿＿＿＿＿＿＿＿

单　　价：＿＿＿＿＿＿＿＿＿＿＿＿

五、评审专家名单：＿＿＿＿＿＿＿＿＿＿＿＿

六、代理服务收费标准及金额：＿＿＿＿＿＿＿＿＿＿＿＿

七、公告期限

自本公告发布之日起1个工作日。

八、其他补充事宜

九、凡对本次公告内容提出询问，请按以下方式联系。

1. 采购人信息

名　　称：＿＿＿＿＿＿＿＿＿＿＿＿＿＿

地　　址：＿＿＿＿＿＿＿＿＿＿＿＿＿＿

联系方式：＿＿＿＿＿＿＿＿＿＿＿＿＿＿

2. 采购代理机构信息（如有）

名　　称：＿＿＿＿＿＿＿＿＿＿＿＿＿＿

地　　址：＿＿＿＿＿＿＿＿＿＿＿＿＿＿

联系方式：＿＿＿＿＿＿＿＿＿＿＿＿＿＿

3. 项目联系方式

项目联系人：(组织本项目采购活动的具体工作人员姓名)

电　　话：＿＿＿＿＿＿＿＿＿＿＿＿＿＿

十、附件

1. 询价通知书（已公告的可不重复公告）

2. 被推荐供应商名单和推荐理由（适用采用书面推荐方式产生供应商的）

3. 成交供应商为中小企业的，应公告其《中小企业声明函》

4. 成交供应商为残疾人福利性单位的，应公告其《残疾人福利性单位声明函》

> **专栏6－7　单一来源采购成交结果公告示例**

成交结果公告

一、项目编号：＿＿＿＿＿＿＿＿＿＿＿＿＿＿

二、项目名称：＿＿＿＿＿＿＿＿＿＿＿＿＿＿

三、成交信息

供应商名称：＿＿＿＿＿＿＿＿＿＿＿＿＿＿

供应商地址：＿＿＿＿＿＿＿＿＿＿＿＿＿＿

成交金额：(可填写下浮率、折扣率或者费率)

四、主要标的信息

货物类	服务类	工程类
名称： 品牌（如有）： 规格型号： 数量： 单价：	名称： 服务范围： 服务要求： 服务时间： 服务标准：	名称： 施工范围： 施工工期： 项目经理： 执业证书信息：

五、谈判小组名单：＿＿＿＿＿＿＿＿＿＿＿＿＿＿

六、代理服务收费标准及金额：＿＿＿＿＿＿＿＿＿＿＿

七、公告期限

自本公告发布之日起 1 个工作日。

八、其他补充事宜

九、凡对本次公告内容提出询问，请按以下方式联系

1. 采购人信息

名　　　称：＿＿＿＿＿＿＿＿＿＿＿＿＿＿

地　　　址：＿＿＿＿＿＿＿＿＿＿＿＿＿＿

联系方式：＿＿＿＿＿＿＿＿＿＿＿＿＿＿

2. 采购代理机构信息（如有）

名　　　称：＿＿＿＿＿＿＿＿＿＿＿＿＿＿

地　　　址：＿＿＿＿＿＿＿＿＿＿＿＿＿＿

联系方式：＿＿＿＿＿＿＿＿＿＿＿＿＿＿

3. 项目联系方式

项目联系人：(组织本项目采购活动的具体工作人员姓名)

电　　　话：＿＿＿＿＿＿＿＿＿＿＿＿＿＿

第七章　政府采购合同

【本章概述】本章主要对政府采购合同的法律性质与法律适用进行介绍和分析，并围绕现行法律规定及相关实践，对经常适用的政府采购合同类型进行总结，介绍有关行业所经常适用的标准或者示范性合同文本，分析合同文本的结构与典型条款，以便在政府采购合同操作实务中正确适用、准确理解和全面履行。

第一节　政府采购合同概述

一、概念

政府采购合同是指采购人因政府采购行为而与供应商之间在平等、自愿的基础上，依法签订明确双方权利、义务关系的协议。政府采购合同是供求双方明确权利义务的协议，是双方据以履行合同义务，享受相应权利的法律文件，也是执法机关处理合同纠纷的主要依据。《政府采购法》以专章对政府采购合同的法律适用、订立的形式、必备条款、订立的程序要求、备案管理、合同履行、合同补充和变更、合同责任承担等问题作出了规定。

政府采购合同与一般的民事合同相比，主要有以下几方面特点。

（一）政府采购合同主体的特殊性

由于政府采购合同是明确采购人与供应商之间的权利、义务关系的协议，因此政府采购合同的一方当事人必定是国家机关、事业单位和团体组织，而一般民事合同的任何一方当事人则不必限定于国家机关、事业单位和团体组织。

（二）政府采购合同目的的特殊性

政府采购长期以来一直被世界各国政府作为实现公共利益的工具，并在各国立法中得到普遍体现。政府采购虽萌芽于早期的自由市场经济，但现代政府采购制度的最终确立，却是在政府适度干预市场的现代市场经济条件下完成的。原因在于国家可以通过政府采购行为进行有意识的财政支出安排，进而实现调整产业结构、扩大就业、抑制通货膨胀、增加社会公共福利、保障社会经济持续稳定发展等各项目标，并由此实现国家对社会经济生活的宏观调控。因此，政府采购合同应当充分考虑社会公共利益目标对政府采购行为的约束，以保障政府宏观调控职能的充分发挥。综上所述，政府采购合同会体现一定的政府行政意识。

（三）政府采购合同资金的特殊性

政府采购使用的是财政性资金，应当接受公众监督，因此政府采购合同具有很大的公开性——政府采购合同应当在省级以上人民政府财政部门指定的媒体上公告。

二、政府采购合同的法律性质

对政府采购合同法律性质的认识，有三种观点：民事合同论、行政协议论、混合合同论。民事合同论认为政府采购本身是一种市场行为，在采购合同订立过程中，不涉及行政权力的行使，购销双方的法律地位是平等的，因此，政府采购合同一般应作为民事合同，这一观点是民法学界的主流观点。行政协议论是从动态角度把握政府采购合同，即从政府采购合同的要约、签订，到变更、解除、履行、赔偿或者补偿的全过程来看，政府采购合同是在其中起主导作用的一方当事人推行行政政策和执行行政计划，进行公共支出管理的手段，其实质是行政协议，应当受到公法的严格规制，特别是程序规制。混合合同论则认为，政府采购合同是游离于民事合同与行政协议之间的混合型合同，其订立阶段是行政行为，但履行属于民事行为，单纯地将政府采购合同归为民事合同或者行政协议都有其缺陷。

《政府采购法》采纳了民事合同论，其第四十三条规定："政府采购合同适用合同法。采购人和供应商之间的权利和义务，应当按照平等、自愿的原则以合同方式约定。"这一规定明确了政府采购合同整体上属于民事合同。

三、政府采购合同标准文本

（一）政府采购合同标准文本的发布主体

《政府采购法实施条例》第四十七条规定："国务院财政部门应当会同国务院有关部门制定政府采购合同标准文本。"中华人民共和国财政部作为国务院财政部门，负责政府采购合同标准文本的管理工作，制定并发布各类合同标准文本。

（二）政府采购合同文本的意义

制定合同标准文本具有重要意义：一是在合同标准文本的基础上，能够平衡合同双方利益，保障交易公平；二是通过适用标准合同文本，减轻合同双方的谈判压力，缩短谈判时间，提升合同订立效率；三是可以累积交易经验，提高合同订立与履行的效率。

《需求管理办法》第二十三条规定，国务院有关部门依法制定了政府采购合同标准文本的，应当使用标准文本。

第二节　政府采购合同类型

对政府采购合同进行分类，有助于引导当事人正确订立合同。根据《政府采购法》第二条第四款规定，政府采购除了购买外，还包含租赁、委托、雇用等类型。针对不同采购类型制定不同的合同类型，可以引到采购人在缔约过程中找到较为明确和详细的法律规定，尽量避免可能出现的合同漏洞或者缺陷。

一、根据采购标的划分

根据采购标的的类别，将公共采购分为采购货物、工程和服务三个类别，这是国际通行做法。《政府采购法》将采购标的划分为货物、工程和服务，与国际通行做法保持一致。

二、根据定价方式划分

根据不同的定价方式，政府采购合同可以分为固定价格合同、成本补偿合同。采购人可以在合同中约定绩效激励条款。

（一）固定价格合同

固定价格合同，是指合同订立时已经确定合同价格，非由法定或者约定事由不得变更定价方式的合同。对于采购时可以准确估算采购成本的情形，采购人应当选择固定价格的合同定价方式。通用货物、工程和服务采购，应当采用固定价格定价方式。

固定价格定价方式项下，有固定总价与固定单价两大类型，这一区分具有重要的理论基础与现实意义。

理论上，固定总价定价方式是指合同当事人在合同订立时即约定一个确定的价格，供应商以该价格向采购人履行合同项下义务，只要采购人未在履约过程中变更合同要求，在合同履行完毕后，无论供应商在此过程中支付了多少成本，采购人只按照订立时的约定价格支付而不再变动。固定单价合同是指采购人与供应商在合同订立时仅对合同中各项标的的单价进行约定，而不填报总价，待供应商将合同项下义务履行完毕时，采购人依据合同履行过程中供应商的总工作量与订立时约定的固定单价进行计算后，再向供应商支付最终的价款。这一模式符合我国长期以来的实践做法，在建设工程合同的定价机制中已成为行业惯例。

实践中，虽然固定总价和固定单价均属于固定价格方式，但由于固定总价和固定单价在政府预算和管理上存在巨大差别，因此有必要将两者分开规定。在采用固定总价的情况下，采购人的支付总额并不以供应商的实际成本改变，所以合同支出是一项可以被提前确定的数额，采购人对此可形成准确的政府预算。而固定单价是一种具有相对确定性的定价方式，其最终支付总额以实际工作或履行交付量为依据，采购人在进行预算时必须保持一定的弹性空间，以便后续支付供应商因增加工作或履行交付量而产生的额外支出。例如，政府采购核酸检测服务是一种典型适用固定单价的采购实践，只有确定具体检测人数样本后才能确定应当支付的总价，但单人次的检测费用在采购前是可以相对确定的。

（二）成本补偿合同

成本补偿合同，是指合同订立时无法确定价款，需合同履行完毕后才能够确定成本，并且按照合同约定的方式确定酬金的合同。对于合同履行中存在不确定性而无法准确估算采购成本，且无法适用任何固定价格的情形时，合同当事人可以按照固定酬金加供应商合同履行过程中产生的可列支成本确定合同价格，但不得超过合同规定的最高限价。合同当事人不得约定按照成本比例支付酬金。

在成本补偿合同中，如果约定按照成本比例支付酬金，供应商会有使成本最大化的动机，易诱发道德风险。而我国在过去的武器装备采购实践中，此种采购定价方式已成为实践惯例。有学者对此提出质疑和建议，认为此类定价方式极易导致采购资金的浪费，基于采购资金来源的公共性，应禁止在政府采购中采用此类定价方式，以强制性规范规定此类定价方式订立的采购合同无效。在美国联邦采购实践中，长期以来成文法和判例法也禁止使用成本补偿加成本百分比制合同。

（三）绩效激励条款

有技术创新、节约资源和提前交付能够更好实现经济社会效益等情形的，采购人可以在合同中约定绩效激励条款，依据供应商提供的货物、工程和服务质量、满意度或者资金节约率等支付合同价款。政府和社会资本合作合同、需要供应商研发创新的创新采购合同，可以采用成本补偿定价方式，并根据项目绩效目标考核验收情况，约定绩效激励条款。在固定价格合同模式下，也可以根据预算情况及项目实际增加约定绩效激励条。例如，在政府为社会公众购买服务的政府采购项目中，根据对服务效果的调查可以为供应商增加支付合同价款；在政府工程项目建设中，也可以对获得工程质量奖项的项目给予一定的奖金奖励。

三、根据《民法典》的规定进行划分

《需求管理办法》第二十二条规定，合同类型按照《民法典》规定的典型合同类别，结合采购标的的实际情况确定。《民法典》合同编，第二分编为典型合同，介绍了最主要的合同类型，主要包括：买卖合同，供用电、水、气、热力合同，赠与合同，借款合同，保证合同，租赁合同，融资租赁合同，保理合同，承揽合同，建设工程合同，运输合同，技术合同，保管合同，仓储合同，委托合同，物业服务合同，行纪合同，中介合同，合伙合同，共十九类。本指南选择政府采购中几种常见的合同进行介绍。

（一）买卖合同

买卖合同是出卖人转移标的物的所有权于买受人，买受人支付价款的合同。政府采购中，货物的采购通常都是通过买卖合同进行交易的。在买卖合同中，出卖人应当履行向买受人交付标的物或者交付提取标的物的单证，并转移标的物所有权的义务。出卖人应当按照约定或者交易习惯向买受人交付提取标的物单证以外的有关单证和资料。

出卖人分批交付标的物的，出卖人对其中一批标的物不交付或者交付不符合约定，致使该批标的物不能实现合同目的的，买受人可以就该批标的物解除。出卖人不交付其中一批标的物或者交付不符合约定，致使之后其他各批标的物的交付不能实现合同目的的，买受人可以就该批以及之后其他各批标的物解除。买受人如果就其中一批标的物解除，该批标的物与其他各批标的物相互依存的，可以就已经交付和未交付的各批标的物解除。

凭样品买卖的当事人应当封存样品，并可以对样品质量予以说明。出卖人交付的标的物应当与样品及其说明的质量相同。

（二）保证合同

保证合同是为保障债权的实现，保证人和债权人约定，当债务人不履行到期债务或者发生当事人约定的情形时，保证人履行债务或者承担责任的合同。在政府采购中，保函就是一种保证合同。

保证的方式包括一般保证和连带责任保证。当事人在保证合同中对保证方式没有约定或者约定不明确的，按照一般保证承担保证责任。当事人在保证合同中约定，债务人不能履行债务时，由保证人承担保证责任的，为一般保证。一般保证的保证人在主合同纠纷未经审判或者仲裁，并就债务人财产依法强制执行仍不能履行债务前，有权拒绝向债权人承担保证责任。当事人在保证合同中约定保证人和债务人对债务承担连带责任的，为连带责任保证。连带责任保证的债务人不履行到期债务或者发生当事人约定的情形时，债权人可以请求债务人履行债务，也可以请求保证人在其保证范围内承担保证责任。

（三）承揽合同

承揽合同是承揽人按照定作人的要求完成工作，交付工作成果，定作人支付报酬的合同。承揽包括加工、定作、修理、复制、测试、检验等工作。承揽人应当以自己的设备、技术和劳力，完成主要工作，但是当事人另有约定的除外。承揽人将其承揽的主要工作交由第三人完成的，应当就该第三人完成的工作成果向定作人负责；未经定作人同意的，定作人也可以解除合同。

承揽人发现定作人提供的图纸或者技术要求不合理的，应当及时通知定作人。因定作人怠于答复等原因造成承揽人损失的，应当赔偿损失。定作人中途变更承揽工作的要求，造成承揽人损失的，应当赔偿损失。

（四）建设工程合同

建设工程合同是承包人进行工程建设、发包人支付价款的合同。建设工程合同包括工程勘察、设计、施工合同。建设工程合同应当采用书面形式。

发包人可以与总承包人订立建设工程合同，也可以分别与勘察人、设计人、施工人订立勘察、设计、施工承包合同。发包人不得将应当由一个承包人完成的建设工程支解成若干部分发包给数个承包人。总承包人或者勘察、设计、施工承包人经发包人同意，可以将自己承包的部分工作交由第三人完成。第三人就其完成的工作成果与总承包人或者勘察、设计、施工承包人向发包人承担连带责任。承包人不得将其承包的全部建设工程转包给第三人或者将其承包的全部建设工程支解以后以分包的名义分别转包给第三人。

（五）运输合同

运输合同是承运人将旅客或者货物从起运地点运输到约定地点，旅客、托运人或者收货人支付票款或者运输费用的合同。承运人应当在约定期限或者合理期限内将旅客、货物安全运输到约定地点。承运人应当按照约定的或者通常的运输路线将旅客、货物运输到约定地点。

（六）委托合同

委托合同是委托人和受托人约定，由受托人处理委托人事务的合同。政府采购中，采购人委托集采机构或者社会代理机构进行采购工作，就是通过委托合同完成委托的。

委托人可以特别委托受托人处理一项或者数项事务，也可以概括委托受托人处理一切事务。委托人应当预付处理委托事务的费用。受托人为处理委托事务垫付的必要费用，委托人应当偿还该费用并支付利息。受托人应当按照委托人的指示处理委托事务。需要变更委托人指示的，应当经委托人同意；因情况紧急，难以和委托人取得联系的，受托人应当妥善处理委托事务，但是事后应当将该情况及时报告委托人。

（七）物业服务合同

物业服务合同是物业服务人在物业服务区域内，为业主提供建筑物及其附属设施的维修养护、环境卫生和相关秩序的管理维护等物业服务，业主支付物业费的合同。物业服务人包括物业服务企业和其他管理人。在市场经济条件下，政府的办公楼、学校的教学楼、医院的门诊大楼等，通常通过物业服务合同采购物业服务。

物业服务合同应当采用书面形式。物业服务人将物业服务区域内的部分专项服务事项委托给专业性服务组织或者其他第三人的，应当就该部分专项服务事项向业主负责。物业服务人不得将其应当提供的全部物业服务转委托给第三人，或者将全部物业服务支解后分别转委托给第三人。物业服务人应当按照约定和物业的使用性质，妥善维修、养护、清洁、绿化和经营管理物业服务区域内的业主共有部分，维护物业服务区域内的基本秩序，采取合理措施保护业主的人身、财产安全。

（八）租赁合同

租赁合同是出租人将租赁物交付承租人使用、收益，承租人支付租金的合同。租赁合同的内容通常包括租赁物的名称、数量、用途、租赁期限、租金及其支付期限和方式、租赁物维修等条款。

租赁期限不得超过二十年。超过二十年的，超过部分无效。租赁期限届满，当事人可以续订租赁合同；但是，约定的租赁期限自续订之日起不得超过二十年。当事人未依照法律、行政法规规定办理租赁合同登记备案手续的，不影响合同的效力。

出租人应当按照约定将租赁物交付承租人，并在租赁期限内保持租赁物符合约定的用途。承租人应当按照约定的方法使用租赁物。承租人按照约定的方法或者根据租赁物的性质使用租赁物，致使租赁物受到损耗的，不承担赔偿责任。承租人未按照约定的方法或者未根据租赁物的性质使用租赁物，致使租赁物受到损失的，出租人可以解除合同并请求赔偿损失。

第三节 政府采购合同条款

一、概述

合同条款是合同条件的表现和固定化，是确定合同当事人权利和义务的根据。即从法律文书而言，合同的内容是指合同的各项条款。因此，合同条款应当明确、肯定、完整。

不同类型和性质的合同其主要条款各有不同，要求明确政府采购合同条款的内容具有示范和倡导意义。只要具备合同的主要条款，即意味着各方就该事项达成一致意思。当合同内容欠缺时，当事人应首先进行补救，协议补充，不能达成补充协议的，《民法典》设定了补缺型规则。

从各地的合同文本看，除了《民法典》规定的合同应当具备的一般条款，政府采购合同文本还包括知识产权、履约担保、质量保修或者售后服务、支付、验收条款、绩效评估、保险、风险分担、政府监督介入等内容。

二、《民法典》规定的合同条款

《民法典》规定的合同条款，是政府采购合同条款最主要的依据。《民法典》规定，合同的内容由当事人约定，通常包括下列八项条款。

（一）当事人的姓名或者名称和住所

当事人是指与事情有直接关系的人，订立合同的双方即为当事人。在普通民事合同中，自然人是很常见的合同当事人，但在政府采购合同中，自然人作为当事人的是特殊情况。该情形下，合同中应当列明自然人的姓名和住所。在一般情况下，政府采购合同中当事人都是法人或者非法人组织，合同中应当列明法人或者非法人组织的名称和住所。

法人或者非法人组织以其主要办事机构所在地为住所。依法需要办理法人或者非法人组织登记的，应当将主要办事机构所在地登记为住所。自然人以户籍登记或者其他有效身份登记记载的居所为住所；经常居所与住所不一致的，经常居所视为住所。

（二）标的

标的是指政府采购合同当事人双方权利和义务共同指向的对象，例如货物、服务、工程。在具体政府采购合同中，标的应该具体明确。标的可以是货物或者货币，如买卖合同的标的；标的也可以是行为，如服务类的合同；标的还可以是智力成果，如技术转让合同的标的。

（三）数量

数量是指事物的多少。是对现实生活中事物量的抽象表达方式。政府采购合同中的数量，是对合同标的的描述，是以数字和计量单位表示的尺度。

（四）质量

质量是指事物、产品或工作的优劣程度。产品或服务质量是指营销、设计、制造、维修中各种特性的综合体，包含两个方面的含义，即使用要求和满足程度。人们使用产品，总对产品质量提出一定的要求，而这些要求通常受到使用时间、使用地点、使用对象、社会环境和市场竞争等因素的影响，这些因素变化，会使人们对同一产品提出不同的质量要求。

政府采购合同应当对质量问题尽可能地规定细致、准确和清楚。国家有强制性标准规定的，必须按照规定的标准执行。如有其他质量标准的，应尽可能约定其适用的标准。当事人可以约定质量检验的方法、质量责任的期限和条件、对质量提出异议的条件与期限等。

（五）价款或者报酬

价款或者报酬，是一方当事人向对方当事人所付代价的货币支付。价款一般指对提供财产的当事人支付的货币，如买卖合同中的货款、租赁合同的租金、借款合同中借款人向贷款人支付的本金和利息等。报酬一般是指对提供劳务或者工作成果的当事人支付的货币，如运输合同中的运费、保管合同与仓储合同中的保管费以及建设工程合同中的勘察费、设计费和工程款等。价款或者报酬有政府定价和政府指导价的，应当按照规定执行。价格应当在合同中规定清楚或者明确规定计算价款或者报酬的方法。

（六）履行期限、地点和方式

履行期限是指合同中约定的当事人履行自己的义务（如交付标的物、价款或者报酬，履行劳务、完成工作）的时间界限。履行期限直接关系到合同义务完成的时间，涉及当事人的期限利益，也是确定合同是否按时履行或者迟延履行的客观依据。履行期限可以是即时履行的，也可以是定时履行的；可以是在一定期限内履行的，也可以是分期履行的。

履行地点是指当事人履行合同义务和对方当事人接受履行的地点。不同的合同，履行地点有不同的特点。如买卖合同中，买方提货的，在提货地履行；卖方送货的，在买方收货地履行。在工程建设合同中，在建设项目所在地履行。运输合同中，从起运地运输到目的地为履行地点。履行地点有时是确定运费由谁负担、风险由谁承担以及所有权是否转移、何时转移的依据。履行地点也是在发生纠纷后确定由何地法院管辖的依据。因此，履行地点在合同中应当规定得明确、具体。

履行方式是指当事人履行合同义务的具体做法。合同的不同，决定了履行方式的差异。例如，买卖合同是交付标的物，承揽合同是交付工作成果。履行可以是一次性的，也可以是在一定时期内的，也可以是分期、分批的。例如，运输合同按照运输方式的不同可以分为公路、铁路、海上、航空等方式。履行方式还包括价款或者报酬的支付方式、结算方式等，如现金结算、转账结算、同城转账结算、异地转账结算、托收承付、支票结算、委托付款、限额支票、信用证、汇兑结算、委托收款等。履行方式与当事人的利益密切相关，应当从方便、快捷和防止欺诈等方面考虑采取最为适当的履行方式，并且应当在合同中明确规定。

（七）违约责任

违约责任是指当事人一方或者双方不履行合同或者不适当履行合同，依照法律的规定或者按照当事人的约定应当承担的法律责任。违约责任是促使当事人履行合同义务，使对方免受或少受损失的法律措施，也是保证合同履行的主要条款。违约责任在合同中非常重要，因此一般有关合同的法律对于违约责任都已经作出较为详尽的规定。但法律的规定是原则性的，无法做到面面俱到、考虑到各种合同的特殊情况。因此，当事人可以在合同中约定违约责任，如约定定金、违约金、赔偿金额以及赔偿金的计算方法等，以保障合同义务严格按照约定履行，更加及时地解决合同纠纷。

（八）解决争议的方法

解决争议的方法是指政府采购合同争议的解决途径、对合同条款发生争议时的解释以及法律适用等。解决争议的途径主要包括协商、第三人调解、仲裁和诉讼。当事人可以约定解决争议的方法。在上述方法中，仲裁和诉讼，是平行的、具有强制执行力的争议解决方法，两种方法只能择一适用。按照《中华人民共和国仲裁法》的规定，如果选择适用仲裁解决争议，除非当事人的约定无效，即排除法院对其争议的管辖。

三、政府采购合同中的其他条款

《民法典》中规定的合同条款，是各类合同的共性条款。政府采购合同中还有一些其他条款需要注意。

《需求管理办法》第二十三条规定："合同文本应当包含法定必备条款和采购需求的所有内容，包括但不限于标的名称，采购标的质量、数量（规模），履行时间（期限）、地点和方式，包装方式，价款或者报酬、付款进度安排、资金支付方式，验收、交付标准和方法，质量保修范围和保修期，违约责任与解决争议的方法等。采购项目涉及采购标的的知识产权归属、处理的，如订购、设计、定制开发的信息化建设项目等，应当约定知识产权的归属和处理方式。采购人可以根据项目特点划分合同履行阶段，明确分期考核要求和对应的付款进度安排。对于长期运行的项目，要充分考虑成本、收益以及可能出现的重大市场风险，在合同中约定成本补偿、风险分担等事项。"

（一）包装方式

包装方式有防潮包装、防水包装、防锈包装、防霉包装、防尘包装等。2020 年 7 月，财政部办公厅、生态环境部办公厅、国家邮政局办公室印发《商品包装政府采购需求标准（试行）》《快递包装政府采购需求标准（试行)》，要求政府采购货物、工程和服务项目中涉及商品包装和快递包装的，要参考包装需求标准，在采购文件中明确政府采购供应商提供产品及相关快递服务的具体包装要求。此外，采购文件对商品包装和快递包装提出具体要求的，政府采购合同应当载明对政府采购供应商提供产品及相关快递服务的具体包装要求和履约验收相关条款，必要时要求中标、成交供应商在履约验收环节出具检测报告。

（二）验收、交付标准和方法

政府采购合同的成果完成后，供应商应当向采购人交付。验收，是按照一定标准进行检验而后收下或认可逐项验收。在政府采购合同中，应当明确规定验收、交付标准和方法。由于政府采购合同的金额较大，因此验收工作也比较复杂。

政府采购合同的验收，可以由专业人员组成的验收小组进行，原则上应当由第三方负责，即国家认可的专业质量检测机构负责，或者由采购人、代理机构会同专业机构共同负责，但采购金额较小或者货物技术参数、规格型号较为简单明确的除外。直接参与该项政府采购的主要责任人不得作为验收主要负责人。

（三）质量保修范围和保修期

工程和有些产品，有法定的质量保修要求，政府采购合同可以按照法定要求规定质量保修要求，也可以在合同中约定高于法定要求的保修要求。有些产品没有法定保修要求，但如有必要，双方也可以在政府采购合同中约定保修的要求。

目前，工程的保修制度相对较为完善。《建设工程质量管理条例》对"建设工程质量保修"作了专章规定：建设工程实行质量保修制度；建设工程承包单位在向建设单位提交工程竣工验收报告时，应当向建设单位出具质量保修书。质量保修书中应当明确建设工程的保修范围、保修期限和保修责任等。

（四）知识产权的归属和处理方式

部分政府采购合同在履行中会产生知识产权，最为典型的是技术开发合同。这些合同中，采购人通常是委托方，供应商通常是受托方，双方可以在政府采购合同中约定知识产权的归属，既可以约定知识产权归采购人所有，也可以约定知识产权归供应商所有，也可以在约定归某一方所有的条件下，另一方享有一定程度的使用权。需要注意的是，如果双方不约定知识产权的归属，法律一般都规定归受托方（供应商）所有。

第八章　政府采购合同履行

【**本章概述**】本章主要探讨两个方面的内容，一是采购人在合同履行过程中的权利和义务，二是采购人如何进行验收以及与验收相关的一系列工作。

第一节　政府采购合同履行过程中采购人的权利、义务

政府采购合同当事人的权利、义务，或由合同约定，或由法律规定。《政府采购法》第四十三条规定"政府采购合同适用合同法"。《民法典》对于合同当事人的权利、义务的规定，同样适用于政府采购合同。但政府采购合同又是特殊的合同，一方面，政府采购的法律体系中对政府采购合同当事人的权利、义务有一些特殊规定；另一方面，政府采购合同事关公共利益，需要考虑、设计一些涉及采购人的权利的内容并在合同中予以约定。对于政府采购当事人而言，遵守法律规定和合同约定履行合同是基本要求。

全面履行合同，是对合同当事人最基本的要求。除此以外，诚信履约等也是《民法典》对合同的履行中权利、义务的基本规定，这些规定具有普遍性。同时，权利、义务是对等的，并且具有相对性，合同当事人应当依法依约履行合同。供应商应当按照合同约定全面履行义务，应当遵循诚信原则，根据合同的性质、目的和交易习惯履行通知、协助、保密等义务。在《民法典》中，对于合同当事人的权利和义务进行了大量规定。这些规定均可以适用于政府采购合同。政府采购法律体系中对政府采购合同履行

中的权利、义务的规定，是专门适用于政府采购合同的特殊规定。根据特别法优于一般法法律效力的基本规则，如果《政府采购法》中对合同的订立、履行等事项有特殊规定的，应优先适用《政府采购法》的特殊规定；没有特殊规定的，适用《民法典》的一般性规定。

一、采购人的权利

（一）要求供应商履行合同的请求权

当事人应当按照合同约定全面履行合同，这对当事人一方而言是义务，对另一方就是权利。采购人有权要求供应商按照合同约定全面履行合同。同时，在违约责任的规定中，继续履行也是首选的违约责任的形式。即，即使在违约的情况下，也应首先要求违约当事人依约履行，而非首先要求赔偿。

在政府采购合同中，请求权对于采购人具有特别重要的意义。政府采购合同事关公共利益，需要通过供应商全面履行合同才能实现合同目的。例如，学校购买课桌椅供学生开学使用，如果供应商不能如期供货，将会影响开学后正常的教学活动的开展；又如，城市管理部门购买道路保洁服务，如果供应商无法履约，将直接导致道路卫生恶化，影响群众出行。对于供应商怠于履行合同、拖延履行合同、不履行合同的，采购人应积极行使请求权，促使供应商依约履行。有时等待供应商违约追究违约责任，对于采购人是没有意义的，因为供应商违约会导致公共利益受到实质性的损害，通过金钱赔偿无法弥补。

1. 行使请求权的常见情形

（1）供应商不履行、迟延履行合同义务；

（2）供应商履行不符合合同约定；

（3）供应商转包或者违法分包。政府采购禁止供应商转包，供应商以分包方式履行的应当经采购人同意，在合同中约定。因此，对于供应商转包或者违法分包的，采购人应当予以制止，并要求供应商履行合同，同时还应当将供应商的违法情形报告政府采购监督管理部门。

2. 行使请求权的方式

采购人行使请求权,应当通过明确的意思表示进行。通常可以通过信函、短信、电子邮件等方式进行。基本内容应包括:供应商名称、合同的名称和编号、请求履行义务的内容、采购人名称、请求的时间。参考的文书样式如专栏 8-1 所示。

(二)合同变更权、解除权

1. 政府采购合同变更权、解除权的禁止性规定和强制性规定

《民法典》第五百六十二条和五百六十三条分别规定了协商解除、约定解除和法定解除三种形式。协商解除,是指合同产生法律约束力后,当事人以解除合同为目的,经协商一致,订立一个解除原来合同的协议。约定解除,是指当事人约定在合同履行过程中出现某种情况,当事人一方有解除合同的权利,当发生该种情况时,当事人一方按照合同约定解除合同。法定解除,是指合同具有法律约束力后,当事人在法律规定的解除事由出现时,行使解除权而使合同权利义务关系终止。协商解除建立在双方协商一致的基础上,是双方行为;而约定解除和法定解除则由一方当事人按照合同约定或者法律规定的解除事由解除合同,是单方行为。合同的变更,都建立在双方协商一致的基础上,因此都是双方行为。

政府采购合同的变更和解除有严格的禁止性规定和强制性规定。《政府采购法》第五十条规定:"政府采购合同的双方当事人不得擅自变更、中止或者终止合同。政府采购合同继续履行将损害国家利益和社会公共利益的,双方当事人应当变更、中止或者终止合同。"该条第一款否定意思自治原则,禁止单方解除和合意解除;第二款则体现了公共利益优先原则,对双方设定了强制变更、解除的义务。

根据《政府采购法》第五十条第一款的禁止性规定,以双方协商的方式变更、解除合同的行为均属于禁止之列。实践中,除了一般的协商变更、解除外,还有一种常见情况,即有的供应商基于"正当理由"提出变更、解除合同并提供了"解决方案"。例如,合同约定提供 A 型号产品,但由于

厂家断货，所以供应商以质量更优的 B 型号供货，不增加价格，采购人接受该种"解决方案"。该情况相当于供应商提出了一个变更合同标的的要约，采购人进行承诺，就合同的变更达成一致。可见，这种情形也属于协商一致变更合同，是《政府采购法》禁止的行为。

《政府采购法》第五十条第二款的强制性规定，其实操难点在于对何为国家利益和社会公共利益缺少明确规定。通常来讲，政府采购的目的是通过订立政府采购合同实现公共利益。履行政府采购合同损害国家利益和社会公共利益的情形，在实践中非常少见，主要是基于客观形势发生变化导致的。

需要注意的是，《政府采购法》第五十条的两款规定，均属于管理性、强制性规定，而非效力性强制性规定。就法律责任而言，双方合意变更和解除政府采购合同，并不带来合同变更和解除行为的无效的法律后果。双方擅自变更、解除合同主要是承担相应的行政责任和法律责任，这由《政府采购法实施条例》第六十七条和第七十二条进行规定；同时，擅自变更和解除合同会产生财政资金无法支付的后果，这也属于法律后果的一个方面。

2. 政府采购合同几种变更和解除的情形

（1）"合同继续履行将损害国家利益和社会公共利益"时。该情形下，不需要按合同约定即应当行使变更权和解除权。

（2）情势变更。有时采购需求在合同履行过程中发生变化，合同继续履行对采购人而言失去意义。针对这种情形，应在合同约定中规定采购人在情势变更时拥有合同解除权。

（3）供应商根本违约。所谓根本违约，是指违约行为致使合同目的不能实现。对于供应商的根本违约事项，除了借助《民法典》第五百三十六条的法定解除事由予以判断外，还可以通过合同约定的方式写明。对供应商根本违约，采购人应解除合同。

3. 变更、解除权行使的方式和程序

由于是否损害国家利益和社会公共利益通常由采购人进行判断，因此政府采购合同的变更与解除通常由采购人提出。基本程序如下。

（1）采购人决定变更、解除合同。采购人对采购合同继续履行对国家利益和社会公共利益造成损害进行分析研判。分析研判可以采取论证会、听证会、座谈会等方式进行。变更或解除合同的决策由集体讨论决定比较恰当。对于情势变更或供应商违约而需要变更或解除合同的，采购人应当搜集相应的材料和证据。

（2）采购人向履约供应商发出变更合同或解除合同的通知。通知到达履约供应商时生效。

（3）供应商同意变更的，按变更后的内容签署补充协议；不同意变更的，按解除合同处理。

（4）供应商在合同解除异议期内可以提出异议。超过异议期未提出异议的，视为同意并接受合同解除。

（5）按实际履行情况结算。采购人通知供应商解除合同的参考文本如专栏 8-2 所示。

（三）不安抗辩权

1. 不安抗辩权适用情形

根据《民法典》第五百二十七条的规定，应当先履行债务的当事人，有确切证据证明对方有下列情形之一的，可以中止履行：（1）经营状况严重恶化；（2）转移财产、抽逃资金，以逃避债务；（3）丧失商业信誉；（4）有丧失或者可能丧失履行债务能力的其他情形。这是关于不安抗辩权的规定。

不安抗辩权的行使，关键在于判断供应商是否出现了前述四种情形中的一种或多种，并且采购人对此获得了确切的证据。

在先履行债务是行使不安抗辩权的基本要求。如果是同时履行或者在后履行债务，则不能行使不安抗辩权。采购人作为资金支付一方，在支付预付款或者分期付款时，有可能成为在先履行债务的当事人，此时采购人可以行使不安抗辩权。例如，包含预付款的政府采购合同签订后，采购人发现供应商拖欠员工工资致使员工集体讨薪，此时采购人即可在支付预付款前行使不安抗辩权。

2. 不安抗辩权行使的方式

不安抗辩权的行使，建议通过书面形式或者合同约定的形式向供应商作出明确意思表示。参考文书如专栏 8 – 3 所示。

（四）追加采购的权利

《政府采购法》第四十九条规定，政府采购合同履行中，采购人需追加与合同标的相同的货物、工程或者服务的，在不改变合同其他条款的前提下，可以与供应商协商签订补充合同，但所有补充合同的采购金额不得超过原合同采购金额的 10%。

这条规定可以理解为法律赋予采购人的一项权利。但该权利的内容主要是指采购人可以不按照政府采购的程序，而仅仅依照民事法律的要求与供应商协商签订补充合同。不能将此项权利理解为供应商承担了必须签订补充协议的义务。实践中，提议签订补充合同的，可以是采购人，也可以是供应商，也可以是采购人和供应商同时提议。此外，对于需要追加的货物、工程和服务，采购人也可以另行采购。

追加采购的权利的行使，主要应考虑两个要素：一是追加采购的标的应当与原合同的标的相同；二是补充合同的采购金额不得超过原合同采购金额的 10%。对于采购合同标的有多种的，只要不超出原合同标的范围，就属于可以进行追加的范围。例如，学校购买课桌椅，标的为课桌、椅子，如果需要增加购买课桌若干张，就适用追加采购的情形。

追加采购的程序按照合同订立的基本程序——"要约—承诺"程序——进行，对于要约承诺的形式，并无特殊限制。采购人和供应商就追加采购达成一致的意思表示后，应签署书面的补充合同。一个较为简化的补充协议的参考文本如专栏 8 – 4 所示。

需要注意的是，"添购"和追加采购是完全不同的两个概念。"添购"概念的出处是《政府采购法》第三十一条第三项。按该项规定，为了保证与原有采购项目的一致性或者服务配套的要求，必须从原供应商处添购。根据该项规定，添购的标的物不限于原合同标的物的范围；并且添购应当按照单一来源采购程序完成采购工作。以上两点和追加采购具有明显不同。

二、采购人的义务

采购人是政府采购合同的当事人，同样应当遵循《民法典》对于合同履行的原则和规则——全面履行原则、诚实信用原则、绿色原则。

采购人作为支付财政性资金的一方当事人，其主要履行支付合同款项的义务。

诚信原则是民事法律的"帝王条款"，《民法典》也明确将诚信原则作为基本原则，在合同编中又专门规定了"当事人应当遵循诚实信用原则，根据合同的性质、目的和交易习惯履行通知、协助、保密等义务"。采购人应当遵守诚信原则及由诚信原则推演而来的通知、协助、保密等附随义务。附随义务不仅在合同履行过程中是合同当事人应当履行的义务，在合同履行完毕以后，当事人仍应当遵循诚信等原则，根据交易习惯履行通知、协助、保密义务。

通常而言，政府采购合同中对支付义务会进行明确的约定，采购人应当严格依照约定履行支付义务；附随义务既有通过合同约定的，也有未通过合同约定的，采购人应当依据诚实信用原则在合同履行实践中根据实际情况履行附随义务。

（一）支付义务

付款条件成立时，采购人应当按照政府采购合同的约定支付相应的款项。所谓付款条件，是指政府采购合同约定的采购人支付相应款项所应具备的条件。例如，合同签订、货物到场、设备安装完毕、供应商开具发票等。从明确权利义务便于采购人履行合同的角度考虑，采购合同对于付款条件的规定应当明确、具体。在具备付款条件时，采购人就应当承担支付相应款项的合同义务。

应当注意的是，付款条件的成就和采购人支付相应款项之间，存在一个先后顺序，即付款条件具备之后，采购人才承担支付的义务；付款条件不具备，采购人就不承担支付的义务。政府采购实践中通常强调"先验收、后支付"的原则，就体现了合同履行的先后顺序原则。但应当注意的是，由于政府采购实践的多样性、复杂性，政府采购合同中存在着预付款、分期付款的情况。就预付款而言，通常合同签订和供应商开具约定金额的发票表示付款条件具备，采购人应当依约支付预付款。对于分期付款而言，当供应商履行了相应的合同义务，经检验合格并由供应商开具相应发票后就成就了付款条件，采购人应当依约支付相应款项。

由于财政资金的支付采取国库支付的方式，这要求供应商必须按照合同规定开具相应的发票，然后采购人才能履行支付义务。因此，供应商开具发票成为采购人付款条件中的必备条件之一，这是政府采购合同履行的固有特点。

（二）通知义务

在合同履行过程中，依照诚信原则，当事人一方有必要在某些情况下向对方告知、报告有关消息。《民法典》合同编中对通知义务有一些专门规定，但政府采购实践中采购人的通知义务通常根据实际情况依据诚信原则确定。例如，供应商履行义务需要采购人提供特定条件的，当特定条件具备或者发生变动时，采购人应当及时通知供应商。

（三）协助义务

所谓协助义务，是指在合同履行过程中，当事人一方有必要在某些情况下为对方行使权利、履行义务提供必要的协助。采购人的协助义务在政府采购合同履行实践中比较常见。例如，信息系统的政府采购项目，供应商履约时，采购人应当提供信息系统对接端口的对接条件，或者提供数据对接的技术参数以便供应商进行系统对接。又如，在教学课桌椅采购项目中，采购人应当提供教室或者其他场所以便供应商供货时堆放课桌椅。

（四）保密义务

所谓保密义务，是指依据诚信原则，当事人在合同履行中对于知悉的商业秘密或者其他应当保密的信息，不得泄露或者不正当使用。在政府采购合同中，采购人承担的保密义务主要是，在合同履行过程中对于供应商提供的技术资料、软件系统等应当进行保密。

☞ **小贴士**

　　框架协议的服务采购项目与一签两年或者三年的服务采购项目不同。在框架协议的服务采购项目中，采购人需要采购服务时才与入围供应商签订采购合同；一签两年或者三年的服务采购项目，采购人应当通过招标或者竞争性磋商与中标或者成交供应商签订合同。

第二节　编制验收方案

　　《政府采购法实施条例》和《关于进一步加强政府采购需求和履约验收管理的指导意见》对编制验收方案作了部分原则性规定。《关于进一步加强政府采购需求和履约验收管理的指导意见》规定，采购人或者其委托的采购代理机构应当根据项目特点制订验收方案。履约验收方案应当在采购合同中约定。履约验收方案应当明确履约验收的主体、时间、方式、程序、内容和验收标准等事项。这是目前政府采购履约验收工作的主要依据。

　　验收工作不仅涉及法律问题、合同问题，还涉及工序、材料、品质等专业问题、技术问题，具有较强的专业色彩，有一定难度。法律规定、政策依据是验收工作的基本要求。采购人制订验收方案，在遵循这些基本要求的基础上，还应当紧密结合特定项目的具体情况和特点制订合理、高效的验收方案。验收方案应按照以下逻辑进行设计。

　　首先，将采购标的按照采购合同（特别是采购文件）的规定，细分为具体的验收内容，按照合同约定确定对应的验收标准。

　　其次，针对特定的验收内容，选择验收的方法。

　　最后，根据验收方法，确定验收的程序、参与人等事项。

图 8 - 1 是一个养老院家具采购项目的简化的验收方案的设计思维逻辑，供参考。

合同标的	验收内容	验收标准	验收方法	邀请参与人
衣柜	数量	100 个	清点	
	材质	家具国标	检测	检测机构
	尺寸	长宽高数据	测量	
	工艺水平	主观评价	现场使用	使用对象
床	数量	200 张	清点	
	尺寸	家具国际	检测	检测机构
……	……	……	……	……

图 8 - 1　设计验收方案的基本思维逻辑

本节将分别介绍验收内容，验收标准，验收方法、方式和程序的设计与编制。

一、验收内容

验收内容主要包括政府采购合同规定的技术、服务、安全标准等全部内容的履约情况。具体的政府采购项目，应当根据其合同内容设计验收内容。要点在于全面性，即将采购合同所规定的标的、数量、技术、服务、安全标准等全部内容列为验收内容，不得省略、遗漏和缺失，也不得擅自扩大范围。项目验收内容应当具体，形成详细的验收清单，客观反映货物供给和服务承接完结情况。以下就货物类项目、信息系统开发类项目和物业类服务列举主要验收内容，供参考。

1. 普通货物类采购项目的验收内容

（1）数量；

（2）包装完好程度；

（3）品牌、制造商名称、规格、型号；

（4）尺寸、材质及其他主要技术参数；

（5）检验证、合格证、保修证、进口货物的报关清单等证件、证书是否齐备，相关的使用手册、使用说明、技术资料、原始装箱配置清单是否齐备；

（6）附件产品、配置零部件编号、材质；

（7）使用操作培训；

（8）其他内容。

2. 信息系统开发服务类

（1）成品软件；

（2）设计文档（软件开发类等）需求分析、初步设计、编码字典、软件测试等；

（3）安装位置图、管线图（平面布置图）；

（4）安装文档（安装目录、口令、配置等信息）；

（5）使用手册；

（6）培训记录；

（7）功能模块的交接记录；

（8）现场测试、演练效果；

（9）培训；

（10）服务事项满意度；

（11）故障的数量和频次；

（12）故障排除服务的响应速度和维修的时间、质量；

（13）其他。

3. 物业类

（1）保洁、保安、绿化、设备维保等人员配备的情况；

（2）保洁、保安日常打扫、巡逻的数量和频次；

（3）建筑物、构筑物、电梯等设施设备，绿化的定期维保、养护的数量、频次、工作内容等；

（4）建筑物、构筑物、电梯等设施设备维修的响应时间和服务质量；

（5）服务事项的满意度；

（6）其他内容。

二、验收标准

项目验收标准应当符合采购合同约定。未进行相应约定的，应当符合国家强制性规定、政策要求等。验收标准应当包括所有客观、量化指标。不能明确客观标准、涉及主观判断的，可以通过对采购人、使用人开展问卷调查等方式，转化为客观、量化的验收标准。以下介绍一些常见的验收标准。

（一）国家标准、地方标准、行业标准

1. 定义及编号规则

为加强标准化工作，提升产品和服务质量，促进科学技术进步，保障人身健康和生命财产安全，维护国家安全、生态环境安全，提高经济社会发展水平，国家制定了《中华人民共和国标准化法》（以下简称《标准化法》）。根据《标准化法》的规定，所谓标准（含标准样品），是指农业、工业、服务业以及社会事业等领域需要统一的技术要求。

标准包括国家标准、行业标准、地方标准、团体标准和企业标准。标准又可分为强制性标准和推荐性标准，强制性标准必须执行，国家鼓励采用推荐性标准。国家标准分为强制性标准、推荐性标准，行业标准、地方标准是推荐性标准。

强制性国家标准由国务院标准化行政主管部门会同国务院有关行政主管部门决定，由国务院批准发布或者授权批准发布。推荐性国家标准由国务院标准化行政主管部门制定。国家标准的编号由国家标准的代号、国家标准发布的顺序号和国家标准发布的年号（即发布年份的后两位数字）构成。强制性国家标准的代号为"GB"，推荐性国家标准的代号为"GB/T"。

行业标准由国务院有关行政主管部门制定，报国务院标准化行政主管部门备案。行业标准的编号由行业标准代号、标准顺序号及年号组成。根据《国家质量技术监督局关于规范使用国家标准和行业标准代号的通知》

的规定，目前我国的行业标准代号共有 57 项。行业标准代号以两个英文大写字母表示，例如，农业行业标准代号为 NY、金融行业标准代号为 JR，等。

地方标准由省、自治区、直辖市人民政府标准化行政主管部门制定；设区的市级人民政府标准化行政主管部门根据本行政区域的特殊需要，经所在地省、自治区、直辖市人民政府标准化行政主管部门批准，可以制定本行政区域的地方标准。地方标准由省、自治区、直辖市人民政府标准化行政主管部门报国务院标准化行政主管部门备案，由国务院标准化行政主管部门通报国务院有关行政主管部门。地方标准的编号，由地方标准代号、顺序号和年代号三部分组成。省级地方标准代号，由汉语拼音字母"DB"加上其行政区划代码前两位数字组成。市级地方标准代号，由汉语拼音字母"DB"加上其行政区划代码前四位数字组成。

2. 在政府采购验收中的适用规则

由于强制性国家标准是必须执行的标准，因此即便在政府采购合同中没有明确约定，验收工作也应当执行国家标准。推荐性国家标准和行业标准、地方标准均为推荐性标准，为国家鼓励采用的标准，因此只有合同明确约定或者根据习惯，才可以作为验收的标准使用。

这个区别对于编制验收方案非常重要。简单来说，采购合同中包含的验收方案，应当明确验收适用的标准文号、编号。否则，在验收时要求供应商遵守推荐性国家标准、行业标准和地方标准都不符合合同约定。考虑到政府采购保护公共利益的目的，将行业标准和地方标准纳入采购合同是通常采取的做法。由于行业标准、地方标准数量比较多，具有较强的专业性，因此在编制验收方案时，对这方面的情况，应通过咨询专家等方法开展全面、充分的调查。

（二）国际标准、团体标准和企业标准

1. 定义和编号

除了国家标准、行业标准、地方标准以外，还有国际标准、团体标准和企业标准等。

国际标准是指国际标准化组织（ISO）、国际电工委员会（IEC）和国际电信联盟（ITU）制定的标准，以及国际标准化组织确认并公布的其他国际组织制定的标准。采用国际标准，应当符合我国有关法律、法规，遵循国际惯例，做到技术先进、经济合理、安全可靠。我国标准采用国际标准的程度，分为等同采用、修改采用两种。等同采用，指与国际标准在技术内容和文本结构上相同，或者与国际标准在技术内容上相同，只存在少量编辑性修改。修改采用，指与国际标准之间存在技术性差异，并清楚地标明这些差异以及解释其产生的原因，允许包含编辑性修改。修改采用不包括只保留国际标准中少量或者不重要的条款的情况。

团体标准由学会、协会、商会、联合会、产业技术联盟等社会团体协调相关市场主体共同制定。团体标准编号依次由团体标准代号 T、社会团体代号、团体标准顺序号和年代号组成。

企业标准由企业自行制定或者由多个企业联合制定。企业标准的编号依次由企业标准代号 Q、企业代号、顺序号、年号组成。

2. 在政府采购验收中的适用规则

国际标准、团体标准和企业标准既非必须执行的标准，也非国家鼓励采用的标准。因此，如果采购人计划适用此类标准，应当在采购合同所包含的验收方案中进行明确、具体的规定，使此类标准成为合同约定的验收标准（见表 8 – 1）。

表 8 – 1 　　　　　　　　　合同约定的验收标准

标准名称	代码	效力	应否采用	合同约定
强制性国家标准	GB	强制性	必须采用	可以不约定
推荐性国家标准	GB/T	推荐性	鼓励采用	应当约定
行业标准	NY，JY，GA，…	推荐性	鼓励采用	应当约定
地方标准	DB	推荐性	鼓励采用	应当约定
国际标准	ISO，IEC，ITU	无	自愿采用	可以约定
团体标准	T	无	自愿采用	可以约定
企业标准	Q	无	自愿采用	可以约定

（三）国家的有关规定

政府采购的货物、服务、工程，根据用途等情况，有时需要遵守国家的一些规定。这些规定散见于各部门、各地方的规定，有些是强制性的，有些是推荐性的。例如，2018 年 7 月国家市场监管总局发布的《餐饮服务食品安全操作规范》对于食堂的设施设备作出若干规定，其中要求"洗手池的材质应为不透水材料……水龙头宜采用脚踏式、肘动式或感应式等非手触式开关……"。对于洗手池材质的规定就属于强制性规定，对于水龙头的开关形式则属于推荐性要求。在政府采购实践中，应采取符合国家有关规定的态度，即便是推荐性要求也列入采购需求中。因此，根据上述规定，学校食堂采购厨房设备的项目中，就应当要求水池采用不锈钢材质定制，水龙头采用感应式开关，在验收方案中，也应对此进行检测和调试。

合同没有约定的国家有关规定，对供应商缺乏约束力，不能随意作为检验标准。因此，采购项目涉及国家有关规定的，必须在合同中进行约定，否则在验收时不能使用。

（四）合同约定的标准

根据前述分析，除了强制性国家标准可以不通过合同约定而直接成为验收标准以外，其他所有的各类标准和国家规定，都必须通过合同约定的方式成为验收的标准。

在政府采购实践中，服务类采购项目，由于缺乏技术标准和相关规定，验收标准通常都由合同进行约定。例如，服务类项目中最常见的用户满意度，就是通过合同约定采取问卷调查等方式进行打分，以分值作为验收的标准。对于存在技术标准的验收内容，采购人不仅可以约定采取某项技术标准，也可以根据采购项目的特点和采购需求，提出特殊的验收标准。这种特殊的验收标准有的是在国家标准、行业标准、地方标准等的基础上，提出更高的技术要求；也可以是在这些标准以外，提出其他内容的技术、服务要求。

在约定验收标准时，应注意其合理性。验收标准实际就是合同约定的技术、商务条件，应当与采购项目的具体特点和实际需要相适应，应当与合同履行具有相关性，并且不能指向特定供应商、特定产品。

三、验收方法、方式和程序

（一）验收的方法

从验收的手段和措施来看，验收的方法大致包括以下几个方面内容。

（1）清点数量；

（2）查验各类证书、证件、文件、资料；

（3）对产品的尺寸、材质、成分等物理化学指标进行测量；

（4）对产品的使用性能进行现场测试；

（5）鉴定；

（6）对服务时间、数量、频次等情况的考核；

（7）对服务对象的满意度调查；

（8）其他方法。

验收措施不同，验收参与人和验收的工具和条件也不一样。清点数量、查验证书文件、测量尺寸、对服务的数量频次的考核等，由验收小组成员进行；如果涉及检测、鉴定，那么就应当邀请检测机构、鉴定机构等参与；现场调试等，可以邀请第三方专业机构或者专家参与；满意度调查，应当邀请服务对象或者公众参与。清点数量时，应使用纸笔等记录工具；测量时，应使用测量工具；鉴定检测机构取样时，应使用摄像机等记录设备；现场调试时，应当使现场具备供水、供电、供气等必要的条件……综上所述，验收的标的决定了验收的措施和手段，验收的措施和手段又决定了验收的参与人、工具和条件。设计验收方案时，应当根据这样的思维顺序，对验收方法作具体的、具有可操作性的设计。

具体的验收措施，应当根据项目的实际情况和特点灵活适用。随着科技的进步，也可以采取新的技术进行验收。例如，对于物业项目中保安巡逻的数量和频次，可以采取刷卡的方式进行考核，这就比原先人工抽查的方式更全面准确地反映实际情况；近年来又逐步开始采取"刷脸"的方式进行检查，这项技术比刷卡更为先进，因为这种方式可以精确识别具体的保安人员。

验收通常应全部查验核对，但对于标准定制货物和通用服务可以进行抽查核对。

（二）验收的方式和程序

项目验收方式应当符合项目特点，可以根据项目的实际情况，采取一次性整体验收、分期验收、分段验收、简易验收等方式。

1. 一次性整体验收

一次性整体验收是验收的基本程序，适用于大部分政府采购项目。其他的验收程序都是在一次性整体验收的程序上进行增删或者调整。

一次性整体验收的基本程序如下（见图 8-2）。

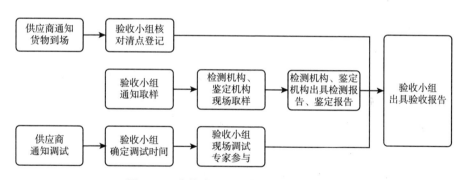

图 8-2　货物类项目一次性整体验收流程

（1）供应商通知验收；

（2）验收小组及参与人进行现场验收，鉴定机构进行现场取样；

（3）验收小组出具验收报告，验收参与人出具验收意见，鉴定机构出具鉴定报告、检测报告；

（4）采购人出具验收书。

一次性整体验收在具体操作时，不同的验收方法可以分次进行。例如，货物类项目，特别是数量较多的项目，清点数量、材质的取样、设备的调试，可以分别在不同的时间进行。货物到场时，应进行货物规格、型号的确认和数量清点、登记、造册；货物到场时或到场后，约定时间，邀请检测机构、鉴定机构和供应商代表到场取样；设施设备调试则应在供应商完成安装并且现场具备调试条件后进行。

2. 分期验收

服务类项目，可根据项目特点对服务期内的服务事实情况进行分期考核，结合考核情况和服务效果进行验收。分期验收通常在合同签订、供应商开始履约时就应当主动进行，不需要供应商通知才开始。针对服务类项目的验收内容，又可以分别采取不同的验收方法，其中有些内容可以采取过程性全面核查方式，有些内容可以采取定期检查或者抽查的方式。

以物业类项目的验收为例，其中保安巡逻、保洁打扫的数量和频次，可以采取书面记录、刷卡、刷脸的方法进行全过程核查，而对于保安、保洁的服务质量，可以采取现场检查（定期检查或者抽查相结合）、满意度调查等方式进行。

3. 分段验收

对一次性整体验收不能反映履约情况的项目，应当采取分段验收方式，科学设置分段节点，分别制订验收方案并实施验收。

分段验收适用的情形大体有以下三种。

（1）复杂设备应当包括出厂及到货检验、安装和调试检验及相关伴随服务检验等，以及核实供应商售后服务、合同约定的安全标准内容。

（2）需现场进行安装调试的，检验设备运行状况。技术繁杂、社会影响较大的货物类项目，采购人或者采购代理机构可以根据需要设置出厂检验、到货检验、安装调试检验、配套服务检验等多重验收环节。

（3）包含隐蔽工程的项目，在隐蔽前，应当对隐蔽工程进行验收。

分段验收是递进型的，即前一阶段的验收没有通过，则供应商应当进行整改，待该阶段验收通过后方能进行下一阶段的履约工作。分段验收的程序基本上是分阶段地重复一次性验收程序。

4. 简易验收

对于通过网上商城、电子卖场、框架协议等新型政府采购渠道、程序采购的以及金额较小或技术简单的项目，可以采取简易验收程序。

简易验收程序主要包括核对数量、查验产品的规格、型号、生产厂家、查验使用说明书、质量保证书和保养维修证书等材料等方式。

第三节　组织履约验收及责任

一、自行验收和委托验收

采购人应当及时组织履约验收工作，根据采购项目的具体情况，自行组织验收或者委托采购代理机构验收。委托采购代理机构组织验收的，采购人应当将委托事项在委托代理协议中予以明确，但不得因委托而转移或者免除采购人项目验收的主体责任。采购人委托采购代理机构进行履约验收的，应当对验收结果进行书面确认。采购代理机构应当在委托代理协议范围内，协助采购人组织项目验收工作，协调解决项目验收中出现的问题，及时向采购人反映履约异常情形及供应商违约失信行为等。

强化采购人主体责任，明确采购主体职责，是政府采购制度改革的基本要求。《关于进一步加强政府采购需求和履约验收管理的指导意见》明确规定了强化采购人对履约验收的主体责任，采购人应当切实做好履约验收工作，完善内部机制、强化内部监督、细化内部流程，把履约验收嵌入本单位内部管理流程，加强相关工作的组织、人员和经费保障。

采购人是政府采购项目履约验收工作（以下简称"项目验收"）的责任主体。采购人应当加强内控管理，明确验收机制，履行验收义务，确定验收结论，遵循履约验收工作程序及相关要求。采购人应当及时处理项目验收中发现的问题，依法追究供应商违约责任并将验收和追责的相关情况及时向财政管理机关等有关部门反映。

采购人出具的验收书是验收的结论性意见。验收小组提供的验收报告和各类验收意见，对采购人出具验收书具有实质性的影响，但验收报告不能等同于验收书。验收书由采购人制作，代表采购人的意见。采购人出具验收书，对于供应商履约情况作出合格与不合格的评价，对是否支付采购资金、是否追究供应商违约责任等事项产生决定性的影响。

二、成立验收小组

采购人或者接受委托的采购代理机构应当成立验收小组负责实施履约验收工作，验收小组由采购人工作人员组成。验收小组应由三人以上单数人员组成，并明确主要负责人员。验收小组至少包含 1 名采购需求制定人员，但以采购人代表身份参与评审的工作人员不应成为验收小组成员。验收小组成员如与供应商有利害关系的，应进行回避。验收小组应当在采购合同签订之后、启动验收之前成立。

有些单位成立了专门处理政府采购事宜的组织。通常这种组织由采购人内部的行政、业务、法务、财务、纪检监督等多个机构的工作人员组成。具体采购项目的验收小组由这个组织派员构成。这样的操作方法是简便易行的，只要遵守前述对验收小组成员的基本要求即可。

验收小组负责具体的验收工作，进行清点、检测、考核、邀请验收参与人、聘请检测机构、评估机构。但验收小组是采购人为了验收工作而成立的一个非正式组织，具有非常设性、非独立性的特点。验收小组出具验收报告，搜集验收意见，供采购人作出最终的验收结论，出具验收书。为了高质量地完成验收工作，验收小组成员中应包括对采购的货物、服务、工程所涉及的专业知识比较熟悉的人员；验收小组在开展验收工作前，应当对政府采购合同、采购文件、投标（响应）文件以及所涉及的国家有关规定、各类标准等进行充分的了解。

由于采购人对履约验收工作承担主体责任，因此采购人不能以外聘机构或者外聘专家来取代验收小组。第三方专业机构和专家参与验收，帮助验收小组开展验收工作，提供专业性意见供验收小组参考。

三、验收的参与人

为了保证验收工作顺利开展，提高验收工作的水平、质量，使得验收结论正确、合理、可信，邀请相关人员、组织参与验收，也是符合验收工作需要的。验收工作的参与人参与验收的全部或部分程序，对相应的验收内容发表验收意见。

验收工作参与人的意见供验收小组和采购人参考，验收小组可以采信参与人的意见，也可以不采信；专家和专业机构出具的意见，通常可信度较强。验收小组不采信验收参与人意见的，应说明理由。验收参与人提供的意见、报告等材料，应作为验收资料的一部分存档备查。

（一）第三方机构及专家

采购人或者采购代理机构可以邀请第三方专业机构、专家参与验收。专业机构和专家参与验收，主要是因为验收工作包含了专业性、技术性的内容，需要专业机构和专家提供专业的意见。采购人或者采购代理机构应根据项目的具体情况决定是否邀请专业机构和专家参与。邀请参与的专业机构和专家，应具有相关的知识、能力和经验，邀请的专家范围也不受政府采购评审专家库的限制。

涉及重大民生、金额较大或者技术复杂的政府采购项目，应当聘请国家认可的检测机构或者评估机构等参与验收。国家认可的检测机构或者评估机构具有相应的设备、人员，具有较强的公信力，出具的检测报告、评估报告等具有较强的科学性、准确性。采购人或者代理机构应当要求这些机构在开展验收工作出具检测报告、评估报告时，一并提供该机构及具体开展检测、评估工作人员的资格、资质证书等资料。

毫无疑问，专业机构、专家对验收过程、验收结论会产生实质性的影响。一般情况下，专业机构、专家的意见通过验收小组和采购人转化为验收的结论。具有资质的检测机构、评估机构等出具检测报告、评估报告，一般都直接转化为验收的结论。

但是实践中专业机构或专家的意见也会受到质疑。这种质疑可能来自验收小组或者供应商，在具备合理的理由时，验收小组可以更换专业机构或者专家。如果涉及对检测报告、评估报告等的质疑，一般不予采信，除非有证据证明检测机构、评估机构等及其检测人员、评估人员等缺乏相应的资格、资质或者检测机构、评估机构等与采购合同双方当事人存在利害关系而影响到其检测、评估等工作的公正性。

（二）参加本项目的其他供应商

参加本项目的其他供应商对本项目比较熟悉和了解，拥有一定专业技术能力的人员并熟悉设备。同时，参加本项目的其他供应商与中标成交供应商存在竞争关系，具有"挑毛病、找问题"的动力。这是《关于进一步加强政府采购需求和履约验收管理的指导意见》在"完善验收方式"部分提出的重要的创新内容。

实践中，邀请其他供应商参与验收的实例比较少，主要的原因在于采购人担心其他供应商参加验收工作会挑出较多问题，给采购项目的完成制造麻烦。这种担心是多余的，因为其他供应商参与验收提供的意见，仅作为验收小组出具验收报告、采购人出具验收书的参考，合理的予以采纳，不合理的不予采纳即可。因此，应该鼓励和推广邀请其他供应商参与验收。尤其是在采购过程中被其他供应商质疑投诉过并且质疑投诉事项与履约验收相关的，采购人或者采购代理机构原则上应当邀请质疑投诉供应商参与验收。

采购人或者采购代理机构担心的另一个问题是，其他供应商参与验收，会知晓该采购项目所涉及的相关商业秘密等保密事项。实际上，通过对保密事项进行掩盖隔离处理，就可以防止泄密。同样，凡是涉及保密的事项，原则上对所有验收参与人都应该采取掩盖隔离措施。

（三）实际使用人、服务对象

对于采购人和使用人分离的采购项目，采购人或者采购代理机构应当邀请实际使用人参与验收。政府向社会公众提供的公共服务项目，采购人或者采购代理机构在验收时应当邀请服务对象参与，且验收结果应当向社会公布。

实际使用人和服务对象通常提供满意度的意见。验收小组可以采取问卷调查或者访谈的方式调查满意度。为了使评价可以量化，便于统计、计算，调查可以采取打分制的形式。验收小组调查完毕后，根据调查结果统计出最后的结论。

第四节　验　　收

一、原则上严格按照采购合同开展履约验收

按照合同约定进行验收是《政府采购法实施条例》对政府采购合同验收工作的基本要求。《政府采购法实施条例》第四十五条规定："采购人或者采购代理机构应当按照政府采购合同规定的技术、服务、安全标准组织对供应商履约情况进行验收。"《关于进一步加强政府采购需求和履约验收管理的指导意见》也强调"严格按照采购合同开展履约验收"，特别指出："验收时，应当按照采购合同的约定对每一项技术、服务、安全标准的履约情况进行确认。"实际上，验收时考虑的因素除了技术、服务、安全三种类型的标准以外，履约的地点、期限、方式等也是合同履行的重要内容，对采购人利益产生重要影响，在验收时也应当一并予以考虑。对供应商履行合同的地点、期限、方式等内容的检查、考核、评价属于验收内容，也应遵循依约履行的基本原则。当然，这里需要强调的是，采购合同包含采购合同以及采购文件、履约供应商的投标（响应）文件。

政府采购法律体系提出的严格依约验收的原则，产生两个方面的后果。一方面，验收工作必须严格依照采购合同的约定开展；另一方面，采购合同对于验收需要依照的技术、服务、安全标准以及合同履行的地点、期限、方式等内容作具体、详细的规定，以便验收工作开展。

问题在于，假如采购合同对于某项技术、服务、安全标准没有具体规定或者规定得不明确，怎么处理？依约验收也符合《民法典》意思自治的精神。对此，可以借助《民法典》"合同的履行"章节的相关规定解决问题。按照《民法典》第五百一十条的规定，"合同生效后，当事人就质量、价款或者报酬、履行地点等内容没有约定或者约定不明确的，可以协议补充；不能达成补充协议的，按照合同相关条款或者交易习惯确定"。如果有

关合同内容的约定不明确，依据这条规定仍不能确定的，适用《民法典》第五百一十一条的规定，其中适用于政府采购供应商履约的内容如下。

（1）质量要求不明确的，按照强制性国家标准履行，没有强制性国家标准的，按照推荐性国家标准履行，没有推荐性国家标准的，按照行业标准履行，没有国家标准、行业标准的，按照通常标准或者符合合同目的的特定标准履行。

（2）履行地点不明确，交付不动产的，在不动产所在地履行，其他标的，在履行义务一方所在地履行。

（3）履行期限不明确的，债务人可以随时履行，债权人也可以随时请求履行，但是应当给对方必要的准备时间。

（4）履行方式不明确的，按照有利于实现合同目的的方式履行。

（5）履行费用的负担不明确的，由履行义务一方负担。

供应商应当配合采购人、采购代理机构做好项目验收工作，提供与项目验收相关的生产、技术、服务、数量、质量、安全等资料。

二、验收工作的启动

验收工作的启动有两种方式，一种是由供应商通知验收，另一种是无须供应商通知而按照合同约定进行验收。"（供应商）通知—（采购人）验收"，是最普遍、最常见的验收启动方式。第二种启动方式主要适用于经常性的服务类项目。

（一）供应商通知验收

1. 通知

合同履行达到验收条件时，供应商向采购人发出项目验收建议。供应商验收通知按照合同约定的形式或者采购人接受的形式进行。

对于分段验收的采购项目，供应商应根据合同约定，在分段履行完毕后，通知采购人进行验收。对于包含隐蔽环节的项目，在隐蔽前，供应商应当通知采购人对隐蔽环节进行验收。实践中，对于分段验收、隐蔽环节验收，有时并不称为"验收"，而称为查验、检测等，以示与最终作出结论的"验收"有所区别。但这些查验、检测等工作，均属于整个项目验收工作的一部分，并非与验收并列的概念。

2. 提供材料

在通知采购人验收的同时，供应商应当提供技术资料、合格证明以及验收所必须具备的其他材料，协助采购人或者其委托的采购代理机构开展验收。通知、协助均系合同附随义务，为了提高验收工作的效率，促使采购人完成验收工作，供应商在通知验收的同时，应为采购人验收提供必备的材料以供采购人查验、核对。供应商提供材料，是非常重要的验收准备工作，供应商与采购人均应予以重视。

（二）无须供应商通知，按合同启动验收

服务类项目需要进行经常性检查的，采购人应当在采购合同签订后启动项目验收。这种类型的项目，其验收方式方法具有经常性的特点，因此无法采取"通知—验收"模式，其验收工作应当同样具备经常性的特点。此类项目应当在供应商开始提供服务的同时启动验收工作。

三、采购人开展验收工作

（一）确定验收时间，通知供应商

采购人应当自收到验收建议之日起 5 个工作日内启动项目验收，并通知供应商。技术复杂、专业性强或者涉及重大民生、金额较大的政府采购项目，验收准备时间可适当延长。

隐蔽环节在隐蔽以前，或者其他分段验收环节在结束以前，供应商应当通知采购人或其委托的采购代理机构。采购人或其委托的采购代理机构应当及时查验，未及时查验的，供应商可以顺延项目交付日期，并有权要求赔偿停工、窝工等损失。

通知供应商验收时间的目的在于要求供应商派员到场参与、配合验收。一是有些验收工作需要供应商在现场配合检查、检测、取样、调试等；二是供应商在场，可以减少对验收结论的争议。通知供应商应采取合同约定或者供应商同意的形式。

经常性的服务项目，验收方案如包含抽查、飞行检查的，采购人可以不通知供应商。

（二）确定验收参与人，并通知验收参与人验收时间、地点

采购人可以在供应商通知验收之前就确定验收参与人，也可以在收到供应商的验收通知之后确定验收参与人。验收参与人通过邀请、聘请的方式确定，涉及公众的服务项目需要邀请公众代表参与验收的，公众代表的确定可以由社区等机构代为选择、邀请。

采购人确定验收时间后，应及时通知验收参与人参与验收。

（三）验收准备

验收小组应当熟悉采购合同、验收方案等内容。验收工作应当严格依约进行，不能增加和减少合同中约定的验收内容，验收方式、方法也应该按照合同约定进行。验收小组在验收之前，必须认真查阅采购合同及相关的采购文件、响应文件。

验收小组对验收工作涉及的专业知识应有所了解。

验收参与人提出查阅采购合同等资料的，应同意，但对于涉及商业秘密的，应予以保密。

☞ **小贴士**

· 货物的验收工作开展前，应当做好哪些准备工作？

· 首先，应当安排好具体的开展验收工作的时间，特别应当注意和参与人约定时间。其次，应当准备好开展验收工作所必需的工具。例如，如果购买的货物数量比较多，应当准备计数器；对于货物的尺寸、重量等有要求的应当准备尺、秤等测量工具。最后，为测试工作创造必备的外部条件。例如，厨房设备的测试，现场应当已经通气、通水、通电。

（四）验收

验收小组在确定的验收时间对货物、服务和工程项目进行验收。验收小组应当认真履行项目验收职责，确保项目验收意见客观真实反映合同履行情况。验收小组应当根据事先拟订的履约验收方案，对供应商提供的货物或者服务按照采购文件、投标（响应）文件、封存样品、政府采购合同逐一进行检验、核实、评估等工作，并做好验收记录，留存相应的证据资料，作为验收原始记录。

验收工作按照验收方案确定的方式、方法进行。验收小组应当以书面或者试听资料的形式制作验收记录。为了保证对验收情况进行准确的反映，验收小组应尽量以多种形式对验收过程进行记录。

书面的验收记录，应当由验收小组成员签字，并要求供应商现场代表签字确认。供应商拒绝签字的，应在验收记录中注明原因。

验收参与人参加验收，应与验收小组同时进行。检测机构、鉴定机构需要取样的，应该在验收过程中当众取样，取回后进行检测、鉴定。

（五）验收小组形成验收报告

验收后，验收小组应及时整理验收记录，汇总验收参与人的意见，汇总检测报告、鉴定报告，在此基础上形成验收报告。验收参与人意见应由验收参与人签字并提供身份证明材料的复印件。其他供应商参与验收的，其代表应提供该供应商营业执照复印件及授权委托书，并加盖单位公章。采购人或者采购代理机构聘请检测机构、鉴定机构参与验收的，该机构应当按照检测、鉴定程序和时限完成验收工作后出具专业的检测报告或明确的评估意见，加盖公章。采购人应当要求检测机构、鉴定机构提供该机构和工作人员的资格、资质证书复印件。

验收报告应当包括采购项目信息、验收小组名单、验收时间、地点、验收的结论性意见和验收记录、验收参与人意见等材料。

验收的结论性意见由验收小组按照少数服从多数的规则形成。验收小组成员不同意验收结论的，应当说明理由，验收报告中应当记载该成员的不同意见。验收小组的结论性意见，由验收小组成员及供应商签字确认，供应商不签字的应注明原因。

分段验收项目，在履约过程中可以分段出具阶段性验收意见。履约完毕时出具总的结论性意见。

四、采购人出具验收书

验收结束后，验收小组向采购人递交验收报告，采购人应当对验收小组出具的验收意见进行确认，并形成项目验收书。验收报告不能代替项目验收书，因为验收小组可能存在分歧意见，验收参与人的意见也可能与验收报告的结论性意见不同。当验收小组成员意见存在分歧时，采购人应当对异议事项进行复核，妥善处置。对于验收参与人的意见，采购人也应当慎重考虑。总之，验收小组提供的验收报告是采购人出具项目验收书的基础，但不能代替采购人的项目验收书。

采购人出具的项目验收书，是对验收结果作出结论性意见，即验收合格或不合格，这代表了采购人的最终意见，具有法律意义。验收合格与否，直接决定了采购人后续应该支付资金还是追究供应商违约责任。

采购人拟出具验收不合格结论的，建议在出具项目验收书之前，交由采购人法务部门审核，并就诉讼或仲裁做充分的前期准备工作。

☞ **小贴士**

·验收意见、验收书有什么不同？

·按照财政部的规定，验收意见由验收参与人，例如参加本项目的其他供应商、第三方机构及专家、公共服务项目的服务对象出具。按照《政府采购法实施条例》第四十五条的规定，采购人或者采购代理机构应当按照政府采购合同规定的技术、服务、安全标准组织对供应商履约情况进行验收，并出具验收书。

五、验收结果的公告和存档

（一）通知和公告

采购人出具项目验收书后，应将验收结果通知供应商。

向社会公众提供的公共服务项目，验收结果应当向社会公告。

（二）存档

项目验收完结后，采购人应当将验收小组名单、验收方案、验收原始记录、验收结果、资金支付情况、追究供应商违约责任情况等资料作为采购项目档案妥善保管，不得伪造、编造、隐匿或者违规销毁。验收资料保存期为采购结束之日起至少15年。

六、验收的费用

对项目验收发生的检测（检验）费、劳务报酬等费用支出，采购合同有约定的按照约定执行；采购合同没有约定的，由采购人承担。因供应商的原因导致重新组织项目验收的，由供应商承担验收费用。

第五节　验收合格的处理

验收合格的项目，采购人应当履行合同约定的支付义务，有履约保证金的应当退还履约保证金，货物类或工程类采购项目履约完毕后形成资产的，采购人还应当进行资产登记的工作。

一、支付

支付政府采购合同资金，是采购人履行政府采购合同的主要义务。与其他合同义务的履行一样，付款有两个基本的要求：一是按照合同约定支付；二是及时支付。《关于进一步加强政府采购需求和履约验收管理的指导意见》明确规定："验收合格的项目，采购人应当根据采购合同的约定及时向供应商支付采购资金。"财政部《关于促进政府采购公平竞争优化营商环境的通知》对及时支付采购资金提出更明确的要求："政府采购合同应当约定资金支付的方式、时间和条件，明确逾期支付资金的违约责任。对于满足合同约定支付条件的，采购人应当自收到发票后 30 日内将资金支付到合同约定的供应商账户，不得以机构变动、人员更替、政策调整等为由延迟付款，不得将采购文件和合同中未规定的义务作为向供应商付款的条件。"

根据上述文件要求，在资金支付环节，有以下四个基本的要求。

（1）依约支付。政府采购合同应当约定资金支付的方式、时间和条件以及供应商收款账户。在合同履行时，严格按照合同约定支付采购资金。

（2）付款期限。采购人应当自收到发票后 30 日内支付采购资金。

（3）禁止延迟付款。

（4）禁止附条件付款。

分段验收项目，常常在分段验收的同时规定分阶段支付相应款项。对于此类项目，分段验收合格，就形成了该阶段资金的支付条件。

具体的资金支付流程如下。

（1）付款条件的成就。有预付款的，按约定判断条件是否成就。例如，合同签订后即在规定时间内支付预付款，则合同签订之后即可支付预付款。验收合格后付款的，则验收书双方确认后，即满足支付条件。分阶段付款的，每一个付款阶段的约定条件具备时，即满足支付条件。

（2）履约供应商开出发票并送达采购人。收到发票后付款是国库支付的基本要求，也是政府采购资金支付的特殊之处。供应商不开具发票，采购人无法支付采购资金。因此，在支付条件具备之后，供应商应当按照合同约定开具发票并送达采购人。供应商开具的发票金额与合同约定金额和合同履行情况不符合的，应当退还供应商并要求其按照合同约定重新开具发票。

（3）支付。采购人收到供应商依约开具的发票后，应当在 30 日内安排资金支付。按照国库支付的相关要求，采购人应当准备采购合同、发票、履约情况的资料等材料，向供应商支付财政资金。

二、退还履约保证金

供应商履约完毕，验收合格，采购人应退还履约保证金。根据目前的规定，采购人或采购代理机构应当允许供应商自主选择以支票、汇票、本票、保函等非现金形式缴纳或者提交保证金。履约保证金退还的方式、时间、条件和不予退还等情形均应当在采购合同中明确约定。因此，退还履约保证金并不是以退还现金的方式进行，而是按照合同约定的方式予以退还。

通常而言，履约保证金在项目整体完成后退还，即便是分段验收项目也是如此。当然，如果合同约定分段退还部分或全部履约保证金，也未尝不可。

三、资产登记入账

《行政事业性国有资产管理条例》对行政事业性国有资产管理进行了规定。使用财政资金形成的资产，属于行政事业性国有资产。因此，通过政府采购获得的货物、工程等资产，均属于行政事业性国有资产的范畴，应当遵守和适用《行政事业性国有资产管理条例》。

采购人应当按照国家规定设置行政事业性国有资产台账，依照国家统一的会计制度进行会计核算。

在采购合同履行完毕后，如形成行政事业性国有资产的，应当及时进行登记入账。《行政单位国有资产管理暂行办法》第九条第一款第二项、第三项规定，"行政单位负责本单位国有资产的账卡管理、清查登记、统计报告及日常监督检查等工作"和"本单位国有资产的采购、验收、维修和保养等日常管理工作"。《事业单位国有资产管理暂行办法》第八条第一款第二项规定，"事业单位负责本单位资产购置、验收入库、维护保管等日常管理，负责本单位资产的账卡管理、清查登记、统计报告及日常监督检查工作"。其中采用建设方式配置资产的，应当在建设项目竣工验收合格后及时办理资产交付手续，并在规定期限内办理竣工财务决算，期限最长不得超过1年。对已交付但未办理竣工财务决算的建设项目，应当按照国家统一的会计制度确认资产价值。

采购人完成国有资产登记入账后，还应当向同级财政部门或者经同级财政部门授权的主管部门申报，办理产权登记，并由财政部门或者授权部门核发《事业单位国有资产产权登记证》。

第六节　验收不合格的处理

验收不合格的，采购人可以按照政府采购合同的规定采取提醒、扣除保证金、不予支付款项资金等方式予以处理。涉及分段验收付款的项目，应具备符合合同约定内容的阶段性验收报告和验收意见；分段验收不合格的，可以按照政府采购合同的规定采取提醒、扣除保证金、不予支付款项资金等方式予以处理。供应商不认可验收意见的，按照采购合同约定的方式解决。

除此以外，在政府采购合同签订之后，可能出现供应商不能履行合同的情形。这种情况虽然发生在验收结论产生之前，但实质上与验收不合格的情况类似。由于政府采购事关公共利益，采购人不能消极地等待供应商违约，因为事后的违约责任的承担无法弥补公共利益的损害。对此，采购人应按照《民法典》的规定，行使不安抗辩权、合同解除权等权利解决问题。

另外，供应商违约还会涉及行政处罚。根据《政府采购法实施条例》第七十二条的规定，将政府采购合同转包，提供假冒伪劣产品，擅自变更、中止或者终止政府采购合同这三种在合同履行过程中出现的违约行为同时构成违法，应受行政处罚。对于验收不合格而言，主要涉及后面两种情形。发生上述违约、违法情形时，采购人还应将相关情况报告监管部门，对供应商进行行政处罚。

本节依次对要求供应商整改、追究供应商违约责任、停止支付和不退还履约保证金、解除合同和另行采购和报告监管部门对供应商进行行政处罚等进行介绍。

一、要求供应商整改

在验收中发现供应商未按照合同履约的，具备限期整改条件的，采购人应当要求供应商限期整改，整改期满后重新验收。不具备整改条件或供应商未按要求整改的，采购人应当依法追究供应商的违约责任并根据生效的司法裁判文书支付资金。

在采购实践中，有时在正式验收工作开展前，验收小组会会同供应商对履约情况进行非正式的验收，俗称预验收。这种操作方法是可以的。预验收时发现的问题，供应商应当及时整改。待整改完毕后再进行正式验收，以期顺利通过正式验收。

二、追究供应商违约责任

验收不合格，是供应商违约的主要表现形式。供应商违约的，采购人应及时依法依约追究供应商的违约责任。在验收中发现供应商未按照合同履约的，具备限期整改条件的，采购人应当要求供应商限期整改，整改期满后重新验收。不具备整改条件或供应商未按要求整改的，采购人应当依法追究供应商的违约责任。

采购合同中应当包含违约责任和仲裁或诉讼管辖的规定，采购人应当按照合同约定以诉讼或仲裁的方式追究供应商违约责任。

发现供应商违约的，采购人应当依法及时追究供应商违约责任。追究供应商违约责任，事关国有资产是否流失的问题，也可以为供应商履约评价制度的落实提供材料。如果追究供应商违约责任制度流于形式，反过来又会诱使供应商在履约时偷工减料，产生劣币驱逐良币的后果。因此，追究供应商违约责任应成为采购人的义务和责任，对于供应商违约行为不予追究违约责任的，应按违法违纪论处。

> ☞ **小贴士**
>
> · 发现供应商违约了，一定要打官司吗？
>
> · 在政府采购合同的履约实践中，采购人很少针对供应商违约行为依法进行诉讼或者申请仲裁。这种做法有几个方面的弊端。首先，如果在供应商违约的情况下采购人依然按照合同支付相应款项，实际上造成了国有资产流失。其次，即便供应商愿意主动承担违约责任，由于没有经过诉讼或者仲裁，违约责任的大小没有权威的认定。最后，没有生效裁判文书的认定，很难将违约供应商逐出政府采购市场。从上述三个方面考虑，在供应商违约时，应当依法依约起诉或者申请仲裁。

三、停止支付和不退还履约保证金

验收不合格，就代表供应商未按约履行合同，采购人应停止支付资金，履约保证金也应不予退还。

实际上，停止支付和不退还履约保证金，也是追究供应商违约责任的措施。这种措施采购人可以直接采取并立即发生实际的效果。当然，如果供应商对此存在异议的，也应该按照合同约定，通过仲裁和诉讼的方式最终解决问题。此时，采购人最终是否支付资金、支付多少资金、是否退还履约保证金等事宜，均按照生效裁判文书处理即可。

四、解除合同和另行采购

对于供应商根本违约的，采购人应解除合同。发生根本违约的，就构成了法定解除合同的条件。验收不合格，有些情况下构成根本违约，此时采购人可以解除合同。

解除合同，应发出解除合同的通知，当通知到达供应商时合同就被解除了。双方权利、义务终止。供应商如有异议，应在法定期间内提出异议。

采购人和供应商均可要求确认解除合同的效力。

解除合同通常会导致采购目的无法实现，此时需要通过另一次采购行为来实现采购目的。由于前一次采购项目已经获得相应的预算，在此就相同的采购需求进行采购，在预算审批时需要说明相应的理由并提供证据材料。此时，解除合同的通知书就成为另行采购的主要事实依据。按照《民法典》的规定，如果合同当事人对解除合同提出异议，合同解除的效力仍需由司法机关或者仲裁机关进行确认，所以从法律效果上看，解除合同的通知到达对方并非合同解除必然有效。但是，基于采购效率的考虑，采购人和财政机关当然不能等仲裁或诉讼结果出来后才开展新的政府采购活动。因此，采购人解除合同进行通知的，凭解除合同的通知与送达凭证，即应允许办理新的政府采购事宜。至于原合同是否解除，假如解除无效，法律后果如何，则等待裁判结果出来后，按生效裁判文书处理即可。

解除合同后重新采购，很多情况下会产生重新采购的急迫性。通常，采购人安排采购计划是根据采购功能的时间点倒推的。所以，当采购合同被解除的时候，离需要实现采购功能的时间节点就比较近。例如，学校采购课桌椅供九月开学使用，通常会在三四月安排采购计划，申请采购预算，按照正常的招投标流程，大约在七月初可以完成合同签订工作，八月履约完毕。七月或八月发现供应商根本违约解除合同的，再次采购课桌椅需要在九月一日前完成，通过正常的采购程序就较难实现。实际上，这也是供应商在合同签订后迫使采购人放松验收标准的一种"筹码"。此时，需要通过应急性的采购程序去解决这一问题，主要的方法有两种：一是采取竞争性谈判的政府采购方式，缩短采购时间；二是分解采购项目，在政府采购限额以下采购部分货物、服务或工程以解燃眉之急。当然，此类政府采购项目在确定采购需求时，应当明确规定是合同解除后的应急措施，在发生合同解除时，按照设定的方案操作。

采购人对经常性服务项目的合同解除应特别慎重。对于经常性服务项目，没有供应商履约的后果是比较严重的。例如，市政保洁项目，如果供应商停止道路保洁一天，就会对城市清洁卫生产生严重影响；又如，市民热线服务项目，也是全年 365 天都不能停的。对于此类经常性服务项目，对于合同解除应配备立刻提供服务的解决方案，该方案的核心内容就是有可确定的供应商立刻代替中标成交供应商履约，提供相应的服务。这种解决方案应尽量在采购需求中予以确定。

五、报告监管部门对供应商进行行政处罚

提供假冒伪劣产品和擅自变更、中止或者终止政府采购合同，这是《政府采购法实施条例》规定的两种应予处罚的违法行为。

供应商提供的产品应当符合《中华人民共和国产品质量法》的要求，不得伪造或者冒用认证标志等质量标志，不得伪造产品的产地，不得伪造或者冒用他人的厂名、厂址，不得在生产、销售的产品中掺杂掺假、以假充真、以次充好，不得以不合格产品冒充合格产品。政府采购合同的双方当事人不得擅自变更、中止和终止合同。供应商变更合同的标的、规格、型号、数量、质量等，无理由暂停履约，不再履行合同义务，都属于违法行为。采购人在验收阶段发现供应商存在上述行为的，除了按照政府采购合同的约定追究供应商的违约责任以外，还应该报告监管部门，对供应商进行行政处罚。

对违约供应商进行行政处罚的意义非常重要。因为对违约供应商的处罚的效果，除了罚款、没收违法所得以外，还包括"列入不良行为记录名单，在一年至三年内禁止参加政府采购活动"。通过这种处罚种类，将违约供应商排除在政府采购市场以外，对于净化政府采购市场、提升政府采购效率、提高财政资金的效益，具有积极的作用。

专栏 8–1　函示例

函

（供应商名称）

本单位（采购人名称）与你公司（供应商名称）签订政府采购合同（名称、编号）。你公司在履约时，存在下列问题，违反合同约定。

（描述供应商违反合同的主要情形，以及对应的合同约定、法律规定）。

为此，请你公司按照合同约定全面履行合同。

采购人：

年　月　日

✦ **专栏8－2　通知书示例**

通　知

（供应商名称）

本单位（采购人名称）与你公司（供应商名称）签订政府采购合同（名称、编号）。现你公司存在下列违法违约情形：

（简述违法违约情形）

上述行为违反了（法律规定或合同约定的具体内容）。

基于上述事实，我单位解除政府采购合同（名称、编号），现依法通知你公司。

采购人：

年　月　日

✦ **专栏8－3　通知书示例**

通　知

（供应商名称）

本单位（采购人名称）与你公司（供应商名称）签订政府采购合同（名称、编号）。现有确切证据（简述证据内容）证明你公司有下列情形。

□经营状况严重恶化

□转移财产、抽逃资金、以逃避债务

□丧失商业信誉

□有丧失或者可能丧失履行债务能力的其他情形。

根据《民法典》第五百二十七条的规定，我单位中止履行下列义务。

□支付合同款项（金额）

□其他（拟中止履行义务的内容）

你公司应提供适当担保，保证你公司有能力履行合同。如你公司在合理期限内未恢复履行能力且未提供适当担保的，视为以自己的行为表明不履行主要债务，我单位将解除合同并追究你公司违约责任。

采购人：

年　月　日

专栏8-4　补充协议示例

补充协议

甲、乙双方签订政府采购合同（名称、编号）。现经双方协商一致，达成补充协议如下。

一、甲方追加原政府采购合同规定的货物、服务或工程，具体内容和数量如下。

（写明追加的采购标的与数量等）

二、乙方按以下价格提供上述货物、服务或者工程

（写明具体的价格），总价不超过原合同总金额的10%。

三、乙方按本补充协议履约的时间如下

（写明具体的时间或期限）

四、原政府采购合同的规定不因本补充协议的生效而发生任何改变

五、本补充协议一式__份，双方各执__份

采购人（签章）　　　　　　供应商（签章）

　年　月　日　　　　　　　　年　月　日

第九章　政府采购争议与救济

【**本章概述**】本章结合相关法律法规及实践经验，对政府采购争议与救济进行了总结梳理，简要介绍了采购人依法依规答复质疑，配合监管部门处理投诉，向监管部门提请监督检查，处理行政复议、行政诉讼、行政裁决以及合同缔结及履约过程中争议处理的流程步骤。

第一节　质　　疑

一、质疑的基本概念与分类

《政府采购质疑和投诉办法》（以下简称财政部 94 号令）第十条规定："供应商认为采购文件、采购过程、中标或者成交结果使自己的权益受到损害的，可以在知道或者应知其权益受到损害之日起 7 个工作日内，以书面形式向采购人、采购代理机构提出质疑。"

（一）基本概念

质疑是供应商认为采购文件、采购过程、中标或者成交结果使自己的权益受到损害时寻求救济的法定途径，也是救济的优先选择。主要形式体现为供应商在规定期限内，通过提交书面材料（质疑函），要求采购人或采购代理机构就相关事项进行书面答复、澄清。

质疑供应商是质疑行为的发起人，是认为自己的权益受到损害、向采购人或采购代理机构质疑的供应商。

质疑事项是质疑供应商的救济诉求，载明了质疑供应商认为自身权益受到损害的具体情形。

被质疑供应商是质疑供应商的质疑对象，是质疑供应商认为在采购活动中作出了损害质疑供应商权益的行为的主体。根据不同的质疑事项，被质疑供应商可能是供应商、采购人、采购代理机构、评审委员会等主体中的一个或多个。

质疑答复人是负责答复质疑的主体。财政部94号令第五条规定："采购人负责供应商质疑答复；采购人委托采购代理机构采购的，采购代理机构在委托授权范围内作出答复。"

（二）质疑的分类及常见质疑事项

根据质疑事项涉及的采购阶段，可以将质疑分为针对采购文件、采购过程和采购结果的质疑（通常被简称为"文件质疑""过程质疑""结果质疑"）。

1. 文件质疑

文件质疑的内容主要是质疑供应商认为采购文件编制不合理、采购需求的设置存在倾向性或者歧视性等。文件质疑可以分为针对采购文件通用条款的质疑和针对采购需求的质疑。其中以针对采购需求尤其是产品技术需求为主。例如，"某技术指标设置不合理，该功能在市场上只有某厂家的某产品能够满足该项要求，属于以不合理的条件对供应商实行差别待遇或者歧视待遇""某认证证书只有某公司具有，将该证书设置为打分项属于以不合理的条件对供应商实行差别待遇或者歧视待遇"等。

在实践中，针对采购文件通用条款的质疑出现的频次极少，导致质疑供应商质疑通用条款的主要原因是质疑供应商对法律法规或者采购文件理解不到位、存在偏差，通常为"误判"。原因在于采购文件通用条款通常已经经过采购人或采购代理机构的多次审核，并固化为采购文件范本，极少存在问题。因此，此类质疑经采购人或采购代理机构对相关事项和法律法规解释说明后，即可解答质疑供应商疑惑，由质疑供应商撤回原质疑。例如，"质疑供应商认为采购文件规定的综合评分法的基准价计算方法不公平，应当取中位数为基准价"等。

此外，还可以按照评审因素的不同效力，将文件质疑划分为针对资格条件的质疑、针对实质性要求的质疑和针对一般打分项的质疑。

2. 过程质疑

过程质疑的主要内容是质疑供应商认为采购人或者采购代理机构在组织实施采购活动的过程中违反相关法律法规，违背公开透明、公平竞争、公正的基本原则。质疑事项的焦点多集中于采购的流程步骤。常见的过程质疑事项为"采购公告发布时效不足 5 个工作日""开标时接收了逾期提交的投标文件""某工作人员在评审现场发表具有倾向性的言论""某项目未按照法律法规规定的流程组织实施"等。

3. 结果质疑

结果质疑的主要内容是质疑供应商认为采购结果与采购文件要求存在较大偏离，即经评审确定的中标、成交供应商在参与竞争的供应商中不是最贴近采购文件要求的。其主要包括三种情形：一是认为中标、成交供应商不符合采购文件要求。例如，"中标结果不合理：中标供应商所投产品不符合招标文件要求，应当拒绝其投标""中标结果不合理：中标供应商提供虚假证明材料谋取中标"。二是认为自身（质疑供应商）评审结果不合理，此处的评审结果主要包括：资格审查结果、符合性审查结果和评审得分情况等。例如，"符合性审查结果不合理：我司投标文件完全响应招标文件要求，投标文件不应当被拒绝，专家评审存在重大失误，我司应当通过符合性审查""我司评审得分不合理：我司投标文件完全响应招标文件要求，实际得分与预期得分存在较大差异，专家评审存在重大失误"。三是认为未中标、成交供应商恶意低价扰乱竞争秩序。例如，"某公司低于成本价投标""某公司恶意低价投标，扰乱政府采购市场秩序"。上述三种情形的本源均在于质疑供应商认为评审过程存在瑕疵，即评审专家对供应商投标（响应）文件评审不细致，存在漏判、错判等情形。

（三）质疑供应商

财政部 94 号令第十一条规定，质疑供应商应当是参与所质疑项目政府采购活动的供应商。

质疑供应商应当具备以下资格条件。

1. 参与所质疑项目政府采购活动

"采购文件、采购过程、采购结果使自己的权益受到损害"的前提条件是质疑供应商参与所质疑项目的政府采购活动。具体而言，分为以下两种情形：（1）文件质疑：质疑供应商通过正当渠道获取采购文件；（2）过程质疑、结果质疑：质疑供应商实质性参与了被质疑环节的相关采购活动，或者由于不公平、不公正待遇致使其未参与相关环节的采购活动。例如，未提交投标（响应）文件的供应商不得对采购结果质疑；供应商质疑采购公告发布时间短于法定期限致使其未能获取采购文件。

2. 自身权益受到损害

通常情况下体现为：（1）采购文件存在歧视性或者倾向性条款，导致质疑供应商不具备参与该项目的资格或者在竞争中处于不合理的劣势地位；（2）在项目组织实施及评审过程中存在违背公开、公平、公正的行为，致使质疑供应商在竞争中处于不合理的劣势地位。例如，评审委员会错判质疑供应商未通过符合性审查，使质疑供应商的自身权益受到损害，可依据此进行质疑。

（四）质疑函

质疑函是质疑事项的媒介载体，应当以书面形式提供。质疑函应当包括下列内容。

（1）供应商的姓名或者名称、地址、邮编、联系人及联系电话；

（2）质疑项目的名称、编号；

（3）具体、明确的质疑事项和与质疑事项相关的请求；

（4）事实依据；

（5）必要的法律依据；

（6）质疑的日期。

供应商为自然人的，应当由本人签字；供应商为法人或者其他组织的，应当由法定代表人、主要负责人，或者其授权代表签字或者盖章，并加盖公章。

二、质疑答复的步骤流程

质疑答复的步骤流程主要包括质疑函的审核与接收、质疑事项的梳理与复核（组织质疑复核会）、答复质疑。其中，质疑事项的梳理与复核（组织质疑复核会）是重点与难点。

（一）质疑函的审核与接收

收到质疑供应商提交的质疑函后，首先应当判断质疑函的有效性，一是核对进行质疑的供应商是否属于质疑供应商，即确认是否具备质疑的资格条件；二是核对质疑供应商是否在法定质疑期内质疑；三是核对质疑函是否有效签署；四是核对质疑函是否涵盖法律法规规定的必要信息；五是核对质疑事项是否具备明确的事实依据；六是核对质疑事项的内容是否确实对质疑供应商的权益造成损害。

质疑函如与上述要求不一致，应当拒绝接收，并告知理由；对于存在缺漏项，经补正后能够符合要求的质疑函，应当一次性告知质疑供应商需更正或补充的内容，符合要求后予以接收。供应商未在质疑期限内递交更正、补充材料或逾期递交材料的，应当拒绝接收该质疑函，并告知理由。

在实践中，以质疑函形式提交，但无具体、明确的质疑事项，其实质内容为询问的，可视为书面询问接收并及时告知进行质疑的供应商，后续事宜按照询问答复办理。

（二）对质疑事项的梳理、复核（组织质疑复核会）与研判

接收质疑函后，首先应当对质疑函中的质疑事项进行梳理，确定质疑事项，以便逐一核对、答复。明确具体质疑事项后，应当依据质疑事项对采购文件、采购过程、采购结果进行校阅复核。

1. 文件质疑

一般情况下，文件质疑的主要对象为采购需求中的具体指标项。在复

核时，首先应当对相关指标项服务的需求进行分析，即该指标项的设置是为了满足哪项采购需求，进而从采购需求的角度对该质疑作出答复。答复文件质疑时，对设置该指标项的目的、所服务的采购需求进行合理解释，同时建议附上能够满足该项要求的、同档次的、至少3家不同品牌的产品及型号，以进一步佐证采购文件非意指特定供应商。必要时，可以召开质疑论证会，邀请或者随机抽取行业专家就质疑事项进行论证，形成专家论证报告，论证意见可以作为质疑答复的依据。

例如，采购文件要求打印机打印出纸速度≥40张/分钟。某供应商质疑该指标项设置不合理，属于对其公司的出纸速度为35张/分钟的产品的歧视和不公正对待。答复该质疑时应当着重解释设置出纸速度≥40张/分钟的原因，即小于该速度为什么会不满足采购需求，同时附能够满足出纸速度≥40张/分钟的同档次的至少3家不同品牌的产品及型号。

2. 过程质疑

通常情况下，过程质疑在三类质疑中的出现频次最低，主要涉及政府采购参加人在各采购环节的行为规范。处理此类质疑，要依据质疑事项对相关采购流程环节进行校阅复核，根据相关事实资料作出答复即可。需要注意的是，由于法律法规没有明确授予采购人和采购代理机构调查取证的权利，因此在处理质疑时，如需调查取证，可能会遇到相关方不配合等阻碍，难以保证获得的相关证据资料的准确性；同时，受限于7个工作日的答复时间，导致在质疑处理阶段很难就质疑事项的事实经过作出明确认定，在实践中更多依靠后续投诉处理中财政部门的调查认定。因此，采购人和采购代理机构在处理质疑时依据现有资料作出答复并无不妥。

3. 针对采购结果的质疑

结果质疑涉及项目评审环节，集中于评审委员会对投标（响应）文件中某些指标项的认定问题。焦点集中在供应商就某指标项所提供的证明材料是否有效，即该证明材料能否证明投标（响应）人满足采购文件的要求。因此，处理结果质疑主要是依据质疑事项对评审过程进行校阅复核，认定评审时评审委员会作出的判断是否符合采购文件要求和投标（响应）文件实际响应情况。

明确质疑事项后，首先，应当依据质疑事项找到采购文件中该指标项的具体要求；其次，在被质疑供应商的投标（响应）货物技术规范偏离表或者服务要求偏离表中找到针对该指标项的应答偏离情况；最后，结合采购文件要求，对供应商应答情况进行核对，同时结合评审资料核对该项是否存在错判、漏判的情形。

对于采购文件不要求供应商提供证明材料的指标项，在评审时评审委员会依据投标（响应）人的偏离应答情况作出评判。因此，复核的重点也在于核对投标（响应）人的偏离应答情况，通常情况下，只要响应"无偏离"或者"满足"即证明满足采购文件要求（特殊情形：招标文件要求本次配置 CPU≥4 颗，投标人应答"无偏离，本次配置 CPU2 颗"，此时不能认定投标人满足招标文件要求）。一般来说，针对不要求提供证明材料的指标项的认定不会出现错误，但应当注意评审扣分情况，核对是否存在"负偏离""不满足"计数错误导致打分出错的情形。简言之，对于不需要提供证明材料的指标项的质疑事项，可以依据被质疑供应商的偏离响应情况直接作答。

对于采购文件要求投标（响应）人提供证明材料的指标项，复核的重点在于判断该证明材料的证明效力，即能否足够证明投标（响应）人的响应满足采购文件要求。针对此类情况，需要判断是否组织召开质疑复核会对质疑事项进行判定，具体分为以下两种情形。

（1）不需要组织现场质疑复核会的情况。如采购文件要求提供证明材料，经复核判定证明材料有效，可直接答复质疑供应商该指标项的偏离响应情况以及证明材料的效力情况，并告知质疑供应商该质疑事项不成立。

（2）需要组织现场质疑复核会的情况。由于部分项目技术复杂、专业性强，有时会出现采购人或采购代理机构难以认定证明材料是否有效，即难以判定质疑事项是否成立的情形，此时需要组织原评审委员会进行质疑复核。大致分为以下步骤。

①确定复核会时间。联系原评审专家，选定时间、地点；建议保证评

审专家半数以上出席。

②准备复核会材料。准备专家签到表、质疑函、采购文件、被质疑供应商投标（响应）文件等相关文件资料；在复核会召开地点准备录音录像设备，全程记录复核过程。

③组织质疑复核会。

一是评审专家签到。登记到场评审专家信息，核对专家是否为原评审委员会成员。

二是介绍质疑的基本情况。由采购人或者采购代理机构的质疑经办人介绍质疑函基本信息，主要包括质疑供应商名称、被质疑供应商名称、质疑事项，告知在场评审专家本次复核会的基本工作任务。

三是组织复核专家就质疑事项进行逐项复核。经办人组织引导复核专家针对质疑事项进行逐项复核，核对相关证明材料的有效性，并将相应的判定结果记录在质疑复核报告上。对于意见不一致的质疑事项，按照少数服从多数的原则进行表决，并记录不同意见。

注意：部分复杂质疑事项的认定推导过程应予以详细记录。

同时，仅就被质疑事项进行复核，不能超出质疑事项范围。

④判定结论、签署质疑复核报告。在全部质疑事项核对完毕后，依据判定意见对原资格审查结果、符合性审查结果或评审得分情况进行调整，依据调整后的评审情况生成质疑复核报告。完毕后，由到场的复核专家对质疑复核报告进行签字。

☞ **小贴士**

质疑复核的本质是对投标（响应）文件响应性的重新认定，即根据采购文件要求对投标（响应）文件，特别是对相关指标项证明材料的有效性进行研判。

（三）质疑答复

采购人、采购代理机构应当在收到质疑函后7个工作日内作出答复，并以书面形式通知质疑供应商和其他有关供应商。在完成质疑事项的梳理、研判后，依据质疑判定意见拟订质疑答复通知书。质疑答复通知书应当包括以下内容。

(1) 质疑供应商的姓名或者名称；

(2) 收到质疑函的日期、质疑项目名称及编号；

(3) 质疑事项、质疑答复的具体内容、事实依据和法律依据；

(4) 告知质疑供应商依法投诉的权利；

(5) 质疑答复人名称；

(6) 答复质疑的日期。

注意：质疑答复的内容不得涉及商业秘密。

同时，经质疑采购结果发生变更的，答复质疑时应当将质疑答复通知书抄送相关供应商（通常情况下是指被质疑供应商）。

（四）依据质疑答复结果开展后续工作

采购人、采购代理机构认为质疑不成立，或者成立但未对中标、成交结果构成影响的，继续开展采购活动。由于质疑是投诉的前置条件，任何质疑都有转为投诉的可能，因此对于不成立的质疑，采购人、采购代理机构应当妥善留存相关过程资料，以便财政部门调档查阅。

采购人、采购代理机构认为质疑成立且影响到采购文件编制或中标、成交结果的（其中，影响采购文件编制是指按照质疑答复结果，需要对采购文件中的部分要求进行澄清或修改的情形；影响采购结果是指按照质疑答复结果，对相关投标（响应）人的资格审查情况、符合性审查情况或者得分情况进行修正后，使合格供应商数量、核心产品品牌数量或者中标（成交）候选人得分排序等发生变化，导致项目废标或中标（成交）供应商变更的情形），按照下列情况处理。

1. 针对采购文件的质疑

依法通过澄清或者修改可以继续开展采购活动的，澄清或者修改采购文件后继续开展采购活动；否则应当修改采购文件后重新开展采购活动。

注意：针对适用招标采购方式的采购项目，澄清或者修改的内容可能影响投标文件编制的，采购人或采购代理机构应当在投标截止时间至少 15 日前，以书面形式通知所有获取招标文件的供应商；不足 15 日的，采购人或者采购代理机构应当顺延提交投标文件的截止时间。采用非招标采购方式的采购项目，对此也有相关时间要求，在实践中需要注意。

2. 对采购过程或者采购结果的质疑

合格供应商符合法定数量时，可以从合格的成交候选人中另行确定中标、成交供应商的，应当依法另行确定中标、成交供应商；否则应当重新开展采购活动。

采购结果变更后，采购人或者采购代理机构应该做好以下后续工作。

（1）发布采购结果变更公告。采购人确认变更后的采购结果，依据变更情况发布采购结果变更公告。

（2）采购结果变更备案。质疑答复导致中标、成交结果改变的，采购人或者采购代理机构应当将有关情况书面报告本级财政部门。报告变更备案的内容包括以下几方面。

①质疑函；

②质疑复核报告（如有）；

③质疑答复通知书；

④采购结果确认书（采购人确认变更后的采购结果）；

⑤采购结果变更公告；

⑥原评审委员会专家名单（采购人或者采购代理机构应当对评审专家在政府采购活动中的职责履行情况予以记录，并及时向财政部门报告。针对评审委员会评审失误造成质疑成立、采购结果变更的，建议附专家名单报财政部门，将相关数据纳入财政部门专家管理体系）。

三、处理质疑的基本原则与注意事项

采购人作为质疑答复的主体，对质疑答复的结果直接负责。在质疑答复时，有一些基本原则与注意事项，具体如下。

（一）质疑有效期的计算

对供应商知道或者应当知道其权益受到损害之日的理解。

（1）对采购文件质疑的，为收到采购文件之日或者采购文件公告期限届满之日；

（2）对采购过程质疑的，为各采购程序环节结束之日；

（3）对中标或者成交结果质疑的，为中标或者成交结果公告期限届满之日；

（4）对于发布采购文件更正公告的采购项目，供应商质疑变更事项的，应当在更正公告期限届满之日起7个工作日内提出。对未发生变更的采购文件内容进行质疑的，期限起算时间为首次公告期限届满之日；

（5）通过邮寄、快递方式质疑的，质疑的时间以邮寄件上的寄出邮戳时间、快递件上签注的寄出时间为准。

（二）自身权益受损原则

供应商认为自身权益受到损害是进行质疑的先决条件。在接收质疑函时，应当结合质疑事项判定质疑供应商权益是否真实受损。对于质疑供应商权益未受损的，应当拒绝接收其质疑函。例如，未通过资格审查和符合性审查的供应商，后续评审情况对其权益不产生实际影响，因此不具备对其他供应商评审结果质疑的条件。此外，针对质疑供应商的"自杀""自曝"式质疑，即在质疑函中说明自身不满足采购文件要求，以期达到变更中标（成交）人或者重新开展采购项目进而获得重新竞争中标（成交）人的机会的，也应当拒绝接收。

（三）质疑复核时各质疑事项互为独立

质疑复核及答复应当涵盖全部质疑事项。例如，某质疑函共有3项质疑事项，经复核第1项质疑事项成立，该事项属于实质性要求，该质疑事项成立已经能够确定原中标结果无效，继续对第2、3项进行复核并不影响最终的复核结果。此时依然应当对剩余的第2、3项进行复核。因为质疑为投诉的前置环节，投诉是对质疑答复结果不满意的救济途径，因此，必须有前置的质疑答复结论。

（四）质疑复核的依据

质疑复核的依据一般为采购文件、投标（响应）文件和评审资料，不建议在复核环节开展质证和调查取证等活动。现行法律法规并没有明确赋予采购人、采购代理机构在处理质疑中的调查取证权，但并不意味不能就相关质疑事项进行调查了解。但由于法定调查取证权的不明确，采购人、采购代理机构在质疑阶段调查取证所获得的相关证据资料的全面性、可信度都存在一定的不确定性。同时，受限于 7 个工作日的质疑答复时间，因此建议质疑复核更多的是依据采购文件及投标（响应）文件展开。对于确需调查取证方能研判的事项，拥有法定调查取证权的财政部门能够对此作出相应判决。

（五）质疑复核范围

质疑复核不是重新评审，质疑复核范围不得超出质疑事项。如在质疑复核过程中发现存在其他问题，建议在质疑复核报告中予以记录，并按照采购人救济流程报财政部门处理（提起监督检查）。

（六）质疑复核专家复核意见的定位

采购人、采购代理机构是答复质疑的主体，组织原评审委员会进行质疑复核是协助答复质疑，并不是所有的质疑都需要组织原评审委员会进行质疑复核。同时，专家复核意见对答复质疑起辅助作用，必要时可以不采纳专家复核意见。例如，质疑复核专家出于私利，在质疑复核阶段作出了明显违背事实的复核意见，此时为了维护政府采购秩序，采购人、采购代理机构应当依据事实作出符合客观事实的质疑判定。

四、实际操作案例

（一）质疑接收审核实例

1. 超出质疑有效期

某采购项目于 2022 年 5 月 23 日发布中标结果公告，中标结果公告期限为"自本公告发布之日起 1 个工作日"。质疑有效期为 7 个工作日，质疑有效期截止于 6 月 2 日。6 月 8 日，某供应商提交质疑函。该质疑函的提交日期超出法定质疑期限，采购人应当拒收该质疑函，答复质疑供应商质疑超出规定期限即可。

2. 不具备质疑权利审核实例

（1）自身权益未受到损害。

某货物采购项目共有 3 家供应商参加竞争。经评审，评审得分由高到低排序依次为供应商 A、供应商 B 和供应商 C，后发布中标结果公告 A 为中标供应商。在质疑有效期内，供应商 B 进行质疑，质疑评审专家评审失误，其自身投标的某项产品并不满足招标文件的某项实质性要求，应当被认定投标无效。

供应商质疑的前提条件之一是自身权益受到损害。但在本项目中，供应商 B 自身的权益并未受到损害。因此，供应商 B 无权就此事项进行质疑。

（2）未参加质疑项目采购活动。

某采购项目共有 3 家供应商参加竞争，中标结果公告发布后，未参与投标的供应商 A 对项目中标结果质疑，认为中标人不符合招标文件要求。

供应商质疑的前提条件之一是参与所质疑项目的采购活动。但在本项目中，供应商 A 并未参与项目投标，因此供应商 A 无权就中标结果质疑。

3. 质疑函内容不完整

某供应商提交的质疑函未填写质疑的日期。

质疑函所载内容应当包括质疑的日期。因此，应当拒收并退回该质疑函，同时告知供应商应当补正的内容。待补正后，按照供应商第二次提交质疑函的时间判定是否超出质疑期限，以判定是否受理质疑。受理后，按照第二次提交质疑函的时间确定质疑函答复期限。

（二）质疑答复实例

1. 文件质疑

（1）案例背景。

某政府采购公开招标项目，采购品目为磁盘阵列，采购人于 2022 年 7

月 6 日发布招标公告,某供应商在获取招标文件后,于 2022 年 7 月 11 日质疑。质疑函相关内容如下。

质疑事项:招标文件采购需求中磁盘阵列的某项要求为"CPU:本次配置 CPU≥4 颗;核心数≥32 核",能满足该项指标的厂家不足 3 家,属于以不合理的条件对供应商实行差别待遇或者歧视待遇。

事实依据:本次配置 CPU≥4 颗;核心数≥32 核,明显为某厂商的某系列产品的独家参数,附该厂商该系列产品的白皮书。

法律依据:《政府采购法实施条例》第二十条规定,采购人或者采购代理机构有下列情形之一的,属于以不合理的条件对供应商实行差别待遇或者歧视待遇:……(六)限定或者指定特定的专利、商标、品牌或者供应商。

相关请求:建议修改为"CPU:本次配置总核心数≥32 核"。总核心数是衡量 CPU 处理能力的重要指标,各家厂商采用的单个芯片的核心数不同,有单颗芯片核心数较大的,建议只规定总核心数。

(2)质疑处理的关键点。

①考虑 CPU 颗数对于磁盘阵列性能的影响。

②从采购需求的角度解释为什么对 CPU 颗数提出要求。

③结合前期市场调研结果,列明满足该项要求的、同档次的、至少 3 家不同品牌的产品及型号。

(3)质疑答复内容。

贵公司于 2022 年 7 月 11 日提交的《质疑函》已收悉,现就贵公司的质疑事项答复如下。

针对贵公司提出的磁盘阵列 CPU 颗数设置不合理的问题,我单位经认真研判后认为,CPU 颗数作为 CPU 的一项重要指标,多颗 CPU 与单颗 CPU 在设备运行时存在较大的性能差异,多颗 CPU 的多线程设计能够有效减轻单颗 CPU 负担,多通道的设计亦可提升处理效率,因此,仅凭借 CPU 的核心数难以判定产品性能的优劣。

本次采购项目属于本单位重点建设项目,为充分保障数据存储安全、工作效率等多项要求，我们对磁盘阵列的 CPU 作出了如是要求。经前期市场调研，当前市场上同档次的 A 品牌的 a 产品、B 品牌的 b 产品、C 品牌的 c 产品均能够满足本次招标要求（后附相关产品技术参数官网截图）。

综上所述，招标文件对磁盘阵列 CPU 颗数的要求不属于以不合理的条件对供应商实行差别待遇或者歧视待遇，该质疑事项不成立。

感谢贵公司对政府采购事业的关注和支持。贵公司若对质疑答复不满意，最迟可以在答复期满后 15 个工作日内向×××财政部门提起投诉。

2. 文件质疑

（1）案例背景。

某政府采购公开招标项目，采购人于 2022 年 6 月 7 日发布招标公告，公告中规定的开标时间为 2022 年 6 月 29 日上午 9 点整。2022 年 6 月 21 日，采购人发布了本采购项目的变更公告，对招标文件中的相关技术要求进行了变更，未对开标时间作出调整。某供应商在获取招标文件后，于 2022 年 6 月 23 日进行质疑。质疑函相关内容如下。

质疑事项：2022 年 6 月 21 日发布的采购文件变更公告对招标文件作出了实质性修改，但并未对开标时间作出相应调整，潜在投标人需要依照变更后的招标文件重新编制投标文件，本次变更影响供应商编制投标文件。

事实依据：2022 年 6 月 7 日采购人发布招标公告，开标时间为 2022 年 6 月 29 日上午 9 点整；2022 年 6 月 21 日发布招标文件变更公告，开标时间仍为 2022 年 6 月 29 日上午 9 点整。

法律依据：财政部 87 号令第二十七条规定，澄清或者修改的内容可能影响投标文件编制的，采购人或者采购代理机构应当在投标截止时间至少 15 日前，以书面形式通知所有获取招标文件的潜在投标人；不足 15 日的，采购人或者采购代理机构应当顺延提交投标文件的截止时间。

相关请求：建议对开标时间进行修改，保障供应商有充足的时间编制投标文件，确保采购活动合法合规。

（2）质疑答复内容。

贵公司于2022年6月23日提交的《质疑函》已收悉，现就贵公司的质疑事项答复如下。

经核对，本次采购活动中确实存在招标文件变更后，未预留法定供应商编制投标文件时间的问题。该质疑事项成立。我单位会尽快发布变更开标时间的变更公告，变更后的开标时间请留意变更公告内容。

感谢贵公司对政府采购事业的关注和支持。贵公司若对质疑答复不满意，最迟可以在答复期满后15个工作日内向×××财政部门提起投诉。

3. 过程质疑实例

（1）案例背景。

某政府采购公开招标项目，投标截止时，共有A、B、C共计3名供应商参加竞争。开标结束后，供应商A质疑。质疑函相关内容如下。

质疑事项：我司在开标现场发现采购代理机构在招标文件规定的投标截止时间后接收了供应商B的投标文件，并在开标环节对供应商B的开标一览表进行唱标，使供应商B参与了本项目的竞争。我司认为本项目开标环节的组织实施违反相关法律法规要求，对我司的合法权益造成了损害。

事实依据：供应商A手机拍摄的开标现场视频。

法律依据：《政府采购货物和服务招标投标管理办法》（财政部令第87号）第三十三条规定，逾期送达或者未按照招标文件要求密封的投标文件，采购人、采购代理机构应当拒收。

相关请求：拒绝供应商B的投标文件，确保采购活动合法合规。

（2）质疑答复内容。

贵公司提交的《质疑函》已收悉，现就贵公司的质疑事项答复如下。

经核对开标现场相关音视频资料，本次采购活动中确实存在接收供应商B逾期送达的投标文件的情形。该质疑事项成立，应当拒收供应商B的投标文件。拒绝供应商B后，本项目投标人不足3家，项目流标。

感谢贵公司对政府采购事业的关注和支持。贵公司若对质疑答复不满意，最迟可以在答复期满后15个工作日内向×××财政部门提起投诉。

4. 结果质疑实例

（1）案例背景。

某政府采购公开招标项目预算金额为600万元，采购主要品目为交换机、服务器、计算机等信息类产品，核心产品为服务器。采用综合评分法评标。投标截止时，共有5名供应商参加竞争；最终评审情况如表9－1所示。

表9－1　　　　　　　　　　　　评审情况

供应商	核心产品品牌	得分	名次	中标候选人推荐排序
A	甲	94	1	1
B	甲	92	2	未推荐*
C	乙	90	3	2
D	丙	84	4	3
E	丁	73	5	未推荐

注：表示为投标人A、B所投核心产品品牌相同，按照财政部令第87号规定，推荐评审后得分最高的同品牌投标人A获得中标供应商推荐资格。

评审完成后，采购人确认评标结果，发布本采购项目中标结果公告。

（2）质疑事项。

供应商依据公告内容及相关资料进行质疑，质疑事项为"经查询中标供应商所投设备的官网数据，发现中标供应商所投交换机的交换容量、服务器的千兆电口数量、计算机的内存、CPU核心数无法满足招标文件要求"，并附相关事实依据。

（3）质疑复核及研判过程。

收到质疑函后，采购人、采购代理机构依据质疑函质疑事项、结合招标文件要求、投标文件响应情况进行复核，相关情况如表9－2所示。

表9-2　　　　　　　　　招标文件要求与投标文件应答情况对照

序号	标的	指标重要性	招标文件要求	是否需要提供证明材料*	偏离表应答情况	证明材料所示内容
		招标文件			投标文件	
1	交换机	非实质性	交换容量≥400Gbps	否	无偏离：交换容量400Gbps	无须提供
2	服务器	非实质性	服务器千兆电口数量≥4个千兆电口	是	无偏离：4个千兆电口	白皮书：4个千兆电口
3	计算机	非实质性	内存≥8G	是	无偏离：内存8G	白皮书：内存4G
4		实质性	CPU≥8核	是	无偏离：CPU8核	官网截图：CPU4核

注：*表示投标人应当根据招标文件要求提供相应产品白皮书或检测报告等证明材料，以证明所投产品满足招标文件要求。

具体流程为以下几方面内容。

首先，比对质疑相关指标项的招标文件要求和投标文件响应情况。从质疑复核角度大致可将被质疑指标项分为需要提供证明材料和不需要提供证明材料两种类型。处理的主要差异在于不需要提供证明材料的指标项只需核对偏离表中的相关应答和偏离情况是否满足招标文件要求；而要求提供证明材料的指标项则需校核投标人提供的证明材料的证明效力，以判断是否满足招标文件要求。

其次，组织质疑复核，判断质疑事项是否成立。在比对工作的基础上，对被质疑事项作出明确判断，结合案例可作如下结论。

①指标项1（交换机交换容量）招标文件不要求提供证明材料，供应商A应答为无偏离，即供应商A作出满足招标文件要求的承诺，可以证明满足招标文件要求，该质疑事项不成立。

②指标项2（服务器千兆电口数量）需要提供证明材料，核验供应商A

提供的技术白皮书，其内容显示千兆电口数量为 4 个，满足招标文件要求，该质疑事项不成立。

③指标项 3（计算机内存）需要提供证明材料，核验供应商 A 提供的技术白皮书，其内容显示内存为 4G，不满足招标文件的 8G 要求，该质疑事项成立。该指标项属于非实质性要求，应当按照招标文件评分细则对此项予以扣分。

④指标项 4（计算机 CPU）需要提供证明材料，核验供应商 A 提供的计算机配置官网截图，其内容显示 CPU 核心数为 4 核，不满足招标文件的 8 核要求，该质疑事项成立。该指标项属于实质性要求，应当按照招标文件规定，认定供应商 A 投标无效。

最后，拟订质疑答复意见：综上所述，部分质疑事项成立，供应商 A 中标无效、投标无效。

由于质疑成立且原中标结果无效，符合财政部 94 号令第十六条"认为供应商质疑成立且影响或者可能影响中标、成交结果的情形"的规定。

在供应商 A 被认定中标无效、投标无效后，本项目有效投标人 4 家，核心产品品牌 4 个，符合财政部 94 号令第十六条规定的"合格供应商符合法定数量时，可以从合格的中标或者成交候选人中另行确定中标、成交供应商的"情形。另外，供应商 A 和供应商 B 所投核心产品的品牌相同，因此在原评审时按照综合评分法的规定，核心产品品牌相同的，得分较高的供应商 A 获得中标候选人推荐资格，供应商 B 并未进入中标候选人推荐名单。但是，认定供应商 A 投标无效后，在 4 家有效投标人中，供应商 B 综合评审得分最高，采购人应当确认供应商 B 为本项目中标供应商。

（4）质疑答复内容。

贵公司提交的《质疑函》已收悉，现就贵公司的质疑事项答复如下。

①针对贵公司提出的"质疑事项 1"：中标供应商 A 在其投标文件"投标货物技术规范偏离表"中对被质疑指标项的应答为"无偏离"且招标文件不要求提供证明材料，评标委员会认为符合招标文件要求。该质疑事项

不成立。

②针对贵公司提出的"质疑事项2"：中标供应商A在其投标文件"投标货物技术规范偏离表"中对被质疑指标项的应答为"无偏离"且提供了相关证明材料，评标委员会认为符合招标文件要求。该质疑事项不成立。

③针对贵公司提出的"质疑事项3"：中标供应商A在其投标文件"投标货物技术规范偏离表"中对被质疑指标项的应答为"无偏离"且提供了相关证明材料。经核对，中标供应商A提供的证明材料不足以证明所投产品满足招标文件要求，该质疑事项成立，应当对中标供应商A评审得分予以扣分处理。

④针对贵公司提出的"质疑事项4"：中标供应商A在其投标文件"投标货物技术规范偏离表"中对被质疑指标项的应答为"无偏离"且提供了相关证明材料。经核对，中标供应商提供的证明材料不足以证明所投产品满足招标文件要求，该质疑事项成立，认定供应商A投标无效。

综上所述，部分质疑事项成立，并影响中标结果。原中标结果发生变更，后续流程依相关法律法规处理，变更结果请留意中标结果变更公告。

感谢贵公司对政府采购事业的关注和支持。贵公司若对质疑答复不满意，最迟可以在答复期满后15个工作日内向×××财政部门提起投诉。

☞ **小贴士**

变更后的采购结果应当以采购结果变更公告的形式进行公示。因此，在质疑答复阶段，不建议告知质疑供应商具体的变更后的采购结果，通常采用"后续流程依相关法律法规处理，请留意后续变更公告"的基本表述。

第二节　投　　诉

一、基本概念

财政部 94 号令第十七条规定："质疑供应商对采购人、采购代理机构的答复不满意，或者采购人、采购代理机构未在规定时间内作出答复的，可以在答复期满后 15 个工作日内向各级人民政府财政部门提起投诉。"

投诉是供应商认为通过质疑并未使自身的权益得到维护，不认可采购人或者采购代理机构作出的质疑答复时，进一步寻求救济的途径。主要形式体现为供应商在规定期限内，通过提交投诉书的形式，要求政府采购监督管理部门，即各级人民政府财政部门（以下简称"财政部门"），就原质疑事项进行调查取证并作出书面答复。

二、投诉与质疑的关系

投诉与质疑存在着非常密切的联系，从流程环节的角度来讲，质疑是投诉的必要不充分条件，即质疑是投诉的必要前置环节，但并不是所有的质疑都会转化为投诉。具体而言，两者存在以下异同。

（一）相同点

1. 同属救济途径

质疑、投诉都是供应商的法定救济途径。

2. 救济事项一致

质疑事项与投诉事项完全一致。投诉事项不得超出已质疑事项的范围，投诉是对质疑事项的二次认定。

（二）不同点

1. 受理、答复主体不一致

质疑答复的主体是采购人（或采购人委托采购代理机构，采购代理机构在委托授权范围内作出答复）；投诉处理的主体是财政部门。

2. 项目状态不一致

接收质疑后、答复质疑前，项目运行状态不受影响，采购人依然可以按照原定计划实施采购、订立政府采购合同、履行政府采购合同。财政部门受理投诉后，可以视具体情况书面通知采购人和采购代理机构暂停采购活动，因此被投诉的项目可能存在暂停采购活动的情形。

3. 事项之间的独立性不一致

质疑事项之间互为独立［详见本章第一节三、（三）］；投诉事项共为整体，当某一投诉事项判决认定后，财政部门可以以采购结果明确变更为由省略审查、答复其他投诉事项。例如，某投诉书共有 3 项投诉事项，经财政部门审查认定第 1 项投诉事项成立，该事项属于实质性条款，该投诉事项成立已经能够确定原采购结果无效，继续对第 2、3 项进行复核并不影响最终的复核结果。此时，财政部门可以据此直接答复，不对第 2、3 项进行审查。

4. 研判处理时依据的证据资料不完全一致

在质疑处理阶段，由于采购人或采购代理机构没有明确的法定调查取证权，同时受限于 7 个工作日的质疑答复时间，所依据的证据资料更多的是采购文件及投标（响应）文件；在投诉处理阶段，财政部门作为法定监管机构，明确拥有调查取证和组织质证的权利，可以向采购相关方发函调证，能够更多地依据采购文件及投标（响应）文件之外的证据材料对投诉事项作出判决。

三、投诉处理中采购人的定位及权利义务

投诉处理的主体为财政部门；采购人、采购代理机构为客体，通常作为被投诉人之一。采购人、采购代理机构在投诉处理中有义务配合财政部门的调查取证，在规定时间内按照财政部门的要求提交相关证据资料（通常为采购项目的全部资料）。同时，采购人、采购代理机构就投诉事项也具有一定的申辩解释权，可以对质疑答复的过程、依据进行阐释。

四、投诉处理的流程

投诉处理的流程通常以采购人、采购代理机构接收财政部门发出的《投诉答复通知书》为起点，以接收《投诉处理决定书》为终点。采购人在配合财政部门处理投诉时，大致分为以下流程。

（一）接收《投诉答复通知书》

收到财政部门发出的《投诉答复通知书》后，采购人应当根据《投诉答复通知书》中的要求，暂停或继续开展采购活动。《投诉答复通知书》中明确要求采购人暂停采购活动的，采购人在法定的暂停期限结束前或者财政部门发出恢复采购活动通知前，不得进行该项采购活动。另外，部分地区的财政部门可能要求接收《投诉答复通知书》后向财政部门递交回执，应视实际情况予以回应。

（二）配合财政部门调取证据材料

采购人应当于接收《投诉答复通知书》5 个工作日内就投诉事项和有关情况向财政部门提交书面说明，并提交相关证据、依据和其他有关材料。财政部门处理投诉期间，部分项目可能会出现补充调取材料的情形，采购人按照要求提供相关材料即可。

（三）参加财政部门组织的质证（如有）

财政部门认为有必要时，可以组织质证。质证的参加方为财政部门、采购人和相关供应商（投诉人及被投诉供应商）。接收《质证通知书》后，准备相关材料，按照相关要求准时参与即可。在通常情况下，需要准备加盖公章的法定代表人签字的授权委托书（行政、事业单位开具介绍信）以及被授权人身份证复印件等材料。

如不参与质证，视为主动放弃质证权。

（四）接收《投诉处理决定书》及后续工作

财政部门对投诉事项作出判决后，向各相关方发放《投诉处理决定书》（以下简称《决定书》），依据《决定书》的判定意见进行相关的后续工作。

另外，部分地区的财政部门可能要求接收《决定书》后向财政部门递交回执，应视实际情况予以回应。

投诉事项不成立、投诉事项成立但不影响采购结果时，继续开展采购活动，依据原采购进度实施。采购结果发生变化时，依据《决定书》的处理意见，顺延选择成交供应商或者重新组织采购活动，并及时发布采购结果变更公告。

（五）向财政部门递交整改报告（如有）

在投诉处理过程中，如果财政部门发现采购人、采购代理机构在采购活动中存在违法违规的问题，会在《决定书》中责令采购人、采购代理机构就相关问题限期改正，并要求在《决定书》送达之日起 15 日内向财政机关提交整改报告。

整改报告需要对财政部门责令整改的问题进行逐项回应，不得遗漏，并针对各问题报告相关整改措施，在规定时间内提交。

（六）特殊情形：投诉撤回

部分投诉在处理期间会出现投诉人申请撤回投诉的情形。财政部门在接收投诉人提交的《撤销投诉申请书》后，会向采购人、采购代理机构、被投诉人等相关方寄送《告知书》，并根据《政府采购法实施条例》第五十七条第二款以及财政部 94 号令第三十条的规定终止该项目的投诉处理。采购人接收《告知书》后，继续按照原有进度组织实施采购活动即可。

第三节　监督检查（含举报处理）

《政府采购法》第七十条规定："任何单位和个人对政府采购活动中的违法行为，有权控告和检举，有关部门、机关应当依照各自职责及时处理。"

一、基本概念

监督检查是有关部门、机关对政府采购各参与主体在采购活动中的行为进行监督管理、保障各参与主体合法权益的一种方式。监督检查的有关部门、机关包括人民政府或者采购人单位的纪律检查委员会、司法机关、财政部门等；在通常情况下，以政府采购监管部门——财政部门为主。本节表述以财政部门受理监督检查展开。

根据发起监督检查主体的不同，可以分为两种类型。

一是采购人或者采购代理机构发现采购活动中存在违法违规行为，通过向财政部门行函的方式提请财政部门发起针对该采购项目的监督检查。

二是采购人、采购代理机构之外的任何单位和个人（以下简称"举报人"）直接向财政部门就政府采购活动中的违法违规行为进行举报。

为便于区分，在实践中通常将采购人和采购代理机构提起的政府采购监督检查简称为监督检查；此外，由其他单位和个人，例如，供应商、评审专家等，发起的监督检查简称为举报。由于本指南以采购人视角展开，并且采购代理机构提起监督检查的情形在实践中出现极少，因此本节表述中的监督检查仅指代采购人提起的监督检查。

二、监督检查与举报的关系

（一）相同点

（1）同属救济途径。监督检查与举报均为法定救济途径。本质上举报属于监督检查的一种形式。

（2）均无前置流程。监督检查和举报均无前置流程，发起人直接向财政部门递交申请即可。

（3）受理、答复主体相同。监督检查和举报的受理、答复单位均为财政部门。

（二）不同点

发起主体不同。监督检查的发起主体为采购人；举报的发起主体不受限定，任何组织和个人都可以进行举报。

三、举报与投诉的关系

举报与投诉在政府采购流程中相互独立，但在特殊情况下，两者又有着高度的一致性。具体而言，两者存在以下异同。

（一）相同点

（1）同属救济途径。虽然举报人的身份不受限定，但当举报人为政府采购相关方，特别是供应商时，举报也是一种供应商寻求救济的途径。

（2）答复主体、效力相同。举报和投诉的受理单位均为财政部门；举报受理后，财政部门直接介入处理并对举报事项作出判定，其判定效力与投诉处理决定一致。

（3）采购人、采购代理机构定位一致。与投诉处理相同，举报处理的主体为财政部门；采购人、采购代理机构居于客体，通常作为被举报人之一。采购人、采购代理机构有义务配合财政部门的调查取证，在规定时间内，按照财政部门的要求提交相关证据资料。同时，采购人、采购代理机构就举报事项也具有一定的申辩解释权。

（二）不同点

（1）发起主体不一致。举报人的身份不受限定，任何单位和个人都可以进行举报，其本身可能并不是利益相关方；同时，举报人身份保密，亦可匿名举报。投诉人必须是质疑供应商，即必须参与该政府采购活动且对质疑答复不满意。

（2）前置流程不一致。举报无须前置流程，举报人可以直接向财政部门递交举报书提起；投诉必须以质疑为前置流程。

（3）涉及事项不一致。举报为举报人首次向财政部门反映情况，因此举报事项不受约束，可以涉及采购文件编制、采购过程、采购结果以及合同签订等任何采购环节（均需提供相关证明材料）；投诉事项受质疑事项的严格限定。

（4）项目状态不一致。接收举报后、财政部门作出处理决定前，采购项目的项目运行状态不受影响，采购人依然可以按照原定计划实施采购、签订政府采购合同及履行政府采购合同。而接收投诉后可能需要暂停项目采购活动。

四、监督检查与投诉的关系

下述内容在本节中均有相关表述，因此，此处仅作提纲式概括。

（一）相同点

同属救济途径；受理、答复主体相同。

（二）不同点

发起主体不同；前置流程不一致；涉及事项不一致。

五、提请监督检查的流程及后续工作

提请监督检查的流程通常以采购人向财政部门报送《关于提请××采购项目监督检查的函》（以下简称《监督检查的函》）为起点，以接收《监督检查处理决定书》（以下简称《决定书》）为终点。采购人在提请监督检查时，大致分为以下流程。

（一）向财政部门报送《监督检查的函》

采购人在采购过程中或采购结束后发现采购项目存在违法违规行为，对采购质量、采购结果产生不利影响。此时应当向财政部门提请监督检查，申请财政部门介入，对相关问题进行校阅、审核、判定。具体步骤可以分为以下三步。

1. 梳理总结现存问题

将现阶段发现的问题进行梳理总结，以条目的形式逐项列出，并附相关证据资料。

2. 起草《监督检查的函》

函件应涵盖以下基本信息。

（1）项目基本情况：项目名称、项目编号、包号、项目预算、项目各节点日期（立项时间、公告时间、评审时间等）、项目成交情况（成交人信息、成交金额）、合同签订情况、项目执行情况（资金支付情况）等。

（2）提请事项：列明被检查人名称、提请监督检查的事项及相关事实依据与法律依据。

（3）列明请求：提请财政部门就相关事项进行监督检查。

3. 以密封形式报送财政部门

（二）接收《政府采购监督检查调取证据材料通知书》并配合调取证据材料

财政部门受理采购人提请的监督检查后，会向各相关方发出《政府采购监督检查调取证据材料通知书》（以下简称《通知书》）。收到《通知书》后，应当及时就《通知书》的相关要求作出响应。在通常情况下，财政部门会要求采购人提供项目采购过程中的全部材料副本，包括采购文件、响应文件、评审委员会组成情况、评审报告、录音录像、采购合同签订及履行情况（资金支付情况）等。有时针对特殊事项财政部门会要求采购人进一步说明并提供相关证据资料，依据相关要求落实即可。此外，对于项目过程材料，亦可视情况在提请监督检查时一并送至财政部门，在此环节即可省略该步骤。

将上述资料报送财政部门后，等待《决定书》。处理期间，部分项目可能会出现补充调取材料的情形，按照相关要求提供相关材料即可。

（三）接收《决定书》及后续工作

该流程同投诉处理一致，参照本章第二节第四部分内容即可。

六、举报处理的流程及后续工作

举报处理的流程通常以采购人、采购代理机构接收财政部门发出的《通知书》为起点，以接收《决定书》为终点。采购人在配合财政部门处理举报时，大致分为以下流程。

（一）接收《通知书》、配合调取证据材料

收到财政部门发出的《通知书》后，应当及时就举报事项和有关情况向财政部门提交书面说明，并提供相关证据和法律依据，包括项目采购过程中的全部材料副本，包括采购文件、响应文件、评审委员会组成情况、评审报告、录音录像、采购合同签订及履行情况（资金支付情况）等。

将上述资料报送财政部门后，等待《决定书》。处理期间，部分项目可能会出现补充调取材料的情形，按照相关要求提供相关材料即可。

（二）接收《决定书》及后续工作

该流程同投诉处理流程一致，参照本章第二节第四部分内容即可。

第四节 行政复议、行政诉讼、行政裁决

一、行政复议

《中华人民共和国行政复议法》① 第二条规定："公民、法人或者其他组织认为具体行政行为侵犯其合法权益，向行政机关提出行政复议申请，行政机关受理行政复议申请、作出行政复议决定。"

（一）基本概念

行政机关（通常为财政部门）对投诉及监督检查（含举报）事项作出裁定后，行政行为相对人（通常为供应商）认为行政机关的具体行政行为侵犯其合法权益的，可以自知道该具体行政行为之日（通常为《投诉处理决定书》或《监督检查处理决定书》送达之日）起60日内提出行政复议申请。

（二）行政复议中采购人的定位

在通常情况下，采购人在行政复议中作为第三人参加。

---

① 本书后文简称为《行政复议法》。

在特殊情况下（例如，采购人对监督检查的处理决定不认可），采购人作为行政行为相对人（申请人）向行政机关提起行政复议。

（三）行政复议处理流程

1. 作为第三人参与行政复议

接收《第三人参加行政复议通知书》后，在规定时间内按照要求提交相关的书面意见和证据材料并加盖公章。同时，提交自身的基本情况（包括住所、邮政编码、法定代表人或者主要负责人的姓名、职务）；有委托代理人的，还应提交授权委托书，并载明委托事项、权限、期限和代理人的联系方式。

2. 作为第三人不参与行政复议

根据《中华人民共和国行政复议法实施条例》① 第九条第三款规定，第三人不参加行政复议，不影响行政复议案件的审理。

3. 作为申请人申请行政复议

（1）受理单位：依据《行政复议法》第十三条、第十四条的规定，对地方各级人民政府的具体行政行为不服的，向上一级地方人民政府申请行政复议；对国务院部门或者省、自治区、直辖市人民政府的具体行政行为不服的，向作出该具体行政行为的国务院部门或者省、自治区、直辖市人民政府申请行政复议。

（2）申请方式：书面申请或口头申请，详见《行政复议法实施条例》第十八条及第二十条。

（3）行政复议申请书应当列明的内容：①申请人的基本情况，包括：公民的姓名、性别、年龄、身份证号码、工作单位、住所、邮政编码；法人或者其他组织的名称、住所、邮政编码和法定代表人或者主要负责人的姓名、职务；②被申请人的名称；③行政复议请求、申请行政复议的主要事实和理由；④申请人的签名或者盖章；⑤申请行政复议的日期。

---

① 本书后文简称为《行政复议法实施条例》。

4. 后续流程

上述三种情况的后续处理方式均为接收《行政复议决定书》，依据决定意见开展后续工作；对行政复议决定不服的，可以向人民法院提起行政诉讼，也可以向国务院申请裁决，国务院依照《行政复议法》的规定作出最终裁决。

二、行政诉讼

《中华人民共和国行政诉讼法》① 第二条规定："公民、法人或者其他组织认为行政机关和行政机关工作人员的行政行为侵犯其合法权益，有权依照本法向人民法院提起诉讼。"

（一）基本概念

行政机关（通常为财政部门）对投诉、监督检查（含举报）及行政复议事项作出裁定后，行政行为相对人（通常为供应商）认为行政机关的具体行政行为侵犯其合法权益的，应当自知道或者应当知道作出行政行为（通常为《投诉处理决定书》或《监督检查处理决定书》）之日起 6 个月内向人民法院提起诉讼。

其中，行政相对人不服行政复议决定的，可以在收到复议决定书之日起 15 日内向人民法院提起诉讼。

（二）行政诉讼中采购人的定位

在通常情况下，采购人在行政诉讼中作为第三人参加。

在特殊情况下（例如，采购人对监督检查处理决定不认可、对其作为申请人的行政复议决定不认可），采购人作为行政行为相对人（原告）向行政机关提起行政诉讼。

---

① 本书后文简称为《行政诉讼法》。

（三）行政诉讼处理流程

1. 作为第三人参与行政诉讼

接收《第三人参加行政诉讼通知书》后，在规定时间内按照要求提交相关的书面意见和证据材料并加盖公章。同时，提交自身的基本情况（包括住所、邮政编码、法定代表人或者主要负责人的姓名、职务）；有委托代理人的，还应提交授权委托书，并载明委托事项、权限、期限和代理人的联系方式。

此外，可以不参与行政诉讼。

2. 作为行政行为相对人（原告）

在规定时间内，依据《行政诉讼法》向人民法院提起诉讼。

3. 后续流程

接收行政诉讼判决书后，依据判决书的决定意见开展后续工作即可。对行政诉讼判决不服的，可以根据《行政诉讼法》的相关规定采取上诉等救济措施。

三、行政裁决

2020 年 1 月，财政部、司法部办公厅联合发布《关于确定第一批政府采购行政裁决示范点的通知》，将内蒙古自治区、上海市、深圳市作为第一批政府采购行政裁决示范点。在试点阶段，各地政府采购行政裁决的实际操作存在一定差异。同时，由于政府采购行政裁决法律层面的修订工作仍在进行，因此，本书对政府采购行政裁决不做过多实际操作介绍，仅对其定义、程序进行概述。

（一）基本概念

行政裁决是指行政机关或法律授权的组织，根据当事人申请，依照法律授权，以中立地位对当事人之间发生的、与行政管理活动密切相关的民事纠纷进行审查，并作出裁决的具体行政行为。

具体到政府采购，可以将政府采购行政裁决理解为，中立的行政机关或法律授权的组织，根据当事人申请，依照法律授权，对当事人之间的政府采购争议进行审查、裁决。

（二）基本程序

行政裁决通常包括申请和受理、调查、调解、审理、决定及送达五个环节，其中调解程序和审理程序可以根据申请人的意愿进行选择。以下表述以行政机关作为裁决机构展开。

（1）申请和受理。行政裁决由纠纷当事人或者其法定代理人作为申请人，在法定期限内，向有权作出行政裁决的行政机关提出；行政机关在收到申请后，应当对申请进行审查，判定是否受理申请。

（2）调查。行政机关通过向当事人举证，向具有公信力的政府部门或其他单位取得相关证明，邀请第三方专业机构进行检验、检测或者鉴定，邀请行业专家对专业性较强的行政裁决事项进行论证，以听证形式组织当事人质证、辩论等方式，对申请事项展开调查。

（3）调解。调解由行政机关主持，可以通过解释、建议、辅导、规劝等方式，也可以通过提供事实调查结果或者法律意见等，促使当事人在平等协商基础上自愿达成调解协议。达成调解协议的，形成调解协议书后终止处理；未达成调解协议的，由行政机关进行审理。

（4）审理。行政机关对争议的事实、证据材料进行审查梳理，将所有的事实、证据材料进行综合分析研究，形成处理意见。

（5）决定及送达。行政机关根据审查认定的事实，依法作出行政裁决。行政机关制作并向双方当事人送达裁决书。行政裁决非终局裁决的，应当告知当事人具体救济方式。

☞ **小贴士**

在通常情况下，采购人在行政复议、行政诉讼和行政裁决中为第三人。采购人承担的工作以配合财政部门调取相关资料和就相关事项解释说明为主。

第五节 合同争议

一、政府采购合同的性质

政府采购本质是一种市场交易行为，在合同订立过程中，不涉及行政权力的行使，买卖双方的法律地位是平等的。《政府采购法》第四十三条规定："政府采购合同适用合同法。采购人和供应商之间的权利和义务，应当按照平等、自愿的原则以合同方式约定。"由此可见，法律对政府采购合同的定性，即政府采购合同是民事合同。

二、缔约阶段的争议处理

本节所指缔约阶段特指中标或者成交结果公告发布、中标或者成交通知书发出后，采购人与中标或者成交供应商正式订立书面合同前的一段时期。此阶段存在的争议主要可以分为以下三种。

（一）中标供应商拒绝与采购人签订合同

根据《政府采购法》第四十六条、《政府采购法实施条例》第四十九条以及《关于采购人是否有权顺延确定中标或成交供应商等问题的函》的规定，中标、成交供应商拒绝与采购人签订政府采购合同的，采购人可以按评审报告推荐的中标、成交候选人名单排序，确定下一候选人为中标、成交供应商，也可以重新开展政府采购活动，无须向财政部门报批。同时，采购人应当向财政部门报告供应商违规行为，财政部门应当按照政府采购法律法规的规定追究有关供应商法律责任。

政府采购活动或者中标供应商不存在违法违规情形的，采购人可以根据采购项目的实际情况，综合考虑递补供应商的经济性和效率等因素，自主确定是否重新开展采购活动或确定下一候选人为中标供应商。

> ☞ **小贴士**
>
> 根据《民法典》第五百六十三条规定，因不可抗力致使不能实现合同目的的，当事人可以解除合同。因此，不可抗力影响属于《政府采购法实施条例》第七十二条规定的中标或成交供应商拒签合同的"正当理由"之一。

（二）采购人拒绝与中标供应商签订合同

根据《政府采购法》第四十六条规定，采购人应当在发出中标、成交通知书之日起 30 日内与中标、成交供应商签订政府采购合同。因此，原则上采购人不得拒绝与中标供应商签订合同。但是在实践中仍存在以下特殊情形。

（1）不可抗力；

（2）采购人发现中标、成交供应商的投标文件、响应文件或者采购实施过程中存在影响采购结果公平公正的重大问题，签订合同、履行合同将损害国家利益和社会公共利益的，应当及时向监管部门提起监督检查，并提请在监督检查期间暂停政府采购活动。经监管部门受理、批准，采购人可以暂时不与中标、成交供应商签订采购合同，待监督检查处理结果明确后，根据处理结果进行下一步工作。

（三）变更招标文件和投标文件响应内容

在实践中，有时存在更换合同模板、中标或者成交供应商更换投标、响应产品等情形，此类问题属于对招标文件或投标文件响应内容的变更。根据财政部 87 号令第七十一条规定，采购人与中标供应商所签订的合同不得对招标文件确定的事项和中标供应商投标文件作实质性修改。因此，采购人应当把握好"实质性修改"的边界，确保采购标的不变、服务内容不变，拟签订的政府采购合同中双方的权利义务不变。

三、履约阶段的争议处理

政府采购合同的履行、违约责任和解决争议的方法等适用《民法典》。

(一)常规流程

在通常情况下,履约阶段发生争议,合同双方首先可以就争议问题进行协商,或者按照合同约定进行处理。如存在违约情况,违约方应当承担继续履行、采取补救措施或者赔偿损失等违约责任,也可以按照合同约定解除合同,或者向人民法院或者仲裁机构寻求救济。

(二)典型问题

1. 履约验收不合格

对于供应商履约验收不合格、双方解除合同的情况,应当按照《民法典》有关规定或者合同约定执行,原则上不得顺延确定中标或者成交供应商。需要重新选定供应商的,应当重新开展采购活动。

2. 追加合同

在合同履行中,采购人需追加与合同标的相同的货物、工程或者服务的,在不改变合同其他条款的前提下,可以与供应商协商签订补充合同,但所有补充合同的采购金额不得超过原合同采购金额的10%。

✒ 专栏9-1 常用文件范本质疑函示例

质疑函

质疑项目的基本情况	项目名称			
	项目编号		包号	
	采购人名称			
	采购公告时间	__年__月__日	中标(成交)公告时间	__年__月__日
	更正公告时间(包含采购文件和采购结果更正公告)	__年__月__日	终止公告时间(包含废标和采购任务取消)	__年__月__日

续表

质疑供应商的 基本信息	单位名称				
	地址		邮编		
	联系人		联系电话		
	授权代表		联系电话		
质疑事项及 相关请求 （纸张不够另附）	分类	□ 采购文件 □ 采购过程 □ 中标或成交结果			
	请逐条列明质疑事项、事实依据和法律依据，并提供必要的证明材料。 质疑事项1 事实依据 法律依据 相关请求 质疑事项2 ……				
签字或盖章		公章			
		日期			

质疑函制作说明：

1. 供应商质疑时，应提交质疑函和必要的证明材料

2. 质疑函的质疑事项应具体、明确，并有必要的事实依据和法律依据；质疑函的质疑请求应与质疑事项相关

3. 质疑供应商若委托代理人进行质疑的，质疑函应按要求列明"授权代表"的有关内容，并在附件中提交由质疑供应商签署的授权委托书。授权委托书应载明代理人的姓名或者名称、代理事项、具体权限、期限和相关事项

4. 质疑供应商为自然人的，质疑函应由本人签字；质疑供应商为法人或者其他组织的，质疑函应由法定代表人、主要负责人，或者其授权代表签字或者盖章，并加盖公章

专栏9-2　质疑复核报告示例

质疑复核报告

××××年××月××日，评标委员会在××（地点），对××（质疑供应商）针对××项目（项目编号：××）的质疑进行了复核。本次质疑复核应到评标委员会成员××位，实到××位，符合法定要求。在质疑复核期间，评标委员会认真审阅了质疑函件，根据招标文件、投标文件和相关法律法规规定，提出意见如下。

一、针对质疑供应商提出的"质疑事项1"的问题

经查看××公司（以下简称"被质疑供应商"）的投标文件、招标文件及相关评审资料，被质疑供应商在"投标货物技术规范偏离表"中对"某指标项"的偏离情况响应为"无偏离"且招标文件不要求提供证明材料，该质疑事项不成立。

二、针对质疑供应商提出的"质疑事项2"的问题

被质疑供应商在"投标货物技术规范偏离表"中对"某指标项"的偏离情况响应为"无偏离"且提供了相关证明材料。经核验证明材料，评标委员会认为，被质疑供应商所提交的材料能够证明被质疑供应商所投产品符合招标文件要求，该质疑事项不成立。

三、针对你公司提出的"质疑事项3"的问题

被质疑供应商在"投标货物技术规范偏离表"中对"某指标项"的偏离情况响应为"负偏离"，经核对评审过程资料，在原评审过程中已经对该指标项作扣分处理，该质疑事项不成立。

四、针对你公司提出的"质疑事项4"的问题

被质疑供应商在"投标货物技术规范偏离表"中对"某指标项"的偏离情况响应为"负偏离"，经核对评审过程资料，在原评审过程中未对该指标项作扣分处理，该质疑事项成立，应对被质疑供应商评审得分予以扣分。

五、针对你公司提出的"质疑事项5"的问题

被质疑供应商在"投标货物技术规范偏离表"中对"某指标项"的偏离情况响应为"负偏离"，该指标项属于实质性条款，应当拒绝被质疑供应商的投标文件，该质疑事项成立。

综上所述，经原评标委员会复核得出以下结论。

常用结论1：质疑事项均不成立，维持原采购结果。

常用结论2：质疑事项部分成立/全部成立，扣除相应分数后，评审得分排序不发生变化，维持原采购结果。

常用结论3：质疑事项部分成立/全部成立，拒绝被质疑供应商的投标文件后，本项目有效投标人不足3家，依据相关法律法规，本项目废标。

常用结论4：质疑事项部分成立/全部成立，拒绝被质疑供应商的投标文件/对被质疑供应商的投标文件扣除相应分数后，评审得分顺序发生变化，现排名第一的中标候选人为××公司。

专家签名：

××××年××月××日

✒️ 专栏9-3 质疑答复通知书示例

质疑答复通知书

××公司：

你公司对××采购项目（项目编号：××）的质疑函于××××年××月××日收悉。经复核采购文件/采购过程/××公司（以下简称"被质疑供应商"）投标文件及相关评审资料，现函复如下。

一、针对你公司提出的"质疑事项1"的问题

本单位设置该指标项的原因是××，满足该指标项的产品方能满足我单位采购需求（说明满足该指标与不满足该指标在使用中的差异），对该指标项作出调整后难以保障采购质量。同时，经过前期市场调研，当前市场上同档次的A品牌的a产品、B品牌的b产品、C品牌的c产品均能够满足本次招标要求（后附相关产品技术参数官网截图，略）。

因此，该指标项的设置不属于以不合理的条件对供应商实行差别待遇或者歧视待遇，该质疑事项不成立。

二、针对你公司提出的"质疑事项2"的问题

该质疑事项成立，我单位会按照贵公司的建议对采购文件进行相应调整，后续变更请留意采购文件变更公告。

三、针对你公司提出的"质疑事项3"的问题

经复核相关采购活动资料记录，未发现本次采购活动存在招标公告时间不足20日的情形，该质疑事项不成立。

四、针对你公司提出的"质疑事项4"的问题

被质疑供应商在"投标货物技术规范偏离表"中对"某指标项"的偏

离情况响应为"负偏离",该指标项属于实质性条款,应当拒绝被质疑供应商的投标文件,该质疑事项成立。后续流程依相关法律法规处理,具体处理情况请留意采购结果变更公告。

若你公司对质疑答复不满意,最迟可以在答复期满后 15 个工作日内向财政部门提起投诉。

感谢你公司对政府采购工作的关注和支持!

×××

××××年××月××日

抄送:××公司

专栏9-4 采购结果变更函示例

关于××采购项目采购结果变更的函

××财政部门:

本单位于××××年××月××日依法组织××采购项目(项目编号:××)的项目评审。经评审,××公司(以下简称"中标供应商")为本项目中标供应商。我单位于××月××日在指定网站发布了中标公告。××月××日,××公司向我单位递交了质疑函,认为中标供应商××(简要概括质疑事项)。××月××日,我单位组织原评标委员会进行了复核。经复核,评标委员会认为。

(简要概述质疑复核过程及结论)

本单位于××月××日确认了变更后的采购结果,随后于××月××日发布了本项目的采购结果变更公告。

同时,我们认为评标委员会在项目评审过程中未对相应指标项的应答有效性进行严格审查,导致该采购项目经质疑复核后中标供应商发生变更,严重影响采购效率,现将评标委员会专家名单附后。(此段非必要)

特此函告。

附件:1. 质疑函(复印件,略)

　　　2. 质疑复核报告(复印件,略)

3. 质疑答复通知书（复印件，略）

4. 采购结果确认书（复印件，略）

5. 采购结果变更公告（网页截图，略）

6. 评标委员会成员名单（非必要，略）

××××

××××年××月××日

📢 专栏 9－5　关于××采购项目情况说明的函示例

关于××采购项目情况说明的函

××财政部门：

××××年××月××日，我们收到贵单位关于××采购项目（项目编号：××）的《投诉答复通知书》（文号），现就有关情况说明如下。

××××年××月××日，我单位组织××项目的采购工作，预算金额为××万元。××月××日，我单位在××媒体上发布了本项目的采购公告。

××××年××月××日，我单位组织评标委员会按照招标文件和有关法律法规的规定，对本项目进行了全面评审，形成书面评审报告。评标委员会最终推荐综合得分排名第一的××公司为本项目的中标供应商。随后，本单位确认了采购结果。××月××日，我单位在××媒体上发布了中标公告，同时向中标供应商发放中标通知书，告知其应当在通知书发出之日起30日内与我单位联系办理签订政府采购合同事宜。

××月××日，××公司对评审结果提出质疑。经（原评标委员会）复核，维持原评审结果/采购结果发生变更（于××月××日发布了本项目的采购结果变更公告），我单位在法定期限内书面答复了质疑供应商。

截至××月××日，本项目尚未签订政府采购合同/已经签订政府采购合同，资金尚未支付/资金已经支付××%。

相关资料详见附件。

特此说明。

附件：1. 招标文件（略）

2. 投标文件（副本）（略）

3. 评审资料（评审打分记录、评标报告等）（副本）（略）

4. 评审过程录音录像（副本）（略）

5. 评标委员会成员名单（略）

××××

××××年××月××日

专栏9-6 关于××采购项目整改情况的函示例

关于××采购项目整改情况的函

××财政部门：

××××年××月××，收到贵单位关于××采购项目（项目编号：××）的《投诉处理决定书》（文号）（以下简称《决定书》）后，我单位高度重视，就《决定书》中指出的"××问题"立即着手开展相关整改工作，现就有关情况汇报如下。

针对《决定书》中指出的问题，我单位××（列举相关整改措施，例如，召开专题整改会议、制定相关制度办法、改进评审工作细节等）。

下一步，本单位将严格按照相关法律法规的要求组织开展采购活动，杜绝此类问题再次发生。

特此函告。

××××

××××年××月××日

专栏9-7 关于提请××采购项目监督检查的函示例

关于提请××采购项目监督检查的函

××财政部门：

本单位在组织××项目采购工作的过程中，发现项目中标供应商××

· 348 ·

公司存在提供虚假材料谋取中标/评标委员会评审存在失误的情形，导致采购结果与招标文件要求存在较大偏差。为保障采购质量、维护政府采购公平公正，本单位现提请关于本项目的监督检查，并将相关情况报告如下。

一、项目基本情况

××××年××月××日，本单位组织××项目的采购工作，预算金额为××万元。××月××日，本单位在××媒体上发布了本项目的采购公告。××月××日，本单位组织评标委员会按照招标文件和有关法律法规的规定，对本项目进行了全面评审，形成书面评审报告。评标委员会最终推荐综合得分排名第一的××公司为本项目的中标供应商。随后，本单位确认了采购结果。××月××日，本单位在××媒体上发布了中标公告，同时向中标供应商发放中标通知书，告知其应当在通知书发出之日起 30 日内与本单位联系办理签订政府采购合同事宜。截至××月××日，本项目尚未签订政府采购合同/已经签订政府采购合同，资金尚未支付/资金已经支付××%。

二、监督检查事项

本单位在校阅中标供应商投标文件的过程中发现了下述问题。

（1）中标供应商投标文件第××部分第××项，其应答为"负偏离"，但对应的评分记录中并未对该项分数予以扣除。

（2）中标供应商不满足招标文件第××部分第××项的要求，该指标项属于实质性要求，应当拒绝中标供应商的投标文件。

（3）中标供应商投标文件第××页，所提供的××证书真实性存疑，经相关机构查询，中标供应商并未获得该证书，中标供应商存在提供虚假材料谋取中标的嫌疑。

（4）中标供应商投标文件第××部分第××项，其应答为"无偏离"，且在投标文件第××页提供了关于该指标项的证明材料，但是该证明材料的证明效力不足以证明中标供应商所投产品满足招标文件要求，应当扣除相应分数，但对应的评分记录中并未对该项分数予以扣除。

三、相关请求

本单位请求贵单位针对上述事项进行监督检查，判定上述事项是否属实。

后附项目相关资料。

此函。

附件：1. 招标文件（略）

2. 投标文件（副本）（略）

3. 评审资料（评审打分记录、评标报告等）（副本）（略）

4. 评审过程录音录像（副本）（略）

5. 评标委员会成员名单（略）

×　×　×　×

×　×　×　×年×　×月×　×日

第十章　政府采购绩效管理

【本章概述】政府采购绩效管理是全面实施预算绩效管理的重要内容。对政府采购项目进行绩效管理，不仅有助于提高财政资金使用效益，而且有助于更好发挥政府采购政策功能。本章在介绍政府采购绩效管理的含义、原则和意义的基础上，重点对绩效目标管理、事前绩效评估、事中绩效运行监控、事后绩效评价及结果应用等进行阐述，并介绍了政府采购货物和服务绩效评价的典型案例。

第一节　政府采购绩效管理概述

一、概念

绩效是结果与过程的统一，是在一定时期、一定环境下的工作行为和工作结果的综合。而绩效评价是指运用一定的评价方法、量化指标及评价标准，对组织或者个人为实现其职能所确定的绩效目标的实现程度，以及为实现这一目标所安排预算的执行结果所进行的综合性评价。绩效管理则是对绩效目标实现全过程的绩效评价与监控，绩效评价是绩效管理的核心。

对于政府采购绩效评价或者绩效管理的概念，当前暂无统一的表述。有学者认为，政府采购绩效评价是运用科学的评价方法对政府采购支出的全过程进行评估和分析的管理活动；有学者认为，政府采购绩效评价是运用科学、规范的绩效评价方法，比照统一的评价标准，按照绩效的原则，对政府采购活动及其效果进行的科学、客观、公正的衡量和评判；还有学者认为，政府采购绩效评价是运用科学的评价方法对政府采购支出的全过程进行评估和分析，将考评结果融入整个采购预算编制，使采购资金的分配和使用更加经济与高效，以提高政府采购活动效率，资金使用效益和政治、社会效益的管理活动。

本书认为，按照全过程绩效管理理念，政府采购绩效管理应当涵盖项目立项、执行和结项全过程，包含绩效目标管理、事前绩效评估、事中绩效运行监控、事后绩效评价及结果应用等重要环节。按照 2018 年《中共中央 国务院关于全面实施预算绩效管理的意见》（以下简称《意见》）中关于"构建全方位预算绩效管理格局"中的表述，应当实施"政策和项目""部门和单位""政府预算"三个层面的预算绩效管理。对于政府采购而言，其以"项目"形式存在，因此本章将政府采购绩效评价范围限定在政府采购"项目"层面。

二、原则

政府采购绩效评价和管理的原则应当充分考虑政府采购政策的初衷、各方利益体的要求以及社会公众的期待等因素，可以综合归纳为经济性原则、效率性原则、效益性原则和公平性原则。

（一）经济性

经济性原则是指完成政府采购绩效评价目标的同时实现采购支出最小，即为获得特定水平的投入时，如何使成本降低到最低水平，其追求的是充分利用现有资金获得最大规模和最佳比例的投入。采购绩效评价的成本存在着最低成本和最优成本两个概念。最低成本是指为了满足绩效评价需求而花费的最小成本。从经济学的角度来看，以最低的成本满足需求是最优的。但是政府采购绩效评价不能单纯从经济学角度分析，因为政府采购可能附加了多重政策目标。所以，在政府采购领域，最低成本可能并非是最优的。最优成本应当是既能满足采购绩效评价需求，又能实现政府政策目标的最小支出。

在政府对采购绩效评价工作分配资源一定的条件下，绩效评价的经济性主要体现在政府采购绩效评价支出结构的合理性上。因此，政府在采购项目绩效评价前应当了解采购任务所要求采购对象的具体价格水平，根据现有的资金和人力、物力分配采购的资源，规避在采购过程中可能出现的由于浪费资金、人力分配不均导致采购成本增加的现象。

（二）效率性

政府采购绩效评价效率性是指政府采购项目的资金效率和行政效率。资金效率是政府采购项目所投入的资金与政府采购结果的比率，而行政效率是指政府为采购项目投入的物力和人力与采购结果的比率。两者的计算方式有所不同，但政府采购绩效评价以效率性原则为指导思想，必须提高资金效率和行政效率，尽可能在人力、物力和财力支出最小的情况下，实现采购项目结果的利益最大化。

（三）效益性

所谓效益是指对目标的实现程度。政府采购效益是指采购支出取得的商品、劳务或者工程的状况符合和满足客观需要的程度。政府采购绩效评价应当包含经济效益、社会效益、环境效益等多方面的衡量标准。采购人应当在采购前制定预期达成的采购目标，制定具体的采购计划，根据采购计划有序、高效地完成采购目标。讲求效益性不仅能提高财政资金支出的效率和合理性，也能更好满足政府自身开展政务活动需要和社会公共需要。

（四）公平性

在政府采购绩效评估工作中应当充分体现公平性原则。政府采购过程中涉及的主体具有多元性和复杂性，社会公众、供应商以及各政府部门作为采购活动中的主体和互动对象，应当受到公平、公正的对待。公平性政府采购绩效评价意味着供应商能够在透明化的采购工作制度中进行公平的价格竞争，要求政府应当提高采购工作的透明度，避免发生寻租现象，通过采购行为助力形成良好营商环境，为供应商创造平等、公平竞争的机会，提升供应商的内生动力。遵循公平性原则的政府采购绩效评价还对政府采购的信息公示程度提出要求，政府应做好采购需求公示、采购公告发布、采购结果公告、采购合同及时公开等工作，使社会公众能够在公开的采购结果中完成对政府采购工作的监督和评价。

三、意义

（一）推进国家治理体系和治理能力现代化

政府采购绩效评价和管理是运用科学的标准、程序和方法对政府采购项目作出客观公正的评估，是评判政府治理水平和运作效率的重要依据，是落实政府责任、改进政府管理、提高公共服务能力和政府运行效能、增强政府治理能力的重要工具，也是推进国家治理体系和治理能力现代化的重要途径。

（二）促进现代财政制度构建

政府采购作为财政预算支出的重要方式，对其强化绩效管理有利于完善政府采购工作，加快现代财政制度构建步伐。根据现代财政制度改革进程，各级预算单位逐步建立起绩效评价结果与预算安排和政策调整挂钩机制，稳步推动采购预算和项目绩效管理一体化，强化绩效评价结果应用，以进一步改进资金管理、完善政策、优化预算安排，促进我国现代财政体制改革的不断深化。

（三）实现政府采购由程序控制型向绩效型转变

程序导向的政府采购制度更多注重的是采购执行过程合法合规，强调对供应商权利的保护和市场竞争的公平性，特别是在合同缔结方面的竞争性制度，却忽略了通过采购是否有效率地实现了政府采购的政策功能目标。随着经济社会发展，政府采购将更多地转向追求采购对象的物有所值，强调对采购结果的最终评价功能，以实现其调控经济发展、政策功能的目的。同时，绩效型政府采购制度也是政府采购制度现代化的一个标志。

第二节　绩效目标管理

政府采购绩效目标管理，是指财政部门、各部门及其所属单位依照职责，设定、审核、批复绩效目标的政府采购预算管理活动。政府采购绩效目标管理的对象是纳入各部门、各单位预算管理的全部资金。绩效目标管理是绩效评价工作的基础。

一、绩效目标的含义

政府采购绩效目标是指政府采购预算资金计划在一定期限内达到的预期效果和产出，包括绩效内容与绩效指标。政府采购绩效目标是建立采购项目库、编制采购部门预算、实施采购绩效监控、开展事后绩效评价等的重要基础和依据。

政府采购绩效目标可以根据预算支出内容和预算支出时效性分类。按照预算支出内容划分，包括采购的基本支出绩效目标、采购项目支出绩效目标和部门（单位）整体支出绩效目标。按照时效性划分，包括中长期绩效目标和年度绩效目标。

二、绩效目标设定

绩效目标设定是指各部门或其所属单位按照部门预算管理和绩效目标管理要求，编制绩效目标并向财政部门或各部门报送绩效目标的过程。预算单位在编制下一年度采购预算时，应当根据本级政府编制预算的总体要求和财政部门的具体部署、国民经济和社会发展规划、部门职能及事业发展规划，科学、合理地编制政府采购绩效目标并测算财政资金需求。编制的绩效目标应当与部门目标高度相关，并且是具体的、可衡量的、在一定时期内可实现的。

　　设置政府采购预算绩效目标不仅是政府采购预算绩效管理工作能否更好开展的基础，也是预算绩效监督管理、审核评价和结果应用的先决条件。按照"谁申请资金，谁设定目标"的原则，政府采购绩效目标由各部门及其所属单位设定。采购项目支出绩效目标应当在该项目纳入各级政府部门预算项目库之前编制，并按要求随同各部门项目库提交至财政部门；采购人整体支出绩效目标，在申报部门采购预算时编制，并按要求提交至本级财政部门。

　　《中央部门项目支出核心绩效目标和指标设置及取值指引（试行）》强调要分解细化指标，设置绩效指标应"根据任务内容，分析投入资源、开展活动、质量标准、成本要求、产出内容、产生效果等问题"，还应"避免选用难以确定具体指标值、标准不明确或缺乏约束力的指标"。政府采购绩效指标是政府采购绩效目标的细化和量化描述，主要包括成本指标、产出指标、效益指标和满意度指标等内容。

　　（1）成本指标包括经济成本指标、社会成本指标和生态环境成本指标等二级指标，分别反映项目实施产生的各方面成本的预期控制范围。

　　（2）产出指标是对预期产出的描述，包括数量指标、质量指标、时效指标、成本指标等。

　　（3）效益指标是对预期效果的描述，包括经济效益指标、社会效益指标、生态效益指标及可持续影响指标等。

　　（4）满意度指标是反映服务对象或项目受益人认可程度的指标。应当积极探索构建政府采购绩效评价指标体系，围绕政府采购目标的科学性、资金投入的经济性、资金支出效率、采购结果、合同履行、支持中小微企业政策落实和社会公平目标设置评价标准，为以后年度开展绩效管理工作提供指导。

　　各部门、各单位设定项目或部门的政府采购绩效目标时，可以参考相关历史或横向的绩效标准。绩效标准是设定绩效指标时所依据或参考的标准。通常包括：（1）历史标准是指同类指标的历史数据等；（2）行业标准是指国家公布的行业指标数据等；（3）计划标准是指预先制定的目标、计划、预算、定额数据等；（4）财政部门认可的其他标准。

三、绩效目标申报

政府采购绩效目标申报应当与部门预算编制同时进行，经财政部门审核，由人大批复后进入预算执行阶段。在设定科学的绩效目标时，按照"政府——部门——项目"级次，自上而下分层确定目标。因此，采购单位需要在各级政府制定宏观目标的基础上，根据政府宏观目标制定本部门的采购目标，从而制定并申报各部门的采购项目具体实施计划。采购项目资金的绩效目标应当以部门总体目标为基础，结合部门职能及年度采购计划、采购重点设立合理的采购总体绩效目标和分项绩效目标，充分明确单个采购项目的产出指标（产出数量、产出质量、产出时效、产出成本指标）和效益指标（社会效益、可持续影响、服务对象满意度等），以具体项目的执行结果，全力支撑部门整体绩效目标的实现。

总体而言，政府采购绩效目标的申报应当经过调查研究和科学论证，坚持指向明确、具体细化、合理可行的要求，通过立项论证评价采购项目绩效目标的明确性，如产出数量是否量化、产出质量是否达标、产出时效是否实现、成本效益是否匹配、社会主体和公众的预期满意度、购买服务项目实施后续预期效益等，减少目标设定的随意性、增强立项的科学性、保证评价决策的有效性，以最终确定实施的绩效目标为参照，清晰反映预算资金的预期产出和效果，以相应的绩效指标予以细化、量化描述，并实现信息化技术对绩效目标申报工作的全方位支撑，保障政府采购绩效目标申报工作顺利进行。

四、绩效目标审核

采购人报送的绩效目标由财政部门或各部门进行审查与核实并将审核意见反馈相关单位，在其指导下采购人对绩效目标加以修改完善。按照"谁分配资金，谁审核目标"原则，采购人报送的政府采购绩效目标必须由财政部门或各部门按照预算管理级次进行审核，审核依据是国家相关政策、各地财政支出方向和重点、部门职能及事业发展规划等，包括政府采购绩效目标与部门职能的相关性、绩效目标的实现所采取措施的可行性、绩效指标设置的科学性、实现绩效目标所需财政资金的合理性等。

参考绩效目标审核类型，采购人报送的政府采购绩效目标审核类型分为以下两类：第一类是对一般性采购项目，由财政部门结合部门预算管理流程进行审核，提出审核意见。第二类是对社会关注程度高、对经济社会发展具有重要影响、关系重大民生领域或专业技术复杂的重点采购项目，财政部门可根据需要将其委托给第三方，组织相关部门、专家学者、科研院所、中介机构、社会公众代表等共同参与审核，提出审核意见。由于财政部门对采购项目支出绩效目标的审核采用填报"项目支出绩效目标审核表"的方式，其中，对一般性采购项目采取定性审核的方式；对重点项目采取定性审核和定量审核相结合的方式。财政部门在填报"项目支出绩效目标审核表"时将充分参考部门职能、项目立项依据、项目实施的必要性和可行性、项目实施方案以及以前年度绩效信息等内容，因此，采购人应注意上述内容的达标。

五、绩效目标的批复、调整与应用

经批复的政府采购绩效目标为事前绩效评估、采购预算执行过程中进行绩效运行监控和事后绩效评价提供了可靠的对照标准。绩效目标确定后，一般不予调整。在预算执行中因特殊原因确需调整的，应当按照政府采购绩效目标管理要求和预算调整流程报批。各部门及所属单位应当按照批复的绩效目标组织预算执行，并根据设定的采购绩效目标开展采购绩效监控与绩效自评。

为了更好地开展预算绩效目标管理工作，可以在建立健全应用管理制度、加强结果反馈等方面进一步创新。例如，采购人可以通过实地考察、问卷调查等方式，进一步落实采购绩效目标的完成情况，并将其作为下一年度编制预算时的关键参照物。

第三节　事前绩效评估

事前绩效评估对项目决策及实施具有重要指导意义：一方面，有利于财政部门全面把握行业前景、预算部门组织管理、项目实施计划等情况，进而合理安排预算资金，提高预算资金分配决策的科学性；另一方面，通过明确绩效目标、定位受益群体并预估项目效果，也有利于预算部门宏观把控项目，提高财政资金使用效益。北京市是较早开展事前绩效评估的省份，且政府采购项目也适用事前绩效评估，因此，本部分拟以北京市为例进行阐述，主要参考2021年北京市出台的《北京市市级财政支出事前绩效评估管理办法》（以下简称"京财绩效1837号文"）。

一、事前绩效评估的含义

京财绩效1837号文提出，财政支出事前绩效评估是指市财政局或市级预算部门和单位依据国家及北京市政策、部门和单位发展规划等内容，运用科学、合理的方法，对财政支出项目和财政支出政策的必要性、可行性、效率性、效益性及经济性进行客观、公正的评估。

具体到政府采购领域，本书认为政府采购事前绩效评估是指各级预算单位根据国家和地方法律法规政策等，运用科学、合理的评估方法，在政府采购项目实施前，对其进行全面、客观、公正的评定和估算。

> ☞ **小贴士**
>
> 本章中"事"是指"政府采购项目"，"事前绩效评估"是政府采购项目开始前的评价，评价结果将决定该项目是否列入下年政府采购预算中；"事中绩效监控"是在政府采购项目执行过程中进行动态评价，目的在于纠偏；"事后绩效评价"是项目完成后对项目完成情况进行整体评价，绩效评价结果可应用于未来的预算编审，从而形成绩效闭环管理。

二、事前绩效评估的内容和指标

京财绩效 1837 号文对财政支出项目事前绩效评估的内容和指标进行了详细的规定。具体到政府采购领域，我们认为政府采购事前绩效评估应重点对政府采购项目的必要性、可行性、经济性、效率性和效益性进行评定。共设置政府采购事前绩效评估一级指标 5 个，二级指标 19 个。其中项目必要性包括立项相关性、职能相关性、需求相关性、财政投入相关性、目标明确性和目标合理性，共 6 个二级指标；项目可行性包括实施条件可行性、实施方案可行性和经济的可行性，共 3 个二级指标；项目经济性包括投入合规性、成本可控性和成本节约性，共 3 个二级指标；项目效率性包括产出效率性、时间效率性、经济效率性和指标可评价性，共 4 个二级指标；项目效益性包括效益明确性、效益可评价性和利益相关者满意度，共 3 个二级指标。政府采购项目事前评估评分指标体系如表 10 - 1 所示，事前评估结果作为采购人实施项目和开展事后绩效评价的重要参考，实现了事前、事中、事后的闭环绩效管理。

表 10 - 1   政府采购项目事前评估评分指标体系

一级指标	二级指标	评估要点	分值
立项必要性 （30 分）	立项相关性	立项是否与国家、省内、相关行业宏观政策相关	5 分
	职能相关性	是否与主管部门职能、规划及当年重点工作相关	5 分
	需求相关性	①是否具有现实需求，需求是否迫切 ②是否有可替代性 ③是否有确定的评估对象和范围 ④与其他项目或政策是否交叉重叠	5 分
	财政投入相关性	是否具有公共性，是否属于公共财政支持范围	5 分
	目标明确性	①绩效目标设定是否明确 ②与部门长期规划目标、年度工作目标是否一致 ③项目受益群体定位是否准确 ④绩效目标和指标设置是否与项目高度相关	5 分
	目标合理性	①绩效目标与项目预计解决的问题是否匹配 ②绩效目标与现实需求是否匹配 ③绩效目标是否具有一定的前瞻性和挑战性 ④绩效指标是否细化、量化，指标值是否合理、可考核	5 分

续表

一级指标	二级指标	评估要点	分值
项目可行性 （15分）	实施条件可行性	实施条件是否可行，包括项目的组织机构是否健全，职责分工与管理制度、风控机制是否明确	5分
	实施方案可行性	项目实施方案是否可行，包括计划进度安排是否合理可行，技术方案是否成熟、先进、经济、高效；行业备案信息等是否齐备，未来实施是否具备可持续的条件和环境保障	5分
	经济的可行性	项目投入是否可行，是否在不同方案中有技术标准经济性的比较	5分
项目经济性 （15分）	投入合规性	①项目投入资源及成本是否与预期产出及效果相匹配 ②投入成本是否合理，成本测算依据是否充分 ③资金来源渠道是否符合相关规定；资金筹措是否体现权责对等，财权和事权是否匹配。财政资金支持方式是否科学合理	5分
	成本可控性	①项目是否采取相关成本控制措施，成本控制措施是否有效。各级财政资金配套方式和承受能力是否科学合理 ②各级财政部门和其他部门是否有类似项目资金重复投入；财政资金是否有明确资金使用进度安排，资金使用周期与目标任务预期完成周期是否相符	5分
	成本节约性	①预算安排是否符合相关标准和管理要求 ②是否考虑替代方案成本节约情况；对筹资风险认识是否全面 ③是否针对预期风险设定应对措施，应对措施是否可行、有效	5分
项目效率性 （25分）	产出效率性	项目预期产出是否清晰明确，是否与项目密切相关；项目预期产出是否提供了明确的公共产品或公共服务	10分
	时间效率性	项目实施的时间效率是否清晰明确，实施周期是否具有时效性	5分
	经济效率性	是否反映了既定投入水平下的最大产出；产出数量与质量是否与预算申请相符	5分
	指标可评价性	产出指标值是否合理、细化、量化、可考核；产出质量预期指标值是否符合行业或业务标准，是否有明确的质量达标率	5分

续表

一级指标	二级指标	评估要点	分值
项目效益性 （15分）	效益明确性	项目预期效益（经济、社会、生态和可持续影响）是否清晰明确、具体，与绩效目标是否匹配。是否反映了既定投入水平下的最优经济效益、社会效益和环境效益	7分
	效益可评价性	各项目预期效益（经济、社会、生态和可持续影响）是否与预算申请相符，是否量化、可实现、可评价	3分
	利益相关者 满意度	可实现的效益是否得到利益相关者的认可，实施主体、社会公众或受益对象对项目（政策）预期效果的满意程度是否合理、可评价	5分

资料参考：《北京市市级财政支出事前绩效评估管理办法》。

三、事前绩效评估方法

参照京财绩效 1837 号文，本书认为政府采购事前绩效评估方式主要包括专家咨询、现场调研、问卷调查、召开座谈会等；政府采购事前绩效评估方法主要包括成本效益分析法、对比分析法、因素分析法、公众评判法及其他评估方法。

（一）政府采购事前绩效评估方式

1. 专家咨询

对于专业性较强、评估难度较大的项目，对相关问题存在疑难点时，可邀请业务、管理、财务等专家参与评估论证和咨询工作，提供专业技术支持。

2. 现场调研

对于有一定物质基础的项目，在资料收集过程中，可进行现场调研，实地勘察和了解项目真实情况。

3. 问卷调查

对于利益相关方涉及对象多、作用范围广的项目，在资料收集过程中，可采用问卷调查的方式，向利益相关方了解情况或者征询意见。

4. 召开座谈会

对于涉及工作主体多、人员分散的项目，在入户培训、现场调研、召开评估会时，可组织特定人员开展座谈，了解项目情况，集中收集各方意见和建议。

（二）政府采购事前绩效评估方法

1. 成本效益分析法

成本效益分析法是指通过开展成本核算，并对全部成本和效益进行对比来评估项目的投入价值，以实现投入最小的成本获得最大的收益为目标的分析方法。该方法的应用需要项目单位提供同一技术方案下，按不同技术标准计算的"成本—效益比率"，用以比较原有方案与替代方案的效益，选择经济性最优的支出方案，以体现成本控制要求。

2. 对比分析法

对比分析法是指通过将绩效目标与预期实施效果、历史情况、不同部门和地区同类财政支出新增安排情况进行比较，对项目进行评估。

3. 因素分析法

因素分析法是指通过全面统计影响绩效目标的实现和实施效果的内外因素，综合分析内外因素对绩效目标实现的影响程度，对项目进行评估。

4. 公众评判法

公众评判法是指通过专家评估、抽样调查等方式，对相关情况提供咨询意见和结论支撑的评估方法。

四、事前绩效评估流程

参照京财绩效 1837 号文对财政支出事前绩效评估流程的规定，本书认为政府采购事前绩效评估流程主要包括事前评估准备、事前评估实施、事前评估总结和应用三个阶段。

（一）准备阶段

1. 预算单位项目申报

各级预算单位按照年度预算编制时间安排，完成本单位事前评估及项目录入工作，并按照预算编制流程将拟新增重大项目报送本级财政部门预算管理处室，开展事前评估。在预算执行过程中，预算单位申请预算调整，需将拟新增重大项目报送本级财政部门。

2. 各级财政部门预算管理处室审核把关

各级财政部门预算管理处室对预算单位申报的项目进行初审，就项目的必要性、可行性、经济性等方面提出初步审核意见，并明确事前评估中应关注的重点问题，将拟列入预算安排的事前评估对象清单及初步意见送本级财政部门绩效处。

3. 确定事前评估对象

各级财政部门绩效处汇总本级各预算管理处室提交的评估项目、政策，报财政部门领导审批同意后，通知预算管理处室。预算管理处室通知预算单位按事前评估资料清单准备相关材料，并对申报材料进行指导。

4. 组建事前评估工作组和专家组

事前评估工作组由各级财政部门绩效处、预算管理处室、第三方机构相关人员组成，绩效处相关项目负责人担任工作组组长。根据需要组建不少于5人的专家组，参与预审、调研及评估论证。专家组通常包括业务专家、财务专家、绩效管理专家。

5. 确定参加评估的人大代表和政协委员

各级财政部门绩效处将事前评估对象清单报送各级人大、各级政协相关部门，确定参与事前评估监督工作的人大代表和政协委员。

（二）实施阶段

1. 收集整理资料

预算单位按照要求在规定的时间内提交评估资料。工作组对照资料清单对收集的资料进行分类整理，根据需要开展现场调研，实地勘测、核实、了解评估对象的具体内容。

2. 召开预审会

事前评估工作组视情况组织开展预审会，邀请人大代表、政协委员参加。预审会主要由专家组、人大代表、政协委员和事前评估工作组共同听取预算单位的汇报，对提交的资料进行审核，并出具补充资料清单。

3. 补充完善资料

预算单位按照评估工作组出具的补充资料清单，在 10 个工作日内补齐评估资料。逾期未按要求补充资料的项目、政策将退回预算管理处室，不进入下一评估环节。提交评估资料达到评估条件的项目，进入正式评估环节。进入正式评估环节的项目，在 30 日内完成事前评估工作。

4. 准备正式评估会

将评估资料提前发专家组及人大代表、政协委员审阅，征求意见确定正式评估会时间，并通知专家组、人大代表、政协委员、预算单位。根据评估需要，事前评估工作组可安排实地调研、问卷调查、座谈会等，对评估资料进一步丰富和完善，调研可根据需要邀请专家、人大代表及政协委员等参加。

5. 召开正式评估会

正式会由工作组组长主持，预算单位就项目内容进行汇报，汇报时间不超过 20 分钟。专家组、人大代表、政协委员就具体问题与预算单位进行沟通交流。在此基础上，专家组对照事前评估指标体系，独立客观地进行评分，出具评估意见，并最终讨论形成《政府采购项目事前绩效评估专家组评估意见》（见表 10 - 2）。

表 10 - 2　　　　政府采购项目事前绩效评估专家组评估意见

评估指标及分值		专家评估计分					
评估指标	分值	专家1	专家2	专家3	专家4	专家5	平均
一、项目必要性	30分						
立项相关性	5分						

续表

评估指标及分值		专家评估计分					
评估指标	分值	专家1	专家2	专家3	专家4	专家5	平均
职能相关性	5分						
需求相关性	5分						
财政投入相关性	5分						
目标明确性	5分						
目标合理性	5分						
二、项目可行性	15分						
实施条件可行性	5分						
实施方案可行性	5分						
经济的可行性	5分						
三、项目经济性	15分						
投入经济性	5分						
成本可控性	5分						
成本节约性	5分						
四、项目效率性	25分						
产出效率性	10分						
时间效率性	5分						
经济效率性	5分						
指标可评价性	5分						
五、项目效益性	15分						
效益明确性	7分						
效益可评价性	3分						
利益相关者满意度	5分						
合计	100分						
评估得分							
评估结论		予以支持□ 部分支持□ 不予支持□					

续表

分项意见： 1. 项目必要性 2. 项目可行性 3. 项目经济性 4. 项目效率性 5. 项目效益性
总体意见：
其他问题和建议： 　　　　　　　　　　　　　　　　专家组组长签字： 　　　　　　　　　　　　　　　　日期：

资料参考：《北京市市级财政支出事前绩效评估管理办法》。

　　人大代表、政协委员需单独出具评估意见，包括对事前评估工作的意见或建议、对事前评估项目的意见或建议，形成《政府采购项目事前绩效评估人大代表（政协委员）评估意见》（见表 10-3）。

表 10-3　政府采购项目事前绩效评估人大代表（政协委员）评估意见

政府采购项目事前绩效评估人大代表（政协委员）评估意见   　　　　　　　　　　　　　人大代表（政协委员）签字： 　　　　　　　　　　　　　日期：

资料参考：《北京市市级财政支出事前绩效评估管理办法》。

（三）总结阶段

1. 撰写评估报告

事前评估工作组汇总专家组意见，形成最终评估结论和评分，并撰写事前绩效评估报告。

2. 形成评估报告

事前评估工作组将评估报告和评估结论征求预算管理处室意见，进行修订，形成正式评估报告，报各级财政部门绩效处。政府采购项目事前绩效评估评估报告（参考）见表10-4。

表10-4   政府采购项目事前绩效评估评估报告（参考）

一、评估对象 项目名称： 项目单位：　　　　　　主管部门： 项目绩效目标： 项目资金总额：　　　　其中申请财政资金： 项目概况： 二、评估方式和方法 （一）评估程序 （二）评估思路及方法 （三）评估方式 三、评估内容与结论 （一）项目必要性 （二）项目可行性 （三）项目经济性 （四）项目效率性 （五）项目效益性 （六）总体结论 四、相关建议 五、其他需要说明的问题 （阐述评估工作基本前提、假设、报告适用范围、相关责任以及需要说明的其他问题等） 六、附件 绩效目标申报表

资料参考：《北京市市级财政支出事前绩效评估管理办法》（京财绩效〔2021〕1837号）。

3. 结果应用

预算管理处室将事前评估结论为"予以支持"和"部分支持"的项目纳入各级财政项目库管理，按照预算决策程序，安排预算评审，进行预算批复工作。

第四节　事中绩效运行监控

一、事中绩效运行监控的含义

为加强中央部门预算绩效运行监控（以下简称"绩效监控"）管理，提高预算执行效率和资金使用效益，根据《意见》的有关规定，财政部预算司于2019年7月26日发布了《中央部门预算绩效运行监控管理暂行办法》，为各部门各单位进行事中绩效运行监控提供了指导。

政府采购绩效运行监控是指在采购项目实施过程中，财政部、中央部门及其所属单位、地方各级预算单位，依照职责，按照"全面覆盖、突出重点，权责对等、约束有力，结果运用、及时纠偏"原则，对项目绩效目标实现程度、预算资金支出进度和项目实施进程进行绩效运行跟踪监控，及时发现和纠正政府采购绩效运行中的问题，促进绩效目标顺利实施，以确保资金使用效率和项目管理效益的提高。

绩效监控是全过程预算绩效管理的重要环节，是确保各预算单位实现预算绩效目标、落实绩效主体责任的重要手段。为确保采购活动达到绩效期望，采购单位要负责采购项目的绩效运行跟踪工作，组织专人按照规定进行采购项目绩效运行全程跟踪，报送绩效监控资料，落实绩效运行监控整改意见，包括跟踪年初设定的政府采购绩效目标完成情况、纠正采购执行工作中的偏差、查找财政资金使用和采购业务管理中的薄弱环节、及时弥补管理"漏洞"等。尤其要建立健全履约验收管理机制，明确验收量化标准，对供应商的履约实行全过程跟踪监督。

二、事中绩效运行监控范围和内容

（一）事中绩效监控范围

各预算单位对政府采购重点政策和重大项目，以及巡视、审计、有关监督检查、重点绩效评价和日常管理中发现问题较多、绩效水平不高、管理薄弱的采购项目予以重点监控，并逐步开展部门整体支出绩效监控。

预算单位（采购人）按照预算绩效管理有关规定，对照采购项目绩效目标，对所负责项目采购执行过程以及资金使用和管理情况进行自行跟踪监控。采购人通过绩效监控工作，掌握采购项目绩效目标的完成情况和实施进程，以及财政资金的支出进度，并采取措施尽可能避免采购项目执行绩效与采购绩效目标发生偏离。

（二）事中绩效监控内容

1. 绩效目标完成情况

一是预计产出的完成进度及趋势，包括采购数量、质量、时效、成本等。二是预计效果的实现进度及趋势，包括采购的经济效益、社会效益、生态效益和可持续影响等。三是跟踪政府购买服务对象满意度及趋势。

2. 预算资金执行情况

预算资金执行情况包括政府采购预算资金拨付情况、预算执行单位实际支出情况、资金流向以及预计结转结余情况。

3. 重点政策和重大项目绩效延伸监控

定期向社会公布重大项目资金使用明细表，必要时，可对政府采购重点政策和重大项目支出具体工作任务开展、发展趋势、实施计划调整等情况进行延伸监控。

4. 其他情况

除上述内容以外，其他需要实施政府采购绩效监控的内容。

三、事中绩效运行监控方式

绩效监控采用目标比较法，用定量分析和定性分析相结合的方式，将绩效实现情况与预期绩效目标进行比较，对采购目标完成、预算执行、组织实施、资金管理等进行分析评判。

政府采购绩效监控包括及时性、合规性和有效性监控。其中，及时性监控重点关注上年结转资金较大、当年新增采购预算且前期准备不充分，以及预算执行环境发生重大变化等情况。合规性监控重点关注政府采购预算管理制度落实情况、政府采购项目预算资金使用过程中的无预算开支、超预算开支、挤占挪用预算资金、超标准配置资产等情况。有效性监控重点关注政府采购项目执行是否与绩效目标一致、执行效果能否达到预期等，如是否有利于环境保护、扶持不发达地区和少数民族地区、促进中小企业发展等政策功能的实现。

绩效监控工作是全流程的持续性管理，具体采取采购人日常监控和财政部定期监控相结合的方式开展。采购科研类项目可暂不接受年度中的绩效监控，但应接受在实施期内结合项目检查等方式强化绩效监控，因此，应更加注重采购项目绩效目标实现程度和可持续性。

四、事中绩效运行监控流程

根据《中央部门预算绩效运行监控管理暂行办法》，一般在每年 8 月，各部门要集中对 1~7 月预算执行情况和绩效目标实现程度开展一次绩效监控汇总分析，对政府采购绩效监控的具体工作程序如下。

1. 收集政府采购绩效监控信息

预算单位对照批复的政府采购绩效目标，以绩效目标执行情况为重点收集绩效监控信息。

2. 分析政府采购绩效监控信息

预算单位在收集上述绩效信息的基础上，对偏离政府采购绩效目标的原因进行分析，对全年政府采购绩效目标完成情况进行预估，并对预计年底不能完成目标的原因及拟采取的改进措施作出说明。

3. 填报绩效监控情况表

预算单位在分析绩效监控信息的基础上填写《项目支出绩效目标执行监控表》（见表 10－5），其中政府采购项目支出的目标完成情况与偏差等内容将作为年度预算执行完成后政府采购绩效评价的依据。

表 10 - 5

项目支出绩效目标执行监控

（ 年度 ）

主管单位名称								
实施单位			项目名称					
			项目批准机关及文号					
资金情况（万元）		年初预算数	1~6月按原项目用途执行数	1~6月按原项目用途执行率	1~6月调整为其他用途执行数	1~6月调整为其他用途执行率	全年预计执行率	
	年度资金总额							
	其中：财政拨款							
	其他资金			调整为其他用途说明		调整原因说明		
	年度总体目标							
绩效指标	一级指标	二级指标	三级指标	年度目标值	1~6月完成值	全年预计完成情况	偏差原因分析	纠偏情况
					年度总体目标完成情况			
	产出指标	数量指标						
		质量指标						
		时效指标						
		成本指标						
		……						
	效益指标	经济效益指标						
		社会效益指标						
		环境效益指标						
		可持续影响指标						
	满意度指标	服务对象满意度指标						

资料来源：根据相关材料整理。

4. 报送绩效监控报告

各部门年度集中绩效监控工作完成后，及时总结经验、发现问题、提出下一步改进措施，形成本部门绩效监控报告，并将所有一级项目《项目支出绩效目标执行监控表》于 8 月 31 日前报送财政部门对口业务部门和预算部门。

5. 绩效监控结果应用

绩效监控结果作为以后年度预算安排和政策制定的重要参考，绩效监控工作情况作为各部门预算绩效管理工作考核的内容。

各部门通过绩效监控信息深入分析预算执行进度慢、绩效水平不高的具体原因，对绩效监控中发现的绩效目标执行偏差和管理漏洞，应当及时采取分类处置措施予以纠正。对于因政策变化、突发事件等客观因素导致预算执行进度缓慢或预计无法实现绩效目标的，应当本着实事求是的原则，及时按程序调减预算，并同步调整绩效目标；对于在绩效监控中发现严重问题的，如预算执行与绩效目标偏离较大、已经或预计造成重大损失浪费或风险等情况，应当暂停项目实施，按照相应程序调减预算并停止拨付资金，及时纠偏止损。已开始执行的政府采购项目应当按照相关程序办理。

财政部门加强绩效监控结果应用。对主管部门绩效监控结果进行审核分析，对发现的问题和风险进行研判，督促相关部门改进管理，确保预算资金安全有效，保障党中央、国务院重大战略部署和政策目标如期实现。

对在绩效监控过程中发现的财政违法行为，依照《预算法》《财政违法行为处罚处分条例》等有关规定追究责任，报送至同级政府和有关部门，作为行政问责的参考依据；发现重大违纪违法问题线索，及时移送纪检监察机关。

预算单位应当加强采购绩效管理机制建设，可以通过设立专门评价组织，促进评价结果落到实处。

（1）建立完善的政府采购绩效评估信息交流和沟通机制，将政府采购绩效评价信息通过现行的政府采购信息化手段进行披露，让广大受益对象广泛了解其整体采购活动，并对政府采购作出整体评价。（2）加强绩效监控结果的应用，将绩效监控结果推广应用于项目建设，建立奖惩机制，形成激励机制。（3）充分体现国家政策导向性，严格执行国库集中支付对政府采购合同的约束政策，最大限度地节约预算资金，保障财政资金的安全，实现财政资金使用的最大效益。

第五节　事后绩效评价及结果应用

一、事后绩效评价的含义

（一）事后采购绩效评价的内涵

政府采购事后绩效评价是指政府采购项目完成后，财政部门、业务主管部门和单位，依据预先设定的绩效目标，运用科学合理的绩效评价指标、评价标准和评价方法，对政府采购活动组织实施全过程进行全面、客观、科学的评价。经过事后绩效评价后形成绩效评价结果，为规范政府采购相关当事人及参与者的行为提供信息参考，为实施政府采购监督管理提供依据。根据《项目支出绩效评价管理办法》（以下简称"财预〔2020〕10 号文"），事后绩效评价分为单位自评、部门评价和财政评价三种方式。据此，政府采购的事后绩效评价工作也分为上述三种方式。其中，单位自评是指采购单位对预算批复的采购项目绩效目标完成情况进行自我评价。主管部门评价是指采购主管部门根据相关要求，运用科学、合理的绩效评价指标、评价标准和方法，对本部门的采购项目组织开展的绩效评价。财政评价是财政部门对采购主管部门的采购项目组织开展的绩效评价。

（二）政府采购绩效评价的主要依据

一般而言，政府采购绩效评价的依据分为以下几个方面。

（1）国家相关法律、法规和规章制度；

（2）党中央、国务院重大决策部署，经济社会发展目标，地方各级党委和政府重点任务要求；

（3）部门职责相关规定；

（4）相关行业政策、行业标准及专业技术规范；

（5）预算管理制度及办法，项目及资金管理办法、财务和会计资料；

（6）项目设立的政策依据和目标，预算执行情况，年度决算报告、项目决算或验收报告等相关材料；

（7）本级人大审查结果报告、审计报告及决定，财政监督稽核报告等；

（8）其他相关资料。

（三）政府采购事后绩效评价的对象

采购单位自评的对象包括纳入政府采购预算管理的所有项目支出。

主管部门评价对象应根据工作需要，优先选择部门履职的重大改革发展项目，随机选择一般性项目。

财政评价对象应根据工作需要，优先选择贯彻落实党中央、国务院重大方针政策和决策部署的项目，覆盖面广、影响力大、社会关注度高、实施期长的项目；对纳入财政重点绩效评价项目范围内的政府采购项目，应周期性组织开展绩效评价。

二、事后绩效评价的内容和指标

目前，财政部并没有统一的政府采购绩效评价指标。本书以财预〔2020〕10号文为基础，并结合河北省、河南省、四川省、浙江省、山东省等省及部分市出台的政府采购项目绩效评价管理办法与实践，总结出事后绩效评价内容和指标如下。

（一）事后绩效评价的内容

政府采购事后绩效评价主要包括以下内容：政府采购法律法规和相关政策、制度的执行情况；政府采购活动的专业性、效率性、公开性、公平性和公正性；政府采购结果的需求相关性、经济性、效益性和有效性；政府采购当事人和服务对象满意度；政府采购当事人诚实信用情况；其他需要绩效评价的内容。

1. 采购单位自评

按照预算管理来看，采购单位可能是部门（如教育部），也可能是部门下属的单位。采购单位自我评价（自评）以年度预算绩效目标完成情况为主要内容，包括项目总体绩效目标、各项绩效指标完成情况以及预算执行情况。对未完成绩效目标或偏离绩效目标较大的项目，应当分析并说明原因，研究提出改进措施。

采购单位自评的范围包括纳入预算管理的所有政府采购项目。对本部门资金量大、覆盖面广、具有明显社会和经济影响的政府采购项目的绩效自评，业务主管部门可以有计划地采取自上而下直接组织重点评价的方式进行。

2. 财政部门和主管部门重点评价

财政部门和主管部门评价的内容主要包括决策情况、资金管理和使用情况、相关管理制度办法的健全性及执行情况、实现的产出情况、取得的效益情况以及其他相关内容。业务主管部门采取重点评价方式进行绩效自评的，应根据工作需要，优先选择部门履职的主要项目，并与财政重点评价计划相衔接，避免不必要的重复。主管部门重点评价要体现牵头组织与项目实施主体相分离的原则，一般由主管财务的机构组织，确保评价的独立、客观、公正。

财政部门重点评价对象应根据工作需要，优先选择覆盖面广、影响力大、社会关注度高、效果呈现形式多样的项目。逐步实现政府采购项目绩效评价全覆盖。

政府采购项目财政绩效评价由财政部门自行组建评价小组或委托第三方机构组织实施。自行组建的评价小组或委托的第三方机构（以下统称"评价机构"）中的"第三方机构"是指依法设立、具有独立法人资格和良好商业信誉、具备开展绩效评价工作专业能力的企业及其他社会组织，第三方机构与被评价项目之间存在利害关系的，应当回避。

（二）事后绩效评价的指标

绩效评价指标是衡量和评价政府采购活动的公开性、公平性、公正性和诚实信用，政府采购资金支出的经济性、效率性和有效性的考核工具，是对绩效目标的细化和量化描述。绩效评价指标的确定应当遵循相关性、重要性、可比性、系统性、经济性原则。

1. 采购单位自评

采购单位自评指标是指预算批复时确定的绩效指标，包括项目的产出数量、质量、时效、成本，以及经济效益、社会效益、生态效益、可持续影响、服务对象满意度等。

采购单位自评指标的权重由各单位根据项目实际情况确定。原则上预算执行率和一级指标权重统一设置为：预算执行率10%、产出指标50%、效益指标30%、服务对象满意度指标10%。如有特殊情况，一级指标权重可做适当调整。二、三级指标应当根据指标重要程度、项目实施阶段等因素综合确定，准确反映项目的产出和效益。

采购单位自评主要采用定量与定性评价相结合的比较法，总分由各项指标得分汇总形成。

定量指标得分按照以下方法评定：与年初指标值相比，完成指标值的，记该指标所赋全部分值；对完成值高于指标值较多的，要分析原因，如果是由于年初指标值设定明显偏低造成的，要按照偏离度适度调减分值；未完成指标值的，按照完成值与指标值的比例记分。定性指标得分参照以下方法评定：根据指标完成情况分为达成年度指标、部分达成年度指标并具有一定效果、未达成年度指标且效果较差三档，分别按照该指标对应分值区间100%~80%（含）、80%~60%（含）、60%~0合理确定分值。

采购单位自评结果主要通过政府采购项目绩效自评表（见表10-6）的形式反映，做到内容完整、权重合理、数据真实、结果客观，并于评价工作完成后1个月内将自评结果报送财政部门。

政府采购项目存在如表10-7所示情形之一的，过程管理指标不得分，在绩效评价中存在弄虚作假行为等违反预算管理规定情况，评价结果按实际调整。

表 10－6　　　　　　　　政府采购项目绩效自评

（　　　年度）

项目名称								
主管部门						实施单位		
项目资金 （万元）			年初 预算数	全年 预算数	全年 执行数	分值	执行率	得分
	年度资金总额					10 分		
	其中：当年财政拨款					—		—
	上年结转资金					—		—
	其他资金					—		—
年度总体 目标	预期目标					实际完成情况		

绩效指标	一级指标	二级指标	三级指标	年度 指标值	实际 完成值	分值	得分	偏差原因分析 及改进措施
	产出指标	数量指标	指标 1：					
			指标 2：					
			……					
		质量指标	指标 1：					
			指标 2：					
			……					
		时效指标	指标 1：					
			指标 2：					
			……					
		成本指标	指标 1：					
			指标 2：					
			……					
	效益指标	经济效益 指标	指标 1：					
			指标 2：					
			……					
		社会效益 指标	指标 1：					
			指标 2：					
			……					

	一级指标	二级指标	三级指标	年度指标值	实际完成值	分值	得分	偏差原因分析及改进措施
绩效指标	效益指标	生态效益指标	指标1:					
			指标2:					
			……					
		可持续影响指标	指标1:					
			指标2:					
			……					
	满意度指标	服务对象满意度指标	指标1:					
			指标2:					
			……					
总分						10分		

资料来源:《项目支出绩效评价管理办法》。

表 10 - 7　　政府采购项目绩效评价过程管理指标不得分情形

序号	指标内容
1	将应当进行公开招标的项目化整为零或者以其他任何方式规避公开招标
2	擅自提高采购标准
3	以不合理的条件对供应商实行差别待遇或者歧视待遇
4	未依法在指定媒体上发布政府采购项目信息
5	未依法从政府采购评审专家库中抽取评审专家
6	未按照规定在评标委员会、竞争性谈判小组或者询价小组推荐的中标或者成交候选人中确定中标或者成交供应商
7	采购进口产品未获得财政部门批准
8	中标、成交通知书发出后无正当理由不与中标、成交供应商签订采购合同
9	未按照采购文件确定的事项签订采购合同
10	未按照规定组织对供应商履约情况进行验收
11	法律法规规定的应处以行政处罚的其他情形

资料来源:《威海市市级政府采购项目绩效评价管理办法》。

2. 财政部门和主管部门重点评价

财政部门和主管部门绩效评价指标的确定应当符合以下要求:与评价

对象密切相关，全面反映项目决策、项目和资金管理、产出和效益；优先选取最具代表性、最能直接反映产出和效益的核心指标，精简实用；指标内涵应当明确、具体、可衡量，数据及佐证资料应当可采集、可获得；同类项目绩效评价指标和标准应具有一致性，便于评价结果相互比较。

财政部门和主管部门评价指标的权重根据各项指标在评价体系中的重要程度确定，应当突出采购规范、结果合理，原则上过程管理指标权重不低于40%，产出、效益指标权重不低于50%。同一评价对象处于不同实施阶段时，指标权重应体现差异性，其中，实施期间的评价更加注重决策、过程和产出，实施期结束后的评价更加注重产出和效益。

绩效评价的主要方法是通过对经过量化的评价指标进行打分，形成项目整体评价结果。评价指标体系主要从决策、过程、产出、效益四个方面，对采购项目进行全流程的绩效评价，财政部门将根据政府采购法律法规变化、预算支出绩效目标、政府采购项目执行等情况，适时调整财政评价指标体系。政府采购绩效评价指标体系可参考表10-8。

（1）决策情况。

采购决策主要评价指标包括绩效目标合理性、内控制度完整性、内控制度执行率、代理机构的选定、采购需求风险控制以及预算编制的科学性和完整性。

（2）过程管理。

主要评价指标包括采购需求明确合规性、采购实施计划规范性、采购方式和程序合规性、采购代理机构专业性、采购信息公开标准时效性、采购评审公平公正性、质疑响应有效性、合同签订严密性、履约验收严格客观性、采购政策性、管理制度的健全性和执行的有效性、资金到位率、预算执行率和资金使用合规性等。

（3）采购产出。

采购产出主要评价指标包括产出数量完成率、质量达标率、完成及时性和采购节支率等。

表 10 - 8　　　　政府采购项目绩效评价指标体系（参考）

序号	一级指标	二级指标	三级指标	分值	三级指标说明
1	决策 （10分）	绩效目标	绩效目标合理性	4分	①项目是否编制了绩效目标申报表；②项目绩效目标是否设置了数量、质量和时效绩效指标，绩效指标是否明确、清晰、可衡量；③项目预期产出和效益（或效果）是否符合正常的业绩水平；④项目绩效目标是否与预算批复的项目投资额或资金量相匹配
2		采购需求	采购需求明确性	3分	①项目是否编制了采购需求；②项目采购需求编制是否符合规范；③项目编制的采购需求是否与绩效目标相匹配
3		采购预算	预算编制科学性	3分	①预算编制是否经过科学论证；②预算额度测算依据是否充分，是否按标准编制；③是否纳入政府采购预算编制
4	过程 （35分）	采购方式和程序合规性	采购程序规范性	4分	采购程序执行是否合法规范
5			采购公告公示	3分	采购公告和采购文件是否按相关规定发布，采购文件是否免费获取
6			采购方式合规性	3分	项目政府采购方式选择是否合规
7		采购政策性	采购节能产品情况	2分	采购文件是否提及、是否执行政府采购节能产品政府采购政策
8			采购环保产品情况	2分	采购文件是否提及、是否执行政府采购环境标志产品政府采购政策
9			促进中小企业发展情况	6分	采购文件是否提及、是否执行政府采购促进中小企业发展政策
10			落实监狱企业、残疾人福利性单位政府采购政策	2分	采购文件是否提及、是否执行政府采购促进支持监狱企业、残疾人福利性单位政策
11			政府采购合同融资	3分	是否按照规定加强合同账户及资金支付管理，配合贷款银行更改、确认合同账户，确保合同资金准确支付到贷款银行确认的回款账户
12		保证金收退管理	保证金收取规范性	3分	①投标、响应保证金是否按规定的标准收取，有无超标准或违规收取；②履约保证金是否按规定的标准收取，有无超标准或违规收取
13			保证金退还及时性	3分	保证金是否按时退还，或者无故逾期退回的，或者未足额退还的
14		采购内控管理	采购执行规范性	2分	是否按照有关规定建立单位内控制度，是否委派本单位人员作为采购人代表参加评审，是否公平公正参与评审，是否因评审中存在倾向性或者指定性情形导致举报、质疑和投诉等
15		评审专家	专家聘用合规性	2分	①专家组是否按法定程序抽取组成；②专家是否与项目、专业相匹配

续表

序号	一级指标	二级指标	三级指标	分值	三级指标说明
16	产出 (25分)	采购执行效率	开评标情况	2分	①是否按照法定程序开标、评标；②是否对采购代理机构开展履职评价
17			中标（成交）结果公示	3分	是否在中标（成交）供应商确认之日起2个工作日内进行公示
18			合同签订	4分	是否在中标（成交）通知书发出之日起10个工作日内进行合同签订
19			合同公示	4分	是否在合同签订之日起2个工作日内进行公示
20			合同备案	2分	是否在合同签订之日起7个工作日内进行备案
21		合同履约效率	合同履约验收	3分	合同履行达到验收条件时，供应商向采购单位发出项目验收申请后，采购单位是否在7个工作日内组织项目验收
22			履约验收公示	1分	政府向社会公众提供的公共服务项目是否于出具验收报告之日起5个工作日内向社会公告
			供应商履约	1分	是否对供应商开展履约验收评价
23			履约付款及时性	5分	满足合同约定支付条件的，是否在收到发票后10个工作日内申请资金支付到合同约定的供应商账户
24	效益 (30分)	采购经济性	采购资金节支率	6分	采购资金节支率=（采购项目预算金额－当年采购成交金额）÷采购项目预算金额×100%
25		采购公平性	供应商质疑	4分	是否存在采购单位或代理机构因采购文件、采购程序等违反相关法律法规或制度规定导致供应商提出有效质疑
26			供应商投诉	4分	是否存在采购单位或代理机构因采购文件、采购程序等违反相关法律法规或制度规定导致供应商提出投诉，处理决定投诉事项成立，或者要求重新采购的有效投诉
27		采购公开性	采购信息的可获得性	3分	是否按规定在指定网站进行公开；是否方便参与采购活动的各方及时获取信息
28			意向公开	3分	是否在采购计划申报前30日公开采购意向
29			采购信息的透明度	4分	是否按照《政府采购信息发布管理办法》（财政部令第101号）等有关规定，将应公开信息全部公开
30		满意度	采购单位满意度	3分	采购单位对政府采购项目实施效果满意程度
31			社会公众或服务对象满意度	3分	社会公众或者服务对象对采购项目实施效果满意程度
合计				100分	

备注：1. 评分结果分为优（S≥90）、良（90>S≥80）、中（80>S≥70）、差（S<70）四档。

2. 政府采购项目绩效评价指标体系作为通用模板予以参考，具体采购项目绩效评价指标可根据实际进行调整。

（4）效益。

采购效益主要评价指标包括经济效益、社会效益、生态效益、可持续影响等。

（5）其他相关内容。

政府采购项目绩效评价工作是财政部门开展政府采购监督管理的重要内容之一，绩效评价结果应当作为采购人制定采购需求、完善内控制度以及财政部门加强预算管理、强化预算执行的重要参考。原则上，对评价等级为优、良的，根据情况予以支持；对评价等级为中、差的，要完善政策、改进管理，根据情况核减预算。对不进行整改或者整改不到位的，根据情况相应调减预算或者整改到位后再予安排。

三、事后绩效评价方法

政府采购绩效评价的方法主要包括成本效益分析法、比较法、因素分析法、最低成本法、公众评判法、标杆管理法等。方法的选用应当坚持简便有效原则，根据评价对象的具体情况，可采用一种或多种方法进行评价。

成本效益分析法是指将投入与产出、效益进行关联性分析以评价项目效率与效果的方法；比较法是指将项目实施情况与绩效目标、历史情况、不同部门和地区同类项目情况进行比较的方法；因素分析法是指综合分析影响项目绩效目标实现、实施效果的内外因素的方法；最低成本法是指对预期效益不易计量的项目，在绩效目标确定的前提下，成本最小者为优的方法；公众评判法是指通过专家评估、公众问卷及抽样调查等方式进行评判的方法；标杆管理法是指以国内外同行业中较高的绩效水平为标杆进行评判的方法。

四、事后绩效评价流程

如前所述，事后绩效评价分为采购单位自评、主管部门评价和财政部门评价三种，其中主管部门"身兼双职"，即作为采购人要进行自评，也作为下属单位的主管部门，要对下属单位进行重点评价，因此本部分按照"采购单位自评"与"财政部门和主管部门重点评价"分别阐述。

（一）采购单位自评

采购单位是绩效评价的责任主体，应根据评价指标体系对本单位政府采购项目进行自评打分，根据自评要求形成自评结果，并配合财政部门开展政府采购项目绩效评价工作。政府采购项目绩效评价一般在项目执行完毕后进行。根据财政部门统一要求，采购单位应实现项目自评全覆盖，并于评价工作完成后按规定时间将自评结果报送财政部门。

采购单位应切实加强自评结果的整理、分析，将自评结果作为单位完善政策和改进管理的重要依据。对自评结果差的项目，要单独说明原因，提出整改措施。

财政部门对未按要求开展自评、评审结果为差、自评和抽评结果差异较大的项目予以通报，将自评工作开展情况以及自评质量抽查结果纳入预算绩效管理工作考核。采购单位自评流程如图 10-1 所示。

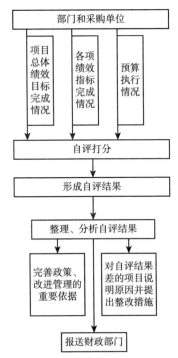

图 10-1　采购单位自评流程（参考）

（二）财政部门和主管部门重点评价

财政部门或主管部门组织对采购单位自评结果进行复核、评审，可结合实际抽取一定比例项目进行财政或主管部门绩效评价，委托第三方机构进行抽评，形成绩效抽评结论，流程可参考图 10 - 2。

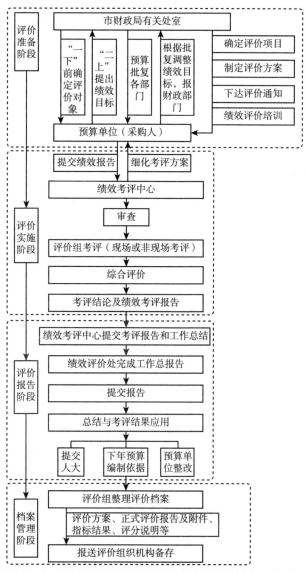

图 10 - 2　财政部门和主管部门重点绩效评价流程（参考）

财政部门和主管部门重点评价工作程序通常包括以下四个环节。

1. 评价准备阶段

确定评价对象和范围，成立评价组，印发绩效评价通知。评价组由评价组织机构成员组成；若部分委托第三方，则由评价组织机构成员和第三方共同组成；若全部委托第三方，则由第三方组成。评价组开展前期调研，设计绩效评价指标和数据表式，编制绩效评价工作方案。

2. 评价实施阶段

评价组围绕评价方案，全面采集、整理、审核、汇总评价相关数据资料，通过现场查勘、座谈、问卷调查等方式核实有关情况，与被评价采购单位交换意见，分析形成初步结论。

参与绩效评价工作的机构和人员应当客观、独立、公正、科学开展评价工作，并对评价结果承担责任；应当严守职业道德规范，不得以任何理由在绩效评价过程中获取不当利益；应当严守保密纪律，不得向无关方泄露被评价采购单位的有关数据、业务资料和绩效评价信息。

被评价采购单位应当按要求如实提供评价所需资料，并对相关资料和数据的真实性、合法性和完整性负责，不得拒绝、拖延提供相关资料，不得对评价结果施加倾向性影响。

3. 评价报告阶段

政府采购项目绩效评价工作是财政部门开展政府采购监督管理的重要内容之一，财政部门将及时整理、归纳、分析、反馈绩效评价结果。财政部门和主管部门重点评价结果主要以绩效评价报告的形式体现。绩效评价报告的主要内容包括政府采购项目基本情况，组织实施绩效评价情况，绩效目标实现程度及取得的效果，存在的问题及原因分析，改进意见和建议等。绩效评价报告应当依据充分、分析透彻、逻辑清晰、客观公正，尽量做到重点突出、文字简洁、篇幅精简、易读可用。评价组按照规定的文本格式和要求撰写评价报告初稿并报送评价组织机构，评价组织机构书面征求被评价采购单位意见，针对所提意见进一步研究核实，经评价组织机构审定后，由评价组对评价报告作出必要的修改和完善，形成最终评价结论，出具正式绩效评价报告。评价组织机构督促被评价采购单位整改落实。

采购单位应当根据评价结果落实整改措施，及时将整改情况书面反馈至财政部门，并加强本单位采购项目管理，做好相关资料的汇总、审核、归集等工作。

4. 档案管理阶段

评价工作结束后，评价组应将评价相关资料和数据进行整理形成评价档案，并将评价方案、正式评价报告及附件、指标结果、评分说明等报送评价组织机构备存。

在绩效评价工作中发现政府采购当事人存在违法违规行为的，由财政部门及相关主管部门依法追究责任。同时，将绩效评价结果作为完善政府采购制度、改进预算管理、安排项目预算的重要依据。对于绩效评价优良率较高的预算单位，财政部门将进行通报表扬，并在预算安排等方面优先给予支持；对于绩效评价中存在问题较多，不合格率较高的预算单位，财政部门将进行通报批评，并责令限期整改。不进行整改或整改不到位的，根据情况调整项目或调减、取消项目预算。绩效评价结果应当作为采购人制定采购需求、完善内控制度以及财政部门加强预算管理、强化预算执行的重要参考。在政府采购代理机构的选择方面，采购人应当优先选择绩效评价优良率较高的采购代理机构代理政府采购项目。

五、事后绩效评价结果应用

对绩效评价的结果应用是关键。事后绩效评价结果可以应用于预算编审中。《国务院关于深化预算管理制度改革的决定》指出，"加强绩效评价结果应用，将评价结果作为调整支出结构、完善财政政策和科学安排预算的重要依据"；2015 年开始实施的新《预算法》第三十二条提及，"各级预算应当根据年度经济社会发展目标、国家宏观调控总体要求和跨年度预算平衡的需要，参考上一年预算执行情况、有关支出绩效评价结果和本年度收支预测，按照规定程序征求各方面意见后，进行编制"。

在将政府采购绩效评价结果运用于预算编审时，可以依据项目类型，如常年性项目和连续性项目、一次性项目等规定不同的应用方案。对于常年性项目支出和延续性项目支出，绩效评价结果为优或良的，下一预算年度应优先保障该政府采购项目资金预算；绩效评价结果为中的，下一年度预算安排时应控制新增政府采购项目资金预算；绩效评价结果为差的，下一年度预算安排时应采取调整支出方向或支出结构、适当减少项目资金预算、取消该项目等方式加以应用。对于一次性政府采购项目资金，绩效评价结果为差的，下一预算年度原则上不安排同类（绩效目标相近或雷同的）新增政府采购项目资金。

除此之外，政府采购绩效评价结果也可作为人大审批预算和政府改革的依据。当前，我国绩效评价工作主要靠财政部门在努力推动，在绩效评价结果应用上"权威性"不强，建议可将绩效评价结果向人大反馈，并且在政府制定的战略规划中，体现绩效评价结果应用。

第六节　政府采购绩效评价案例分析

本节选取政府采购服务项目事后绩效评价项目案例进行分析。

一、B省扶贫云升级改造项目案例

（一）项目基本情况

为贯彻落实省委省政府贯彻落实大扶贫、大数据两大战略行动，B省扶贫办根据当前脱贫攻坚重点工作任务，针对B省扶贫云一期功能较为单一，数据时效性、助力精准度等方面有待进一步提升的问题，着手B省扶贫云系统升级改造项目。主要建设内容紧紧围绕"扶持谁、谁来扶、怎么扶、如何退"四个方面展开，每个环节均包括基本情况、统计分析、预警监测、异常问题等功能模块，有效整合多层次、跨部门数据资源，提升精准甄别、精准管理、精准监测。此次 B 省扶贫办采购扶贫云升级改造项目，采购预算为 1942 万元，实际执行金额为 1642.08 万元（包含 5% 的质保金）。

　　B 省扶贫云升级改造建设项目编制可行性研究报告和初步设计方案，分别报经 B 省大数据局和 B 省发展改革委批准。项目建设主要是依托"云上 B 省"平台，建设扶贫大数据主题库，形成融合共享的扶贫大数据中心；升级改造扶贫云业务系统，包括扶贫大数据分析系统、建档立卡系统、扶贫云档案管理系统、遍访回访系统、扶贫移动终端应用系统、扶贫数据补充上报系统、扶贫云视频会议系统、扶贫云可视化门户系统等。项目完成后，实现国务院扶贫办和省级相关部门扶贫数据整合，为贫困人口甄别、资金管理、贫困情况监测、贫困异常预警、扶贫政策制定等提供精准服务。具体概况如表 10 - 9 所示，表格内容与表 10 - 6 政府采购项目绩效自评表相符。

表 10 - 9　　　　　　　B 省扶贫云升级改造项目基本概况

项目名称	扶贫管理事务经费					
主管部门名称	B 省扶贫开发办公室				主管部门代码	615
项目资金（万元）	资金来源	年初预算数（A）	全年执行数（B）	分值（10 分）	执行率（B/A）	得分	执行率×该指标分值，最高不得超过分值上限
	年度资金总额（万元）	1942	1559.33	10	80.3%	8.03	
	其中，中央补助	0					
	本级安排	939	939				
	其他收入	200	200				
	结转结余	803	420.33				

	年初设定目标	年度总体目标完成情况
年度总体目标	当年总计安排资金为 1942 万元，用于扶贫云升级改造建设项目。升级改造项目主要包含以下重点功能。一是升级扶贫业务功能，以各业务处室所提出的一系列实用功能为基础，实现实时动态掌握全省贫困人口、项目资金、各类型帮扶措施情况；二是充分依托大数据、云计算技术对全省扶贫数据进行统计分析、预警监测、异常分析、动态管理，为各级各有关部门合理决策提供科学依据；三是以地理信息系统平台为基础，通过数据可视化的方式，实现挂图指挥功能，实时调度全省脱贫工作落实情况；四是以各省直部门数据"聚、通、用"为契机，实现扶贫部门与各相关业务部门数据资源共享交换；五是拓展各类型支持终端，实现文本、地理坐标等多种功能，最大限度减少基层填表工作量。在"扶贫云"（一期）建设基础上进行深化设计，重点突出云系统特点，以实现省直部门数据"聚、通、用"为契机，融合各有关部门业务数据，从"扶持谁、谁来扶、扶什么、如何退"四个方面入手，着力提升"统计分析、预警监测、异常分析、动态管理"等方面的应用服务水平	当年 B 省扶贫云升级改造建设项目经过审计审核最终支付金额为 1642.08 万元（包含 5% 的质保金），一是完成扶贫业务功能升级，实现实时动态掌握全省贫困人口、项目资金、各类帮扶措施情况。二是基于大数据技术，完成对全省数据的统计分析、预警监测、异常分析、动态管理等功能建设，为各级各有关部门决策提供科学依据。三是实现以地理信息系统平台为基础，通过数据可视化的方式，实现挂图指挥功能，实时调度全省脱贫工作落实情况。四是依托"一云一网一平台"和自动比对端口实现扶贫部门与各相业务部门数据资源共享交换，当年共交换 25 家行业部门数据。五是实现移动终端建设，实现文本、地理坐标等多种功能，减轻基层工作负担。同时，按照"扶持谁、谁来扶、怎么扶、如何退"四个方面完成建设数据分析系统，全面提升系统在统计分析、预警监测、异常分析和工台管理等方面的应用服务水平。六是根据本省工作实际，开发计划脱贫标识等我省自有功能，着力提升系统服务脱贫攻坚的能力

（二）项目绩效评价指标体系

结合工作实际，B 省扶贫办对扶贫云建设项目设置了绩效目标，一级指标共设立 3 个，二级指标共设立 6 个，三级指标共设立 8 个。具体指标内容及说明如表 10-10 所示。

表 10 - 10　　　　　　B 省扶贫云升级改造项目绩效评价指标体系

一级指标	二级指标	三级指标	指标值	说明
产出指标	数量指标	扶贫云业务系统升级改造（项）	1	具体包括 13 个子项目：扶贫大数据分析系统、建档立卡升级改造、遍访回访系统升级、项目资金监管业务系统、扶贫资金"数据铁笼"监管系统、绩效考评分析系统、扶贫云档案管理系统、扶贫移动终端应用、扶贫数据补充上报系统、扶贫云视频会议系统、扶贫云业务可视化系统、扶贫云系统支撑平台、空间大数据支撑平台等
		B 省扶贫大数据中心（项）	1	依托"云上 B 省"平台，具体包含建设扶贫大数据主题库和数据工程扶贫数据整治
	质量指标	B 省扶贫云升级改造建设项目完工率	1	按照省发改委批复要求，从启动实施到结束确保在 9 个月内完成并交付使用
	时效指标	B 省扶贫云升级改造建设项目实施时间（月）	9	当年 9 月完成实施并交付使用
	成本指标	升级改造建设项目成本（万元）	1142	项目总投资为 1942 万元，其中，上年结转资金安排为 800 万元，当年新增预算为 1142 万元
效益指标	社会效益指标	项目提供的精准服务率	0.95	为贫困人口甄别、资金监管、贫困情况监测、贫困异常预警、扶贫政策制定等提供的精准服务率达 95% 以上
		项目完工交付使用后正常运行率	0.95	
满意度指标	服务对象满意度指标	相关使用部门满意度	0.95	实现国务院扶贫办和省级相关部门扶贫数据整合

（三）项目绩效评价总结

1. 指标评价

B 省扶贫办根据年初的绩效评价指标，对 B 省当年扶贫云项目进行了绩效评价工作，自评得分为 99.8 分，自评等级"优"。具体绩效评价得分情况如表 10 - 11 所示。根据实际情况，表 10 - 11 的指标设置在表 10 - 6 政府采购项目绩效自评表通用指标的基础上，减少了经济效益指标和生态效益指标这两个二级指标。

表 10 - 11   B 省扶贫云升级改造项目绩效评价得分

一级指标	二级指标	三级指标	年度指标值（A）	全年实际值（B）	分值	得分计算方法	得分	未完成原因分析
产出指标（50 分）	效益指标（30 分）	建设 B 省扶贫大数据主题库	1	1	3 分	完成值达到指标值，记满分；未达指标值，按 B/A 或 A/B × 该指标分值记分	3 分	
		数据分析系统	1	1	3 分		3 分	
		业务工作系统	1	1	3 分		3 分	
		建档立卡子系统	1	1	3 分		3 分	
		项目资金子系统	1	1	3 分		3 分	
		统计报表子系统	1	1	2 分		2 分	
		数据铁笼子系统	1	1	2 分		2 分	
		教育资助子系统	1	1	2 分		2 分	
		同步小康子系统	1	1	2 分		2 分	
		考核评估子系统	1	1	2 分		2 分	
		系统管理	1	1	3 分		3 分	
		扶贫云业务可视化系统	1	1	2 分		2 分	
		扶贫云系统支撑平台	1	1	3 分		3 分	
		空间大数据支撑平台	1	1	3 分		3 分	
		业务工作 App	1	1	3 分		3 分	
	质量指标	B 省扶贫云信息系统正常运行率	≥95%	≥95%	2 分	1. 若为定性指标，则根据"三档"原则分别按照指标分值的 100% ~ 80%（含 80%）、80% ~ 50%（含 50%）、50% ~ 0 来记分。	2 分	
		B 省扶贫云网络系统运行维护正常率	≥95%	≥95%	2 分	2. 若为定量指标，完成值达到指标值，记满分；未达到指标值，按 B/A 或 A/B × 该指标分值记分	2 分	
		B 省扶贫云升级改造建设项目完工率	1	1	2 分		2 分	

续表

一级指标	二级指标	三级指标	年度指标值（A）	全年实际值（B）	分值	得分计算方法	得分	未完成原因分析
产出指标（50分）	时效指标	B省扶贫云升级改造建设项目实施时间（月）	9	10	2分	1. 若为定性指标，则根据"三档"原则分别按照指标分值的100%～80%（含80%）、80%～50%（含50%）、50%～0来记分。 2. 若为定量指标，完成值达到指标值，记满分；未达到指标值，按B/A或A/B×该指标分值记分	1.8分	项目按实际需求进行建设，因此时间有延后
	成本指标	升级改造建设项目成本（万元）	1942	1559.33	3分		3分	
效益指标（30分）	社会效益指标	确保全省贫困人口实现精准录入、精准识别、精准扶贫（万人）	777.24	777.24	7分		7分	
		项目提供的精准服务率	≥95%	≥95%	7分		7分	
		项目完工交付使用后正常运行率	≥95%	≥95%	7分		7分	
	服务产生的可持续影响	项目完成后继续使用，为全省脱贫攻坚提供精准服务	长期	长期	9分		9分	
满意度指标（10分）	服务对象满意度指标	项目购买主体满意度	≥95%	≥95%	5分		5分	
		项目使用对象满意度	≥95%	≥95%	5分		5分	
总分							99.8分	

（1）项目资金情况（分值10分，自评10分）

预算金额为1942万元，通过经费管控最终应支付金额为1642.08万元，结余299.92万元，扶贫办按要求完成B省扶贫云升级改造建设项目资金支付。

（2）产出指标（分值50分，自评49.8分）

完成大数据主题库、数据分析系统、业务工作系统、扶贫大数据支撑平台、空间支撑平台等建设，自上线运行以来未出现运行不正常的情况。

（3）效益指标（分值30分，自评30分）

一是升级扶贫业务功能，实现实时动态掌握全省贫困人口、项目资金、各类型帮扶措施情况；二是系统对全省扶贫数据进行统计分析，为各级各有关部门合理决策提供科学依据；三是通过可视化，实现挂图指挥功能，实时调度全省脱贫工作落实情况；四是依托"一云一网一平台"，实现扶贫部门与各相关业务部门数据资源共享交换；五是拓展各类型支持终端，最大限度减少基层填表工作量；六是系统正常运行，通过系统甄别，B省识别准确率从95.98%提高到99.17%，退出准确率从95.74%提高到100%；七是系统将助力全省脱贫攻坚长期使用。

（4）满意度指标情况（分值10分，自评10分）

根据用户使用报告，各市州表示系统功能完善，可以投入使用。

2. 反映的问题

一是部门设置的项目绩效指标较为单一，评价体系不够全面，在后续采购绩效评价工作中仍需改进。二是原扶贫云项目存在数据传输时效性差、数据整合能力弱、贫困人口监测和数据不准确等问题，在此次采购项目结束后，仍需长期维护。三是在此次采购绩效评价工作中，部分采购人员综合素质不足，责任心不强，对绩效评价指标不够了解，不能及时准确地捕捉、分析和运用相关信息。

3. 项目建议

针对此次采购绩效评价工作，提出几点建议。一是要完善政府采购项目绩效指标体系，按照政府采购绩效管理要求，以绩效目标为导向、绩效评价为手段、结果应用为保障，加强对部门绩效目标设置的指导，不断健全绩效评价体系，全面保障项目评价工作实施。二是要持续推进扶贫云升级改造建设，提升扶贫云数据时效性、助力脱贫精准度，为提升政府服务社会效率，解决区域性整体贫困提供技术支撑。三是在采购过程中，明确充分的立项论证、规范完善的项目建设流程、强有力的监管措施、项目成果有效应用和采购专业队伍建设是项目落地实施、资金有效利用、项目取得较好效果的强力保障，加强采购人员专业素质培训，为采购绩效评价工作顺利进行提供人员支持。

二、A 县政府公务用车采购绩效评价案例[①]

(一) 项目基本情况

A 县政府采购中心于 1999 年挂牌成立，是当地政府集中采购代理机构，政府采购经验已比较丰富，且初具规模。此次代理当地政府机关公务用小轿车采购，采购预算为 16783.5 万元，实际到位资金为 14682.2 万元，实际支出资金为 14682.2 万元，采购数量为 348 辆。

(二) 项目绩效评价指标体系

结合采购工作实际，A 县对政府汽车采购项目设置了一系列指标体系，一级指标共设立 8 个，二级指标共设立 23 个。具体指标内容、评分依据、评分标准等如表 10 - 12 所示。

表 10 - 12　　　　　A 县政府汽车采购项目绩效评价指标体系

政府汽车采购项目绩效评价指标体系				
一级指标	二级指标	评分依据	评分标准	分值
目标设定情况 (12 分)	依据的充分性 (4 分)	汽车采购专项资金设立依据是否充分，包括有否法律政策依据，是否符合公共财政支出的原则等	1. 国家、省、市委市政府有相关政府汽车采购的文件要求得 2 分 2. 满足当年政府出台的投资信息化导向目录得 2 分 3. 两项都不符合得 0 分	0 分

---

① 资料来源：百度文库.《某政府汽车采购绩效评价》［EB/OL］. https：//wenku. baidu. com/view/132fceb981c758f5f71f674b？aggId = 7d7037f483eb6294dd88d0d233d4b14e85243ed8.

一级指标	二级指标	评分依据	评分标准	分值
目标设定情况（12分）	目标的明确度（4分）	依据市有关部门批准的汽车采购立项文件、招标文件和项目合同与政府汽车采购项目目标进行比较	1. 项目目标一致得4分（《汽车采购项目预算计划》、《汽车采购项目立项批复》、《汽车采购项目可研批复》、《汽车采购项目实施方案》（附上确认书）、《汽车采购项目招标文件》、《汽车采购项目合同》） 2. 如不一致，得0分	4分
	目标的有效性（4分）	汽车采购项目是否体现财政支出的经济性、效率性和效果性等。资料依据：汽车采购项目合同、汽车采购项目合同	1. 汽车采购项目合同与项目结项验收资料一致得4分 2. 汽车采购项目合同与项目结项验收资料不一致得0分	4分
组织管理水平（20分）	招投标合规性（5分）	依据汽车采购招标文件、汽车采购办批复文件、汽车采购投标文件	1. 按政府采购法规定的公开招投标得5分 2. 未按规定公开招投标得0分	5分
	招标合同管理（4分）	依据汽车采购合同、政府批复的立项文件	1. 及时准确完整报送各项报表资料等得2分，未及时送报不得分 2. 汽车采购项目合同与政府批复的立项文件一致得2分；不一致得0分	2分
	管理制度保障（6分）	依据政府汽车采购相关管理制度、《汽车采购项目实施方案》	1. 有汽车采购项目管理制度得1分 2. 项目管理组织落实得1分 3. 项目文档齐全得1分 4. 有明确的项目管理流程，工作责任到个人得1分 5. 项目管理制度符合规定得1分 6. 实现内部管理信息化、采购业务管理信息化得1分	4分
	质量管理水平（5分）	依据汽车质量管理文档、《汽车测试报告》	1. 有专职或第三方监理人员管理得3分 2. 有相应的汽车质量管理日志和文档得2分	2分

一级指标	二级指标	评分依据	评分标准	分值
采购业务 （8分）	采购规范性 （4分）	将汽车采购程序的实施过程与相关政府采购法律法规相对照，考核其采购信息是否及时发布、备用材料是否按规定上报以及是否按照规定接受汽车供应商的质疑询问	1. 汽车采购程序合法得1分，不合法得0分 2. 汽车采购信息发布及时得1分，否则不得分 3. 按规定上报备用材料得1分，否则不得分 4. 按规定接受汽车供应商质疑得1分，否则不得分	4分
	采购满意度 （4分）	采用调查问卷的方式了解汽车供应商对集中采购机构的满意情况及采购员对集中采购机构的满意情况	1. 汽车供应商对集中采购机构的满意情况：满意得2分，一般得1分，不满意得0分 2. 汽车采购人员对集中采购机构的满意情况：满意得2分，一般得1分，不满意得0分	4分
经济性 （15分）	资金节约额 （5分）	在政府采购行为中，节约资金额越大，说明采购绩效越好。在本次政府汽车采购中，依据汽车采购部门预算和实际使用资金计算出差额，并对差额进行评价	1. 计算公式：财政资金节约额＝采购部门预算的使用资金－实际采购中使用的资金 2. 财政资金节约额占预算的15%及以上得5分；有余额但未达到汽车采购预算的15%得2分；未有余额得0分	2分
	采购规模 （5分）	在本次汽车采购中，依据政府采购支出数额和财政支出计算出政府采购占财政支出比重，依据政府采购数额和GDP数额计算出政府采购占国内生产总值比重	1. 计算公式：政府采购支出比重＝政府采购支出数额/财政支出数额×100%；政府采购占国内生产总值比重＝政府采购数额/GDP数额×100% 2. 采购规模合理为5分、一般为2分、不合理为0分	2分
	采购成本 （5分）	依据是本次政府汽车采购在管理中自身所花费的物力、财力的总和	具体包括支付采购人员的工资、福利、教育培训等费用，采购工作中的办公经费及其他必需的开销。这些花费在可支付存在合理的条件下进行打分：采购成本合理为5分、不合理为0分	5分

一级指标	二级指标	评分依据	评分标准	分值
效率性 (18分)	预算编制率 (5分)	本次政府汽车采购预算编制金额占总采购金额的比重	这个比重越大，越说明采购资金使用规范、有效率。预算编制率达到95%得5分；预算编制率每下降10%扣0.5分	5分
	采购及时性 (5分)	采购部门及时完成政府汽车采购任务的次数占总采购次数的比重	这个比重越大，说明采购越及时，达到95%得5分，每下降10%扣0.5分	4.5分
	政府采购周期 (5分)	政府采购中心从接受汽车采购委托到最终签订合同所用的时间	通常情况下，该时间越短，采购效率相对越高。本次汽车采购所用时间在1~3天为5分，3~10天为3分，10天以上为0分	3分
	人均采购额 (3分)	政府汽车采购部门在一定时期内平均每个人所采购的金额，主要取决于采购人员的素质	指标数值越大说明采购中能以较小的人力投入成本得到较高的采购数额，数值较大得3分，数值较小得0分	3分
有效性 (8分)	经济增长贡献率 (5分)	政府汽车采购对经济增长贡献率=国内生产总值规模的变动/政府采购规模的变动×100%	1. 政府采购对经济增长贡献率100%得5分 2. 政府采购对经济增长贡献率每下降10%扣0.5分，直至扣完	3.5分
	公众满意度 (3分)	公众满意度=调查问卷中表示"满意"的人数/总调查人数×100% 它考察的是社会公众对政府汽车采购的行为和效果的满意程度	1. 公众满意度100%得3分 2. 公众满意度每下降10%扣0.3分，直至扣完	2.7分
公平性 (10分)	公开招标率 (5分)	公开招标率=年度政府汽车采购招标次数/政府汽车采购总次数×100%	1. 公开招标率100%得5分 2. 公开招标率每下降10%扣0.5分，直至扣完	4.5分
	公开招标公告发布率 (5分)	公开招标公告发布率=汽车采购招标公告发布次数/政府采购公开招标总次数×100%	1. 公开招标公告发布率100%得5分 2. 公开招标公告发布率每下降10%扣0.5分，直至扣完	4.5分

续表

一级指标	二级指标	评分依据	评分标准	分值
内部管理（9分）	政府采购投诉率及投诉受理率（3分）	政府汽车采购投诉率＝年度投诉案件金额/政府采购总金额×100% 投诉受理率＝投诉受理案件个数/投诉案件个数×100%	1. 政府采购投诉率为 0 和投诉受理率为100%，得3分； 2. 政府采购投诉率，每上升10%扣0.3分，投诉受理率每下降10%，扣0.3分，直至扣完	1.8分
	腐败案件率（3分）	腐败案件涉及人数占行政人员的比重，也要考察年度腐败案件中有无本次汽车采购	腐败案件率低于5%且无本次汽车采购得3分，否则不得分	3分
	人力资源状况（3分）	采购人员的学历层次、知识年龄结构、能力、综合素质等	采购人员的学历层次、知识年龄结构、能力、综合素质等合理为3分、一般为1分、不合理为0分	1分
总计得分				74.5分

评价人员			
姓名	任务	编号	所属机构

填报人（签字）：

年 月 日

评价组组长（签字）：

年 月 日

中介机构负责人（签字并盖章）：

年 月 日

（三）项目绩效评价总结

1. 指标评价

（1）经济性指标

A 县当年地区生产总值为 200.14 亿元，财政总收入为 43.03 亿元，财政支出金额53.28亿元。共完成采购项目348批/次，采购预算金额16783.5万元，实际支付约14682.2万元，节约资金约2101.3万元，综合节约率约12.52%。政府采购金额占该县财政支出比重2.8%，政府采购金额占该县国内生产总值的1%。年度采购部门在岗职工年工资、补贴和劳保等各项支出30.4万元，占政府采购支出的0.2%。

（2）效率性指标

A县政府采购预算编制金额16783.5万元，政府采购实际金额14682.2万元；A县政府采购总次数348次，"较为及时"的次数为325次，政府采购及时率为93.39%，通常情况下，政府采购的周期与采购效率呈负相关关系；A县采购总金额14682.2万元，采购人员为6人，人均采购额2447.03万元。

（3）有效性类指标

A县GDP为200.14亿元，政府采购金额为1.46亿元。2009年，GDP为162.69亿元，政府采购金额1.12亿元，根据公式得出政府采购对经济增长贡献率72.18%。为衡量政府采购是否能够满足对所需采购的物资或服务的需要，通过设计各需求部门对政府采购成绩的满意度调查问卷，发放调查问卷75份。A县表示"满意"的人数占70人，公众满意度为93%。

2. 反映的问题

从绩效评价数据来看，A县政府汽车采购反映出的问题主要有以下几点：一是A县政府采购质量管理水平评分为2分，因为A县政府汽车采购没有第三方监理人员，因此很可能出现违反财经纪律的现象；二是A县政府采购资金节约额评分为2分，说明A县在政府汽车采购中资金浪费较为严重，不够经济；三是A县采购没有相关政策支持，采购目标依据不够充分，目标一"依据充分性"评分为2分，政府采购透明度不高，不能够施行有效的监督。

而且，A县政府采购市场规模小，经济受限，没有能力负责大宗项目的采购，政府采购的功能没有得到发挥。由于县级采购零星分散，单次交易的利润水平不高，很难吸引素质好、业务大的供应商参与。评价结果显示，目前 A 县政府采购监督体系不健全，在县级政府采购绩效评价中，一般实行的是上级政府采购部门对下级采购部门的考评，考评的结果只供内部参考，使社会大众难以对其进行监督，评价结果应用程度不够。

3. 项目建议

在日后的政府采购工作中，A 县政府应提高质量管理水平，引入第三方监理人员，减少腐败现象的发生；加强采购项目资金节约程度，提升采购项目经济性，避免财政资金浪费；严格设立采购目标，制定政府采购项目配套措施，支持采购绩效工作的实施；建立招投标、项目验收规定、采购廉洁规范等规章制度，提高政府采购透明度。

同时，A 县政府采购应科学制定采购模式和方式，采用"集中与分散相结合，集中为主，分散为辅"的采购模式。充分发挥政府集中采购的规模效益，通过"委托采购模式"或"区域联合模式"解决县级政府单独采购少数技术含量较高的大宗商品较为困难的问题。

此外，A 县政府还应健全采购监督体系，完善政府采购预算制度，细化支出项目，确保采购项目质量和资金运行规范化。在监督主体的选择上，A 县政府应建立全方位联动的采购模式，选择法律、纪委、经济、媒体等多部门联合监督的方式，通过设立监督电话、举报箱等途径，为社会公众监督和举报采购中的腐败行为创造条件。

第十一章　采购人采购管理电子化

【本章概述】 本章旨在通过介绍政府采购电子化建设的部分基本功能和相关案例，为采购人实施采购管理电子化提供指引及借鉴。

第一节　采购管理电子化现状

一、政府采购信息化发展趋势

（一）政府采购向科学化、精细化管理迈进

国务院《关于加强数字政府建设的指导意见》要求，加强数字政府建设，将数字技术广泛应用于政府管理服务，推进政府治理流程优化、模式创新和履职能力提升，构建数字化、智能化的政府运行新形态。加强政府采购数字化建设是深化政府采购制度改革的重要内容。中央全面深化改革委员会《关于深化政府采购制度改革方案》明确要求，实施"互联网＋政府采购"行动，加强政府采购活动网上运行，推进和完善采购活动的电子化运行机制。政府采购领域也在利用云计算、大数据、现代电子商务等新技术、新业态、新模式，向科学化、规范化、精细化迈进，将政府采购全部审批事项从线下转到线上、将政府采购流程节点进行可视化呈现、将政府采购法律法规嵌入监管系统中，实现全流程电子化监管，确保政府采购活动安全、高效、快捷，为采购人提供一站式服务。

（二）监管部门信息化建设初具规模

当前，全国大部分省份由财政部门牵头建成集监管、交易、服务于一体

的政府采购一体化平台，如福建、广东、内蒙古、陕西、黑龙江、四川等省、区均已实现政府采购全业务电子化，实现"区域全覆盖""业务全覆盖""流程全覆盖"和"采购主体全覆盖"，针对政府采购限额标准以上的采购业务实现了全面监管，并向数字化、智能化转型，标志着政府采购信息化建设在监管端已经初具规模，极大提升了政府采购工作效率及监管水平。

（三）采购人采购管理电子化建设势在必行

近年来，为落实采购人主体责任、优化营商环境，部分地方提高了政府采购限额标准，并且缩小了集中采购目录范围，分散采购和自行采购规模在不断提升，而分散采购和自行采购的采购管理主要依靠采购人内控制度。随着内控制度建设不断完善，对采购管理有了一定程度的约束，但是制度的执行情况有待加强，并且采购人在采购管理和自行采购信息化方面的技术手段比较落后，难以做到随时监管、有效监管、过程监管。为推动采购工作规范化、透明化、高效化，同时为简化采购程序、优化审核流程、加强内部控制、强化执行监管、提高政府采购绩效，采购管理电子化势在必行。

二、采购管理存在的问题

通过调研，发现采购人在开展采购活动过程中存在以下问题。

（一）部分采购人专业能力不足

采购人采购业务经办人部分是兼职人员，且轮岗频繁，导致在采购过程中，常常存在采购经办人对政策认识不足、理解不透，无法明确采购行为合法合规性，以及对采购业务是否需报上级部门审批不了解等问题。由于下级单位部门的采购业务经办人员采购专业化水平较低，因此经常向采购主管部门咨询基础问题，耗费大量时间和精力。

（二）采购人采购过程不规范

采购人采购过程不规范，部门岗位职责不清晰，上级部门缺乏统一管控手段。部分采购人"采管"不分离，权责错位，对采购流程、合规性缺乏了解。采购主管部门不能及时了解采购整体情况以及例如集中采购、分散采购、自行采购等的采购执行情况，存在放大采购风险的可能。

（三）采购需求市场调研不充分

采购人因对采购需求、技术要求调研不充分，或缺乏论证过程，导致采购方式选择不合理、采购预算偏离市场价格、技术配置标准与实际需求脱节等问题，采购结果存在审计风险。

（四）信息公开透明度有待提高

随着大多数省份财政部门牵头建设了政府采购一体化平台，集中采购目录以内、限额以上的采购公告公示信息可以按照政府采购管理要求及时在中国政府采购网及地方政府采购分网发布，但是集中采购目录以外、限额以下采购信息缺少发布渠道，公开程度不高、透明度低，不利于社会公众监督。

（五）采购档案保存不完整

从立项到项目合同签订，整个过程所形成的采购文件、纸质文档及电子文档没有得到统一归集和保存，不能按照电子档案管理办法及政府采购法律法规要求保管，为事后审计带来不便。采购档案电子化程度低，调阅查看不方便，管理成本高；采购人未能形成全量采购档案，留存不完整。

（六）缺乏辅助内控防风险工具

政府采购事前、事中、事后按归口管理、分事行权，由不同部门负责。监管部门对采购全流程的监管精细度偏低，不利于分析、预判、管理、处置风险。采购行为没有标准统一的约束机制，没有信息系统对过程全程留痕。采购人内控防风险和运转效率低，不利于监督问责。监管部门无法掌握各单位全量采购执行情况，数据统计不完整，依靠人工工作量大，影响监督管理的工作重心。

第二节　采购管理电子化的意义

采购管理电子化的建设实施，为采购人提供了防范内控风险的手段，有利于及时掌握全盘采购执行情况，打造公开、公平的内部环境，有效决策避免"盲签"，变经验把关为规则管控；对采购主管部门而言，有利于实现收放有据，主动服务，化解矛盾，"办好事、不出事"，加强采购事前控制，提升采购管理能力，变事后审核为事前管控；对审计监察部门而言，有利于减少舞弊，主动预防，强化流程控制，减少"被动"违规风险，变监管监督为全员管控。具体体现在以下六个方面。

一、电子化手段支撑采购人采购规范化

利用电子化手段，以"分事行权、分岗设权、分级授权"为主线，通过采购管理电子化系统实现依法合规、运转高效、风险可控的内部管控制度，做到约束机制健全、权力运行规范、政策法规齐全、辅助指引到位，全面提升采购人采购综合管理水平。

二、固化采购规则辅助采购人日常工作

将相关法律法规、内控制度结构化内置于系统中，方便采购人定位问题、改进问题。通过建设采购门户网站，作为采购管理、执行、服务的入口，对采购人的采购活动进行政策指引，简化内部操作，提升采购水平，并可对信息进行查询监管，对采购敏感内容进行分级预警，实现业务过程引导式操作，降低采购风险，有效辅助采购人日常工作开展。

三、预算限额引擎有效避免化整为零

严格按照采购人内部采购管理制度，依据采购品目分类、预算限额，匹配不同的审批流程，填报不同材料，判断是否需要论证调研，引导按采购组织形式实施采购。相同品目限额自动归集累计，通过限额引擎控制，有效规避同一品目拆分预算、化整为零，规避公开招标的行为。

四、专家在线论证强化采购需求管理

按照《需求管理办法》相关要求，需求部门和归口部门应当进行详细

的市场调查,详细填报预算金额和技术配置条件,保证采购预算不偏离市场价格。专家在线论证通过项目论证管理,组织专家参与线上需求评审,综合分析和全面科学论证,保证参数配置标准与实际需求相符。

五、全面统计分析发挥政策功能作用

对采购人相关采购业务数据自动汇总分析,对预算执行情况、信息时效性等数据进行统计、分析并加以利用,提高采购执行的针对性和科学性,更好地发挥采购政策功能,降低采购成本,提高采购效率,辅助管理决策。

六、全量采购档案全程留痕预防审计风险

将日常采购过程形成的采购文件、流转信息进行一键归档,形成采购档案,支持调阅查看,实现采购项目全过程留痕可追溯、采购档案全流程电子化管理、全量采购档案留存,强化内控合规管理,有效防范审计风险。

第三节 采购管理电子化系统的主要内容

采购管理电子化系统的整体设计遵循国家相关政策法规,符合采购人内部的采购管理制度,具体包括采购门户网站、预算管理、项目立项、采购准备、采购实施、合同履约、可视管控、采购档案、应用支撑服务等功能模块。同时需要与内部业务系统,如财务管理系统、资产管理系统,与外部业务平台,如预算管理一体化平台、政府采购监管交易一体化平台、限额以下电子交易平台、公共资源交易平台实现对接。在数据安全方面应借助数字证书、加密算法等技术手段,确保信息安全,数据不可篡改。在部署模式方面,应支持公有云、私有云、混合云的部署模式,并实现国产化适配(详见图 11 – 1)。

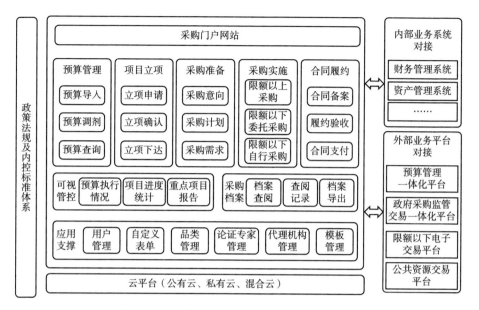

图 11-1 采购人采购管理电子化系统整体架构

一、采购门户

采购电子化管理系统门户网站作为采购业务的统一入口，可与采购人业务网站集成，提供采购信息发布、采购业务分流、采购信息查阅等功能。采购业务分流通过系统内置的规则，帮助采购人区分集中采购、分散采购、限额以下自行采购，引导采购人实施对应的采购流程，并给予提示，提升系统易用性及交互体验，有效避免因为不熟悉采购流程及采购政策导致的公告不合规、采购过程混乱等问题。

门户包括通知公告、待办事务、采购台账，以及采购项目综合管理登录入口等模块，并将采购预算执行情况、购买服务预算及执行情况等统计分析数据集成展示，实现可定制的采购监管工作台，指导下属单位高效、规范开展采购工作。

（一）通知公告

支持在线发布通知公告，对采购工作开展情况通知公告，并进行浏览和附件下载。

（二）待办事务

对系统各项采购待办业务分类展示，并提供对应入口，查看待办事项。

（三）采购台账

对集采目录内及非本系统所执行的采购业务登记管理，并结合采购人部门预算管理情况，实现主管部门对各采购人预算执行情况的实时统计。支持采购人采购管理部门、下属采购人提交框架协议采购商品和服务需求，系统归集各部门需求并下载导出。

二、预算管理

（一）预算导入

按照财政预算管理一体化系统年度采购预算下达数据，导出标准格式数据，按照导出模板，一键同步导入数据类型、数据形式、数据数值等，便捷实现内部管理系统年度采购预算生成使用。做好数据接口规范准备，并根据财政预算管理一体化系统管理要求适时接入。

（二）预算调剂

对导入后的预算进行分解、追加操作，并进行资金性质维护。当采购预算不足可申请其他预算调整额度，支持多条预算同时调剂。若多条预算剩余额度小，不足以进行采购，可将剩余调剂合并成一条新预算，调剂预算需上传调剂审批依据。未执行预算在可结转范围内，可申请结转次年作为"年终结转"新增预算继续执行采购。各业务科室，通过预算查询知悉当年度需要执行预算总额、采购范围，以此分析采购工作量、资金使用情况、资金结余情况。支持框架协议采购预算导入，并根据所属单位、部门编号及名称，分解到采购人各部门及各下级单位，形成框架协议采购预算。

（三）预算查询

各采购相关部门或本单位通过预算查询了解本部门或本单位当年度需要执行预算总额、采购范围、已执行预算、未执行预算。

三、采购立项

为提高采购效率，服务好采购人，为采购人提供智能化辅助的向导式采购服务。采购人根据系统辅助提示开展采购工作。项目立项管理模块主要是各级单位的采购立项申请报送到主管部门审批的管理平台，主要包含立项登记、立项审批、立项下达等。

（一）立项申请

采购人登录系统提交采购立项申请，下属预算单位通过录入功能录入关键信息，并根据所填写信息附上对应的审批文件。系统展示相应政策提示，包含项目编号、项目信息、指定项目负责人及项目经办人等，对整个项目全过程跟踪。

（二）立项确认

监管部门管理岗对采购立项申请的预算、批文等进行重点审批，审批不通过退回采购人，审批通过转入下达岗。

（三）立项下达

对于审批通过的采购立项申请，根据采购人的采购内控制度进行多岗复核下达，下达后自动通知到采购人，采购人可以启动项目执行。

四、采购准备

（一）采购意向

采购人填报采购计划之前需进行采购意向公开，其中需对组织形式、标的、预计采购日期等进行公开。

（二）采购计划

采购人员根据分解的预算发起采购计划，不同的采购业务涉及不同的采购计划，如涉及非公开招标、购买进口产品审批，录入计划后需要抽取专家，对非公开招标及组织形式进行论证。实现各采购主管业务科室的公开招标数额分析统计，根据计划显示服务类、工程类、货物类的预算使用情况、剩余数额。

（三）采购需求

采购人项目立项后，对项目的需求、技术要求、评分标准等送审报备，由主管部门审核，确保采购项目符合政策要求。主管部门在审核时，可根据需要组织专家论证，并根据论证结果，获取有效结论依据，包括：需求登记、技术审核、主管部门审核、组织专家论证、专家论证、论证结论、项目下达、专家考评诚信管理等。

1. 采购需求登记

采购人根据已立项项目编制项目需求、技术要求、评分标准，并填写项目类型、项目种类、采购方式等，作为采购依据送主管部门审核。在编制过程中，系统将根据所选条款，自动展示相应的政策法规指引，便于采购人依据政策编制送审文件。同时，可进行采购项目的分包登记，按包填写不同评分方法和相应的文件。系统根据各单位发布并已通过审核的立项申请信息，自动生成采购需求登记单，采购需求登记单中自动关联已审核的立项信息和相关附件。

2. 合同订立及合同管理

合同管理所需明确的事项包含合同类型、定价方式、合同文本的主要条款、履约验收方案、风险管控措施等。

3. 技术审核

主管部门可对信息类项目进行技术审核，对技术要求、评分标准及依据进行审核和修改，系统对政策性、关键性、倾向性要素进行提醒，同意则送至复核部门，不同意则退回采购人。

4. 主管部门审核

主管部门可审核非信息类项目和已进行技术审核的项目。对项目整体需求及建议存疑的，需听取专家论证意见，应组织专家论证，由专岗人员组织或委托社会代理机构组织专家论证工作。

针对采购人编制的采购需求中存在的不确定、不符合规定、有歧义等其他影响公平、不能科学合理执行等风险的情况下，经由采购人内部监管机构审核后，可组织专家对采购方式、采购需求及与项目相关的条件和要求等进行详细论证，形成专家论证报告进行项目申报备案，并以此作为逐级上报审核的依据。审核通过后将需求文件转化为正式批复文本，并转发至集中采购中心或第三方社会代理机构，依此编制采购文件后在政府采购网上发布采购公告；或者委托代理机构组织外部论证专家对采购文件中的资格要求、操作流程及法律法规规定范围内的组织方式进行论证，形成专家论证报告，作为采购文件修订依据，修改后在政府采购网上发布采购公告。

5. 组织专家论证

专岗人员接收到需专家论证项目，根据项目情况，从自建的外部论证专家中选择对应专业的专家，并可根据专家类型进行筛选，选取专家后，记录专家接收消息反馈，并告知项目论证截止日期。

6. 专家论证

专家接收到需求论证项目后，可查看项目信息及相应文件，在论证截止日期前，填写论证意见完成论证工作。

7. 专家论证结论

主管部门可查看所有已送专家论证项目的论证情况，并可根据专家意见填写论证结论，并送至项目下达岗位。系统提供通用论证结论模板，并可配置个性化论证结论模板。

8. 项目下达

主管部门项目下达岗，可查看所有已经过论证和审批的采购项目，若同意，则填写审批结果发送至采购人；若不同意，可选择退回至技术审核岗或采购人重新编制，采购人自动接收。

9. 专家考评

主管部门可对参与论证项目的专家进行打分考评，对专家参加论证时候的工作态度、时效性、能力水平、分析表达等进行多维度评分。

五、采购实施

采购实施以规范采购执行交易过程档案管理为目标，提升采购人采购管理水平。按照内控规则将采购实施形式分为限额以上采购、限额以下（不含本数）委托采购、限额以下（不含本数）自行采购。

限额以上采购以登记为主，限额以下采购支持委托社会采购代理机构和采购人自行组织两种方式。

（一）限额以上采购

1. 预算登记

提供各采购人年度预算新增和导入管理，为年度预算执行展示提供基础数据依据。

2. 台账登记

提供各采购人对年度项目执行集中采购目录内及非本系统所执行的采购业务的登记管理。

3. 台账查询

提供查询各采购人所登记的年度项目执行集中采购目录内及非本系统所执行的采购业务。提供树形查询列表和多种组合查询条件。

（二）限额以下委托采购

采购人按照内控规则要求将限额以下需要组织（公开招标、邀请招标、竞争性谈判、竞争性磋商、询价、单一来源）的项目委托代理机构组织采购，采购人需通过采购单功能进行项目委托。接受委托的代理机构，可采用全流程电子化的标准以全流程模式组织采购活动。

1. 委托采购

一是拟定委托。采购人经办使用管理平台预置的委托协议模板拟制委托协议，并将拟制的委托协议发送到采购代理机构进行委托函填报确认及修改，支持包括采购人自填、采购代理机构代填以及采购函修改等功能。

二是委托函查询。提供所有用户可查询本单位的委托协议信息，包括审批中与审批完的文件。

2. 委托确认

采购代理机构通过管理平台对接收到的委托函进行确认，采购代理机构可选择确认接受或不接受委托，并将接受情况自动反馈回采购人。

3. 采购执行

采购执行主要提供采购文件、采购执行过程所形成的各类文件及评标报告的备案。采购执行过程由代理机构进行登记，采购人实时可查询采购进度情况。通过以下的全过程文件登记备案管理，为监察审计提供文件支持，保证材料的完整性。

委托协议：由采购代理机构上传授权函盖章扫描件。

标前准备：由采购代理机构上传采购文件、采购公告等盖章扫描件。

开启和评审：由采购代理机构上传采购过程中的相关文件，例如潜在供应商名单、评审过程文件、价格分值计算表、评委打分汇总表，以及开评标过程的完整附件，并在线编制评审报告正文。

推荐候选人：系统将自动将评审报告正文及附件进行合并，生成评审报告，并由代理机构按顺序填写预成交候选人，并发送采购人确认。

采购结果确认：用于采购代理机构查看采购人最终选定的成交供应商。

采购结果公告：调用系统预设模板编制采购结果公告。

采购结果通知：调用系统预设模板编制采购结果通知。

4. 采购结果确认

根据代理公司反馈的采购情况，选取成交供应商，若选取的非第一顺位，须填写理由。采购结果确认可上传内部过会纪要。

（三）限额以下自行采购

限额以下自行采购主要由采购人的经办人自行组织采购活动，支持网上竞价、电子卖场、自行组织招标等交易形式。此功能模块主要是按照内控规则将属于此部分的采购活动自动分流到对应的采购方式执行，并将执行过程文件及结果等信息在系统中留痕。

六、合同履约

（一）采购合同

合同管理主要包括合同起草、合同备案。内置合同模板，为采购人和采购代理机构提供维护和管理公开招标等多种采购方式的合同模板功能。采购代理机构利用合同模板或合同范本，起草采购合同，提交采购人审核，采购合同签订完成后进入采购合同备案。

1. 合同草拟

采购代理机构利用合同模板或者合同范本起草采购合同，并提交采购人审核。起草时需填写合同名称、编号、签订日期、签订金额和支付信息。

2. 合同备案

采购合同签订完成后进入采购合同备案流程，选择上传相应的纸质盖章合同扫描件或带签章的电子合同，进行备案登记。

系统自动获取已审核通过的合同信息，采购人在备案盖章合同件时，可比对合同审批中的合同信息，确认合同信息准确。

3. 合同查询

采购合同备案后形成合同列表，支持多种组合查询条件，支持模糊查询、关键字等方式；对各采购主管部门或下级单位授权，实现不同权限用户可查看合同信息，支持合同列表打印、导出。

合同展示时，展示所登记的合同信息及相关附件、合同验收过程登记内容及附件、合同支付过程记录和相关附件。

（二）履约验收

1. 验收登记

对合同进行多次验收报备登记，配置上传项目验收记录表、设备运行情况单、供应商发票、支付申请单等凭证。不同采购类型的验收可配置要求上传对应凭证，进行管控。

提供根据验收结果配置支付提醒，配置验收后，指定工作日内，提醒经办人发起支付申请。

2. 项目信息管理

实现将审批通过的采购项目材料信息以及执行完毕之后的合同信息导出，根据采购计划管理系统的要求选择性导入。

（三）合同支付

提供支付申请发起、选择验收批次、填报验收信息及上传相应附件管理，系统自动关联展示项目合同、验收过程所形成的附件。支付审批通过的项目，自动转入支付确认。由采购人付款部门对项目进行支付确认，确认时需填支付日期。

七、采购档案

采购电子档案管理主要实现对项目类采购文档的全面管理，实现采购档案自动归档管理，包括档案查阅及查阅记录。

（一）档案查阅

以采购项目为主线，自立项审批通过后，即自动进行归档。主管单位可根据采购人、项目名称、编号等多要素综合查询，系统将列示项目当前状态，可进行查看项目审批环节、各级审批意见，附件下载等操作。

提供档案调阅权限管理：可根据业务管理要求，设置调阅人员等权限。

提供档案检索：提供方便的档案检索功能，快速定位到所需要查阅的档案。

（二）查阅记录

系统自动生成调阅日志：查阅和下载自动生成记录和报表。

（三）档案导出

根据审计要求导出项目采购过程电子档案材料。

八、可视管控

可视管控是进一步优化采购工作的重要手段，是采购人采购管理的重要辅助决策工具。可视管控利用数据分析技术，为采购数据统计提供准确、及时的信息支持，为领导决策提供真实、实时数据，包括预算执行情况、项目进度统计、重点项目报告等。

（一）预算执行情况

预算执行包括查询分析、统计报表及分析预测。其中，查询分析，是从不同的主体及维度了解到各个采购环节的信息；统计报表，是通过对各业务数据的分析，展现出美观的统计图表；分析预测，是通过对数据的比对分析，预测采购发展趋势，为领导决策采购预算审批提供依据。

（二）项目进度统计

以采购项目为主线，各级采购人可查询本单位所有的采购项目的采购信息，包括项目当前状态、负责人以及所有相关立项、委托、公告、标书、合同等电子材料或者扫描件。

（三）重点项目报告

提供采购项目信息统计，分别按采购方式、采购规模、采购分类，某段时间内采购项目的数量、废标数量，项目处理时间统计。

提供采购人采购统计，统计某段时间内采购人采购商品的分类、数量、金额等。

九、与内部业务系统对接

（一）财务管理系统

与财务管理系统的对接，主要包括用户信息、部门信息、采购项目信息、采购清单、采购预算、采购费用信息、合同主体信息、合同附件、合同支付信息等内容。

（二）资产管理系统

按照财政部统一资产目录和采购目录，有形资产、无形资产、采购目录三码合一的规定及要求，与资产管理系统对接，包括实现基础信息与资产管理系统的资产信息同步，确保基础信息与资产管理系统中资产卡片信息一致，确保符合资产配置限额标准，保证采购完成的能正常入库，同时也作为采购价格的参考。

十、与外部业务平台对接

（一）预算管理一体化平台

与预算管理一体化平台对接采购预算、采购公告、支付信息、项目信息等，通常，未建设政府采购监管系统的省份需要与预算管理一体化平台对接，并遵循预算管理一体化接口标准及技术规范。

（二）政府采购监管交易一体化平台

与政府采购监管交易一体化平台对接的主要内容包括：采购计划、采购意向、采购合同、限额以上采购档案、采购交易过程数据。在未与预算管理一体化对接的情形下，还需要对接采购预算以及合同支付信息。

（三）限额以下电子交易平台

限额以下电子交易平台多由专业的平台运营公司在保证信息安全、数据安全的前提下，为限额以下采购电子化提供服务。通常包括竞价采购、委托采购、电子卖场采购等采购方式，可满足用户不同的项目采购要求。

采购人采购管理电子化系统按照采购人内控管理制度，将限额以下不同金额的采购计划或者意向推送到限额以下电子交易平台，限额以下电子交易平台将计划执行情况以及交易过程数据回传到采购管理电子化系统中。系统实现采购合同的草拟和签订的数据对接，并在项目完结之后，形成采购档案归档，并提供查询、下载通道。

（四）公共资源交易平台（依法必须招标的工程项目类）

与公共资源交易平台主要对接的是将依法必须招标的工程项目类的采

购计划下达到公共资源交易平台，并将交易过程及结果数据回传到采购人采购管理电子化系统中，同时将采购公告、结果公告等数据同步到公共资源交易平台门户网站。

十一、应用支撑服务

系统管理为整个部门采购综合管理提供支撑，该模块包括用户管理、自定义表单、品类管理、角色管理、权限管理、流程管理、后台管理、政策法规管理、涉密敏感管理、模板管理、外部论证专家管理、代理机构管理等功能。用户管理是对平台所涉及的单位、人员以及单位和人员之间的关系进行管理；角色管理是对用户进行角色的划分，一般分为经办岗和审核岗；权限管理分为系统权限和访问控制，对系统的操作、功能、使用进行区分；平台内置流程设计器，可实现流程的自定义；基础配置管理包括单点登陆、日志管理、身份认证，用户只需要登录一次就可以访问所有授信的应用系统。

（一）用户管理

实现对系统所有用户的管理，包括机构管理、人员管理、角色管理、机构人员树组织、机构与业务关联管理、代理领导设置、身份认证和证书接口等功能模块。

（二）自定义表单

提供管理维护系统中的各项事务审批表单的自定义管理，并实现流程的自定义；可实现常见的业务逻辑功能（新增、删除、修改、查看、打印等），无须编程或者修改代码，在界面上操作即可完成页面设计；对部门采购流程可根据业务岗位需要灵活配置工作流。

（三）品类管理

提供采购人各采购品类配置维护，依据采购人现行管理规定，按照各采购归口科室的品类进行维护，并关联采购法规。在应用中，不同品类可展示相应法规政策，对应相应金额和审批流程。

提供采购规则引擎，采购规则引擎内置品目分类和分项限额规则，根据品目分类和分项限额规则智能引导采购流程，保证品目分类限额的完整性。

（四）政策法规管理

政策法规管理包括政策法规的结构化维护、政策法规的展现和查阅，以及实现在采购业务管理过程中提供给采购人的嵌入式的法规制度的智能化辅助提醒和应用。

政策法规结构化维护，是将相关法律法规、内部政府采购管理制度、规范化的工作指南等相关采购政策、制度等电子文档统一进行结构化管理。

智能化辅助提醒和应用，是将结构化的法规条例、内控工作条例与辅助预警规则有机结合。在采购人进行采购文件编制、采购工作审批过程中，系统可自动进行智能化提醒，并明确到具体的法律条例、内控制度等，方便采购人定位问题、改正问题。

（五）涉密敏感词管理

提供涉密敏感词管理，实现对招标采购参数内容进行自动检测，自动列示所检敏感词，并关联触发预警，实现对敏感词的预警审批。

（六）论证专家管理

为主管单位提供外部论证专家管理。建立外部论证专家库，目的是供主管单位或委托代理机构按照项目实际情况及需求自主选择行业内针对性强、项目经验丰富的论证专家。在项目前期论证过程中，采购人或委托代理机构对项目具体情况了解熟悉的，可以针对项目实际需要论证的细节内容直接选取与项目实际情况匹配、经验丰富的专家，提升论证的针对性，减少沟通成本，提升工作效率，并实现对专家的考评诚信管理。

外部论证专家根据专家类型进行分类管理，可直接关联调用系统内部人员进行维护。

（七）代理机构管理

为采购人提供采购代理机构的基本信息名录，实现委托代理机构的统一维护管理，提供代理机构基本信息维护，登录账户、密码、人员管理。实现对代理机构的服务人员、专业水平、工作效率、服务质量等多维度评分管理。

（八）模板管理

提供公用模板管理，可配置委托函、合同、评标报告、结果公告等模板维护；并支持个性化系统模块、模板的个性配置管理，并可根据场景调用相应模板。

（九）通知管理

提供通知发布管理，实现新增、删除、启用、禁用等功能。

（十）日志管理

系统保存的日志由登录日志、操作日志、接口调用日志等组成。

登录日志，是用户登录平台时系统自动记录用户的登录日志信息，包括用户基本信息、用户登录时间、用户登录 IP 等信息，以便审计和统计。

操作日志，是记录工作人员在平台操作各业务系统，包括新增、删除、修改、查询日志。

接口调用日志，是记录平台对外的接口调用和运行情况的日志信息。

第四节　典型案例分享

一、某部办公厅政府采购内控管理平台

（一）平台建设背景

某部办公厅在"中央—部门—预算单位"三级财政财务管理体制中处于承上启下的中间环节，虽不直接代替预算单位办理具体财务事项，但对下级单位具有审核审批、指导管理的职能。为强化采购监管、加强内部控制、优化审核流程，提升政府采购监管能力和执行手段的现代化水平，某部办公厅在部内部署使用政府采购内控管理平台。

采购人内控管理是政府采购过程中的重要管理活动，同时也是规范采购人行为的制度措施。在满足政府采购法律法规要求下，采购主体为了完成采购任务，通过制度设定和策略落实促使采购主体在内部实现自我约束与调控，以达到规范采购主体行为、防控采购活动风险、提高政府采购质量的目的。要对政府采购实施全面有效的监督管理工作，需要依托有效的信息化技术手段。

（二）平台建设内容

平台建设内容主要体现在强化内部控制、优化流程管理、提升工作效率等方面。

1. 强化内部控制

一是将采购人采购文件的事前确定、代理机构及评审专家的事中组织、采购人的合同签订及公开、项目验收和绩效评价全部纳入一个系统，实现全程留痕。

二是综合统计掌握各采购人的采购执行情况，由事后监管转变为"事前、事中、事后"的全流程闭环监管，提升政府采购全程规范化、透明化水平，强化各采购环节的责任，随时接受各方监督。

2. 优化流程管理

一是按照标准化品目导航操作，避免采购过程出现错误操作，提高系统平台的易用性、便捷性，提升采购行为准确性、规范性。

二是在不遗漏审批流程的前提下，实现下属单位在线申报、上级主管部门在线审批，表单流转方便快捷，全程一目了然，系统审批流程进一步简化。

3. 提升工作效率

一是通过分析搜索查询、生成报表功能，将零碎的信息按需加工、直观展现，实现历史数据的全时点跟踪、多维度统计，既可作为决策支撑依据，也便于及时准确地为巡视、审计、内审工作提供材料。

二是配套短信、微信通知提示功能。当用户的工作流程出现新动态时自动发送通知提示，用户可立即登录系统了解工作进展，确保时效性。

三是整合现有政府采购各网站、各平台，形成采购工作全覆盖的门户，真正实现多网合一、一站式工作。

（三）平台建设成效

通过平台建设，实现某部部内政府采购全要素管理、部门采购监督以及信息全面、完整，通过系统实现高效的内部运转管控，做到约束机制健全，权力运行规范，政策法规齐全。对下级单位的采购活动，进行政策指引，简化内部操作，提升采购水平，全面提升部内采购综合管理。

提升采购人内部政府采购管理，对预算执行情况、信息时效性等数据进行统计、分析并加以利用，提高制度的针对性和科学性，更好地发挥政府采购的政策功能，提高采购效率，有效辅助决策支撑。

最终实现提升采购管理效率，搭建能够连接某部包含下属采购人的部门采购内控管理平台，实现采购管理部门对下属采购人全量采购业务的统一监督审核管理，保障采购数据信息的实时性，减少重复工作，避免信息汇总不及时、统计口径不一致和相关风险，实现数据信息自动汇总分析。

二、某省采购人服务平台

（一）平台建设背景

某省财政厅已经建设了政府采购云平台，有效提升了财政部门对政府采购活动的监管能力。同时，为提升面向采购人的服务能力，发布了《关于加强预算单位政府采购活动内部控制制度的通知》，要求各级预算单位加强政府采购活动内部控制，鼓励采购人探索信息化手段在政府采购内部控制管理中的应用，并发布《关于规范限额标准以下项目采购的通知》，对限额以下采购部分作了具体规范，要求有条件的采购人应当加快采购服务系统建设，与政府采购云平台实现对接，将制度与信息化进行深度融合，加大采购信息公开力度，提升公开透明度，实现采购项目实施全过程留痕可追溯、采购档案全流程电子化管理。

（二）平台建设内容

某省采购人服务平台是为各级预算单位（医院、高校除外）统一规划建设的采购业务管理平台，平台采用云部署方式，包括采购内控管理和限额以下电子交易两个子系统。同时对接预算管理一体化系统和省政府采购云平台的限额以下采购信息发布专区，通过三个平台联动实现在采购人端的全口径的采购业务管理。

1. 采购内控管理子系统

采购内控管理子系统作为采购人内控制度信息化实现的平台，为采购人提供采购预算管理、采购活动登记、采购准备、采购下达、采购实施、合同履约、档案归档等功能模块。形成完整业务链路，实现采购业务的全程留痕，为采购人内控制度的落地提供信息化的支撑。

采购预算模块可以用于管理采购人全口径的采购预算，其中一部分预算来源于预算管理一体化，另一部分未纳入预算管理的财政资金可以手动添加。采购预算是采购活动的源头，控制"无预算不采购"。采购内控中的采购准备环节根据采购人内控要求，完成项目市场调研、项目论证、采购下达等环节，使采购流程更合规。

采购实施模块，包括集中采购目录以内的项目和集中目录以外、分散采购限额以上的采购项目，进入省政府采购云平台采购。集中采购目录以外、分散采购限额以下的项目采购进入限额以下电子交易子系统；采购人根据内控要求可以自行组织采购或委托代理机构采购。目录外零星采购，如果云平台电子卖场满足采购需求，采购人可通过政府采购云平台电子卖场进行采购，做到应采尽采。

2. 限额以下电子交易系统

限额以下电子交易系统参照《政府采购法》和《招标投标法》进行规划设计，主要支撑分散采购限额标准以下的采购，不属于财政监管范围，按照采购人内部管理规范执行的采购活动。系统支持多种采购方式和交易形式，包括竞价采购、委托采购、电子卖场采购等，可满足用户不同的项目采购要求，通过全流程的线上化执行，将采购过程文件在内部留存，同时可以将限额以下采购公告推送到省政府采购网自行采购专区，实现信息公开。

（三）平台建设成效

通过某省采购人服务平台的部署建设，（1）为各级预算单位提供一个全口径的采购业务管理平台。（2）通过信息化手段，推进内控制度落地，建立全流程线上采购模式，实现制度信息化。（3）借助省政府采购网公开采购信息，进一步扩大信息公开范围，实现信息公开化。（4）建设限额以下电子交易系统，支持多种采购方式及交易规则，实现采购简易化。（5）借助数字证书、加密算法等技术手段，确保信息安全，数据不可篡改，实现信息安全化。（6）采购过程操作步骤全程留痕，采购过程生成文件自动归档，实现档案全面化。（7）三平台联动，自动业务分流，规范政府采购项目全流程业务办理，实现项目规范化。

附录 相关法律法规及部门规章 规范性文件

中华人民共和国民法典

　　第十三届全国人大三次会议表决通过 2020 年 5 月 28 日

中华人民共和国政府采购法

　　第九届全国人民代表大会常务委员会第二十八次会议通过 2002 年 6 月 29 日

　　第十二届全国人民代表大会常务委员会第十次会议修改 2014 年 8 月 31 日

中华人民共和国招标投标法

　　第九届全国人民代表大会常务委员会第十一次会议通过 1999 年 8 月 30 日

　　第十二届全国人民代表大会常务委员会第三十一次会议修改 2017 年 12 月 27 日

中华人民共和国行政处罚法

　　第八届全国人民代表大会第四次会议通过 1996 年 3 月 17 日

　　第十一届全国人民代表大会常务委员会第十次会议《关于修改部分法律的决定》第一次修正 2009 年 8 月 27 日

　　第十二届全国人民代表大会常务委员会第二十九次会议《关于修改〈中华人民共和国法官法〉等八部法律的决定》第二次修正 2017 年 9 月 1 日

　　第十三届全国人民代表大会常务委员会第二十五次会议修订 2021 年 1 月 22 日

中华人民共和国立法法

　　第九届全国人民代表大会第三次会议通过 2000 年 3 月 15 日

　　第十二届全国人民代表大会第三次会议第一次修正 2015 年 3 月 15 日

第十四届全国人民代表大会第一次会议第二次修正　2023 年 3 月 13 日

中华人民共和国监察法

　　第十三届全国人民代表大会第一次会议通过　2018 年 3 月 20 日

中华人民共和国预算法

　　第八届全国人民代表大会第二次会议通过　1994 年 3 月 22 日

　　第十二届全国人民代表大会常务委员会第十次会议第一次修正　2014 年 8 月 31 日

　　第十三届全国人民代表大会常务委员会第七次会议第二次修正　2018 年 12 月 29 日

中华人民共和国建筑法

　　第八届全国人民代表大会常务委员会第二十八次会议通过　1997 年 11 月 1 日

　　第十一届全国人民代表大会常务委员会第二十次会议第一次修正　2011 年 4 月 22 日

　　第十三届全国人民代表大会常务委员会第十次会议第二次修正　2019 年 4 月 23 日

中华人民共和国行政许可法

　　第十届全国人民代表大会常务委员会第四次会议通过　2003 年 8 月 27 日

　　第十三届全国人民代表大会常务委员会第十次会议修正　2019 年 4 月 23 日

中华人民共和国特种设备安全法

　　第十二届全国人民代表大会常务委员会第三次会议通过　2013 年 6 月 29 日

中华人民共和国药品管理法

　　第六届全国人民代表大会常务委员会第七次会议通过　1984 年 9 月 20 日

　　第九届全国人民代表大会常务委员会第二十次会议第一次修订　2001 年 2 月 28 日

　　第十二届全国人民代表大会常务委员会第六次会议第一次修正　2013 年 12 月 28 日

　　第十二届全国人民代表大会常务委员会第十四次会议第二次修正　2015 年 4 月 24 日

第十三届全国人民代表大会常务委员会第十二次会议第二次修订　2019
年 8 月 26 日

中华人民共和国计量法

第六届全国人民代表大会常务委员会第十二次会议通过　1985 年 9 月 6 日

第十一届全国人民代表大会常务委员会第十次会议第一次修正　2009 年 8
月 27 日

第十二届全国人民代表大会常务委员会第六次会议第二次修正　2013 年
12 月 28 日

第十二届全国人民代表大会常务委员会第十四次会议第三次修正　2015
年 4 月 24 日

第十二届全国人民代表大会常务委员会第三十一次会议第四次修正　2017
年 12 月 27 日

第十三届全国人民代表大会常务委员会第六次会议第五次修正　2018 年
10 月 26 日

中华人民共和国行政诉讼法

第七届全国人民代表大会第二次会议通过　1989 年 4 月 4 日

第十二届全国人民代表大会常务委员会第十一次会议第一次修正　2014
年 11 月 1 日

第十二届全国人民代表大会常务委员会第二十八次会议第二次修正　2017
年 6 月 27 日

中华人民共和国科学技术进步法

第八届全国人民代表大会常务委员会第二次会议通过　1993 年 7 月 2 日

第十届全国人民代表大会常务委员会第三十一次会议第一次修订　2007
年 12 月 29 日

第十三届全国人民代表大会常务委员会第三十二次会议第二次修订　2021
年 12 月 24 日

中华人民共和国标准化法

第七届全国人民代表大会常务委员会第五次会议通过　1988 年 12 月 29 日

第十二届全国人民代表大会常务委员会第三十次会议修订 2017 年 11 月 4 日

中华人民共和国产品质量法

第七届全国人民代表大会常务委员会第三十次会议通过 1993 年 2 月 22 日

第九届全国人民代表大会常务委员会第十六次会议第一次修正 2000 年 7 月 8 日

第十一届全国人民代表大会常务委员会第十次会议第二次修正 2009 年 8 月 27 日

第十三届全国人民代表大会常务委员会第七次会议第三次修正 2018 年 12 月 29 日

中华人民共和国行政复议法

第九届全国人民代表大会常务委员会第九次会议通过 1999 年 4 月 29 日

第十一届全国人民代表大会常务委员会第十次会议《关于修改部分法律的决定》第一次修正 2009 年 8 月 27 日

第十二届全国人民代表大会常务委员会第二十九次会议《关于修改〈中华人民共和国法官法〉等八部法律的决定》第二次修正 2017 年 9 月 1 日

第十四届全国人民代表大会常务委员会第五次会议修订 2023 年 9 月 1 日

中华人民共和国公司法

第十四届全国人民代表大会常务委员会第七次会议通过修订 2023 年 12 月 29 日

中华人民共和国政府采购法实施条例

国务院第 75 次常务会议通过 2014 年 12 月 31 日

中华人民共和国招标投标法实施条例

国务院令第 183 次常务会议通过 2011 年 11 月 30 日

国务院令第 676 号《国务院关于修改和废止部分行政法规的决定》第一次修订 2017 年 3 月 21 日

国务院令第 698 号《国务院关于修改和废止部分行政法规的决定》第二次修订 2018 年 3 月 19 日

国务院令第 709 号《国务院关于修改部分行政法规的决定》第三次修订

2019 年 3 月 2 日

中华人民共和国外商投资法实施条例

国务院第 74 次常务会议通过 2019 年 12 月 12 日

中华人民共和国进出口货物原产地条例

国务院第 61 次常务会议通过 2004 年 8 月 18 日

中华人民共和国工业产品生产许可证管理条例

国务院令国务院第 97 次常务会议通过 2005 年 6 月 29 日

国务院令第 752 号《国务院关于修改和废止部分行政法规的决定》第一次修订 2023 年 7 月 20 日

安全生产许可证条例

国务院第 34 次常务会议通过 2004 年 1 月 7 日

国务院令第 638 号《国务院关于废止和修改部分行政法规的决定》第一次修订 2013 年 7 月 18 日

国务院令第 653 号《国务院关于修改部分行政法规的决定》第二次修订 2014 年 7 月 2 日

行政事业性国有资产管理条例

国务院第 120 次常务会议通过 2020 年 12 月 30 日

中华人民共和国行政复议法实施条例

国务院第 177 次常务会议通过 2007 年 5 月 23 日

中华人民共和国电信条例

国务院第 31 次常务会议通过 2000 年 9 月 20 日

国务院令第 653 号《国务院关于修改部分行政法规的决定》修订 2014 年 7 月 29 日

医疗器械监督管理条例

国务院第 24 次常务会议通过 1999 年 12 月 28 日

国务院第 39 次常务会议修订通过 2014 年 2 月 12 日

国务院令第 680 号《国务院关于修改〈医疗器械监督管理条例〉的决定》修订 2017 年 5 月 4 日

国务院第 119 次常务会议修订通过　2020 年 12 月 21 日

强制性产品认证管理规定

国家质量监督检验检疫总局第 117 号　2009 年 7 月 3 日

政府采购货物和服务招标投标管理办法

财政部第 87 号令　2017 年 7 月 11 日

安全评价检测检验机构管理办法

应急管理部令第 1 号　2019 年 3 月 20 日

政府采购信息发布管理办法

财政部令第 101 号　2019 年 11 月 27 日

政府采购货物和服务招标投标管理办法

财政部第 87 号令　2017 年 7 月 11 日

政府采购非招标采购方式管理办法

财政部令第 74 号　2013 年 12 月 19 日

政府采购质疑和投诉办法

财政部第 94 号令　2017 年 12 月 26 日

政府购买服务管理办法

财政部令第 102 号　2020 年 1 月 3 日

政府采购框架协议采购方式管理暂行办法

财政部令第 110 号　2022 年 1 月 14 日

危险化学品经营许可证管理办法

国家安全生产监督管理总局令第 55 号　2012 年 7 月 17 日

国家安全生产监督管理总局令第 79 号修正　2015 年 5 月 27 日

电信业务经营许可管理办法

工业和信息化部令第 42 号　2017 年 7 月 3 日

食品经营许可和备案管理办法

国家市场监督管理总局令第 78 号公布　2023 年 6 月 15 日

事业单位国有资产管理暂行办法

财政部令第 36 号　2006 年 5 月 30 日

财政部令第 100 号《财政部关于修改〈事业单位国有资产管理暂行办法〉的决定》修改　2019 年 3 月 29 日

行政单位财务规则

　　财政部令第 113 号　2023 年 1 月 28 日

事业单位财务规则

　　财政部令第 108 号　2022 年 1 月 7 日

必须招标的工程项目规定

　　国家发改委令第 16 号　2018 年 3 月 27 日

国务院办公厅关于建立政府强制采购节能产品制度的通知

　　国办发〔2007〕51 号　2007 年 7 月 30 日

政府采购进口产品管理办法

　　财库〔2007〕119 号　2007 年 12 月 27 日

关于开展政府采购信用担保试点工作的通知

　　财库〔2011〕124 号　2011 年 9 月 5 日

政府采购品目分类目录

　　财库〔2013〕189 号　2013 年 10 月 29 日

关于政府采购支持监狱企业发展有关问题的通知

　　财库〔2014〕68 号　2014 年 6 月 10 日

关于印发《政府采购竞争性磋商采购方式管理暂行办法》的通知

　　财库〔2014〕214 号　2014 年 12 月 31 日

财政部关于政府采购竞争性磋商采购方式管理暂行办法有关问题的补充通知

　　财库〔2015〕124 号　2015 年 6 月 30 日

关于完善中央单位政府采购预算管理和中央高校、科研院所科研仪器设备采购管理有关事项的通知

　　财库〔2016〕194 号　2016 年 11 月 10 日

政府采购评审专家管理办法

　　财库〔2016〕198 号　2016 年 11 月 18 日

关于进一步加强政府采购需求和履约验收管理的指导意见

财库〔2016〕205 号　2016 年 11 月 25 日

关于促进残疾人就业政府采购政策的通知

　　财库〔2017〕141 号　2017 年 8 月 22 日

政府采购代理机构管理暂行办法

　　财库〔2018〕2 号　2018 年 1 月 4 日

国务院办公厅关于加强行政规范性文件制定和监督管理工作的通知

　　国办发〔2018〕37 号　2018 年 5 月 16 日

关于印发环境标志产品政府采购品目清单的通知

　　财库〔2019〕18 号　2019 年 3 月 29 日

关于印发节能产品政府采购品目清单的通知

　　财库〔2019〕19 号　2019 年 4 月 2 日

中央预算单位政府集中采购目录及标准（2020 年版）的通知

　　国办发〔2019〕55 号　2019 年 12 月 26 日

关于印发《项目支出绩效评价管理办法》的通知

　　财预〔2020〕10 号　2020 年 2 月 25 日

关于印发《政府采购促进中小企业发展管理办法》的通知

　　财库〔2020〕46 号　2020 年 12 月 18 日

政府采购促进中小企业发展管理办法

　　财库〔2020〕46 号　2020 年 12 月 18 日

关于印发《政府采购公告和公示信息格式规范（2020 年版)》的通知

　　财办库〔2020〕50 号　2020 年 3 月 18 日

政府采购公告和公示信息格式规范（2020 年版）

　　财办库〔2020〕50 号　2020 年 3 月 18 日

政府采购需求管理办法

　　财库〔2021〕22 号　2021 年 4 月 30 日

中央部门项目支出核心绩效目标和指标设置及取值指引（试行）

　　财预〔2021〕101 号　2021 年 8 月 18 日

关于印发《政府采购品目分类目录》的通知

财库〔2022〕31 号　2022 年 9 月 2 日

关于进一步加大政府采购支持中小企业力度的通知

财库〔2022〕19 号　2022 年 5 月 30 日

关于加强财税支持政策落实　促进中小企业高质量发展的通知

财预〔2023〕76 号　2023 年 8 月 20 日

关于进一步提高政府采购信息查询使用便利度的通知

财办库〔2024〕30 号　2024 年 2 月 4 日

关于印发《政府采购合作创新采购方式管理暂行办法》通知

财库〔2024〕13 号　2024 年 4 月 24 日

参考文献

［1］孟千.质疑答复相关原则、基本流程及优化建议——以某项目为例［J］.中国政府采购，2021（3）：63－66.

［2］孟千.浅析政府采购质疑答复工作中的矛盾关系［J］.中国政府采购，2020（9）：40－41.

［3］朱中一.论质疑投诉制度的性质及其对程序的影响［J］.中国政府采购，2018（3）：13－17.

［4］赵勇，陈川生.违反程序异议引发的重新评标案［J］.中国政府采购，2018（3）：58－61.

［5］赵勇，宋亦然，王雪.委托—代理视角下提升政府采购透明度的措施分析［J］.中国政府采购，2018（12）：20－25.

［6］李承蔚.政府采购中质疑、投诉的学问——以供应商为视角［J］.中国政府采购，2019（7）：76－80.

［7］成协中.关于政府采购合同性质和争议解决机制的修法意见［J］.中国政府采购，2021（2）：10－13.

［8］蔡泽泰.绩效型政府采购变革的全球浪潮［J］.中国政府采购，2019（12）：25－28.

［9］曹国强，丁江斌.中央预算单位政府采购绩效管理的思考与建议［J］.中国政府采购，2018（11）：32－36.

［10］曹堂哲.重大政策、项目事前绩效评估的若干问题探讨［J］.中国财政，2020（9）：52－54.

［11］晁毓欣.事前绩效评估与预算评审的一体化融合——基于全周期预算绩效管理模型的解析［J］.经济研究参考，2021（13）：22－31.

［12］董盼.基于EVA的企业绩效评价方法的研究［J］.消费电子，

2012（9）：172－173.

[13] 李扬. 我国政府采购绩效评价 [J]. 今日湖北（下半月），2011（7）：40－41.

[14] 刘国永，熊羽. 全面实施预算绩效管理视角下政府购买服务绩效评价体系构建 [J]. 财政监督，2019（4）：10－20.

[15] 宋军，宋阳. 对构建市级政府采购绩效评价体系的思考 [J]. 中国政府采购，2018（12）：41－48.

[16] 陶英歌. 基于模糊综合评判的政府采购绩效评价研究 [J]. 西部财会，2014（8）：4－6.

[17] 童伟，田雅琼. 部门整体支出事前绩效评估方法及路径探讨 [J]. 地方财政研究，2018（1）：32－38.

[18] 王晓红，张宝生，潘志刚. 我国政府采购绩效评价指标体系的构建 [J]. 中国政府采购，2010（3）：75－77.

[19] 王玉梅，梁朝晖. 以政府绩效评价推进治理能力现代化 [N]. 解放日报，2014－05－07（011）.

[20] 吴晶，杜艳瑞. 事前绩效评估管理探析 [J]. 财政监督，2019（18）：61－63.

[21] 薛菁. 服务型政府采购支出绩效评价初探 [J]. 辽宁行政学院学报，2010（2）：5－6.

[22] 昝妍. 浅探我国如何开展政府采购绩效评价（一）[N]. 中国政府采购报，2020－08－28（003）.

[23] 张海燕. 政府采购绩效评价指标体系的构建 [J]. 办公室业务，2021（15）：47－48.

[24] 张秋华. 如何设立政府采购绩效评价指标 [J]. 中国招标，2021（6）：87－89.

[25] 赵曙明. 人力资源管理总论 [M]. 南京：南京大学出版社，2021.

[26] 中央财经大学课题组，北京市财政局. 预算绩效管理"北京模式"[M]. 北京：中国财政经济出版社，2021.